La Confédération

UNIVERSITY OF CALGARY
Press

La Confédération

nouvelles perspectives
1864-1999

Sous la direction de
DANIEL HEIDT
avec la collaboration de
COLIN M. COATES

Traduction © Colin M. Coates et Daniel Heidt, à l'exception de Chapitre 2, « Ententes, contrats et alliances : l'évolution des traités avec les peuples autochtones » © Maxime Gohier, Colin M. Coates et Daniel Heidt, et Chapitre 4 « Le Québec et la Confédération : gains et compromis » ©Marcel Martel, Colin M. Coates et Daniel Heidt.

Ce livre est une traduction de la version originale anglaise *Reconsidering Confederation: Canada's Founding Debates, 1864-1999* © 2018 Daniel Heidt, publié par University of Calgary Press.

La traduction de cet ouvrage a été rendue possible grâce au concours de Kim Poti, Daniel Poitras, Colin M. Coates, Francine Michaud, Philippe Thompson, Marcel Martel et Maxime Gohier.

University of Calgary Press
2500 University Drive NW
Calgary, Alberta
Canada T2N 1N4
press.ucalgary.ca

Ce livre est disponible en version électronique protégée par une entente légale avec Creative Commons. L'éditeur doit être contacté pour tout usage commercial excédant le cadre de cette entente.

CATALOGAGE AVANT PUBLICATION DE BIBLIOTHÈQUE ET ARCHIVES CANADA

Titre: La Confédération : nouvelles perspectives, 1864-1999 / sous la direction de Daniel Heidt ; avec la collaboration de Colin M. Coates.
Autres titres: Reconsidering confederation. Français
Noms: Heidt, Daniel (Daniel Henry), 1985- éditeur intellectuel. | Coates, Colin MacMillan, 1960- éditeur intellectuel.
Description: Traduction de: Reconsidering confederation. | Comprend des références bibliographiques et un index.
Identifiants: Canadiana (livre imprimé) 20190096861 | Canadiana (livre numérique) 20190097086 | ISBN 9781773850634 (couverture souple) | ISBN 9781773850641 (Open Access PDF) | ISBN 9781773850658 (PDF) | ISBN 9781773850665 (EPUB) | ISBN 9781773850672 (Kindle)
Vedettes-matière: RVM: Canada—Histoire—1867 (Confédération) | RVM: Canada—Histoire—1867- | RVM: Fédéralisme—Canada—Histoire.
Classification: LCC FC474 .R3714 2019 | CDD 971.04/9—dc23

The University of Calgary Press souligne ici la contribution financière du Gouvernement de l'Alberta et de son organisme Alberta Media Fund pour l'ensemble de nos publications. Nous reconnaissons l'appui financier du gouvernement du Canada. Nous remercions le Conseil des arts du Canada de son soutien.

Cet ouvrage a été publié grâce à une subvention de la Fédération des sciences humaines, dans le cadre du Prix d'auteurs pour l'édition savante, à l'aide de fonds provenant du Conseil de recherches en sciences humaines du Canada.

Cet ouvrage a bénéficié du soutien apporté par la Crabtree Foundation.

  Canada Council for the Arts   Conseil des Arts du Canada   CRABTREE FOUNDATION

Photo de couverture : Colourbox 5000322
Révision : Francine Michaud
Conception graphique de la couverture et mise en page : Melina Cusano

Table des matières

Illustrations	*vii*
Remerciements	*ix*

1 | Introduction : nouvelles perspectives sur la Confédération   *1*
    DANIEL HEIDT

2 | Ententes, contrats et alliances : l'évolution des traités   *19*
    avec les peuples autochtones
    J.R. MILLER

3 | L'Ontario : le cœur de la Confédération ?   *57*
    DANIEL HEIDT

4 | Le Québec et la Confédération : gains et compromis   *79*
    MARCEL MARTEL, COLIN M. COATES,
    MARTIN PÂQUET ET MAXIME GOHIER

5 | Les Maritimes et le débat sur la Confédération   *107*
    PHILLIP BUCKNER

6 | Résister à la volonté du Canada : l'entrée du Manitoba   *153*
    dans la Confédération
    ROBERT WARDHAUGH ET BARRY FERGUSON

7 | « Les intérêts de la Confédération » : la Colombie-   *183*
    Britannique et la Confédération
    PATRICIA E. ROY

8 | « Un demi-pain plutôt que rien » : le Yukon et la Confédération 207
P. Whitney Lackenbauer et Ken S. Coates

9 | La création de nouvelles provinces : la Saskatchewan et l'Alberta 229
Bill Waiser

10 | Terre-Neuve et le Canada : la Confédération et la quête de stabilité 253
Raymond B. Blake

11 | « Un visage plus représentatif du Canada » : la création du Nunavut 281
P. Whitney Lackenbauer et André Légaré

Prises de position : citations et références sur la Confédération 313

Lectures complémentaires 319

Les auteurs 323

Index 329

Illustrations

1.1	Le Canada avec ses frontières provinciales et territoriales actuelles.	15
2.1	Les traités historiques au Canada. D'après : « Traités historiques au Canada », Relations Couronne-Autochtones et Affaires du Nord Canada, <https://www.aadnc-aandc.gc.ca/DAM/DAM-INTER-HQ/STAGING/texte-text/htoc_1100100032308_fra.pdf>.	21
3.1	Les frontières politiques de l'Amérique du Nord britannique en 1867. D'après : Ressources naturelles Canada, « Carte 1867 », Bibliothèque et Archives Canada, <http://www.collectionscanada.gc.ca/confederation/023001-5005-f.html>.	59
3.2	Les délégués à Charlottetown, 1er septembre 1864. BAC, MIKAN 3192471. Première rangée, de gauche à droite : Alexander Tilloch Galt; Hector-Louis Langevin; John Hamilton Gray (N.-B.); George-Étienne Cartier; John A. Macdonald; John Hamilton Gray (Î.-P.-É); Samuel Leonard Tilley; Adams George Archibald; Alexander Campbell; George Coles; George Brown; William H. Lee, greffier du Conseil exécutif, Canada. Deuxième rangée, de gauche à droite : Charles Drinkwater; major Bernard; sir Charles Tupper; Edward Barron Chandler; Edward Palmer; Robert Barry Dickey; Thomas D'Arcy McGee; William Alexander Henry; William Henry Steeves; John Mercer Johnson; Andrew Archibald Macdonald; William McDougall; William Henry Pope; Jonathan McCully.	62
6.1	La colonie de la Rivière Rouge, 1870 : les paroisses françaises et anglaises. D'après : Gerhard J. Ens, *Homeland to Hinterland : The Changing Worlds of the Metis in the Nineteenth Century*, Toronto, University of Toronto Press, 1996, p. 11; Gerald Friesen, *The Canadian Prairies : A History*, Toronto, University of Toronto Press, 1987, p. 91; Jean Hall, "The People", *The Provisional Government of Assiniboia*, https://hallnjean2.wordpress.com/resources/definition-provisional-government/the-people-electorate/; George Stanley, *The Birth of Western Canada : A History of The Riel Rebellions*, 2e édition, Toronto, University of Toronto Press, 1961, p. 14.	156
6.2	L'expansion du Manitoba entre 1870 et 1912. Reproduit avec la permission de John Welsted et al., "Manitoba : Geographical Identity of a Prairie Province", dans John C. Everitt, Christoph Stadel and John E. Welsted (dir.), *The Geography of Manitoba : Its Land and Its People*, Winnipeg, University of Manitoba Press, 1996, p. 5.	172

7.1	La délégation de la Colombie-Britannique (Dr J.S. Helmcken, Dr R.W.W. Carrall et J.W. Trutch) arrive à Ottawa. L'artiste Robert J. Banks met l'accent sur le train en guise de symbole. Image PDP00488 par Robert Banks, avec la permission du Royal BC Museum and Archives.	*197*
8.1	Le mineur au Yukon chassé du pouvoir par les « monstres » du Conseil du Yukon et du conseil des ministres à Ottawa : *Dawson Daily*, 19 mai 1903.	*212*
9.1	"Le Nord-Ouest" demande le traitement équitable pour le territoire : *The Grip*, novembre 1883.	*242*
9.2	La province projetée de « Buffalo ». Carte reproduite avec la permission de Bill Waiser, *Saskatchewan : A New History*, Calgary, Fifth House, 2006.	*246*
9.3	Le premier ministre Laurier comme sage-femme de « jumeaux », *Montreal Daily Star*, 23 février 1905.	*248*
10.1	La délégation de la Convention nationale arrive à Ottawa en 1947. Photographe : G. Hunter, BAC, MIKAN 3362966.	*268*
10.2	La campagne contre la Confédération en 1948. Des affiches dénigrant la Confédération recouvraient souvent les vitrines des commerces et les fenêtres des maisons à Terre-Neuve. Avec la permission de The Rooms Provincial Archives Division (Fonds George Carter, boîte 5, MG910), St. John's, Terre-Neuve.	*270*
10.3	Les partisans de la Confédération promettaient que l'union apporterait des changements à Terre-Neuve : *The Confederate*, 31 mai 1948, p. 3.	*272*
10.4	Discours du très honorable Louis St-Laurent lors de la cérémonie d'entrée de Terre-Neuve dans la Confédération : Ottawa, Ontario, 1er avril 1949. BAC, MIKAN 3408569.	*276*
11.1	Le Canada au début du XXe siècle, avant la création par le gouvernement fédéral de l'Alberta et de la Saskatchewan, et avant l'extension des frontières du Manitoba, de l'Ontario et du Québec vers le nord. D'après : Ressources naturelles Canada, « Carte 1898 », Bibliothèque et Archives Canada, <http://www.collectionscanada.gc.ca/confederation/023001-5009-f.html>.	*283*
11.2	Le député du NPD, Peter Ittinuar. Archives des Territoires du Nord-Ouest/©GNWT, ministère des Travaux publics et des Services gouvernementaux, /G-1995-001: 0539.	*293*
11.3	Le territoire du Nunavut, établi en 1999. Reproduit à partir de "Nunavut avec toponymes », Ressources naturelles Canada, <http://ftp.geogratis.gc.ca/pub/nrcan_rncan/raster/atlas_6_ed/reference/bilingual/nunavut_names.pdf>.	*299*
11.4	Les Territoires du Nord-Ouest après l'établissement du Nunavut en 1999. Reproduit à partir de « Territoires du Nord-Ouest avec toponymes », <http://ftp.geogratis.gc.ca/pub/nrcan_rncan/raster/atlas_6_ed/reference/bilingual/nwt_names.pdf>.	*303*

Remerciements

L'origine de ce livre remonte au projet *Les Débats de la Confédération* qui cherchait à familiariser les Canadiens avec les débats qui ont marqué la formation de leur pays au cours des 150 dernières années. Ce projet a permis la numérisation d'environ 9 000 pages de textes issus des législatures locales et fédérale qui ont débattu de l'admission de chaque province ou territoire dans la Confédération entre 1865 et 1949. Il a également été possible de numériser les traités numérotés et les documents concernant leur négociation. Ce riche matériel est conservé sur notre site web hébergé par la University of Victoria : http://hcmc.uvic.ca/confederation/.

Dès le départ, des intellectuels de tous les coins du pays ont travaillé assidûment pour condenser certaines parties de ces documents sous forme de petites unités et de messages afin de les rendre accessibles au grand public, particulièrement dans les médias sociaux. Les organisateurs du projet furent cependant d'avis que les documents revêtiraient une plus grande signification encore s'ils étaient accompagnés d'introductions relatant l'entrée dans la Confédération de chaque province, territoire et région couverte par des traités. À cette fin, un groupe d'historiens canadiens se sont réunis à la St. Jerome's University (Waterloo) en février 2017 pour mettre en commun la somme impressionnante de leur recherche et offrir des analyses en profondeur sur un thème central multidimensionnel : la poursuite de l'autonomie locale. Il fut aussitôt décidé que le fruit de ces efforts méritait de faire l'objet d'une publication savante et ce, dans les deux langues officielles. Le résultat en est *La Confédération : nouvelles perspectives, 1864-1999*.

Ce livre n'aurait jamais vu le jour sans l'appui indéfectible et les judicieux conseils de Raymond Blake, Penny Bryden, Colin M. Coates, P.

Whitney Lackenbauer et Marcel Martel. De même, je tiens à exprimer ma profonde reconnaissance envers tous les auteurs des chapitres tant pour leur minutieux travail que leur ponctualité. Il me faut également souligner le généreux soutien apporté par la Crabtree Foundation, le Conseil de recherche en sciences humaines, la St. Jerome's University, la University of Waterloo, ainsi que le fond Canada150@York. Plusieurs assistants de recherche, dont Yuquian (Gloria) Fan, Sumedha Jain et Philippe Thomson, ont aussi participé à la préparation du manuscrit en vue de sa publication : qu'ils se voient ici sincèrement remerciés.

Je suis également profondément reconnaissant à la University of British Columbia Press pour avoir autorisé la reproduction du chapitre de J. R. Miller tiré de l'ouvrage *New Histories for Old : Changing Perspectives on Canada's Native Pasts*. Les auteurs du collectif tiennent pareillement à exprimer leur gratitude envers les évaluateurs anonymes pour leurs commentaires constructifs.

Daniel Heidt

Équipe de traducteurs-réviseurs

La version française de ce livre a été rendue possible grâce au Projet Canada150@York. Ce projet fut sélectionné pour recevoir un financement en commémoration du 150ᵉ anniversaire du Canada en 2017, à la suite d'un concours organisé par le bureau de la vice-présidente de l'Université York. Le projet des débats entourant la Confédération était alors déjà bien entamé, son but étant de rendre accessible aux étudiantes et étudiants, ainsi qu'au public friand d'histoire, les grandes questions entourant l'évolution constitutionnelle des diverses composantes du Canada. On sait que le long processus menant à la Confédération dans sa forme actuelle a débuté dans les années 1860 pour aboutir, en 1999, avec la création du nouveau territoire du Nunavut.

Grâce à l'appui obtenu de l'ancienne vice-présidente (maintenant présidente) de l'Université York, Rhonda Lenton, que nous tenons ici à remercier, la version française du collectif original conçu et dirigé par Daniel Heidt put ainsi être réalisée. Elle émane d'une initiative du Collège universitaire Glendon, le campus bilingue de l'Université York, où nous avons embauché une étudiante en traduction, Kim Poti, pour assurer la traduction de certains textes. Daniel Poitras a par la suite traduit les chapitres sur les Maritimes, le Manitoba et le Nunavut. Philippe Thompson, étudiant en Études canadiennes et Linguistique, a pour sa part révisé un nombre de textes, lesquels ont été relus et retravaillés par des historiens spécialistes : Marcel Martel s'est chargé du chapitre sur le Québec, Maxime Gohier du chapitre sur les traités, tandis que Daniel Poitras et moi-même avons vérifié et peaufiné les autres traductions. Il s'agit donc d'un travail d'équipe et, en tant que coordonnateur, je tiens à les remercier pour leur dévouement et leur bonne humeur. J'aimerais spécialement signaler la collaboration de ma collègue en Traduction à Glendon, la professeure Lyse Hébert, qui a appuyé nos démarches et répondu avec grâce à toutes nos questions, tant spécifiques que générales. Les auteurs des chapitres ont également volontiers précisé le sens de leurs écrits en cas d'incertitude. Qu'il me soit permis de souligner le travail de direction exceptionnel accompli par Daniel Heidt dans le cadre de la version anglaise originale de ces textes. Enfin, Francine Michaud, préparatrice des textes pour la University of Calgary Press, a retravaillé avec soin et talent l'expression de ces textes.

Une précision s'impose concernant les citations : celles qui existent déjà en français furent reprises directement. Ceci est le cas, par exemple, pour des *Débats* de la Chambre des communes. En l'absence de traductions disponibles pour les citations, notre équipe en a fourni la version française.

Colin M. Coates

1

Introduction : nouvelles perspectives sur la Confédération

DANIEL HEIDT

> *Le 1ᵉʳ juillet 1867 marqua un début et non une fin. Il fallait réconcilier le Canada et la Nouvelle-Écosse. Il était impératif de gagner le cœur des habitants de Île-du-Prince-Édouard et de Terre-Neuve pour assurer la solidarité dans la gestion de la pêche. Il était essentiel d'annexer le Nord-Ouest pour que le territoire ne tombe pas dans les mains des Américains. Au-delà des Rocheuses se situait la Colombie-Britannique et il fallait la convaincre de se joindre à la Confédération pour que le Canada ait accès au Pacifique. Ces réalisations, plus que l'intégration de nouveaux gouvernements, représentaient l'œuvre principale de la Confédération. Pour qu'une union devienne une véritable union, il fallait avant tout agrandir le territoire.*
>
> W. L. Morton, 1964[1]

Lorsque le Canada fut sur le point de fêter ses 100 ans, l'historien W.L. Morton déclara que le 1ᵉʳ juillet 1867 « marqua un début et non une fin ». Le Canada tel que nous le connaissons aujourd'hui n'était encore qu'un rêve. À ses débuts, le nouveau Dominion était formé de quatre provinces – la Nouvelle-Écosse, le Nouveau-Brunswick, le Québec et l'Ontario – peu liées les unes aux autres et formant sans doute un peu plus qu'une colonie, mais moins qu'un pays indépendant. La Confédération ne jouissait pas d'une grande popularité dans les colonies atlantiques et les électeurs néo-écossais allaient bientôt élire des députés opposés à la Confédération dans toutes leurs circonscriptions fédérales, à l'exception d'une seule. Par ailleurs, l'Île-du-Prince-Édouard et Terre-Neuve avaient rejeté le projet et les habitants de la Terre de Rupert et de la Colombie-Britannique n'avaient pas encore été consultés sur leur adhésion éventuelle. La devise du Canada en latin «*A mari usque ad mare*» (« d'un océan à l'autre ») donnait sans doute l'image d'un pays s'étendant dans l'Amérique septentrionale de l'Atlantique au Pacifique, mais cette aspiration n'était pas encore réalisée. Pour y parvenir, la Confédération devait intégrer les intérêts et les cultures de différentes régions et de différentes populations.

La formation d'un pays indépendant des États-Unis et possédant des rivages sur trois océans allait prendre plus de 130 ans, avec pour aboutissement le Canada actuel avec ses trois territoires et ses dix provinces. Si, vingt ans après sa fondation, le Canada s'étendait presque jusqu'à ses limites géographiques actuelles, les frontières politiques que nous connaissons aujourd'hui n'étaient pas encore définies. L'Alberta, la Saskatchewan, le Yukon et le Nunavut prirent tous forme au tournant des XIXe et XXe siècles, refaçonnant profondément, dans le processus, les Territoires du Nord-Ouest. Les électeurs de Terre-Neuve et du Labrador ont maintenu leur distance par rapport à la Confédération, et cette colonie/dominion s'est tenue à l'écart du Canada jusqu'en 1949. Les négociations des traités entre la Couronne et les peuples autochtones s'engagèrent ici et là périodiquement non sans créer des malentendus qui, encore aujourd'hui, hantent le pays. Une réflexion actualisée de la Confédération doit par conséquent tenir compte des transformations fondamentales apportées, depuis sa création, au cadre politique canadien.

Chaque proposition de nouvelle annexion ou de changement a soulevé des débats dans les législatures coloniales, fédérales et territoriales, ainsi qu'au cours des négociations engagées sur les territoires traditionnels autochtones. À ces assemblées, les leaders évaluèrent les avantages et les inconvénients des ententes qui détermineraient leur adhésion au projet de l'union. L'historien Peter B. Waite notait, dans ses écrits sur les débats des années 1860, que les dirigeants prônaient des idées « qu'ils défendaient avec opiniâtreté et conviction[2] ». Peu parmi ces politiciens s'élancèrent dans de profonds débats philosophiques à l'instar des pères fondateurs des États-Unis, Thomas Jefferson et Alexander Hamilton[3], mais Janet Ajzenstat et ses collaborateurs soutiennent très justement dans leur compilation des premiers débats canadiens que le soi-disant pragmatisme des fondateurs du pays a été taxé à tort de manque « d'engagement convaincu envers les valeurs politiques » et d'indifférence « envers les idées politiques[4] ». Qu'elles eurent lieu dans les années 1860 ou dans les années 1990, toutes ces discussions furent l'occasion d'élargir, de réaffirmer ou de modifier les idéaux et l'avenir du Canada. Des délégués en provenance de différentes parties du pays et des représentants des milieux culturels de tout horizon participèrent sans relâche aux débats de fond sur la façon de régler les questions d'autonomie locale, du droit des minorités, de la règle de la majorité, de nationalisme, de liberté et d'égalité. Nous avons hérité des fruits de leur recherche d'un équilibre entre les divergences de vue et d'opinions, qu'elle fut ou non couronnée de succès. Au cours des débats, les délégués ont constamment évoqué les antécédents historiques pour asseoir leurs positions : ce faisant, ils ont ainsi créé une étroite chaîne de dialogues, dévoilant à la fois les racines et l'évolution des tentatives canadiennes de concilier l'intégration et l'autonomie.

Les enjeux

Les politiciens ont pu voir leur réputation anéantie ou, au contraire, exaltée lors de ces débats fondateurs, et les historiens ont depuis tenté d'identifier les politiciens responsables des succès et des échecs du Canada. Sir John A. Macdonald, par exemple, a été dépeint au fil des années comme « l'homme qui nous a créé » (traduction d'une description faite par le journaliste Richard Gwyn) dans des douzaines de biographies et de livres[5]. Les auteurs ont également souligné la contribution de maints autres politiciens qui ont façonné le Canada. Les biographes de George Brown, de George-Étienne Cartier et de Thomas D'Arcy McGee ont bien démontré le rôle critique que ces derniers ont joué dans l'union de la Province du Canada et des deux provinces des Maritimes en 1867[6]. Les études sur Charles Tupper de la Nouvelle-Écosse ou Joey Smallwood de Terre-Neuve rappellent également l'importante contribution de ces pères fondateurs[7]. Dans les dernières décennies, la résistance du chef Louis Riel à l'expansion unilatérale du Canada dans les Prairies a attiré presque autant d'attention que

John A. Macdonald
Procureur général Ouest, Province du Canada (Ontario) et futur premier ministre

6 FÉVRIER 1865

PRISE DE POSITION 1.1
Citation : Province du Canada, Assemblée législative, 6 février 1865. Source : *Débats parlementaires sur la question de la Confédération des provinces de l'Amérique britannique du Nord*. Québec, Hunter, Rose et Lemieux, 1865, p. 28-29. Photographe : Bibliothèque et Archives Canada, C-006513

"... si nous voulons former une grande nationalité... une nationalité qui commande le respect au dehors et puisse défendre ses institutions dont nous sommes si orgueilleux; si nous voulons n'avoir qu'une forme de gouvernement et... une réciprocité absolue d'échanges entre cinq colonies déjà unies par une communauté d'origine, de souveraineté, d'allégeance et presque de sang et d'extraction, ... le seul moyen d'arriver à ce magnifique résultat est de soumettre à une organisation quelconque, mais uniforme, les diverses provinces de l'Amérique britannique du Nord."

Kenneth McKenzie Brown
Membre de la Convention nationale de Terre-Neuve

28 OCTOBRE 1946

PRISE DE POSITION 1.2
Citation : Convention nationale de Terre-Neuve, 28 octobre 1946. Source : Terre-Neuve. *The Newfoundland National Convention, 1946-1948. Vol. 1 : Debates.* J.K. Hiller et M.F. Harrington (dir.), Montréal, Memorial University of Newfoundland par McGill-Queen's University Press, 1995. Photographe : *Who's Who in and from Newfoundland*, 1930, p. 198.

" Je suis contre la Confédération telle que je la vois aujourd'hui. Je suis venu ici l'esprit ouvert, sans idées préconçues. Je n'ai pas fait l'éloge de la Confédération dans ma circonscription; je n'ai pas prôné quoi que ce soit. Quel que soit le gouvernement qui agira dans l'intérêt du peuple, c'est pour ce gouvernement que je voterai et je le ferai aujourd'hui malgré les résolutions présentées par M. Smallwood ou par quiconque d'autre. "

les tentatives de Macdonald de créer un pays transcontinental : en fait, les idées de Riel sont sans doute aujourd'hui mieux reçues que les projets expansionnistes de Macdonald[8]. En Colombie-Britannique, la campagne d'Amor De Cosmos en faveur de l'entrée de cette colonie dans la Confédération a également retenu l'attention[9]. Les détracteurs de la Confédération, tels qu'Albert Smith, William Annand, Antoine-Aimé Dorion, John Helmcken et Kenneth Brown, n'ont pas suscité semble-t-il le même intérêt, malgré leurs contributions primordiales aux débats et, par conséquent, à l'union qui en résulta. « Si les opposants de la Confédération perdirent la bataille », selon l'historien Ged Martin, « ils gagnèrent au moins certains des arguments » qui se sont par ailleurs souvent révélés prémonitoires[10].

Interpréter le passé canadien

Depuis 150 ans, les historiens décrivent et analysent la manière dont les différentes parties du pays ont concilié leur souhait d'autonomie avec les tentatives de mise en place d'une économie nationale, suivant des valeurs politiques communes. Selon Donald Creighton, « le but de la Confédération s'explique par des raisons politiques – pour qu'une 'nouvelle nationalité' voie le jour ». Pour lui, la Confédération résultait d' « un accord politique entre les différentes provinces » grâce auquel l'économie de l' « Empire du Saint-Laurent » allait s'étendre dans toute l'Amérique du Nord britannique[11]. Alors que Creighton célébrait l'expansionnisme, d'autres historiens régionaux remettaient en question le pouvoir et l'impartialité du Canada central. En 1986, David Bercuson résuma l'argument des historiens des Prairies et des Maritimes selon lesquels « le gouvernement fédéral a davantage reflété les souhaits et l'ambition du Canada central, que ceux des Maritimes et de l'Ouest. C'est le Canada central, où les élections sont gagnées ou perdues, qui domine du point de vue électoral; c'était vrai pendant la Confédération et ça l'est encore aujourd'hui[12] ». T. W. Acheson avança qu'en raison de ces déséquilibres de pouvoir, les Maritimes furent absorbées dans « l'empire canadien[13] ». Dans les années 1940, W. L. Morton alla encore plus loin en soulignant que l'« impérialisme du Saint-Laurent » avait marginalisé les Prairies et que cette partie du pays, devenue la « colonie d'une colonie », avait souffert de l'exploitation économique et de la domination politique du Canada central[14].

Certains leaders centralisateurs perpétuèrent ce sentiment régional de marginalisation en insistant sur ce que Donald Creighton décrira et défendra plus tard comme « la suprématie du Dominion et le leadership national[15] ». En effet, John A. Macdonald, Charles Tupper et certains autres pères fondateurs auraient préféré établir un seul et unique parlement pour tout le territoire (c'est-à-dire un gouvernement unitaire, sans provinces, semblable donc au gouvernement britannique), convaincus que la sanglante guerre civile américaine, focalisée sur la défense des droits des états, avait été inspirée par des identités et des désaccords régionaux profonds. Néanmoins, le désir communément partagé par toutes les colonies en faveur d'une forte autonomie locale entrava la réalisation d'une union législative. Les leaders se contentèrent alors de proposer la constitution d'une fédération très centralisée où les provinces jouiraient d'un pouvoir limité. Ils croyaient ainsi que leur subordination au gouvernement fédéral susciterait un sentiment d'allégeance partagé envers la Couronne, tout en conciliant les intérêts et les attentes des différentes régions et provinces[16].

De nombreux Canadiens rejetèrent cette vision centralisatrice. Même si le terme « pacte provincial » ne gagna en popularité qu'en 1869, plusieurs orateurs décrivirent la Confédération comme un « traité » interprovincial dès 1865-1867. Afin de contrecarrer l'argument des détracteurs selon lequel l'union allait porter atteinte à l'autonomie locale, les défenseurs de la Confédération soulignèrent la garantie constitutionnelle de juridictions provinciales exclusives. En échange des avantages d'adhérer à une plus grande union, les provinces devaient céder leurs juridictions séparées – le maintien de leurs propres forces militaires étant l'une d'elles. Les politiciens mirent l'accent sur le droit à une juridiction exclusive dans d'autres domaines comme celui de la propriété privée, parmi les avantages dont jouiraient les provinces. Ces bénéfices, avançaient-ils, seraient coordonnés avec le gouvernement fédéral, plutôt que d'y être subordonnés. Le concept de pacte provincial, fondamental dans le mouvement des droits provinciaux aux XIXe et XXe siècles, est également essentiel pour comprendre les débats ultérieurs sur l'éducation, les terres de la Couronne et les droits des ressources naturelles en Alberta et en Saskatchewan[17].

Une autre vision de la Confédération s'attardait aux considérations d'ordre culturel. Aux yeux de plusieurs Canadiens français, la Confédération allait faire du Québec un bastion protecteur. À la fin du XIXe et au début du XXe siècle, les droits constitutionnels spéciaux conférés au Québec calmèrent la peur d'assimilation chez ces derniers. Cependant, des événements déterminants, tels que l'exécution de Louis Riel en 1885, encouragèrent les Canadiens français à « adopter un discours exigeant que les deux races, les Canadiens anglais et les Canadiens français, vivent en harmonie et en paix afin de se partager le Canada entre eux de façon équitable et amicale[18] ». Ce concept du Canada comme un pacte biculturel avec deux « nations fondatrices » poussa certains dirigeants canadiens-français, dont Henri Bourassa, à défendre les intérêts des minorités francophones à travers le pays. Ces questions occupèrent une place de premier plan dans les longs débats parlementaires qui donnèrent naissance aux provinces de l'Alberta et de la Saskatchewan en 1905. Dans cette optique, les Canadiens devaient préserver et cultiver des identités biculturelles (ou du moins le bilinguisme) afin de renforcer l'unité nationale[19].

Les peuples autochtones contestent tout autant leur place au sein de la société canadienne. « Pendant plus d'un siècle », souligne la Commission de vérité et réconciliation, « les objectifs centraux de la politique indienne du Canada étaient les suivants : éliminer les gouvernements autochtones, ignorer les droits des Autochtones, mettre fin aux traités conclus et, au moyen d'un processus d'assimilation, faire en sorte que les peuples autochtones cessent d'exister en tant qu'entités légales, sociales, culturelles, religieuses et raciales au Canada[20] ». Aujourd'hui, les Canadiens sont de plus en plus sensibles à cette longue histoire de traitements iniques infligés aux peuples autochtones, ainsi qu'au besoin de réconciliation. Il est de même largement admis que le pays a été fondé par au moins « trois peuples fondateurs[21] ». Le présent ouvrage adopte vigoureusement cette approche en reconnaissant que les Autochtones ont été par le passé et demeurent toujours des « partenaires dans la Confédération » – ce sur quoi la Commission royale sur les peuples autochtones insistait déjà dans les années 1990[22]. En outre, cet ouvrage affirme que les traités avec la Couronne constituent un moyen d'« harmoniser » les relations entre les peuples autochtones et les non-Autochtones au Canada[23]. Malgré ce besoin de longue date d'un rapprochement, le juriste autochtone John Borrows avance que « beaucoup de leaders non-autochtones considèrent que les traités constituent un moyen de mettre un terme à de vieilles questions irrésolues. En général, ils ne conçoivent pas les traités comme un moyen de mettre en place des structures aidant les Autochtones à se développer et à interagir avec l'État-nation[24] ». Afin de dissiper tout malentendu, le présent collectif encourage les Canadiens à reconnaître les traités ainsi que les accords verbaux conclus lors des négociations comme des « documents fondateurs[25] ». Les contributions abondent ainsi dans le sens de la recommandation de la Commission de vérité et réconciliation qui invite les Canadiens à accepter l'idée qu'« en vertu des traités historiques et modernes négociés par notre gouvernement, nous sommes tous visés par les traités[26] ».

Plan du livre

C'est pour cette raison que J.R. Miller entame la discussion sur la Confédération en révélant les précédents, les pratiques et les accords qui constituent la trame de fond des traités signés entre le Canada et les Autochtones. Les ententes entre la Couronne et les Autochtones donnèrent naissance, au fil du temps, à des relations complexes. Selon Miller, les premiers accords prirent la forme de pactes commerciaux signés entre les commerçants européens et les Autochtones qui les approvisionnaient en fourrures. Avec l'intensification de la concurrence au sein de la traite des fourrures et de la rivalité pour l'occupation des terres, ces pactes inclurent des clauses en vertu desquelles la paix et l'amitié étaient assurées. Après la Guerre de 1812, ces traités prirent la forme de contrats permettant à la Couronne d'acquérir des terres autochtones. Par la suite, les agents de la Couronne perçurent ces traités comme des accords ponctuels. Malgré ces transformations, les négociations et les réunions de renouvellement continuèrent dans le respect des pratiques cérémonielles autochtones. Au cours du XIXe siècle, les traités de type territorial vinrent à s'imposer et, dans les années 1870, prirent la forme d'« une alliance tripartite unissant la Couronne, les Premières Nations et une essence divine », devant « être renouvelée annuellement et... modifiée au gré des besoins ». Si Miller affirme que ces trois formes de négociations de traités s'avéraient, selon le contexte, juridiquement « authentiques », il mentionne également que le fossé actuel entre les Autochtones et la Couronne s'explique du fait que les peuples autochtones conçoivent toujours les traités comme des engagements alors que la Couronne, elle, utilise plutôt son pouvoir pour imposer une interprétation étroite des traités en tant que contrats dotés d'obligations limitées et non modifiables.

Les chapitres qui suivent se concentrent sur l'époque ultérieure à 1865 et examinent l'intégration de chaque province, territoire ou région au sein du Canada. Quand l'occasion s'y prête, les auteurs insèrent une analyse des traités entre les Autochtones et la Couronne dans la discussion sur la Confédération. Le deuxième chapitre explique pourquoi la Confédération était davantage prisée au Haut-Canada que dans les autres parties du pays. Selon Daniel Heidt, les futurs Ontariens ne se considéraient pas «Canadiens». Leur opinion de la Confédération laissait entrevoir une certaine conscience collective provinciale qui différait de l'attitude des Ontariens d'aujourd'hui. Ces sentiments étaient alimentés par le désir de la colonie, depuis plusieurs décennies, d'obtenir un gouvernement responsable, de mettre en place la représentation selon la population et d'acquérir le Nord-Ouest. L'accord était d'autant plus alléchant que la Confédération allait exaucer ces attentes. Seuls quelques politiciens s'opposaient aux 72 Résolutions; or ni leur mécontentement envers le poids financier que représentait l'union pour l'Ontario, ni leurs doutes sur l'unité nationale, ni même leurs critiques acerbes à l'endroit du gouvernement qui refusait un scrutin populaire sur l'union ne surent éliminer les attraits de l'accord. Mais en Ontario, le processus de la Confédération ne s'acheva pas en 1867. L'expansion vers le Nord-Ouest requérait que des accords soient signés avec les peuples autochtones vivant au nord de l'Ontario actuel. À la fin des années 1860 et au début des années 1870, ces groupes détenaient un pouvoir réel de négociation et surent en faire usage afin d'obtenir de meilleures conditions que celles qu'avait initialement proposées la Couronne. Or, ce pouvoir de négociation s'affaiblissant vers le tournant du siècle, les représentants de la Couronne induisirent fréquemment en erreur les dirigeants des Cris et des Ojibwés, qui eux n'eurent d'autres choix que de signer le traité n° 9.

Marcel Martel, Colin M. Coates, Martin Pâquet et Maxime Gohier se penchent pour leur part sur l'histoire de l'autre partie de la province du Canada : le Québec. Selon eux, «Le Québec est un membre fondateur de la Confédération et c'est en partie grâce à lui que la Confédération a vu le jour». À Charlottetown en septembre 1864, tout comme à Québec un mois plus tard, les représentants francophones de la future province de Québec, même s'ils appartenaient à une minorité linguistique et religieuse, se trouvèrent tous en position de force à la table des négociations. Dans les négociations et les débats, nombre de représentants canadiens-français étaient en faveur du fédéralisme. Ils souhaitaient se séparer du Canada-Ouest (Ontario) et obtenir le contrôle provincial des institutions politiques et sociales qu'ils jugeaient nécessaires au renforcement de leur identité et de leur culture. Pour leur part, les représentants anglophones québécois obtinrent des protections complémentaires au-delà des questions se rapportant à la langue et à l'éducation. Si ces protections culturelles eurent peu d'impact sur les minorités francophones en dehors du Québec, elles eurent néanmoins l'effet escompté de protéger la culture française à l'intérieur du Québec.

Au même moment, l'Atlantique envisageait aussi le pacte confédératif. Dans son chapitre sur les réactions au Nouveau-Brunswick, en Nouvelle-Écosse et à l'Île-du-Prince-Édouard face à la Confédération, Phillip Buckner met l'accent sur les craintes les plus fréquemment exprimées par leurs habitants. Ces derniers redoutaient particulièrement la faible influence qu'ils allaient avoir au sein d'un parlement dominé par les députés ontariens et québécois, la possible mise en place par le Dominion de tarifs protectionnistes qui affecteraient l'économie dans les colonies atlantiques, ainsi que le nouveau partage des pouvoirs en matière de taxation qui risquait de rendre les Maritimes incapables d'en assumer seules la charge. Buckner examine les divers arguments en jeu, les développements extérieurs à la région et les manœuvres politiques auxquelles les promoteurs de la Confédération ont eu recours pour contourner ou apaiser les craintes des citoyens.

Une fois intégrée la plus grande partie de l'Atlantique dans l'Amérique du Nord britannique, le Canada tourna alors son attention vers l'Ouest pour obtenir les territoires tombant sous la coupe de la Compagnie de la Baie d'Hudson : la Terre de Rupert, le Nord-Ouest et la Colombie-Britannique. Étudiant l'entrée du Manitoba au sein de la Confédération, Barry Ferguson et Robert Wardhaugh y découvrent une histoire tout-à-fait unique, car, soutiennent-ils, le Manitoba est « la seule province créée à l'encontre des desseins du gouvernement canadien ». En 1869, le gouvernement d'Ottawa proposa d'acquérir le Nord-Ouest sans consulter la population locale. Entre septembre 1869 et juillet 1870, la colonie de la rivière Rouge s'opposa à cette acquisition, refusant d'abord que le Canada gère le territoire sans un accord juridique préalable, pour ensuite former un gouvernement provisoire qui négocia les conditions de création de la nouvelle province. Les délégués du gouvernement provisoire forcèrent en quelque sorte la main au gouvernement canadien pour obtenir ce qu'ils désiraient : en juillet 1870, l'Acte du Manitoba reconnaissait la présence d'institutions et les modes de vie des francophones et des anglophones, des catholiques et des protestants, des Métis et des Canadiens. Cette reconnaissance s'accompagna toutefois d'une forte note à payer, à savoir une infériorité constitutionnelle par rapport aux autres provinces – sort qu'allaient plus tard partager la Saskatchewan et l'Alberta. Or c'est cette même reconnaissance qui devait accélérer, entre 1871 et 1877, les négociations avec les peuples autochtones au Manitoba et dans les Territoires du Nord-Ouest.

La région qui entra par la suite dans la Confédération fut la Colombie-Britannique. Le souhait du Canada d'étendre ses frontières jusqu'au Pacifique, mais aussi le désir de la Grande-Bretagne de se débarrasser d'une colonie dont la population et les revenus déclinaient au rythme de l'augmentation de ses dettes, poussèrent la colonie du Pacifique à envisager trois solutions à ses problèmes : s'annexer aux États-Unis, demeurer une colonie britannique ou devenir une province canadienne. La première solution était pratique mais très peu populaire, la deuxième plaisait au gouverneur et aux fonctionnaires qui contrôlaient le Conseil législatif, alors que la troisième était défendue par deux journalistes canadiens, Amor De Cosmos et John Robson, associant l'union au gouvernement responsable. Lorsque le gouvernement de John A. Macdonald acquit enfin la Terre de Rupert de la Compagnie de la Baie d'Hudson, il demanda au gouvernement britannique de nommer un nouveau gouverneur de la Colombie-Britannique et de le charger de promouvoir la Confédération, ce qui fut fait. Le Conseil législatif débattit alors des conditions de l'union et envoya une délégation de trois hommes à Ottawa afin de négocier des termes « justes et équitables ». Puisque le Canada voulait la Colombie-Britannique plus que celle-ci ne voulait le Canada, la nouvelle province obtint presque tout ce qu'elle demandait et prit ainsi place au sein de la Confédération en 1871.

À la fin du XIXe siècle, le territoire du Yukon naquit en raison de problèmes administratifs affectant les Territoires du Nord-Ouest. Le Yukon devint un territoire en 1898, au faîte de la ruée vers l'or au Klondike. Retranché des Territoires du Nord-Ouest, le Yukon vit le jour en raison de la querelle qui opposait Regina et Ottawa sur le contrôle des recettes provenant des ventes d'alcool. L'évolution constitutionnelle du territoire ne fut par conséquent pas la même que celle du Manitoba. En établissant le territoire par décret, le gouvernement de sir Wilfrid Laurier n'eut pas besoin de consulter les colons locaux et les peuples autochtones. Au contraire, le Yukon fut dès le départ dirigé par un conseil de fonctionnaires nommés par Ottawa. Même si les protestations locales se soldèrent par l'augmentation du nombre de membres élus au sein du Conseil – et ultimement l'établissement d'un conseil territorial complètement élu en 1910 –, l'effondrement éventuel de l'économie minière et la chute démographique du Yukon pendant la Première Guerre mondiale provoquèrent la réduction du Conseil élu et du gouvernement territorial. Le Yukon ne devait obtenir le gouvernement responsable qu'en 1979.

L'institution d'une forme de gouvernance dans les Prairies prit elle aussi des décennies à se réaliser. Selon Bill Waiser, l'histoire de la création de l'Alberta et de la Saskatchewan ne fut pas « une simple histoire linéaire, marquée de progrès et de réjouissances, mais plutôt un long cheminement acrimonieux ». Face à l'ambition du Canada de coloniser les Prairies, comme l'avait démontré l'expérience du Manitoba, les chefs autochtones cherchèrent, par l'entremise des traités, à préserver la culture et les terres de leurs peuples. Voulant éviter des « guerres indiennes » onéreuses, la Couronne négocia des traités avec les communautés autochtones au moment de l'arrivée des colons. Au cours des décennies suivantes, la région voulut se joindre à la Confédération sous la poussée démographique des nouveaux arrivants. Cette nouvelle population manifesta bientôt son mécontentement envers l'indifférence et la négligence du gouvernement fédéral, la lenteur extrême de l'évolution constitutionnelle et les conditions limitées du statut de province qu'on lui offrait. L'Assemblée législative des Territoires du Nord-Ouest demandait la pleine juridiction dans tous les domaines relevant du provincial, mais les discussions entre catholiques et protestants sur les droits à l'éducation, ainsi que la détermination du gouvernement central à contrôler les terres de la Couronne et les ressources naturelles, engendrèrent l'un des plus longs et tumultueux débats de l'histoire parlementaire canadienne. Ce débat eut même pour effet de reporter de deux mois la date d'entrée de la Saskatchewan et de l'Alberta dans la Confédération (du 1er juillet au 1er septembre 1905).

Quarante ans s'écoulèrent avant que la dernière province du Canada se joigne à la Confédération. Terre-Neuve avait envoyé des délégués à Québec en 1864 et certains défenseurs de l'union avaient affirmé que la Confédération serait la solution à ses problèmes – notamment un taux de pauvreté élevé et une forte dépendance aux pêcheries – tout en stimulant sa diversité économique. Les adversaires de la Confédération luttèrent âprement pour que Terre-Neuve conserve son indépendance et ils gagnèrent la bataille. Après 1869, des propositions concernant l'adhésion à la Confédération firent de temps à autre surface, mais ce n'est qu'à la fin des années 1940 que les électeurs reconsidérèrent l'option de se joindre au Canada. Les promoteurs de l'union soutinrent encore une fois que le Canada allait leur apporter une sécurité économique et sociale susceptible de mettre fin au sous-développement et à la pauvreté dont souffrait Terre-Neuve. Les opposants, quant à eux, voulaient maintenir l'indépendance du pays. Par une mince majorité en 1949, les habitants de Terre-Neuve optèrent pour l'union avec le Canada.

La création de Nunavut, en 1999, représente l'adjonction la plus récente à la Confédération. Comme le soulignent P. Whitney Lackenbauer et André Légaré, il a fallu des décennies de négociation pour mener à bien la création de ce nouveau territoire et, surtout, la revendication des Autochtones pour plus d'autonomie. Entre 1905 et la Seconde Guerre mondiale, le gouvernement canadien s'intéressa peu à l'Extrême-Arctique jusqu'au moment où, à partir de 1945, il commença à étendre ses activités dans la région pour des raisons de défense stratégique et de développement économique. Les dirigeants autochtones se sont alors organisés pour à la fois réclamer plus d'autonomie et établir des ententes sur des revendications territoriales globales. Par l'examen minutieux des propositions autochtones, des commissions gouvernementales et des négociations, les auteurs expliquent comment le territoire a su établir « les bases de nouvelles relations » entre la Couronne, les nouveaux arrivants et les Inuits, et démontrent que, « grâce à l'édification d'un nouveau gouvernement territorial, les Inuits se retrouvèrent avec des leviers de pouvoir suffisamment puissants pour déterminer leur avenir ».

Les buts partagés de la Confédération

Les chapitres de cet ouvrage présentent un survol concis des aspirations, des débats et des juridictions relatifs aux intérêts coloniaux, territoriaux, fédéraux et autochtones dans ce long processus de création que fut la Confédération canadienne. Le lecteur canadien pourra ainsi mieux comprendre les ressemblances et les différences entre les provinces, les régions et les peuples. Le livre met en évidence un désir partagé pour l'autonomie

Figure 1.1 Le Canada avec ses frontières provinciales et territoriales actuelles.

et l'inclusion. Dans chaque province, lors des délibérations, il s'est trouvé des politiciens pour prédire que d'autres parties du pays établiraient un front commun pour faire adopter des politiques néfastes pour leur propre province. Presque tous les groupes, à l'exception peut-être des partisans de John A. Macdonald, réclamèrent la garantie de l'autonomie locale au sein de la Confédération. Les Canadiens français du Québec, voulant protéger ce qui allait être appelée plusieurs décennies plus tard une « société distincte », demandaient des mesures pour préserver leur langue, leur code civil et leur culture. Les provinces de l'Atlantique souhaitaient obtenir l'aide du gouvernement fédéral pour assurer la continuité des programmes locaux et, quand elles jugèrent les offres fédérales insuffisantes, Terre-Neuve et l'Île-du-Prince-Édouard rejetèrent l'union. Les politiciens des Prairies espéraient étendre le statut de juridiction provinciale sur les terres de la Couronne et les ressources naturelles pour leur région. Les territoires se battirent pour un gouvernement responsable et élu pendant des décennies. Les peuples autochtones tentèrent d'obtenir des protections et des garanties de la Couronne pour assurer la transition « d'une économie en déclin fondée sur la chasse, à une économie agricole qui envahissait leurs territoires[27] ».

Des thèmes communs et récurrents, tels que la quête d'autonomie, les manquements du gouvernement canadien face aux engagements issus des traités, la méfiance entre les provinces, mais aussi entre le fédéral et le provincial, ont conduit à de vifs débats dans les provinces et les territoires au seuil de leur entrée dans la Confédération. Il n'y a pour autant pas lieu d'adopter une attitude cynique envers l'avenir du Canada. Comme le rappelle le politologue Ronald Watts, les fondateurs des fédérations ont dans leur majorité choisi cette structure de gouvernement précisément parce qu'elle « représente un moyen pratique de combiner… l'unité et la diversité[28] ». Or, les Canadiens devraient reconnaître ce qu'ils ont réussi à accomplir : la création d'un pays distinct des États-Unis, doté d'une très bonne qualité de vie (même si ses bienfaits ne sont pas distribués équitablement), garantissant de surcroît une certaine autonomie locale. Concilier unité et autonomie tout en corrigeant les erreurs du passé continuera de présenter un formidable défi, auquel n'échapperont pas à l'occasion des désaccords profonds. Ce livre a l'ambition d'effectuer une remise à jour de notre compréhension du processus confédératif canadien, un effort qui doit désormais inclure la série d'ententes entre les peuples autochtones, la Couronne, ainsi que les gouvernements coloniaux, territoriaux, provinciaux et fédéral. Ce faisant, espérons qu'il suscite de nouvelles discussions, tant sur les fondements du pays et que sur son avenir.

NOTES

1 W.L. Morton, *The Critical Years : The Union of British North America, 1857-1873*, Toronto, McClelland & Stewart, 1964, p. 221-222.

2 Peter B. Waite, *The Life and Times of Confederation, 1864-1867*, 3ᵉ édition, Toronto, Robin Brass Studio, 2001, p. 1.

3 Voir l'ouvrage de Frank H. Underhill, *Image of Confederation*, Toronto, Canadian Broadcasting Corporation, 1964, p. 3, et l'ouvrage de J.K. Johnson, « John A. Macdonald »,

dans J. M. S. Careless (dir.), *The Pre-Confederation Premiers : Ontario Government Leaders, 1841-1867*, Toronto, University of Toronto Press, 1980, p. 224 ; sur la position des historiens à l'égard du prétendu pragmatisme des fondateurs du Canada, voir aussi P.B. Waite, « The Political Ideas of John A. Macdonald », dans Marcel Hamelin (dir.), *Les idées politiques des premiers ministres du Canada*, Ottawa, Éditions de l'Université d'Ottawa, 1969, p. 51-67.

4   Peter B. Waite, *The Life and Times of Confederation, 1864-1867*, p. 1.

5   Parmi les études les plus connues sur la vie et l'héritage de Macdonald, on pourra consulter : Donald Creighton, *John A. Macdonald : The Young Politician*, Toronto, University of Toronto Press, 1952; Donald Creighton, *John A. Macdonald : The Old Chieftain*, Toronto, University of Toronto Press, 1955; Richard Gwyn, *John A. : The Man Who Made Us*, Toronto, Random House Canada, 2008; Richard Gwyn, *Nation Maker : Sir John A. Macdonald : His Life, Our Times*, vol. 2, 1867-1891, Toronto, Random House Canada, 2011; Patrice Dutil et Roger Hall (dir.), *Macdonald at 200 : New Reflections and Legacies*, Toronto, Dundurn, 2014.

6   J.M.S. Careless, *Brown of the Globe*, vol. 2 : *Statesman of Confederation, 1860-1880*, Toronto, Macmillan Company, 1963; Alistair Sweeny, *George-Étienne Cartier : A Biography*, Toronto, McClelland and Stewart, 1976; David A. Wilson, *Thomas D'Arcy McGee : The Extreme Moderate, 1857-1868*, vol. 2, Montréal, McGill-Queen's University Press, 2011.

7   Carl M. Wallace, « Sir Leonard Tilley : A Political Biography », thèse de doctorat, University of Alberta, 1972; Joseph R. Smallwood, *I Chose Canada. The Memoirs of the Honourable Joseph R. "Joey" Smallwood*, Toronto, Macmillan of Canada, 1973.

8   Au nombre des ouvrages et études sur Louis Riel, mentionnons : Hartwell Bowsfield (dir.), *Louis Riel : Selected Readings*, Toronto, Copp Clark Pitman, 1988; Albert R. Braz, *The False Traitor : Louis Riel in Canadian Culture*, Toronto, University of Toronto Press, 2003; Thomas Flanagan, *Louis 'David' Riel : Prophet of the New World*, Toronto, University of Toronto Press, 1996; Thomas Flanagan, *Riel and the Rebellion : 1885 Reconsidered*, Toronto, University of Toronto Press, 2000; Douglas Owram, « The Myth of Louis Riel », *Canadian Historical Review*, 63, 3, 1982, p. 315-336; Jennifer Reid, *Louis Riel and the Creation of Modern Canada : Mythic Discourse and the Postcolonial State*, Albuquerque, University of New Mexico Press, 2008; George F.G. Stanley, *Louis Riel : patriote ou rebelle ?* Ottawa, Société historique du Canada, 1971; Donald Swainson, « Rieliana and the Structure of Canadian History », *The Journal of Popular Culture*, 14, 2, 1980, p. 286-297.

9   George Woodcock, *Amor De Cosmos : Journalist and Reformer*, Toronto, Oxford University Press, 1975; Gordon Hawkins, *The De Cosmos Enigma*, Vancouver, Ronsdale Press, 2015.

10 Ged Martin, « Painting the Other Picture. The Case Against Confederation », dans C. C. Eldridge (dir.), *From Rebellion to Patriation : Canada and Britain in the Nineteenth and Twentieth Centuries*, Cardiff : Canadian Studies in Wales Group, 1989, p. 67. Eu égard à cette observation, notons le cas d'exception du Néo-Écossais Joseph Howe qui fera l'objet de nombreuses biographies.

11 Donald Creighton, *Canada's First Century, 1867-1967*, Toronto, Macmillan of Canada, 1970, p. 11.

12 David Jay Bercuson, « Canada's Burden of Unity : An Introduction », dans Bercuson (dir.), *Canada and the Burden of Unity*, Toronto, Copp Clark Pitman, 1986, p. 3.

13 T.W. Acheson, « The Maritimes and 'Empire Canada' », dans Bercuson (dir.), *Canada and the Burden of Unity*, Toronto : Copp Clark Pitman, 1977, p. 87-114.

14 Le texte classique de Morton a été réédité sous le titre « Clio in Canada : The Interpretation of Canadian History », dans A. B. McKillop (dir.), *Contexts of Canada's Past : Selected Essays of W.L. Morton*, Toronto, Macmillan of Canada, 1980, p. 109.

15 Creighton, *Canada's First Century*, p. 48.

16 Voir Creighton, *Canada's First Century*; Norman McLeod Rogers, « The Compact Theory of Confederation », *Papers and Proceedings of the Annual Meeting of the Canadian Political Science Association*, 1931, p. 205-230; W.L. Morton, « The Conservative Principle in Confederation », *Queen's Quarterly*, 71, 1965, p. 528-546.

17 Ramsay Cook, *L'autonomie provinciale, les droits des minorités et la théorie du pacte, 1867-1921*, Ottawa, Imprimeur de la Reine, 1969, p. 9. Voir également Paul Romney, *Getting it Wrong : How Canadians Forgot Their Past and Imperiled Confederation*, Toronto, University of Toronto Press, 1999.

18 Arthur I. Silver, *The French-Canadian Idea of Confederation, 1864-1900*, 2ᵉ édition, Toronto, University of Toronto Press, 1997, p. 184.

19 Sur le biculturalisme, le bilinguisme et le séparatisme au Canada, consulter Silver, *The French-Canadian Idea of Confederation*; Cook, *L'autonomie provinciale*; A.D. Dunton et André Laurendeau, *Commission royale d'enquête sur le bilinguisme et le biculturalisme*, Ottawa, Imprimeur de la Reine, 1967, vol. 1; Ralph Heintzman, « The Spirit of Confederation : Professor Creighton, Biculturalism, and the Use of History », *Canadian Historical Review*, 52, 3, 1971, p. 245-275; Matthew Hayday, *So They Want Us to Learn French : Promoting and Opposing Bilingualism in English-Speaking Canada*, Vancouver, University of British Columbia Press, 2015; Susan Mann Trofimenkoff, *Visions nationales : une histoire du Québec*, traduit par Claire et Maurice Pergnier, Saint-Laurent, QC, Éditions du Trécarré, 1986.

20 Commission de vérité et réconciliation du Canada, *Honorer la vérité, réconcilier pour l'avenir : sommaire du rapport final de la Commission de vérité et réconciliation du Canada*, Montréal, McGill-Queen's University Press, 2015, p. 1.

21 Voir par exemple : Citoyenneté et Immigration Canada, « Découvrir le Canada : les droits et responsabilités liés à la citoyenneté », <https://www.canada.ca/fr/immigration-refugies-citoyennete/organisation/publications-guides/decouvrir-canada.html> (consulté le 28 juillet 2018).

22 Commission royale sur les peuples autochtones, *Partenaires au sein de la Confédération : les peuples autochtones, l'autonomie gouvernementale et la Constitution*, Ottawa, Ministère des Approvisionnements et Services Canada, 1993.

23 Pour plus d'informations sur l'harmonisation des relations entre les Autochtones et les non-Autochtones, consulter John Borrows, *Freedom and Indigenous Constitutionalism*, Toronto, University of Toronto Press, 2016, p. 45.

24 *Ibid.*, p. 35.

25 J.R. Miller, *Compact, Contract, Covenant : Aboriginal Treaty-Making in Canada*, Toronto, University of Toronto Press, 2009, p. 300.

26 Commission de vérité et réconciliation du Canada, *Honorer la vérité, réconcilier pour l'avenir*, p. 9.

27 J.R. Miller, *Shingwauk's Vision : A History of Native Residential Schools*, Toronto, University of Toronto Press, 1996, p. 98.

28 R.L. Watts, « Contemporary Views on Federalism », dans Bertus de Villiers (dir.), *Evaluating Federal Systems*, Boston, Juta & Co., 1994, p. 2.

2

Ententes, contrats et alliances : l'évolution des traités avec les peuples autochtones[1]

J.R. MILLER

L'histoire des traités entre les Premières Nations et les Européens venus s'établir au Canada a évolué au cours des siècles et a connu plusieurs phases. Les premiers accords, conclus entre des marchands européens et des fournisseurs de fourrures autochtones, étaient généralement des ententes officieuses visant à régir les relations commerciales. Ces ententes ne faisaient que rarement l'objet d'un enregistrement suivant les normes que les Européens reconnaissaient et appliquaient pour des traités. Concurremment à ces ententes commerciales, des accords de paix et d'amitié ont commencé à être négociés à partir de la fin du XVIIe siècle pour devenir, au siècle suivant, la forme privilégiée des traités négociés par les puissances coloniales avec les peuples autochtones dans le nord-est de l'Amérique du Nord. À l'instar des accords commerciaux, ces pactes, visant à établir et à entretenir des relations diplomatiques et militaires, se conformaient dans l'ensemble aux pratiques et aux rituels autochtones. Or, vers la fin du XVIIIe siècle et pendant la toute première moitié du XIXe siècle, les accords de nature territoriale devinrent le principal type de traités négociés entre les Premières Nations et les Européens résidant au Canada. Ces traités territoriaux prirent la forme, en surface du moins, de simples transactions contractuelles. Vers la fin du XIXe siècle, la nature des traités territoriaux se transforma, probablement sous l'effet de l'évolution et de la

19

systématisation des méthodes d'archivage employées par l'État. À partir des années 1870, les Européens accédèrent aux territoires des Premières Nations grâce à une forme de traité conçue comme une alliance tripartite, dans laquelle le divin tenait le rôle de tierce-partie. Au XXe siècle, les Premières Nations insistèrent d'une manière croissante (particulièrement dans les dernières décennies) pour que les traités historiques soient interprétés dans cet esprit d'alliance sacrée; pour sa part, le gouvernement du Canada s'en est longtemps tenu à une définition contractuelle des traités territoriaux. Dans ce débat, on a eu tendance à occulter l'importance des traités commerciaux du début de l'époque coloniale. C'est vraisemblablement en raison de la variété formelle des accords conclus entre les Premières Nations et la Couronne au fil du temps, qu'en 1985 la Cour suprême du Canada a tranché en faveur de la nature unique – *sui generis* – de ces traités.

Aucun chercheur n'a décrit avec plus de lucidité qu'Arthur J. Ray l'histoire complexe et mouvante des traités conclus avec les peuples autochtones du Canada. Selon Ray, les objectifs poursuivis par les Premières Nations dans la négociation d'un traité, de même que la nature de l'entente négociée, sont des éléments fondamentaux dont il faut tenir compte pour en bien comprendre la portée : « Pour les Premières Nations du Canada, il s'agit d'un enjeu crucial qui a une incidence directe sur la promotion des droits issus de traités », lesquels ont revêtu une importance particulière depuis le rapatriement de la Constitution en 1982. Avec sa modestie habituelle, Ray admet qu'il a contribué à alimenter la réflexion sur la nature des traités et à remettre en question le paradigme suivant lequel « les accords doivent être interprétés essentiellement comme des accommodements pacifiques par la voie desquels les nations autochtones ont accepté de partager leurs terres avec les nouveaux arrivants ». Pour faire contrepoids à cette idée, il souligne l'importance de la dimension économique du processus de négociation des traités : « J'ai conclu mon ouvrage *Indians in the Fur Trade* en notant que les peuples autochtones des Prairies ont cherché, par la négociation de traités, à s'adapter aux changements économiques radicaux qui ont marqué le Canada à la fin du XIXe siècle. En d'autres termes, j'ai mis en évidence la dimension économique des traités[2] ».

Nonobstant le modeste aveu de Ray, sa contribution va beaucoup plus loin que la simple mise en évidence de l'aspect économique des traités. Cela ne signifie pas, évidemment, que cette interprétation ne fut pas en soi

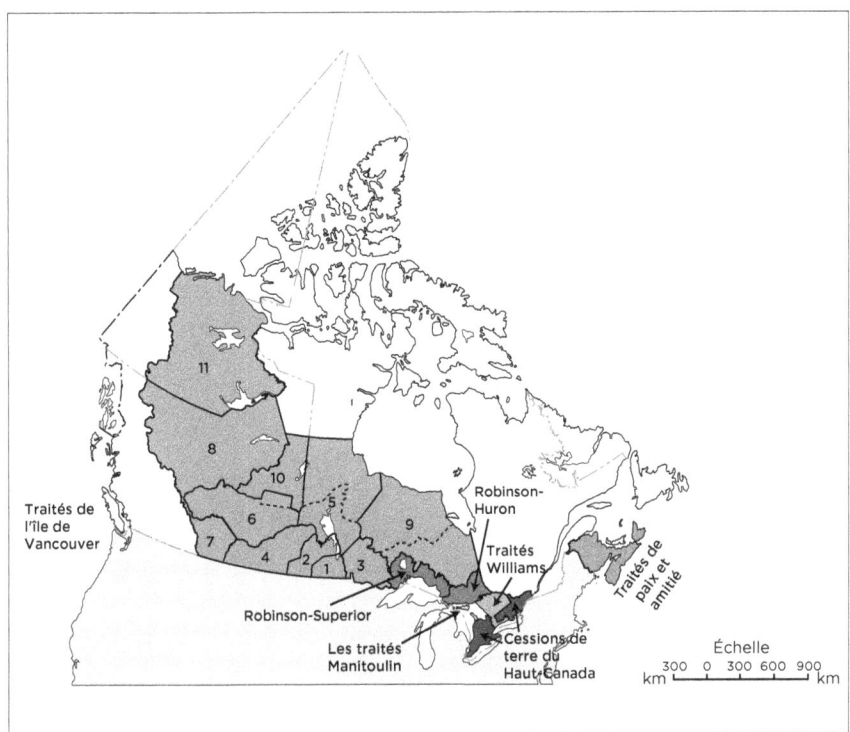

Figure 2.1 Les traités historiques au Canada. D'après : « Traités historiques au Canada », Relations Couronne-Autochtones et Affaires du Nord Canada, <https://www.aadnc-aandc.gc.ca/DAM/DAM-INTER-HQ/STAGING/texte-text/htoc_1100100032308_fra.pdf>.

significative ou que son impact sur l'historiographie fut négligeable, bien au contraire. C'est qu'avant la publication d'*Indians in the Fur Trade*, la compréhension que l'on avait du processus de négociation des traités était très limitée. Pendant longtemps, la vision du gouvernement fédéral semble avoir été la seule à s'imposer : les traités étaient ainsi considérés comme de simples transactions territoriales qui, dans le meilleur des cas – pensons aux traités numérotés, par exemple –, se distinguaient par l'ajout de clauses « prévoyantes » visant à promouvoir le développement de l'agriculture et la scolarisation chez les Premières Nations, le tout sous la supervision du gouvernement « sage » et « bienveillant » d'Ottawa. Cette interprétation, louangée notamment par George Stanley en 1936 dans son ouvrage *The Birth of Western Canada*[3], commençait à peine à être remise en question à la fin des années 1970 et au début des années 1980[4], et n'avait toujours pas été sérieusement écartée à l'époque où Ray commença à publier ses travaux sur les peuples autochtones et le commerce des fourrures.

Une autre grande contribution d'Arthur Ray à l'étude des traités tient à son analyse des protocoles complexes qui structuraient les échanges économiques entre les Autochtones et les nouveaux arrivants. Cette approche lui a permis par la suite de mettre en lumière l'influence de ces protocoles sur les cérémonies entourant la négociation des traités dans l'Ouest canadien au XIXe siècle. Dans *Give Us Good Measure*, une étude quantitative produite en collaboration avec Donald Freeman, Ray a décrit les cérémonies élaborées qui encadraient le commerce des fourrures dans les postes de la Compagnie de la Baie d'Hudson (CBH), à York Factory notamment[5]. Grâce aux observations faites par Andrew Graham, un agent de la CBH, Ray et Freeman ont pu reconstituer les différentes étapes d'une rencontre commerciale. On apprend ainsi que lorsqu'un groupe de traiteurs se présentait à un poste de la compagnie, il faisait discrètement halte à environ trois kilomètres du poste afin que les capitaines préparent leur arrivée. Les traiteurs « s'approchent ensuite à la vue du Fort, au nombre d'environ dix à vingt, les uns se tenant près des autres. S'il n'y a qu'un seul capitaine, celui-ci se tient au centre, mais s'ils sont plusieurs, ils se placent aussi sur les côtés; les canots de ces capitaines se distinguent également des autres par la présence d'un petit saint George ou d'un *Union Jack* hissé à l'arrière, sur un bâton[6] ». Lorsqu'ils arrivaient à proximité du fort, les groupes de traiteurs qui souhaitaient commercer rapprochaient leurs canots pour ne former qu'une seule flottille. En s'approchant, les Autochtones saluaient les occupants du poste en tirant « plusieurs salves de fusils », tandis que le commandant du poste, qui avait déjà ordonné que soit hissé « le Grand Drapeau » du fort, leur rendait la politesse en faisant tirer ses canons de douze livres. Mais ces salutations et ces hommages n'étaient que le prélude à un rituel protocolaire bien plus élaboré.

Dès que les négociants autochtones avaient mis pied à terre et que les femmes avaient établi le campement, les capitaines et leurs lieutenants entamaient une longue cérémonie avec le personnel de la CBH. Dès qu'il était informé de l'arrivée des chefs autochtones, le commandant du poste chargeait son négociateur de les accueillir dans la salle prévue pour les conseils : « Des chaises sont disposées dans la salle et des pipes fumantes sont déposées sur la table. Les capitaines se placent de chaque côté du gouverneur, mais personne ne prend la parole avant que chacun ait pris le temps de fumer sa pipe et de retrouver ses esprits[7] ». Ce n'est qu'à ce moment que les porte-parole des deux parties pouvaient amorcer les discussions en prononçant des discours protocolaires. L'orateur désigné parmi les Autochtones commençait par faire le point sur la composition du groupe de traiteurs qui l'accompagnait. Il donnait aussi des nouvelles des autres traiteurs qui ne s'étaient pas joints à son groupe cette année-là et rapportait les événements survenus depuis leur dernière rencontre. Enfin, il encourageait sans doute aussi son vis-à-vis à se montrer généreux et équitable dans les échanges qui allaient s'ouvrir et demandait systématiquement des nouvelles de ses partenaires anglais. Pour sa part, le maître du poste souhaitait la bienvenue aux Autochtones et les assurait de sa bienveillance et de sa générosité.

Le commandant du poste terminait sa prestation en remettant des présents à ses partenaires. Ces cadeaux se composaient généralement de vêtements, de nourriture, de tabac, de pipes et d'alcool. Les vêtements remis à ces occasions, notamment les habits destinés aux chefs, étaient très typiques. Ils sont d'ailleurs devenus un élément essentiel dans la tradition canadienne de négociation des traités :

> Un manteau d'étoffe rustique, rouge ou bleu, doublé de feutre et garni de manchettes et de collerette militaire. Le gilet et le pantalon sont également confectionnés d'étoffe; le costume est orné de galons larges et étroits de différentes couleurs : une chemise blanche ou à carreaux; une paire de chaussettes attachées sous les genoux avec des sangles de laine peignée; une paire de chaussures anglaises. Le chapeau est galonné et orné de plumes de différentes couleurs. Il est aussi décoré d'une écharpe en laine peignée, nouée à son sommet et qui retombe de chaque côté jusqu'aux épaules. Un mouchoir en soie est inséré dans les boucles à l'arrière; ainsi décoré, le chapeau est placé sur la tête du capitaine et vient compléter son habit. Le lieutenant reçoit lui aussi un habit, quoique moins flamboyant[8].

Le commandant régalait ensuite ses hôtes autochtones en leur offrant de la nourriture, du tabac et de l'alcool, puis les escortait du poste de traite jusqu'à leur campement dans une procession solennelle[9]. C'est là que se tenait la seconde phase des cérémonies d'accueil, de même que la traite à proprement parler. Le commandant, avec peut-être un ou deux officiers, était invité à entrer dans une cabane spécialement aménagée pour l'occasion où il s'asseyait à la place d'honneur. Le capitaine autochtone prenait alors la parole, tout en faisant distribuer des présents à ses hôtes.

Les Autochtones festoyaient habituellement pendant un jour ou deux – où se côtoyaient alcool, chansons et danses – au terme desquels les deux groupes étaient enfin prêts à traiter des fourrures. Cependant, avant que les négociations ne débutent réellement, des cérémonies supplémentaires étaient jugées nécessaires. Les Autochtones revenaient au poste de traite pour fumer avec les officiers le calumet – la pipe cérémonielle – et terminer les derniers préparatifs. Un observateur posté à York Factory rapportait ainsi :

> Comme la cérémonie consistant à fumer le calumet est nécessaire pour établir la confiance, elle se déroule dans une grande solennité et toutes les personnes présentes sont conviées à y prendre part. Le capitaine entre le premier, avec à la main son calumet dans un coffre. Suivent ensuite son lieutenant ainsi que les femmes des chefs, qui portent les présents, puis le reste des hommes et des femmes avec leurs enfants. Pour l'occasion, le commandant du poste est élégamment vêtu, selon la mode indienne, et il reçoit cordialement et avec plaisir tous ces invités. Le capitaine étend ensuite une robe de castor toute neuve sur la table et y dépose le calumet ou la pipe; parfois, il offre aussi au commandant un *toggy* ou *banian* en peau de castor afin qu'il passe l'hiver au chaud. Il lui remet aussi le *Puc'ca'tin'ash'a'win* [un présent de fourrures préparé à l'avance]. Puis, le commandant s'assoit dans un fauteuil; le capitaine et les principaux traiteurs prennent place à ses côtés sur des chaises qui leurs sont réservées et le reste de la compagnie s'assoit par terre, les femmes et les enfants étant placés à l'arrière, tous plongés dans un profond silence[10].

Suivant le protocole, le calumet ou la pipe était allumé par le commandant du poste, puis chacun fumait à son tour solennellement. Cette cérémonie était suivie par un nouvel échange de discours, beaucoup plus long cette fois, après quoi les employés de la CBH distribuaient de la nourriture à l'ensemble des Autochtones[11]. À cette occasion, les négociants autochtones pouvaient réitérer leur requête pour que les traiteurs anglais se montrent généreux et équitables, en leur demandant de les traiter « avec pitié » et de « leur accorder de généreuses quantités » de marchandises. Les traiteurs détaillaient ensuite ce qu'ils considéraient comme de « généreuses quantités » et les bases sur lesquelles ils pourraient se considérer satisfaits des échanges. Comme Arthur Ray l'a montré plus récemment, il pouvait arriver que les représentants de la CBH offrent des médicaments en présents aux guérisseurs autochtones : « Les capitaines et ceux que l'on considère comme les médecins sont pris à part avec leurs femmes et sont conduits dans une pièce où on leur remet un coffre de cuir rouge rempli de médicaments tels que du soufre en poudre, de l'écorce, de la réglisse, de l'esprit de camphre, de l'onguent blanc et du basilicon [un onguent suppuratif], avec quelques pansements de diachylon [un onguent à base de résines végétales][12] ».

Comme plusieurs auteurs, Ray a souligné l'importance historique que revêtent de tels événements commerciaux, que nous connaissons grâce aux riches archives de la CBH et aux efforts des chercheurs qui les ont épluchées. En participant à ces longs pourparlers et à ces rituels d'échange régis par des protocoles élaborés de salutation, de remise de présents et de promesses d'apaisement, les nouveaux arrivants s'adaptaient aux coutumes autochtones. Ces cérémonies constituaient en effet les règles régissant les interactions entre les Premières Nations, notamment celles de nature commerciale. En d'autres mots, les Européens durent s'accommoder aux valeurs, aux codes et aux pratiques autochtones afin de démontrer qu'ils étaient des partenaires commerciaux sincères et de bonne foi. Le respect de ce protocole permettait d'établir des relations commerciales durables; il ne s'agissait donc pas d'effectuer de simples transactions sans lendemain. De plus, Ray met en lumière une autre pratique qui démontre bien le respect des agents de CBH à l'égard du protocole commercial autochtone : lorsqu'un capitaine était satisfait du traitement que lui et ses collègues avaient reçu des commerçants anglais, il laissait sa pipe au poste dans le but de revenir y fumer l'année suivante; si, au contraire, il était insatisfait, il reprenait sa pipe et l'emportait avec lui. La pipe constituant un symbole de la relation, de tels gestes revenaient à maintenir ou à rompre le partenariat commercial[13]. Plus globalement, l'ensemble du protocole entourant les activités de traite des fourrures démontre que les Européens se sont accoutumés aux traditions autochtones.

Les études de Ray sur le commerce des fourrures ont aussi permis de raffiner notre compréhension de l'histoire des traités en soulignant qu'à travers ses pratiques, la CBH avait reconnu l'occupation et le contrôle de la Terre de Rupert par les Premières Nations. En attribuant aux « gentlemen aventuriers » le monopole du commerce des fourrures dans toutes les terres drainées par la baie d'Hudson et la baie James, la Charte Royale de 1670 conférait peut-être en théorie la pleine propriété de ce territoire à la CBH, mais dans les faits la compagnie se comportait avec les Autochtones comme si elle ne disposait pas de droits sur leurs terres. À l'instar de Cornelius Jaenen qui a expliqué que les discours des Français revendiquant la souveraineté sur les territoires autochtones de la Nouvelle-France n'étaient qu'une formalité s'adressant à des interlocuteurs européens et non aux Autochtones eux-mêmes[14], Ray a démontré que la CBH a reconnu la nécessité d'obtenir la permission des Premières Nations pour occuper leurs terres. Cette distinction fait d'ailleurs écho à une réflexion de Walter Bagehot sur le système politique britannique. Dans *The English Constitution* (1867), Bagehot établit en effet une différence entre deux catégories d'éléments dans la Constitution : « Premièrement, celles qui visent à susciter et à préserver le respect de la population – les éléments *solennels*, si je peux les qualifier ainsi; et deuxièmement, les éléments *efficaces* – ceux qui, dans les faits, la font fonctionner et la gouvernent[15] ». Avec son cynisme habituel, Goldwin Smith posait un constat similaire à propos du pouvoir de la monarchie et du gouverneur général : « Le Canada religieux prie tous les dimanches pour qu'ils puissent bien gouverner, sachant très bien que le Ciel ne sera jamais assez inconstitutionnel au point d'exaucer leur prière[16] ». Bref, une distinction était faite entre le strict formalisme de la théorie et la réalité pragmatique de terrain.

Arthur Ray a clairement démontré qu'une distinction similaire s'appliquait à la CBH et au titre que la charte lui conférait sur la Terre de Rupert. Il a fait remarquer qu'en 1680, les directeurs de la CBH avaient émis les instructions suivantes à leur représentant à la baie James :

> Il y a une autre chose qui, si elle peut être accomplie, serait selon nous importante pour l'intérêt et la sécurité de la Compagnie.

C'est que dans les différents endroits *où vous êtes établis et viendrez à l'être*, vous trouviez le moyen de conclure un accord avec les capitaines ou les chefs des rivières et des lieux, en vertu duquel ils devraient comprendre que vous achetez à la fois les terres et les rivières et qu'ils vous transfèrent la propriété absolue *ou au moins le monopole* de commercer, et il faudrait que vous les ameniez à poser des gestes qui, selon la religion et les coutumes de leur pays, sont considérés les plus sacrés et contraignants pour confirmer ces ententes [...].

Comme nous vous avons précédemment enjoint de faire votre possible pour établir des contrats avec les Indiens dans tous les endroits où vous êtes établis, qui puissent nous garantir dans le futur *toute liberté d'échange et de commerce ainsi qu'une alliance d'amitié et de cohabitation pacifique*, nous avons fait produire des burins en fer à l'effigie du drapeau de l'Union avec lesquels nous souhaitons que vous graviez des plaques de bois en suivant un décorum qui puisse faire comprendre aux Indiens qu'il s'agit d'éléments contraignants et sacrés. Pour ce qui est de la façon d'y parvenir, nous nous en remettons à votre sagesse de vous conformer aux manières et à l'humeur des peuples avec lesquels vous négociez, mais lorsque le marquage sera effectué, vous devrez écrire sur la plaque le nom de la nation ou de la personne avec laquelle le contrat est passé ainsi que la date, puis leur remettre la moitié du bâton et conserver l'autre moitié. Nous considérons cela comme une mesure adaptée aux facultés de ces peuples barbares, utile à notre tranquillité et à notre commerce et propre à nous prémunir contre d'éventuels prétendants étrangers ou domestiques[17].

Les réflexions de Ray sur le caractère ritualisé des pratiques de la CBH sont essentielles pour comprendre comment la traite des fourrures a pu produire la première forme de traité avec les Premières Nations. Les ententes comme celles que les directeurs souhaitaient voir conclues par leurs représentants à la baie James étaient, dans les faits, des accords commerciaux et, en ce sens, constituaient une forme de traité. Les documents français concernant la traite des fourrures aux XVIIe et XVIIIe siècles offrent eux aussi des exemples d'ententes conclues par des Européens avec les Premières Nations visant à explorer le territoire et à développer le commerce des fourrures. Le célèbre traité conclu entre Samuel de Champlain et les Hurons, au tout début du XVIIe siècle, qui a à la fois permis aux Français de se rendre en territoire huron et aux Hurons de jouir de l'appui militaire des Français contre les Iroquois, n'est qu'un exemple parmi d'autres[18]. Le lien entre commerce et relations pacifiques a été exprimé de façon on ne peut plus claire par un orateur iroquois au XVIIIe siècle, lorsqu'il affirma : « Pour nous, le commerce et la paix ne font qu'un[19] ». Ray et Freeman ont démontré la même réalité en ce qui concerne la traite dans l'Ouest : « L'échange entre les groupes indiens d'Amérique du Nord était une activité aussi bien politique qu'économique. Les Indiens ne commerçaient jamais avec des groupes avec lesquels ils n'étaient pas en paix. Ainsi, avant de commencer la traite, des cérémonies étaient tenues pour conclure des alliances ou les renouveler[20] ». Dans les sociétés autochtones, toute relation commerciale était impossible en dehors d'une relation amicale établie et entretenue selon les protocoles des Premières Nations. Des témoignages tendent à démontrer que certaines ententes conclues beaucoup plus tardivement par la CBH étaient, elles aussi, essentiellement des accords commerciaux. Selon le chanoine Edward Ahenakew, au XIXe siècle, le chef Thunderchild notait que la CBH « avait donné [aux Autochtones établis à Fort Carlton] un bateau rempli de provisions en échange de la liberté de pouvoir utiliser la rivière Saskatchewan[21] ». Hugh Dempsey a documenté pour Rocky Mountain House, et ce jusqu'en 1850, l'usage de rituels préalables à l'ouverture de la traite incluant des cérémonies de salutations, des échanges de présents et de discours et des cérémonies du calumet[22].

Arthur Ray a aussi contribué à approfondir notre connaissance scientifique de l'histoire des traités, en rattachant les pratiques de la CBH aux événements survenus plus tard au XIXe siècle :

> Les Premières Nations de l'Ouest canadien ont établi des relations avec les Européens dans le contexte de la traite des fourrures. Le succès à long terme de ces relations commerciales a nécessité le développement d'institutions et de pratiques permettant d'accommoder les traditions diplomatiques, économiques, politiques et sociales foncièrement différentes des deux parties. Lorsque les Premières Nations ont commencé à

négocier des traités avec le Canada au XIXᵉ siècle, les peuples autochtones ont reproduit dans ces négociations de vieilles pratiques et stratégies établies dans le contexte du commerce des fourrures qu'ils jugeaient inhérentes aux traités[23].

De telles pratiques, comme les salutations formelles, les discours, l'échange de présents, la cérémonie du calumet ou les marques réciproques de bonne volonté ont en effet constitué des éléments prédominants dans les traités numérotés, comme ils l'avaient été dans les échanges commerciaux antérieurs. Aussi, l'opinion et les attentes que les Premières Nations entretenaient au XIXᵉ siècle à l'égard des Européens ou des émissaires du gouvernement canadien découlaient de l'expérience des échanges qu'ils avaient préalablement acquise dans le cadre du commerce des fourrures. Forgées dans le contexte de la traite (particulièrement avec la CBH), ces ententes possédaient le caractère d'accords commerciaux et appartenaient à une tradition appelée à se manifester à travers les traités numérotés de la fin du XIXᵉ siècle et du début du XXᵉ siècle. Par conséquent, elles doivent être prises pour ce qu'elles sont : une phase initiale dans l'histoire canadienne des traités.

Deux autres formes de traités se sont rapidement développées. La première, apparue dans le contexte des relations commerciales en Nouvelle-France, est le traité de paix et d'amitié. Au XVIIᵉ siècle, les administrateurs de la Nouvelle-France, et tout particulièrement le gouverneur général, avaient élaboré un système complexe d'alliances basé sur le commerce extensif des fourrures. Dans certains cas, comme par exemple la Confédération huronne, l'alliance commerciale et militaire n'a pas perduré. Les Hurons, en effet, furent dispersés assez rapidement par les attaques répétées des Iroquois que les forces françaises furent incapables d'endiguer. Mais très souvent les alliances que les Français forgèrent avec des nations telles que les Montagnais, les Algonquins et les nombreuses « nations des Grands Lacs » s'avérèrent durables et efficaces. Similairement aux relations commerciales que la CBH établit avec les nations du Nord et de l'Ouest, le style diplomatique français intégra les traditions autochtones, dont l'échange de présents, les rituels élaborés, les discours et les cérémonies. Le gouverneur général de la Nouvelle-France, que les Autochtones nommaient familièrement *Onontio*, devait se présenter comme un personnage imposant, recourir à des discours théâtraux et faire preuve de générosité en distribuant de nombreux présents pour renouveler ses alliances. La distribution de présents revêtait une importance particulière pour des raisons à la fois symboliques et matérielles. Les présents servaient en effet à subvenir aux besoins des alliés autochtones en cas de mauvaises saisons de chasse ou d'attaques répétées de leurs ennemis. Mais ils étaient aussi importants parce qu'ils témoignaient d'une détermination à préserver l'alliance et constituaient une preuve de bienveillance et de bonne volonté. Dans le langage diplomatique des XVIIe et XVIIIe siècles, les présents « asséchaient les larmes » des alliés qui avaient subi des pertes, « ouvraient la gorge » des gens afin qu'ils puissent parler librement et « débouchaient les oreilles » des partenaires pour qu'ils saisissent bien ce qui était dit. C'est par le truchement de ces discours, de cadeaux et d'autres rituels observés lors de rencontres entre les Français et les « diplomates de la forêt » que l'alliance franco-autochtone fut régulièrement renouvelée.

Au sud des Grands Lacs et du Saint-Laurent, les Britanniques apprirent eux aussi à se conformer aux pratiques diplomatiques des Premières Nations. C'est d'ailleurs dans la colonie de New York qu'est apparu l'un des témoignages les plus remarquables de l'ère des traités de paix et d'amitié : la Chaîne d'alliance. Dans la seconde moitié du XVIIe siècle, l'Angleterre commença à mettre sur pied un réseau étendu d'alliances avec les Cinq Nations iroquoises (au début du XVIIIe siècle, les Tuscarora migrèrent vers le nord en Iroquoisie pour s'intégrer à la Confédération iroquoise, qui devint la Ligue des Six Nations). Avec le temps cette alliance se développa en un vaste réseau, comparable à l'alliance franco-autochtone de la région des Grands Lacs. Vers la fin du XVIIe siècle, la Chaîne d'alliance liait les Anglais – plus ou moins solidement, selon les contextes – à une grande diversité de nations autochtones. Dans ce système, le gouverneur de New York, que les Premières Nations dénommaient *Corlaer*, remplissait un rôle similaire à celui d'*Onontio* en Nouvelle-France. En effet, les diplomates autochtones employaient fréquemment les termes « *Onontio* » ou « *Corlaer* » en guise de raccourcis pour désigner leur alliance avec les Français ou les Anglais[24].

Au fil du temps, les Anglais développèrent des méthodes très similaires à celles des Français pour établir des ententes avec les nations autochtones. Eux aussi faisaient usage de rituels élaborés, de discours, de présents et d'autres cérémonies pour entretenir leurs relations avec leurs alliés. Étonnamment, les diplomates britanniques s'adaptèrent particulièrement bien aux rituels complexes des Iroquois, dont ceux qui se rapportaient aux cérémonies de condoléances et à la pratique de la « relève des morts ». Lorsqu'un chef iroquois décédait, de longues cérémonies de deuil se déroulaient pour pleurer sa mort (la cérémonie de condoléance), ainsi qu'un rituel servant à reconnaître publiquement l'homme qui devait lui succéder dans ses fonctions (ce qu'on appelait « relever le mort »). Un autre exemple d'adaptation européenne aux coutumes diplomatiques autochtones est l'utilisation des *wampum* pour conserver la trace des transactions importantes. Le *wampum*, qui était un espèce de collier (les Anglais parlaient généralement de « ceinture ») fait de grains de coquillages ou de billes de verre de différentes couleurs organisées de façon à représenter des motifs, constituait pour les Premières Nations du nord-est de l'Amérique du Nord aussi bien un outil mnémonique (facilitant la mémoire) qu'un moyen de consigner des événements.

Ainsi, lorsqu'un diplomate autochtone – de même que, plus tard, les diplomates européens – faisait un discours, il remettait généralement à ses interlocuteurs un collier de *wampums* pour appuyer son propos. À l'occasion d'un conseil particulièrement important, un diplomate pouvait remettre une douzaine de *wampums*, et même plus encore. Le *wampum* servait aussi à cautionner les résultats des conférences au cours desquelles était scellée la paix ou l'alliance. Les principales clauses du traité étaient alors représentées graphiquement sur le collier de *wampums*. L'un des *wampums* les plus célèbres est le *gus wenta*, ou « *wampum* à deux rangs », qui avait servi à sceller une alliance entre les Cinq Nations iroquoises et les Hollandais au XVIIe siècle. Le *wampum* à deux rangs est constitué de symboles représentant les deux groupes voyageant côte-à-côte, chacun dans son propre navire. Encore aujourd'hui, les Iroquois soutiennent que ce wampum signifie que les deux parties se sont engagées à s'entraider, mais aussi à respecter leurs différences et à éviter d'interférer dans leurs affaires respectives. Les Iroquois maintiennent aussi que les Britanniques ont hérité du rôle tenu par les Hollandais dans cette alliance lorsqu'ils ont conquis la Nouvelle-Hollande.

Ces deux réseaux d'alliances complexes se croisèrent en quelque sorte en 1701. À cette date, les Français ratifièrent la Grande Paix de Montréal avec une multitude de nations autochtones, dont les Iroquois qui conclurent simultanément un autre traité, bilatéral celui-là, avec les Anglais à Albany. Les motivations des différents acteurs qui participèrent à ces deux traités sont complexes, bien que complémentaires[25]. Les Iroquois, qui avaient été affaiblis par une série d'épidémies et par plus de sept décennies de conflits intermittents avec les Français et leurs alliés autochtones, cherchaient à refaire leurs forces par un échange général de prisonniers. Les Cinq Nations étaient aussi préoccupées par la pression militaire constante que les alliés autochtones des Français exerçaient sur leur flanc ouest. De leur côté, les Français étaient tout aussi préoccupés par les raids dévastateurs que les Iroquois menaient régulièrement contre la colonie et souhaitaient donc parvenir à la paix pour rétablir la stabilité. Quant aux Anglais, ils choisirent de conclure un traité formel avec les Cinq Nations pour préserver leur alliance avec elles et se prémunir contre les attaques des nations alliées des Français.

La complexité des négociations de 1700 et 1701 permet de comprendre le degré de sophistication du processus de négociation des traités entre Autochtones et Européens. La Grande Paix de Montréal, que l'on qualifie de « grande » en partie parce qu'elle impliquait plus de trente-six nations autochtones provenant des Maritimes jusqu'aux marges des grandes Plaines, établissait la paix entre les Iroquois, d'une part, et les Français et leurs alliés traditionnels, de l'autre; elle incluait également un échange général de prisonniers tout en garantissant aux Iroquois le droit de demeurer neutres dans les éventuels conflits entre la France et l'Angleterre. Cette dernière clause était avantageuse autant pour la Nouvelle-France que pour les Cinq Nations iroquoises, les deux parties ayant été durement affectées par une guerre interminable[26]. Les Anglais, de leur côté, se méfiaient d'un tel rapprochement franco-iroquois : ils craignaient en effet que la neutralité à laquelle les Cinq Nations s'étaient engagées à Montréal ne mette en péril la Chaîne d'alliance. Or, les Iroquois menèrent des tractations diplomatiques parallèles destinées précisément à rassurer les Anglais sur ce point. Par un traité connu sous le nom d'*Albany Deed*, les Cinq Nations renouvelèrent leur amitié avec *Corlaer* et son peuple, tout en prétendant placer sous la protection des Anglais des territoires de chasse situés au nord des Grands Lacs. Les interprétations divergent quant à la signification exacte de cette entente[27]; néanmoins, elle offrait de toute évidence aux Anglais une preuve de la fidélité des Iroquois, tout en protégeant le droit de ces derniers de demeurer neutres dans un conflit impérial qui semblait inévitablement sur le point d'éclater à l'intérieur du continent. Les Iroquois se ménageaient ainsi une marge de manœuvre pour pouvoir choisir la ligne de conduite qui satisferait le mieux leurs propres intérêts – que ce soit le maintien de la neutralité ou l'alliance avec l'une ou l'autre des deux puissances impériales – lorsqu'éclaterait le conflit. Les Premières Nations avaient toujours favorisé cette stratégie diplomatique en temps de guerre; elle devait perdurer dans le contexte tourmenté qui sévit en Amérique du nord-est au XVIIIe siècle.

La Grande Paix de Montréal et l'*Albany Deed* sont peut-être des exemples frappants de ce que l'on nomme les traités de paix et d'amitié, mais ce ne sont pas des cas solés, loin de là. En effet, dans le cadre des rivalités impériales qui ont culminé avec la guerre de Sept Ans (ou la « French and Indian War » comme on la qualifie généralement aux États-Unis), la Révolution américaine ou la Guerre de 1812, la diplomatie a joué un rôle prédominant dans les relations entre les Premières Nations et les Européens. La région de l'Atlantique fut l'un des théâtres névralgiques où se sont joué les rivalités impériales jusque dans les années 1760. La Nouvelle-France était constituée du Canada, la colonie établie dans la vallée du Saint-Laurent, et de l'Acadie, située dans la péninsule de la Nouvelle-Écosse. Or, si le Canada était le berceau du commerce des fourrures des Français et du réseau d'alliances autochtones qui s'y rattachait, l'Acadie représentait la voie d'accès aux pêcheries atlantiques et à des lieux stratégiques importants. Contrainte par le traité d'Utrecht de 1713 de céder à la Grande-Bretagne « l'Acadie selon ses anciennes limites », la France poursuivit néanmoins au début des années 1720 le développement de cette colonie en construisant l'imposante forteresse de Louisbourg sur l'île du Cap-Breton. En outre, les Français disposaient en Acadie d'un autre atout de taille : sa population mi'kmaq.

Peuple algonquien, les Mi'kmaqs habitaient l'ensemble du territoire couvrant la Nouvelle-Écosse, l'Île-du-Prince-Édouard et le nord du Nouveau-Brunswick. Plusieurs raisons expliquent qu'ils aient été attirés dans le giron français. D'abord, comme Cornelius Jaenen l'a bien expliqué, la présence française en Acadie à partir de 1604 n'a jamais représenté une réelle menace pour les intérêts territoriaux des Mi'kmaqs, parce que les colons – qui devinrent les Acadiens – s'établirent dans des lieux relativement peu fréquentés par les Mi'kmaqs et exploitèrent des terres agricoles gagnées sur la mer par l'installation de digues et d'aboiteaux. Cette compatibilité de l'occupation et de l'utilisation du territoire se doublait de liens d'amitié et d'affinité que les deux groupes avaient forgés depuis l'établissement des premiers Français dans la région. En outre, la religion fut l'élément essentiel dans la consolidation de ces liens : dès la conversion du célèbre chef Membertou et de sa famille en 1610, des missionnaires catholiques français œuvrèrent auprès des Mi'kmaqs, prêchant aussi bien aux Acadiens qu'aux Autochtones. Au fil du temps, grâce aux mariages interethniques et aux transferts culturels, des liens étroits se développèrent entre les deux communautés. Cette réalité propre au XVIIe siècle contraste largement avec la situation qui prévalut dans la première moitié du XVIIIe siècle. Suite au traité d'Utrecht, la Grande-Bretagne chercha à faire reconnaître ses droits sur la Nouvelle-Écosse (nom qu'elle donna à l'Acadie française), appuyée sur une politique de peuplement et la force militaire. Malheureusement, les conditions favorables qui avaient scellé les relations entre les Acadiens et les Mi'kmaqs étaient absentes dans les territoires où les colons britanniques choisirent de s'installer et la présence britannique fit émerger une forte incompatibilité territoriale entre les Autochtones et la nouvelle puissance européenne.

Des enjeux religieux contribuèrent à envenimer les frictions entre Britanniques et Mi'kmaqs. En tant que chef d'un fervent État protestant, le roi britannique envisageait d'un mauvais œil la confession catholique dans sa nouvelle colonie atlantique, et de surcroît au sein d'un peuple autochtone qui avait entretenu pendant longtemps d'étroites relations avec Sa Très Chrétienne Majesté le roi de France. Les Mi'kmaqs, quant à eux, étaient liés de très près aux missionnaires catholiques envoyés de France et, selon au moins un témoignage, ils considéraient même qu'ils avaient établi un concordat avec le Vatican à la suite de la conversion de Membertou en 1610[28]. Durant la première moitié du XVIIIe siècle, et surtout à partir de 1720, le gouverneur général de la Nouvelle-France employa les missionnaires catholiques en poste en Acadie pour encourager les Mi'kmaqs à servir les intérêts français et à soutenir la présence française dans la région. Ce sont ces circonstances qui expliquent pourquoi les Britanniques eurent tant de difficulté à asseoir leur mainmise sur la Nouvelle-Écosse au lendemain du traité d'Utrecht et qu'ils jugèrent nécessaire de déporter les Acadiens en 1755. Pour saisir l'ampleur des difficultés que connurent les Britanniques en Acadie, il suffit de considérer que pendant un siècle et demi d'alliance franco-mi'kmaq, la France ne négocia dans la région qu'un seul traité formel avec les Premières Nations, tandis que les Britanniques en conclurent plus de trente-deux et cela, seulement entre 1720 et 1786[29].

L'histoire exceptionnelle des traités dans les Maritimes démontre que de telles ententes qui pouvaient reposer sur des facteurs aussi divers que le commerce ou la religion, prenaient des formes variées et que la ratification d'un grand nombre de traités n'était pas, en soi, le gage d'un système stable et efficace.

À cet égard, le caractère transitoire et inefficace des traités conclus en Nouvelle-Écosse au XVIIIe siècle offre un contraste frappant avec la seconde phase de la politique indienne des Britanniques, qui elle eut un impact beaucoup plus profond et durable. La Proclamation royale d'octobre 1763, adoptée par la Couronne britannique dans le but de doter les territoires conquis durant la guerre de Sept Ans d'institutions politiques et juridiques, contient des dispositions extrêmement importantes concernant les territoires des Premières Nations. Bien qu'on la décrive souvent comme la *Magna Carta* des Autochtones et qu'elle comporte plusieurs promesses relatives aux droits territoriaux autochtones, la Proclamation demeure un document unilatéral de la Couronne dans lequel il est présumé que le roi détient tous les droits sur les territoires nouvellement conquis à la France. En ce qui concerne les Premières Nations et leurs droits territoriaux, la Proclamation les décrit comme des « nations ou tribus indiennes qui sont en relations avec Nous et qui vivent sous Notre protection » et précise que la Couronne entend prendre des mesures pour assurer à celles-ci « la possession entière et paisible des parties de Nos possessions et territoires qui ont été ni concédées ni achetées et ont été réservées pour ces tribus ou quelques-unes d'entre elles comme territoires de chasse ». En d'autres mots, la Proclamation stipulait que la Couronne réservait, parmi ses dominions, des territoires où les Premières Nations qui lui étaient alliées pourraient chasser pour subvenir à leurs besoins. Quoique limitée, cette reconnaissance de droits pour les Autochtones s'accompagnait aussi d'un régime visant à gouverner les terres ainsi « réservées […] comme territoires de chasse ». En premier lieu, la Proclamation interdisait toute colonisation au-delà de la ligne de partage des eaux qui longeait le front atlantique, et établissait des règles obligeant les marchands qui souhaitaient commercer au-delà de cette limite à obtenir un permis du gouverneur avant de s'y aventurer. L'objectif de ces clauses était de limiter la présence des non-Autochtones à l'intérieur du continent afin d'apaiser les Autochtones, et d'éviter tout heurt entre ces derniers et les colons désireux de s'établir sur les « territoires de chasse » autochtones. Ces clauses furent adoptées dans le contexte de la Révolte de Pontiac, un soulèvement de Premières Nations opposées à la présence des troupes britanniques dans la région des Grands Lacs. Cet événement mettait clairement en évidence la nécessité de contrôler l'accès aux terres situées à l'ouest des montagnes bordant les Treize Colonies.

La Proclamation comprenait plusieurs autres clauses concernant les territoires indiens à l'intérieur du continent. Elle réservait notamment « toutes les terres et tous les territoires non compris dans les limites de Nos trois gouvernements ni dans les limites du territoire concédé à la Compagnie de la baie d'Hudson », tandis que le roi défendait « strictement par la présente à tous Nos sujets, sous peine de s'attirer Notre déplaisir, d'acheter ou posséder aucune terre ci-dessus réservée, ou d'y former aucun établissement, sans avoir au préalable obtenu Notre permission spéciale et une licence à ce sujet ». En interdisant ainsi l'établissement ou l'acquisition de territoires autochtones, la Couronne avait pour objectif de freiner les « fraudes » et les « abus » qui se commettaient « dans les achats de terres des Indiens au préjudice de Nos intérêts et au grand mécontentement de ces derniers[30] ». Pour reprendre les termes de l'historien américain Francis Jennings, la Proclamation visait à freiner le « jeu des cessions », une pratique douteuse par laquelle les pionniers ou les spéculateurs fonciers – la distinction entre les deux n'était pas toujours claire dans une telle société coloniale – obtenaient des Autochtones des cessions de terre de manière frauduleuse, notamment sous l'influence de l'alcool. Des problèmes surgissaient alors inévitablement entre les Premières Nations et les colons qui s'établissaient sur les terres acquises de cette manière.

Pour remédier à ce « jeu des cessions », la Proclamation royale établit une politique d'acquisition des terres autochtones qui allait donner au document une influence durable :

> Afin d'empêcher qu'il ne se commette de telles irrégularités à l'avenir et de convaincre les Indiens de Notre esprit de justice et de Notre résolution bien arrêtée de faire disparaître tout sujet de mécontentement, Nous déclarons de l'avis de Notre Conseil privé, qu'il est strictement défendu à qui que ce soit d'acheter des Indiens, des terres qui leur sont réservées dans les parties de Nos colonies, où Nous avons cru à propos de permettre des établissements; cependant si quelques-uns des

Indiens, un jour ou l'autre, devenaient enclins à se départir des dites terres, elles ne pourront être achetées que pour Nous, en Notre nom, à une réunion publique ou à une assemblée des Indiens qui devra être convoquée à cette fin par le gouverneur ou le commandant en chef de la colonie, dans laquelle elles se trouvent situées.

Des directives similaires furent adoptées pour l'acquisition de terres autochtones dans les colonies où un gouvernement était déjà établi. En d'autres termes, la Proclamation royale portait sur les territoires autochtones situés aussi bien dans les colonies que dans les territoires non-organisés et elle prévoyait que le seul moyen légal par lequel ces territoires pouvaient être acquis était dans le cadre d'un conseil public organisé par un représentant officiel de la Couronne (et non par un simple citoyen ou une compagnie), ce qui devait empêcher les transactions frauduleuses. Et comme la Proclamation le stipulait, de telles restrictions sur les acquisitions territoriales découlaient de la détermination de la Couronne britannique à « convaincre les Indiens de Notre esprit de justice et de Notre résolution bien arrêtée de faire disparaître tout sujet de mécontentement ».

Les clauses contenues dans la Proclamation royale de 1763 en font certainement un document d'une grande importance. C'est cependant dans une perspective à long terme que le document eut les plus profonds impacts. Tout d'abord, comme le soutient le spécialiste du droit autochtone John Borrows, en 1764 les autorités britanniques prirent des mesures qui eurent pour effet de transformer la Proclamation, la faisant passer d'un document unilatéral de la Couronne à un véritable traité. Cette année-là, selon Borrows, le Surintendant des Affaires indiennes pour le district du Nord, William Johnson, avait réuni à Niagara environ 2 000 représentants des Premières Nations issus d'un vaste territoire s'étendant de la Nouvelle-Écosse jusqu'au Mississippi, afin de leur expliquer le contenu de la Proclamation royale et d'obtenir leur accord sur le sujet[31]. C'est à cette occasion, d'après Borrows, que la Proclamation royale prit la forme d'un véritable traité au sens de l'article 35 de la Constitution canadienne de 1982. On ne retrouve aucune preuve directe de cette interprétation dans les sources documentaires, que ce soit dans la correspondance de Johnson (publiée par James Sullivan), dans les *Documents relatifs à l'histoire coloniale de l'État de New York* (d'Edmund Bailey O'Callaghan) ou dans la collection des traités compilée par le gouvernement canadien. Pourtant, certains indices permettent d'établir que Johnson a bien expliqué, au début de l'année 1764, les garanties territoriales contenues dans la Proclamation royale à des groupes d'Iroquois[32]. S'il agit ainsi avec de petites bandes iroquoises en janvier 1764, il est permis de croire qu'il fit de même avec l'ensemble des Premières Nations rassemblées à Niagara l'été suivant. Borrows souligne aussi que la tradition orale et les *wampums* des Premières Nations tendent à confirmer son point de vue[33]. Si cette interprétation se confirme, la Proclamation constituera un élément clé dans la tradition canadienne des traités.

Qu'elle soit considérée ou non comme un traité par la Cour, il ne fait aucun doute que la Proclamation royale a profondément marqué l'histoire des traités depuis la fin du XVIIIe siècle. Les dispositions de la Proclamation ne furent peut-être pas toujours appliquées à la lettre, mais il demeure que de 1764 jusqu'à la Confédération, la Couronne négocia des traités avec un grand nombre de Premières Nations de l'Amérique du Nord britannique afin d'obtenir le droit de coloniser leurs terres. Pendant un demi-siècle après 1763, ces traités furent essentiellement motivés par le désir d'obtenir des terres pour y établir des groupes autochtones alliés des Britanniques puis, avec le temps, des immigrants d'origine européenne. Par exemple, l'acquisition des terres situées au nord des lacs Érié et Ontario auprès des Mississagués dans les années 1780 illustre bien la première situation : l'objectif était alors d'y installer des Mohawks chassés de leurs territoires traditionnels à la suite de l'Indépendance américaine. Quant au deuxième facteur, à savoir le besoin d'ouvrir de nouveaux territoires pour l'immigration, il prit de l'ampleur surtout à la suite de la création du Haut-Canada en 1791. Durant cette période initiale où ils se conformèrent grosso modo à la Proclamation royale, les traités prévoyaient essentiellement un transfert unilatéral de territoire en échange d'un paiement unique, effectué le plus souvent en marchandises. À titre d'exemple, le traité n° 8, conclu en 1797, donnait accès aux Britanniques à 3 450 acres de terres au nord et à l'est de Burlington Bay. Cet accord, conclu par une bande de Mississagués (Ojibwés), fut négocié au nom de la Couronne par le surintendant des Affaires indiennes, William Claus, en échange de « la valeur de cinquante-sept livres deux sols et six deniers cours de Québec en marchandises selon leur valeur sur le marché de Montréal ». Un certificat attaché au document conservé dans les archives gouvernementales énumère la liste des couvertures, différents types de vêtements, des couteaux de boucher et des chaudières de cuivre qui furent transmis aux Premières Nations au moment de la signature, tout en précisant la valeur respective de chaque marchandise[34].

De toutes les ententes conclues avec les Autochtones dans l'histoire canadienne, les traités territoriaux signés au cours des cinquante années suivant la Proclamation royale sont certainement ceux qui ressemblent le plus à de simples contrats de vente. Les copies de ces traités qui sont conservées dans les archives gouvernementales se présentent en effet comme des documents scellant l'échange d'un territoire autochtone bien précis, habituellement une parcelle relativement limitée, en échange d'un paiement unique. Ces traités étaient généralement négociés par un représentant officiel de la Couronne, comme on l'a vu dans l'exemple précédent. Mais il y eut cependant des exceptions, comme le traité Selkirk de 1817. Ce traité fut négocié par un représentant de lord Selkirk, un important propriétaire foncier qui avait acquis de la CBH une vaste étendue de terres dans la région de la rivière Rouge où il y établit une colonie précaire dans les années 1810. Les circonstances qui ont mené à la ratification de ce traité semblent avoir très peu à voir avec la politique définie dans la Proclamation royale, qui d'ailleurs ne devait pas s'appliquer à la Terre de Rupert. En effet, Selkirk avait acquis ses terres de la CBH en 1811 et avait commencé à y établir des colons dès 1812, sans avoir conclu de traité avec les Autochtones de la région. C'est en fait un heurt violent survenu en 1816 à Seven Oaks entre des guerriers métis et des colons qui le força à entamer des négociations avec les Saulteux (des Ojibwés de l'Ouest). En outre, le traité Selkirk se présente en ouverture comme un « *Indenture* », terme anglais qui désigne un contrat bilatéral ou une entente légale portant un sceau. Ce traité, ou cet « indenture », prévoyait en l'occurrence le transfert à Selkirk de 3,2 kilomètres de terres de part et d'autre des rivières Rouge et Assiniboine, à « la condition expresse que le dit Comte, ses héritiers et successeurs, ou leurs agents, versent annuellement aux chefs et guerriers de la nation des Chippewa ou des Saulteux, une rente équivalente à 100 livres de bon tabac commercial[35] ».

Qu'il s'inscrive ou non dans une tradition découlant de la Proclamation royale de 1763, le traité Selkirk constitue néanmoins un point tournant dans l'histoire des traités au Canada. De 1763 jusqu'à la guerre de 1812, les ententes s'étaient caractérisées par le fait qu'elles s'apparentaient à de simples contrats, qu'elles concernaient des territoires relativement restreints et qu'elles établissaient un paiement unique comme compensation pour les Autochtones signataires. C'est ainsi que la Couronne négocia avec les Premières Nations pour se saisir de leurs droits territoriaux sur une bonne partie du Haut-Canada, aujourd'hui le sud de l'Ontario, en vue d'y établir des alliés autochtones et des immigrants. Avec le recul, lord Selkirk apparaît comme un précurseur dans l'évolution de la politique britannique au Haut-Canada. Le traité qu'il conclut annonçait en effet un changement dans la nature des compensations accordées par la Couronne en introduisant dans la procédure de ratification des traités une pratique nouvelle, laquelle marquait cependant un recul par rapport à la politique antérieure. Le changement introduit par les Britanniques en 1818 fut le recours aux annuités, à savoir des paiements annuels versés aux Premières Nations en compensation de droits territoriaux cédés. À partir de ce moment, la Couronne eut essentiellement recours aux annuités dans un dessein d'économie. En effet, alors qu'une nouvelle vague d'immigration se dessinait à la suite de la guerre de 1812, les Britanniques s'efforcèrent de réduire le fardeau financier que leur imposait la négociation des traités en substituant des annuités au paiement unique. La logique voulait qu'une fois la colonisation enclenchée, les frais payés par les colons pour acquérir leurs terres génèreraient des revenus qui permettraient de financer le paiement des annuités aux Premières Nations. Le système des annuités devait ainsi servir à diminuer les dépenses encourues par la Grande-Bretagne.

Or, ces paiements annuels aux Premières Nations rappelaient les anciennes ententes conclues avec les Autochtones « alliés », ententes qui, en 1858, étaient encore en vigueur dans une bonne partie du centre de l'Amérique du Nord britannique. Les annuités évoquaient en effet les présents annuels que les Français, puis les Anglais avaient utilisés pour cimenter leurs alliances avec les Premières Nations : elles « enlevaient la rouille de la chaîne d'amitié », « essuyaient les larmes » des partenaires endeuillés et « ouvraient la gorge et les oreilles » pour favoriser les discussions amicales. De plus, à l'instar de l'échange de cadeaux effectué annuellement dans les postes de traite, la distribution de présents symbolisait pour les Premières Nations une forme de renouvellement d'un partenariat commercial, diplomatique ou militaire. L'introduction des annuités dans le processus de négociation des traités créait ainsi un lien direct entre les traités territoriaux du XIXᵉ siècle et les ententes commerciales et diplomatiques de l'époque antérieure. Avec ce changement, les traités du Haut-Canada parurent de moins en moins correspondre à de simples contrats, annonçant ainsi l'émergence d'une nouvelle forme de traités plus complexes.

Mais avant que ne s'imposent ces traités plus complexes, des traités territoriaux continuèrent à être conclus et à évoluer dans le Haut-Canada. Entre 1783 et la guerre de 1812, la Couronne avait négocié avec les Premières Nations la cession de leurs droits territoriaux pour une bande de terre s'étendant le long du « rivage » (en bordure des rivières et des lacs). Dans la majorité des cas, la profondeur des terres envisagée par ces traités était plutôt modeste, mais dans certaines régions, comme à l'est du lac Érié et le long des rivières de l'est de la province, les territoires concernés s'étendaient nettement plus loin à l'intérieur des terres[36]. Ce sont ces traités qui prévoyaient des paiements uniques aux Premières Nations par mesure de compensation. Entre 1818 et les années 1830, la Couronne négocia l'acquisition d'une plus grande bande de terres dans le nord de la colonie grâce à une série de traités prévoyant des annuités à titre de dédommagements. Par exemple, le traité n° 27 du Haut-Canada, conclu par la Couronne avec les Mississagués, concernait une vaste étendue de terre s'étendant dans l'est jusqu'à la rivière des Outaouais et garantissait à la nation signataire « la somme annuelle de six cent quarante-deux livres et dix chelins, cours de la Province, en marchandises au prix de Montréal à être payée régulièrement chaque année par Sa Majesté, ses héritiers et successeurs, à la dite nation des Mississagués habitant et revendiquant le dit territoire[37] ». Pour ce qui est des traités du Haut-Canada, ils culminèrent dans les années 1850 avec la signature des traités connus sous le nom de Robinson.

Le Traité Robinson-Huron et le Traité Robinson-Supérieur, qui tirent leurs noms des lacs qu'ils bordent, ont contribué à faire évoluer le processus de négociation des traités à la veille de la Confédération. D'un point de vue géographique, ils ont permis d'étendre les prétentions de la Couronne sur des terres s'étendant loin à l'intérieur du Bouclier canadien où des ressources minières commençaient à attirer des non-Autochtones. Ces traités concernaient aussi des territoires nettement plus vastes que ceux qui avaient jusque-là fait l'objet de négociations dans le Haut-Canada. Enfin, les traités Robinson innovèrent en spécifiant que la Couronne avait la responsabilité de réserver des terres pour les Autochtones. Auparavant, des réserves avaient été créées à l'initiative de communautés missionnaires ou du Département des Affaires indiennes, mais jamais elles n'avaient été associées aux traités ou à une quelconque obligation de la Couronne. À partir de l'époque de Robinson, les traités et les réserves devinrent des entités conjointes. Finalement, les traités Robinson réintroduisaient un élément qui était présent dans les traités conclus au XVIIIe siècle en Nouvelle-Écosse : la reconnaissance, par la Couronne, du droit des Autochtones à continuer de chasser et de pêcher sur les terres cédées. Comme l'expliquait à ses supérieurs le commissaire Robinson, une telle concession n'avait rien d'altruiste : puisqu'il leur est accordé « le droit de chasser et de pêcher sur les territoires cédés, ils [les Autochtones] ne peuvent pas dire que le Gouvernement leur enlève tout moyen de subsistance et, par conséquent, ne peuvent prétendre avoir droit aux secours du gouvernement, ce qu'ils auraient certainement préféré si la chose n'avait pas été précisée[38] ». Le commissaire Robinson donna aux Ojibwés qui signèrent les traités de 1850 le choix entre un paiement forfaitaire unique ou un paiement initial minimal accompagné d'annuités; ils choisirent la seconde option. Ainsi, les traités Robinson combinaient plusieurs éléments qui devaient former un modèle pour les traités ultérieurs dans l'Ouest : ils couvraient de vastes territoires, établissaient des réserves pour les Premières Nations, prévoyaient des annuités et reconnaissaient le maintien des droits autochtones de chasse et de pêche.

Au moment de la Confédération, la tradition des traités amorcée dans le Haut-Canada s'était transformée en un protocole complexe qui, à plusieurs égards, se conformait aux exigences prévues dans la Proclamation royale de 1763. Cela ne signifie pas pour autant que ce protocole vit le jour par respect pour la Proclamation, comme le démontrent les contextes dans lesquels furent négociés les traités Selkirk et Robinson. Dans les deux cas, c'est la résistance des Premières Nations qui avait forcé l'ouverture des négociations. Néanmoins, les traités conclus au Haut-Canada encouragèrent la Couronne et les Premières Nations à engager des négociations publiques portant sur le territoire. Durant les cinquante années qui suivirent la Proclamation, le recours à des paiements uniques prirent l'allure de simples contrats territoriaux. Après 1812, cependant, l'intégration d'annuités devint le signe avant-coureur d'une nouvelle forme de traités. Une autre exception à la règle générale des paiements annuitaires apparut en Colombie-Britannique coloniale. Dans les années 1850, le gouverneur

James Douglas répondit aux pressions créées par une poussée de colonisation sur l'île de Vancouver en engageant des pourparlers avec des communautés diverses; ceci conduisit, à partir de 1854, à la ratification de quatorze traités couvrant plusieurs petites parcelles de terres sur l'île. Selon Douglas, il aurait lui-même offert aux délégués des Premières Nations de choisir, au cours des pourparlers, entre une compensation unique ou des annuités. Les Autochtones choisirent un seul paiement forfaitaire, faisant ainsi des traités britanno-colombiens une exception, tant pour ce qui concerne les clauses de compensation que la superficie des territoires transigés. Ailleurs en Amérique du Nord britannique, les annuités étaient généralement la norme, tout comme le fait de réserver des terres pour les Autochtones, de transiger de vastes territoires ou d'accorder des garanties pour la chasse et la pêche.

Les traités numérotés conclus dans l'Ouest entre 1871 et 1877 firent apparaître une troisième catégorie de traités, que l'on pourrait qualifier d'alliances[39]. Les documents officiels, c'est-à-dire la version des traités conservée par le gouvernement et publiée dans les années 1880, continuèrent bien sûr à présenter les accords concernant la région située entre le lac des Bois et le contrefort des Rocheuses comme de simples contrats de transfert des territoires des Premières Nations à la Couronne. Par exemple, le traité n° 1 conclu au Manitoba, aussi appelé le « traité du fort de pierre », stipule qu'en échange de la création de réserves et d'écoles, ainsi que du versement d'un montant initial à la signature et d'annuités de quinze dollars payables en marchandises, « Les tribus Chippaouaise et Crise [...] cèdent par le présent à Sa Majesté la Reine et à ses successeurs à toujours, toutes les terres comprises dans les limites suivantes, savoir [...] ». Les Premières Nations concernées réussirent à démontrer par la suite que le traité comprenait aussi certaines « clauses externes » qui ne figuraient pas dans le document imprimé. Il fut donc admis que le traité n° 1 devait prévoir le versement d'annuités supplémentaires, que quatre chefs (plutôt que deux) étaient admissibles à des allocations annuelles et que du bétail et de l'équipement devaient être fournis pour favoriser le développement de l'agriculture[40]. Néanmoins, la vision selon laquelle les traités entre la Couronne et les Premières Nations n'étaient que de simples contrats continua de prévaloir dans l'approche gouvernementale lors de la négociation de l'ensemble des traités numérotés conclus dans le Nord canadien entre 1899 et 1921. Le gouvernement fédéral devait perpétuer cette interprétation tout au long du XXᵉ siècle, malgré l'émergence, du côté autochtone, de revendications procédant de ces traités.

Les Premières Nations de l'Ouest ont longtemps insisté pour faire prévaloir une vision différente de la nature de leurs traités. Selon elles, en effet, les traités ne sont pas simplement des contrats passés entre deux parties, mais bien une alliance tripartite unissant la Couronne, les Premières Nations et une essence divine. En théologie, le terme alliance désigne une entente conclue entre des êtres humains sous la supervision divine. Les Chrétiens, par exemple, décrivent la relation sacrée du mariage comme une alliance parce de Dieu agit comme témoin dans la cérémonie et devient garant des vœux solennels des mariés. Ainsi, les Premières Nations soutiennent que les traités numérotés dans l'Ouest constituent de telles alliances. L'un des termes employés par les Cris des Plaines pour décrire les traités est *itîyimikosiwiyêcikêwina*, qui signifie « un règlement ordonné ou inspiré par notre père le Créateur[41] ». Danny Musqua, un aîné de la nation des Saulteux de Saskatchewan, racontait lors d'une entrevue : « Nous avons fait une alliance avec le gouvernement de Sa Majesté et une alliance n'implique pas seulement une relation entre des gens. C'est une relation entre trois parties : vous [la Couronne] et moi [les Premières Nations] et le Créateur[42] ». Un contrat entre deux ou plusieurs parties est une entente explicite qui repose sur un choix de termes précis devant être respectés à la lettre; une alliance entre deux ou plusieurs humains et un être divin crée une relation spéciale, solennelle, dans laquelle l'association entre les parties prime sur les termes particuliers qui la définissent.

Les Premières Nations invoquent différents facteurs pour démontrer que les traités numérotés des années 1870 sont des alliances plutôt que des contrats. Entre autres, ils soutiennent que la ratification de ces sept traités s'est faite suivant les cérémonies et les modalités habituelles des Premières Nations (seul le traité n° 4 échappe à cette logique : apparemment, les négociateurs autochtones présents à Fort Qu'Appelle en 1874 n'ont pas admis le commissaire Alexander Morris dans leurs cérémonies – un élément que Morris lui-même n'a pas manqué de rapporter[43] – parce qu'ils s'étaient offusqués de ne pas avoir été consultés au sujet du transfert de la Terre de Rupert au Canada). À l'occasion d'une négociation survenue à Fort Carlton, Morris donna la description du cérémonial type suivi par les Premières Nations :

À mon arrivée, l'*Union Jack* fut hissé et les Indiens commencèrent à s'assembler; ils battaient le tambour, faisaient des décharges de fusils, chantaient et dansaient. Après environ une demi-heure, ils étaient prêts. Ils s'avancèrent vers moi en demi-cercle, pendant que des cavaliers galopaient en rond, criaient, chantaient et déchargeaient leurs armes à feu.

Ils firent ensuite la danse de la « longue pipe ». Le calumet fut levé vers le nord, le sud, l'ouest et l'est. Une danse cérémoniale fut ensuite effectuée par les chefs et les principaux [conseillers], pendant que les Indiens, hommes et femmes, criaient.

Puis, ils s'avancèrent tranquillement. Les cavaliers les précédaient encore pendant qu'ils approchaient de ma tente. J'avançai vers eux en compagnie de Messieurs [W. J.] Christie et [James] McKay [commissaires tous les deux] et lorsque la pipe nous fut présentée, nous la touchâmes des mains.

Une fois cette cérémonie terminée, les Indiens s'assirent face à la tente du conseil et se montrèrent satisfaits que nous ayons accepté leur amitié selon leurs coutumes[44].

Ces cérémonies revêtaient une signification beaucoup plus grande que ce que le commissaire fut apparemment en mesure de comprendre. En effet, il y avait beaucoup plus dans ce rituel que la simple instauration d'une amitié. Au plan symbolique, la pipe permettait d'invoquer le Grand Esprit et d'en faire un témoin des discussions afin que les participants qui fumaient la pipe se sentent liés à leur engagement. Une entente produite dans le cadre de négociations aussi solennelles était sacrée et ne pouvait être violée sans que de graves malheurs s'abattent sur les violateurs. Dans une perspective plus positive, suivant de nombreuses entrevues menées par deux chercheurs auprès d'aînés en Saskatchewan, les cérémonies avaient une vocation inclusive : « grâce aux cérémonies spirituelles réalisées durant les négociations, les traités étendaient le cercle de la souveraineté pour y intégrer la Couronne britannique[45] ». Chez les peuples autochtones, l'intégration dans le cadre d'une relation familiale représentait un développement fondamental. Dans les sociétés autochtones nord-américaines, la création de liens familiaux ou l'attribution d'une place au sein d'un système familial, comme dans la Chaîne d'alliance aux XVIIᵉ et XVIIIᵉ siècles, était un préalable nécessaire pour établir un rapport de quelque importance, qu'il soit de nature commerciale ou diplomatique. En accueillant par de telles cérémonies le commissaire aux traités de la Reine, les Premières Nations de l'Ouest créaient un lien familial avec la Couronne et, à travers celle-ci, avec tous les sujets de la Reine. Cette logique permet de comprendre, par exemple, qu'au moment où le gouverneur général lord Lorne visitait les Prairies en 1881, un chef nommé Kakishiway (Ka-katcheway), qui avait signé le traité n° 4 en 1874, l'ait salué en disant : « Je suis heureux de te voir, mon beau-frère[46] ». Tous deux faisaient effectivement partie de la famille royale : le chef, à travers son traité, et le gouverneur Lorne, par son mariage avec l'une des filles de la reine Victoria.

Par ailleurs, les discours prononcés par les commissaires aux traités de la Reine, comme leurs actions, constituent un deuxième ensemble d'arguments voulant que les traités de l'Ouest soient des alliances plutôt que de simples contrats. La présence de missionnaires chrétiens, qui ont agi comme interprètes ou comme témoins dans les négociations, a certainement produit une forte impression sur les Premières Nations. Des prêtres catholiques ou des ministres protestants étaient en effet présents lors des négociations des traités nᵒˢ 4, 5, 6 et 7. De plus, les commissaires représentant la Reine dans les traités, soucieux de suspendre les négociations le jour du sabbat, démontraient sans doute leur attachement à des valeurs et des pratiques spirituelles[47]. Les commissaires invoquaient aussi fréquemment Dieu dans leurs discours et ce, pour des raisons différentes. Pendant la négociation du traité n° 4, par exemple, le commissaire Alexander Morris fit référence au Grand Esprit pour contredire les Saulteux qui prétendaient que la CBH avait volé leurs terres en acceptant l'argent du Canada pour l'achat de la Terre de Rupert : « Qui a créé la terre, l'herbe, la roche et le bois ? Le Grand Esprit. Il les a créés pour tous ses enfants afin qu'ils les utilisent et ce n'est pas voler que d'utiliser les présents du Grand Esprit[48] ». Mais les forces divines pouvaient aussi être évoquées de façon plus positive. Concluant les négociations du traité n° 6 tenues à Fort Carlton en 1876, le commissaire Morris souligna : « Ce que nous avons fait a été fait devant le Grand Esprit et à la vue des gens[49] ». Parfois, le langage utilisé par un commissaire pouvait laisser entendre qu'il abondait dans le sens de l'interprétation des Premières Nations suivant laquelle le traité était une alliance fondée sur une relation filiale. Par exemple, à Blackfoot Crossing en 1877, le commissaire David Laird affirma : « Le Grand Esprit a fait toute chose – le soleil, la lune et les étoiles, la terre, les forêts et les rivières tumultueuses. C'est par le Grand Esprit que la Reine règne sur ce grand pays et sur d'autres grands pays. Le Grand Esprit a fait de l'homme blanc et de l'homme rouge des frères et nous devons nous tenir par la main. La Grand-Mère aime tous ses enfants, l'homme blanc comme l'homme rouge; elle souhaite le bien de tous[50] ». Dans de telles circonstances, il n'y a rien d'étonnant à ce que les Premières Nations de l'Ouest aient perçu les traités numérotés comme des alliances les liant elles-mêmes au Grand Esprit et à la Couronne. Il est aussi normal qu'elles aient cru que les « enfants blancs » de la Reine partageaient cette vision.

Pour les chefs des Premières Nations de l'Ouest qui invoquaient le Créateur à travers leurs rituels, il était naturel de conclure que les commissaires de la Reine agissaient dans le même esprit. En effet, leurs discours et leurs actions tendaient à intégrer Dieu dans les procédures. En ce sens, les commissaires responsables des traités dans l'Ouest au XIXe siècle avaient adopté, comme l'avait fait avant eux la CBH, le protocole diplomatique développé par les Premières Nations. Un autre élément se rattachant aux rites d'échange coutumiers s'avéra la promesse de la Couronne de fournir des habits (ou « costumes ») aux chefs et aux conseillers, ce qui rappelait la pratique des maîtres de postes de la CBH de distribuer des vêtements et de la nourriture aux capitaines de traite qui apportaient leurs fourrures aux postes. Tous ces exemples militaient pour renforcer les liens de continuité entre les pratiques autochtones et celles de la CBH; ces pratiques formaient ainsi un système protocolaire invoquant et engageant à la fois, par une cérémonie comme celle du calumet, une force divine. Lorsque l'on saisit la portée de ce modèle de négociation qui fut mis en œuvre dans l'Ouest, on peut aisément comprendre la perspective des Premières Nations qui soutiennent que les ententes qu'elles ont conclues avec les commissaires de la Reine dans les années 1870, constituent des alliances les unissant à la Couronne par des liens sacrés et permanents.

Au XXe siècle, les Premières Nations furent grandement désillusionnées par l'interprétation du gouvernement canadien et l'application des traités. En fait, cette désillusion avait déjà commencé à se manifester au XIXe siècle, aussitôt que la majeure partie des traités numérotés furent conclus (à partir de 1877) et que s'effondra l'économie du bison (vers 1879) sur laquelle reposait toute la culture des Premières Nations des

Plaines. Le Canada adopta alors une approche étriquée des traités, en les interprétant de façon légaliste et parcimonieuse. Dès les années 1880, des chefs autochtones de l'Ouest commencèrent à dénoncer les représentants de la Couronne qui leur avaient fait de « 'belles promesses' [...] afin de s'emparer de leur pays » et se plaindre que les obligations qui en découlaient étaient désormais ignorées[51]. Cette attitude du gouvernement fédéral s'exprima aussi par son refus de satisfaire aux pétitions des communautés autochtones du Nord qui exigeaient, elles aussi, des traités. Ottawa, en fait, n'était tout simplement plus intéressée à conclure des traités et à prendre de nouveaux engagements financiers à l'égard des Premières Nations, à moins que leurs territoires n'aient pour les non-Autochtones un attrait économique qui puisse rendre leur développement rentable. Ainsi, de nombreuses pétitions demandant la négociation de traités furent ignorées, mais lorsque du pétrole fut découvert à Norman Wells en 1920, les rouages s'activèrent rapidement pour parvenir à la conclusion du traité n° 11 qui couvrait la région en 1921[52]. À partir du milieu des années 1920, le gouvernement fédéral refusa à nouveau de conclure des traités, puisque les Canadiens ne manifestaient aucun intérêt pour les territoires non assujettis à des traités, tant dans le Nord et qu'en Colombie-Britannique. En tout état de cause, à partir de 1920, Ottawa et son Département des Affaires indiennes se cantonnèrent dans une politique de contrôle et de coercition à l'égard des Premières Nations. Cette politique, qui perdura jusqu'au milieu du XXe siècle, s'avérait fondamentalement incompatible avec les traités.

Le processus de négociation de traités fut relancé avec la ratification de la Convention de la Baie-James et du Nord québécois en 1975. Ce qui poussa le gouvernement à renouer avec cette tradition, c'est le fait que des organisations politiques autochtones mieux structurées et plus agressives – en l'occurrence les Cris de la Baie-James – réussirent à obtenir une injonction interlocutoire des tribunaux pour freiner le développement d'un projet hydro-électrique titanesque à la Baie-James. Cet incident, de même que la décision concernant le titre ancestral rendue par la Cour Suprême du Canada dans l'affaire *Calder* concernant les Nisga'a de la Colombie-Britannique, força aussi le gouvernement fédéral à élaborer un processus de règlement des revendications territoriales globales pour traiter les nombreuses requêtes de titre ancestral dans les régions non assujetties à des traités. Comme l'indique le site web du ministère des Affaires indiennes, la raison d'être de la Direction générale des revendications globales est « de négocier des traités modernes pour conférer certitude et clarté aux droits de toutes les parties à la propriété et à l'utilisation des terres et des ressources[53] ». Dans les années 1990, des ententes négociées telles que l'Accord sur les revendications territoriales du Nunavut et le Traité Nisga'a se joignirent à la politique de règlement des revendications globales pour redéfinir le processus moderne de négociation des traités du Canada. Au XXIe siècle, le Canada devra poursuivre la négociation des traités avec les Premières Nations concernant l'accès aux territoires dans les provinces de l'Atlantique, une partie du nord du Québec, la majorité de la Colombie-Britannique et une portion du Grand-Nord canadien.

Chaque fois que le gouvernement fédéral a conclu des traités au XXe siècle, sa position fut d'argumenter qu'il s'agissait de contrats limités dont le contenu se bornait aux clauses spécifiées dans la version officielle. Cette situation s'est même accentuée avec la relance, dans les années 1970, du processus de négociation des traités modernes. Dans leur ouvrage *Native Rights in Canada* publié en 1970, Cumming et Mickenberg ont démontré que, de façon générale, les tribunaux ont statué que les traités avec les Autochtones s'apparentaient à des contrats au sens de la loi. Pierre Elliott Trudeau, qui n'était pas particulièrement bien disposé envers les droits autochtones, affirmait encore en 1969, à la suite du tollé déclenché par la publication du *Livre Blanc* de son gouvernement : « Nous ne reconnaîtrons pas les droits ancestraux. Nous reconnaîtrons les droits issus des traités. Nous reconnaîtrons ces types de contrats que la Couronne a conclus avec les Indiens[54] ». L'impact de cette attitude gouvernementale est devenu particulièrement évident dans les années 1980, lorsque le processus des revendications globales fit l'objet de débats. Comme le souligna en 1985 un rapport d'examen de la politique des revendications globales, « par le passé, les progrès ont été freinés par une différence fondamentale dans les buts poursuivis par chacune des parties. Le gouvernement fédéral a cherché à éteindre les droits et à parvenir à un règlement unilatéral des revendications historiques. Les Autochtones, pour leur part, ont cherché à affirmer leurs droits ancestraux et à protéger pour les générations futures la place unique qu'ils occupent dans la société canadienne[55] ». La position du fédéral consistait donc à assimiler les traités à des contrats et ce n'est qu'à la fin du siècle qu'il se tourna, lentement et difficilement, vers une politique visant à « garantir » les droits autochtones plutôt qu'à les éteindre.

Les Premières Nations, quant à elles, se sont toujours opposées à la doctrine de l'extinction, en vertu du fait qu'elles considèrent les traités comme un processus relationnel qu'il est nécessaire de renouveler régulièrement et qui peut, au besoin, être modifié dans ses détails.

Ces différences d'interprétations que l'on observe au fil du XXe siècle nous rappellent que, durant les 300 ans au cours desquels Européens et Autochtones ont conclu des traités au Canada, la vision de ce qui constitue un traité a pris de multiples formes. Les premiers types de traités sont apparus dans le contexte du commerce des fourrures où des traiteurs européens interagissaient avec des chasseurs autochtones. Ces traités étaient essentiellement des accords commerciaux visant à favoriser la traite des fourrures. Ils reposaient sur le pragmatisme des marchands dont la réussite commerciale dépendait essentiellement de la bonne disposition des partenaires autochtones; les traiteurs comprenaient fort bien qu'en pays autochtone, nonobstant les droits qui leur étaient conférés par les chartes royales ou des permis, on se devait d'obtenir des premiers occupants l'autorisation de s'établir sur leurs terres pour y faire commerce. En concluant de telles ententes commerciales, les Européens n'eurent d'autre choix que de s'adapter aux systèmes de valeurs et aux protocoles des Premières Nations et adopter les rituels autochtones nécessaires pour entrer en relation avec ces dernières, dont les cérémonies de bienvenue, l'échange de présents et la cérémonie du calumet. Plus tard, après que la Proclamation royale de 1763 ait donné naissance aux traités territoriaux, les ententes se transformèrent pour prendre davantage l'apparence de simples contrats. Si l'on en croit le point de vue que les traités officiels nous ont transmis, c'est-à-dire celui du gouvernement, des cessions unilatérales de territoires et de titres furent consenties par les Premières Nations en échange de compensations. Le fait que la Couronne eut recours pendant un demi-siècle après 1763 au versement de paiements uniques, plutôt qu'à des annuités, a contribué à renforcer cette image. Puis, avec la création de l'État canadien, cette conception contractuelle des traités s'est ancrée dans la pensée des politiciens canadiens.

Comme en témoignent cependant les traités numérotés de l'Ouest, une façon concurrente de comprendre les traités a existé, procédant d'une vision beaucoup plus riche qui tend à s'opposer au statut de simples contrats. Cette conception faisait de l'accès au territoire non pas l'objectif même des traités, mais plutôt l'enjeu officiel d'un processus ayant pour objectif réel la création d'une alliance. Les cérémonies entourant la négociation des traités, de même que la tradition orale des Premières Nations de l'Ouest, suggèrent en effet que ces dernières ont perçu les ententes conclues entre 1871 et 1877 comme l'établissement d'une relation sous l'œil attentif du Créateur, une relation qui se voulait durable, qui devait être renouvelée annuellement et qui pouvait être modifiée au gré des besoins. Avec le déclin démographique et politique des Premières Nations, et l'ascension concomitante des non-Autochtones, cette interprétation des traités fut graduellement reléguée dans l'ombre. Les Premières Nations furent alors perçues comme une « race en voie d'extinction » qui « disparaissait comme neige au soleil », ce pourquoi le gouvernement canadien élabora une politique agressive visant à contrôler et à remodeler les Autochtones grâce à la Loi sur les Indiens et à ses programmes auxiliaires. Dans ce contexte, la vision unilatérale du gouvernement triompha : les traités furent en effet interprétés comme des contrats dont le contenu était essentiellement celui que l'on pouvait lire dans les documents gouvernementaux. Les tribunaux adoptèrent globalement cette vision et contribuèrent ainsi à la promouvoir.

C'est seulement lorsque le rapport de force entre les Premières Nations et les non-Autochtones se transforma à la fin du XXe siècle que la perception des traités commença elle aussi à évoluer. Grâce à l'apport combiné des recherches en histoire orale et des efforts d'une nouvelle génération de chercheurs, comme Arthur J. Ray, une conception plus nuancée des traités émergea, mettant l'accent sur la diversité des formes d'ententes. L'entente, le contrat et l'alliance ont, à différentes époques et en différents lieux, été considérés comme la seule vraie forme de traité. En Colombie-Britannique dans les années 1990, alors que des négociations s'embourbaient et qu'une incertitude relative aux droits de propriété faisait ralentir les investissements dans l'exploitation des ressources naturelles, des dirigeants d'entreprises pragmatiques choisirent de négocier sereinement une entente locale avec les Premières Nations afin de relancer les investissements et la création d'emplois en territoire autochtone[56]. D'une certaine manière, cette approche n'est guère différente de celle que les commerçants de fourrures avaient adoptée, dans les toutes premières décennies qui suivirent le premier contact, pour établir des relations pacifiques avec les Autochtones afin de faciliter l'accès à leurs terres et à leurs fourrures. Face à une telle ironie de l'histoire, demandons-nous comment la conception que se font les Canadiens des traités évoluera dans le contexte postmoderne du XXIe siècle naissant.

NOTES

1. Article publié originalement en anglais dans l'ouvrage *New Histories for Old*, sous la direction de Ted Binnema et Susan Neylan ©University of British Columbia Press, 2007. Reproduit avec l'autorisation de l'éditeur. Tous droits réservés. Ces recherches ont bénéficié d'une subvention du Conseil de Recherches en Sciences Humaines du Canada. Rebecca Brain a contribué à ce chapitre à titre d'assistante à la recherche.

2. Arthur J. Ray, *Indians in the Fur Trade : Their Role as Trappers, Hunters, and Middlemen in the Lands Southwest of Hudson Bay, 1660-1870*, 2ᵉ édition, Toronto, University of Toronto Press, 1998 (1974), p. xxiv. L'introduction de l'édition révisée offre des informations précieuses sur l'évolution des idées de Ray et de son point de vue sur plusieurs sujets fondamentaux se rapportant à l'histoire des relations entre Autochtones et non-Autochtones, dont celui des traités.

3. George F. G. Stanley, *The Birth of Western Canada : A History of the Riel Rebellions*, 2ᵉ édition, Toronto, University of Toronto Press, 1961 (1936).

4. John L. Taylor, « Canada's North-West Indian Policy in the 1870s : Traditional Premises and Necessary Innovations » (1978) et John L. Tobias, « Canada's Subjugation of the Plains Cree, 1879-1885 » (1983), dans J. R. Miller (dir.), *Sweet Promises : A Reader on Indian-White Relations in Canada*, Toronto, University of Toronto Press, 1991, p. 212-240.

5. Arthur J. Ray et Donald Freeman, « *Give Us Good Measure* » : *An Economic Analysis of Relations between the Indians and the Hudson's Bay Company before 1763*, Toronto, University of Toronto Press, 1978, p. 55-59.

6. *Ibid.*, p. 55.

7. *Ibid.*, p. 56.

8. *Ibid.*

9. *Ibid.*

10. *Ibid.*, p. 57.

11. *Ibid.*

12. *Ibid.*, p. 59. Voir aussi Arthur J. Ray, Jim Miller et Frank Tough, *Bounty and Benevolence : A History of Saskatchewan Treaties*, Montréal et Kingston, McGill-Queen's University Press, 2000, p. 8. Ray est l'auteur du chapitre sur les relations entre les Autochtones et la Compagnie de la Baie d'Hudson dans *Bounty and Benevolence.*

13. « Chaque chef laisse son grand calumet au Fort où il traite, à moins qu'il n'ait été offensé et qu'il envisage de ne pas revenir l'été suivant, ce qui se produit parfois », Andrew Graham, cité dans Ray et Freeman, « *Give Us Good Measure* », p. 70.

14. Cornelius J. Jaenen, « French Sovereignty and Native Nationhood during the French Regime », dans Miller (dir.), *Sweet Promises*, p. 19-42.

15. Walter Bagehot, *The English Constitution*, introduction par R. H. S. Crossman, Londres, C. A. Watts, 1964 (1867), p. 61.

16. Goldwin Smith, *Canada and the Canadian Question*, Toronto, Hunter Rose, 1891, p. 147.

17. E. E. Rich et A. M. Johnson (dir.), *Copy-book of Letters Outward &c* : *Begins 29th May, 1680, ends 5 July*, 1687, Toronto, Champlain Society for the Hudson's Bay Record Society, 1948, p. 4-13 (les passages en italiques sont les nôtres). Pour un autre exemple, voir *ibid.*, p. 36.

18 Sur ces premières ententes et leur rapport avec le commerce des fourrures, voir E. E. Rich, *The Fur Trade and the Northwest to 1857*, Toronto, McClelland and Stewart, 1967, p. 9-14.

19 Gilles Havard, *Le Grande Paix de Montréal de 1701 : les voies de la diplomatie franco-amérindienne*, Montréal, Recherches amérindiennes au Québec, 1992, p. 13.

20 Ray et Freeman, « *Give Us Good Measure* », p. 22.

21 Edward Ahenakew, *Voices of the Plains Cree*, éd. par Ruth M. Buck, Toronto, McClelland and Stewart, 1973, p. 72-73.

22 Hugh A. Dempsey, « Western Plains Trade Ceremonies », *Western Canadian Journal of Anthropology*, 3, 1, 1972, p. 29-33, en particulier p. 31-32.

23 Ray, Miller et Tough, *Bounty and Benevolence*, p. 3. Voir aussi J. E. Foster, « Indian-White Relations in the Prairie West during the Fur Trade Period : A Compact ? », dans Richard Price (dir.), *The Spirit of the Alberta Indian Treaties*, Edmonton, Pica Pica Press, 1987 (1979), p. 184. Précisons néanmoins que l'article de Foster fait référence à une entente générale entre Européens et Autochtones – similaire, par exemple, à l'entente entre Canadiens français et Canadiens anglais défendue par George Stanley dans son article « Act or Pact ? Another Look at Confederation », *Rapport annuel de la Société historique du Canada*, 1956, p. 1-25 – plutôt qu'aux ententes commerciales conclues dans le cadre du commerce des fourrures.

24 L'historiographie sur le réseau britannique d'alliances en général et sur la Chaîne d'alliance (*Convenant Chain*) en particulier est vaste. L'œuvre de Francis Jennings constitue une excellente introduction : *The Invasion of America : Indians, Colonialism, and the Cant of Conquest*, Chapel Hill, University of North Carolina Press, 1975; *The Ambiguous Iroquois Empire : The Covenant Chain Confederation of Indian Tribes with the English Colonies from Its Beginnings to the Lancaster Treaty of 1741*, New York, W. W. Norton, 1984, et *Empire of Fortune : Crowns, Colonies and Tribes in the Seven Years War in America*, New York, W. W. Norton, 1988.

25 José Antonio Brandão, « *Your fyre shall burn no more* » : *Iroquois Policy toward New France and Its Native Allies to 1701*, Lincoln et Londres, University of Nebraska Press, 1997; J. A. Brandão et William A. Starna, « The Treaties of 1701 : A Triumph of Iroquois Diplomacy », *Ethnohistory*, 43, 2, 1996, p. 209-244; Havard, *La Grande Paix de Montréal*.

26 Le traité original de 1701 est reproduit en facsimile dans Havard, *La Grande Paix de Montréal*, p. 189-195 (et une image d'un wampum qui, selon certains, commémore la Grande Paix de 1701, apparaît à la page 140 [référence Bibliothèque et Archives Canada (BAC), numéro C-38948]).

27 Starna et Brandão le considèrent comme un élément important dans le cadre d'un « triomphe de la diplomatie iroquoise » en 1701; Havard le comprend plutôt comme une victoire française. Ces interprétations divergentes découlent essentiellement, comme c'est souvent le cas, des sources sur lesquelles repose l'analyse des historiens. Si Starna and Brandão font également usage de sources britanniques et françaises, Havard fonde son étude sur une documentation française beaucoup plus vaste.

28 James Youngblood Sákéj Henderson, *The Mi'kmaw Concordat*, Halifax, Fernwood, 1997. Les principaux auteurs ayant étudié la relation que Rome a entretenue avec le Canada, et notamment avec les Premières Nations au début de l'époque coloniale, estiment que le Vatican n'a pu considérer que le lien tissé entre les Mi'kmaqs et le clergé catholique fut un concordat et ce, indépendamment de la nature réelle des relations entretenues par les

Mi'kmaqs avec les missionnaires. Rome n'avait aucun besoin d'établir un concordat avec les Mi'kmaqs et, à l'aube du XVIIe siècle, ne pouvait même concevoir qu'ils formaient une société organisée et régie par un gouvernement avec lequel elle pouvait établir des relations officielles. Communication privée avec Luca Codignola, Université de Gênes, le 20 septembre 1999, et avec Roberto Perin, Université York, le 29 juin 1999.

29 David L. Schmidt et B. A. Balcom, « The Règlement of 1739 : A Note on Micmac Law and Literacy », *Acadiensis*, 23, 1, 1993, p. 110.

30 Note de la traduction : bien que les traductions anciennes de la Proclamation royale utilisent le terme « sauvage » pour traduire le mot « Indian », ici nous avons choisi d'utiliser le terme « Indien » pour éviter une connotation négative. La version originale ne proposait pas un sens négatif. Ormis ce changement, nous nous sommes servis d'une ancienne traduction de la Proclamation royale.

31 John Borrows, « Wampum at Niagara : The Royal Proclamation, Canadian Legal History, and Self-Government », dans Michael Asch (dir.), *Aboriginal and Treaty Rights in Canada : Essays on Law, Equity, and Respect for Difference*, Vancouver, University of British Columbia Press, 1997, p. 155-172 et p. 256-267.

32 James Sullivan (dir.), *The Papers of Sir William Johnson*, Albany, University of the State of New York, 1921-1965, vol. 11, p. 30-31, p. 34.

33 Pour un portrait plus équivoque des liens entre les engagements de Niagara et le wampum, voir Paul Williams, « The Chain » (thèse LL.M., Osgoode Hall, Université York, 1982), chap. 4, « The Ojibways, the Covenant Chain and the Treaty of Niagara of 1764 », p. 72-94. Je remercie le professeur Brian Slattery, d'Osgoode Hall, qui a eu la gentillesse de me transmettre une copie de ce chapitre.

34 Canada, *Indian Treaties and Surrenders*, vol. 1, *Treaties 1-138*, Ottawa, Queen's Printer, 1891, p. 22-23.

35 Alexander Morris, *The Treaties of Canada with the Indians*, Saskatoon, Fifth House, 1991 (1880), p. 299. Le Traité Selkirk est reproduit aux pages 299-300; le transfert de terre de la CBH à Selkirk est reproduit aux pages 300-301.

36 Voir la carte 6.3 dans Robert J. Surtees, « Land Cessions, 1763-1830 », dans Edward S. Rogers et Donald B. Smith (dir.), *Aboriginal Ontario : Historical Perspectives on the First Nations*, Toronto, Dundurn Press, 1994, p. 103. Plusieurs traités conclus tardivement au Haut-Canada sont aussi présentés sur la carte 6.4 (*ibid.*, p. 114).

37 *Indian Treaties and Surrenders*, vol. 1, p. 62-63.

38 Morris, *Treaties*, p. 19.

39 Note de la traduction : le terme « alliance » doit être pris ici dans un sens non pas politico-militaire, mais théologique ou métaphysique, comme l'Alliance biblique que Dieu scella avec Abraham et le peuple juif.

40 Morris, *Treaties*, p. 314-316. L'intégration de « promesses externes » se retrouve aux pages 338-342. Voir aussi Ray, Miller et Tough, *Bounty and Benevolence*, p. 81-85.

41 Harold Cardinal et Walter Hildebrandt (dir.), *Treaty Elders of Saskatchewan : Our Dream Is That Our Peoples Will One Day Be Clearly Recognized as Nations*, Calgary, University of Calgary Press, 2000, p. 53.

42 *Ibid.*, p. 32.

43   Morris, *Treaties*, p. 97. Alexander Morris affirme : « J'ai tendu ma main, mais vous n'avez pas fait comme votre nation [les Saulteux] ont fait à l'Angle [Nord-Ouest] [l'année précédente]. Lorsque je suis arrivé là-bas, le chef et ses hommes sont venus m'offrir la pipe et m'ont témoigné tous les honneurs ».

44   *Ibid.*, p. 182-183.

45   Cardinal et Hildebrandt (dir.), *Treaty Elders*, p. 41. Pour la conception d'un aîné du caractère contraignant de la cérémonie du calumet au cours des négociations du traité n° 6, voir *The Counselling Speeches of Jim Kâ-Nipitêhtêw*, édité et traduit par Freda Aheanakew et H. C. Wolfart, Winnipeg, University of Manitoba Press, 1998, p. 109-113.

46   Notes de lord Lorne sur une rencontre avec des chefs, 1881, BAC, RG10, Archives du Département des Affaires indiennes, vol. 3768, dossier 33 642.

47   Par exemple, à fort Qu'Appelle en 1874, voir Morris, *Treaties*, p. 86.

48   *Ibid.*, p. 102.

49   *Ibid.*, p. 221.

50   *Ibid.*, p. 267.

51   J. A. Macrae à E. Dewdney, 25 août 1884, BAC, RG10, vol. 3697, dossier 15 423.

52   Pour des exemples du rejet gouvernemental de demandes de traités soumises par les Premières Nations, voir : Ray, Miller et Tough, *Bounty and Benevolence*, p. 148-155 et René Fumoleau, *As Long As This Land Shall Last : A History of Treaty 8 and Treaty 11, 1870-1939*, Toronto, McClelland and Stewart, 1975, p. 36-37 (pour le traité n° 8); John S. Long, *Treaty No. 9 : The Indian Petitions, 1889-1927*, Cobalt, ON, Highway Book Shop, 1978, 2ff (pour le traité n° 9); Ray, Miller et Tough, *Bounty and Benevolence*, p. 170-173 (pour le traité n° 10); et Fumoleau, *As Long As This Land Shall Last*, p. 134-149, p. 158 et p. 199-200 (pour le traité n° 11).

53   *Règlement sur les revendications autochtones. Un guide pratique de l'expérience canadienne*, Ottawa, Ministère des Affaires indiennes et du Nord canadien, 2003), p. 8-9, et en ligne, <https://www.aadnc-aandc.gc.ca/fra/1100100014174/1100100014179>.

54   P. A. Cumming et N. H. Mickenberg, *Native Rights in Canada*, 2ᵉ édition, Toronto, Indian-Eskimo Association, 1972 (1970), p. 56-57. La citation de Trudeau est tirée d'un discours prononcé à Vancouver le 8 août 1969.

55   Murray Coolican, *Living Treaties : Lasting Agreements : Report of the Task Force to Review Comprehensive Claims Policy* (rapport Coolican), Ottawa, Affaires indiennes et développement du Nord, 1985, p. 30.

56   Je remercie mon collègue Keith Carlson d'avoir attiré mon attention sur ce point.

3

L'Ontario : le cœur de la Confédération ?[1]

DANIEL HEIDT

Le 1er juillet 1867, partout à travers l'Ontario, on célébra le nouveau Dominion du Canada. L'Ontario fut la seule province à jouir de festivités de cette ampleur. En Nouvelle-Écosse, en revanche, le *Morning Chronicle* exprima son deuil avec un éloge sarcastique : « Est décédée, hier à minuit, la province libre et éclairée de la Nouvelle-Écosse[2] ». Ces festivités furent générales en Ontario parce que les habitants pensaient que leur province riche et peuplée deviendrait le cœur de la vie politique canadienne. En fait, encore aujourd'hui, cette idée est tellement ancrée dans les esprits que la majorité des habitants de la province ne se disent pas spontanément « Ontariens », mais plutôt « Canadiens ». Abstraction faite de cette vague notion de centralité, beaucoup d'Ontariens ne voyaient pas nécessairement tous du même œil les bénéfices qu'allait tirer l'Ontario de l'union confédérative; une petite minorité d'entre eux, malgré tout assez influente, doutait même de la viabilité de l'union. Ces appréciations variées et parfois contradictoires de l'union proposée s'expliquent de la manière par laquelle la Province du Canada avait évolué à partir des colonies distinctes – mais reliées – du Haut-Canada et du Bas-Canada. Les débats qui animaient les deux assemblées de la colonie reflétaient l'importance de la polarité francophone-anglophone sur la scène politique de l'époque, sans donner la voix aux autres populations ethniques et autochtones. Les traités numérotés, qui devaient régir par la suite les terres autochtones dans une grande

57

partie du nord de l'Ontario, n'ont été négociés qu'après la Confédération, c'est-à-dire une fois le Dominion du Canada bien établi. Il est important de connaître le contexte de ces événements afin de comprendre comment ces ententes clés ont vu le jour. Les débats entourant les accords révèlent les forces et les faiblesses de l'union, et nombreuses sont celles qui persistent toujours aujourd'hui.

Contexte

Comprendre la réaction ontarienne face à la Confédération nécessite une certaine connaissance de la quête prolongée d'autonomie et d'expansion de la colonie. L'Acte constitutionnel de 1791 avait séparé le Haut-Canada (aujourd'hui l'Ontario) du Québec à la suite des plaintes relatives «aux règlements rigoureux, aux hommages, aux réservations et aux restrictions provenant des lois et des coutumes françaises[3] ». La récrimination des anglophones à l'égard de la majorité franco-catholique de la région du Saint-Laurent remontait à plusieurs décennies; qu'elle refit surface dans les années 1860 ne peut étonner. La nouvelle colonie du Haut-Canada eut beau posséder une assemblée élue, celle-ci était dépourvue de pouvoir réel puisque les Britanniques, qui doutaient de la loyauté des Américains arrivant des états indépendants au sud, préféraient conférer ce pouvoir aux lieutenant-gouverneurs et aux conseils nommés[4]. Bien que les habitants de la colonie eurent prouvé leur loyauté non seulement par leur soutien des Britanniques lors de la guerre de 1812, mais aussi par leur refus d'appuyer la rébellion de William Lyon Mackenzie en 1837, le gouvernement impérial refusa aux politiciens du Haut-Canada le gouvernement responsable, c'est-à-dire le pouvoir de diriger leur propre colonie. Le gouvernement impérial préféra plutôt unifier le Haut-Canada et le Bas-Canada à l'encontre de la volonté populaire. Chacune des anciennes colonies ayant reçu un nombre égal de sièges à l'Assemblée législative, les autorités impériales espéraient que cette unification donnerait naissance à une majorité anglophone et encouragerait ainsi les francophones à s'assimiler[5].

La nouvelle province se dota éventuellement d'un gouvernement responsable, mais non sans difficultés d'adaptation, compte tenu de son caractère unique. Le fait qu'une moitié de la colonie était majoritairement anglophone et que l'autre moitié était majoritairement francophone alimentait l'attente que la majorité des politiciens des deux sections se

Figure 3.1 Les frontières politiques de l'Amérique du Nord britannique en 1867. D'après : Ressources naturelles Canada, « Carte 1867 », Bibliothèque et Archives Canada, <http://www.collectionscanada.gc.ca/confederation/023001-5005-f.html>.

devaient d'appuyer des mesures affectant la colonie tout entière. Une telle convergence se fit rare : c'est pourquoi l'obtention d'un gouvernement responsable compliqua la stabilité politique à la fin des années 1850. Tout divisait le peuple : les questions de territoire, de langue, de religion et de défense. Dans ce contexte, les gouvernements agirent peu ou démissionnèrent en série. Ainsi paralysée, la colonie n'était pas en mesure d'assumer la responsabilité d'un plus grand territoire. Dans les décennies précédentes, les agriculteurs du Haut-Canada avaient colonisé toutes les terres agricoles disponibles de sorte qu'une nouvelle génération convoitait les terres du Nord-Ouest. Or, la relative impuissance politique de la province du Canada la rendait inepte à gérer le territoire de la Compagnie de la Baie d'Hudson[6].

Le Haut-Canada ne pouvait guère compter davantage sur une expérience positive dans ses relations avec les peuples autochtones. Après que la Proclamation royale de 1763 eut réservé le territoire à l'ouest des treize colonies pour les peuples autochtones et donné à la Couronne britannique le droit exclusif de négocier les futurs échanges de terre, cette dernière négocia une série de traités avec les groupes autochtones établis dans ce qui est aujourd'hui l'Ontario afin de forger des alliances, redistribuer les terres et entretenir des relations durables. Ces négociations, qui avait généralement suivi l'arrivée de nouveaux colons d'origine européenne, s'étaient poursuivies en 1850 avec les traités Robinson-Huron et Robinson-Supérieur. Selon J.R. Miller, ce sont ces accords qui « ont changé la façon dont les traités coloniaux se font : désormais, les traités relatifs à la terre concernaient de grandes étendues, reconnaissaient la continuité des droits de pêche et de chasse, stipulaient que la Couronne s'engageait à payer des rentes et prévoyaient des réserves pour les Premières Nations signataires[7] ». Si ces traités offraient un moyen d'assurer une coexistence paisible, ils étaient cependant peu diserts sur la façon de concevoir un nouveau système de gouvernement pour la province du Canada.

Le fédéralisme fut maintes fois évoqué au nombre des solutions proposées. Le « principe fédéral » était une vieille idée qui consistait à unir quelques-unes ou toutes les colonies de l'Amérique du Nord britannique, ainsi qu'à donner aux gouvernements provinciaux la responsabilité des questions portant à controverse afin que le parlement central puisse se concentrer sur les domaines d'intérêts communs. Tour à tour les conservateurs et les réformistes ont plaidé en faveur du fédéralisme, car ils espéraient exporter les produits manufacturés canadiens vers les Maritimes et le Nord-Ouest[8]. En 1858, par exemple, le gouvernement de Macdonald-Cartier demeura au pouvoir après avoir repris à son compte la vague suggestion d'Alexander Tilloch Galt de créer une union fédérale de l'Amérique du Nord britannique. Lors d'un congrès réformiste en 1859, George Brown, rédacteur du journal *Globe* et l'un des chefs de file des réformistes, proposa une union fédérale avec des pouvoirs limités pour le gouvernement général d'une part, et des pouvoirs locaux attribués à deux (ou plus) sections de la province unie, d'autre part.

Mais d'autres solutions ont d'abord semblé plus attrayantes. La question démographique se tenait au premier plan des débats concernant une nouvelle forme de gouvernance. Bien que le Canada-Ouest fut surreprésenté dans la répartition originale des sièges de la colonie unie, le recensement de 1851 démontra que l'immigration de masse avait inversé la situation antérieure. La population du Canada-Ouest avait augmenté à un rythme beaucoup plus rapide que celle du Canada-Est, de sorte que les revendications émanant du Canada-Ouest et prônant la représentation selon la population vinrent à s'intensifier. En outre, une série de problèmes avait engendré des désaccords entre les deux parties de la colonie unie et contribué à des impasses parlementaires ou à l'instabilité gouvernementale. La guerre de Sécession américaine suscitait de nouvelles préoccupations, faisant sérieusement douter de la capacité financière et militaire de la colonie de se défendre contre la grande armée des états du Nord. Enfin, pour que l'économie d'échange, qui avait pris racine dans la partie ouest de la colonie, continue de croître au rythme souhaité par les citoyens, il fallait davantage de partenaires commerciaux. Au cours des années qui suivirent, les partisans de Brown, qui dominaient le parti réformiste, réussirent à gagner la majorité des sièges dans le Canada-Ouest. Mais une coalition étant nécessaire pour la formation d'un gouvernement, l'attitude de Brown, qui avait l'habitude d'insulter les Francophones catholiques du Canada-Est, mit rapidement fin à cette possibilité.

Les conservateurs jouissaient d'une expérience beaucoup plus grande en matière de coopération entre le Haut et le Bas-Canada. Robert Baldwin et Louis-Hippolyte La Fontaine avaient collaboré pendant les années 1840 afin de garantir un gouvernement responsable; John A. Macdonald et George-Étienne Cartier, pour leur part, avaient gouverné conjointement entre la fin des années 1850 et le début des années 1860. Cependant, les réformistes modérés et les Rouges (les libéraux) ayant formé à cette époque leur propre alliance, entre 1863 et 1865 deux administrations consécutives s'effondrèrent faute de soutien. Face à la crise, Brown – malgré ses penchants partisans – proposa une solution. Il obtint la mise en place d'un comité à l'Assemblée législative pour étudier les réformes constitutionnelles afin de sortir de l'impasse; par la suite, il consentit à se joindre à la Grande Coalition qui rassemblait les réformistes et les conservateurs du Haut-Canada, ainsi que les Bleus du Bas-Canada (les conservateurs du Québec).

Figure 3.2 Les délégués à Charlottetown, 1ᵉʳ septembre 1864. BAC, MIKAN 3192471. Première rangée, de gauche à droite : Alexander Tilloch Galt; Hector-Louis Langevin; John Hamilton Gray (N.-B.); George-Étienne Cartier; John A. Macdonald; John Hamilton Gray (Î.-P.-É); Samuel Leonard Tilley; Adams George Archibald; Alexander Campbell; George Coles; George Brown; William H. Lee, greffier du Conseil exécutif, Canada. Deuxième rangée, de gauche à droite: Charles Drinkwater; major Bernard; sir Charles Tupper; Edward Barron Chandler; Edward Palmer; Robert Barry Dickey; Thomas D'Arcy McGee; William Alexander Henry; William Henry Steeves; John Mercer Johnson; Andrew Archibald Macdonald; William McDougall; William Henry Pope; Jonathan McCully.

Cette nouvelle coalition fut formée à la veille de la conférence de Charlottetown de septembre 1864 qui avait été organisée dans le but de discuter d'une possible union avec les Maritimes. Les délégués des Maritimes ayant accepté d'entendre les propositions de la délégation canadienne, Macdonald et Cartier exposèrent les grandes lignes de leur argumentation en faveur de l'union des colonies de l'Amérique du Nord britannique. L'union, affirmaient-ils, permettrait de dissiper les craintes concernant la défense et le commerce, tout en assurant à chaque colonie l'autonomie dans d'importants domaines tels que l'éducation qui continuait de compliquer l'enjeu politique dans la Province du Canada. Par la suite, Alexander Galt expliqua l'accord financier, soulignant que le gouvernement général assumerait l'entière responsabilité des dettes et accorderaient des ressources à chaque province en fonction de sa population. Cet effort, jugé certes nécessaire pour amadouer les habitants des Maritimes, soulevait néanmoins des inquiétudes auprès des Ontariens qui répugnaient à payer les dettes de leurs voisins. Enfin, George Brown présenta un résumé de certains enjeux constitutionnels[9]. Lors de ces interventions et des débats qui suivirent, nulle mention ne fut faite des nominations politiques – comme celles des lieutenant-gouverneurs –, ni de la question des pratiques – comme le désaveu fédéral de lois provinciales qui devait par la suite avantager le pouvoir fédéral au détriment de la juridiction provinciale.

La réunion fut alors ajournée, tous les membres ayant accepté de reprendre le débat à Québec en octobre. C'est lors de cette rencontre que les vœux de bonne volonté formulés à la conférence de Charlottetown furent mis à l'épreuve. Lors des débats, les accords généraux établis à la conférence précédente furent respectés, mais beaucoup de détails devaient encore être peaufinés. En outre, les délégués avaient de toute évidence « complètement sous-estimé le temps dont ils auraient besoin afin d'arriver [à un consensus][10] ». Néanmoins, la résolution de certains enjeux semblait aller de soi. Par exemple, à Québec, ils se mirent apparemment tous d'accord pour dire que l'erreur commise par les États-Unis de conférer trop de pouvoir aux états pouvait être évitée en mettant en place un gouvernement central fort, tout en autorisant « les assemblées législatives locales à légiférer » sur « les préjudices et intérêts locaux[11] ». Après deux semaines de débats parfois fort longs, les 72 Résolutions de Québec virent le jour, posant les principes sur lesquels la Confédération allait être fondée. Dans la semaine qui suivit, les 72 Résolutions furent publiées dans la presse à travers l'Amérique du Nord britannique et se retrouvèrent désormais au cœur des débats, tant privés que publics.

Arguments à l'appui

Lorsque les délégués eurent regagné leur colonie respective, chaque assemblée législative discuta des mérites de l'accord. La grande majorité des politiciens du Canada-Ouest penchèrent en faveur du projet.

George Brown
Président, Conseil exécutif, Chef des Grits

8 FÉVRIER 1865

PRISE DE POSITION 3.1
Citation : Province du Canada, Assemblée législative, 8 février 1865. Source : Province du Canada, *Débats parlementaires sur la question de la Confédération des provinces de l'Amérique britannique du Nord*. Québec, Hunter, Rose et Lemieux, 1865, p. 91. Photographe : William Ellisson, Bibliothèque et Archives Canada, C-008359.

> Nous [au Haut-Canada] avons aussi eu à nous plaindre... que d'immenses sommes étaient prises de la caisse publique pour des fins locales du Bas-Canada auxquelles le peuple haut-canadien n'était nullement intéressé, bien qu'il eût à fournir les trois quarts, et ce projet, M. l'ORATEUR, remédie encore à cela...
>
> ... Nous avons dix-sept membres de plus en chambre qui tiennent les cordons de la bourse...

Contrairement au Canada-Est où les représentants débattirent avec une éloquence impressionnante des arguments en faveur ou en défaveur de l'union, le talent oratoire et l'expertise constitutionnelle des représentants du Canada-Ouest se portèrent généralement à l'appui de la Confédération.

Le concept de « représentation selon la population » (*rep by pop*) connaissait une popularité presque universelle à travers la province. Tant les réformistes que les conservateurs se réjouirent de la réalisation de cet objectif convoité depuis longtemps[12]. Au sein du nouveau Parlement fédéral, les représentants de l'Ontario occuperaient 45 pour cent des sièges. Certains anticipaient que si la population de l'Ontario continuait de croître, la province obtiendrait la majorité absolue des sièges. Les lecteurs perspicaces se rendront vite compte qu'une telle majorité au Parlement donnait la possibilité à l'Ontario de dicter les politiques du gouvernement fédéral sans tenir compte de la volonté collective du reste du Canada. Alors que les politiciens du Haut-Canada aspiraient à un tel pouvoir[13], ils se gardèrent bien de manifester leur ambition lors des débats par peur d'alarmer les politiciens du Bas-Canada en brandissant le spectre d'une tyrannie ontarienne.

Au contraire, certains promoteurs, tels que George Brown, amplifiant l'écho de la vieille hantise du Canada anglais de la domination française, firent valoir que la représentation selon la population s'avérait une mesure défensive qui permettrait aux députés ontariens de s'unir et d'empêcher le Bas-Canada de « faire ce que nous regardons comme des injustices à notre égard » dans la Chambre des communes[14]. Brown ajouta également que toute tentative ontarienne d'utiliser la prépondérance parlementaire des voix afin de contrer les objections des autres députés provinciaux pourrait être bloquée au Sénat, où le reste du Canada détenait la majorité des votes.

La possibilité d'une extension dans les Territoires du Nord-Ouest suscitait également une grande popularité en Ontario. La création du Dominion du Canada permettrait de bâtir un pays qui disposerait des ressources nécessaires pour que la région devienne un nouveau « *hinterland* » économique. Les habitants des zones rurales du Haut-Canada attendaient avec impatience que leurs enfants puissent coloniser une frontière agricole dans ce que George Brown appelait « les grands territoires indiens », tandis que les citadins, eux, s'attendaient à ce que la région devienne un marché pour les industriels du centre du pays. Pour beaucoup de Haut-Canadiens, la croissance territoriale serait déterminante pour établir un vaste pays en mesure de maintenir l'autorité britannique à travers le continent et de contenir l'expansionnisme américain.

Les partisans de la Confédération en Ontario n'adhéraient pas seulement au principe de la représentation selon la population et à l'expansionnisme, mais aussi au « principe fédéral » qui, selon eux, constituait un moyen pratique pour endiguer les questions controversées de la vie politique nationale. Cependant, en comparant les discours de l'époque, on peut se demander si l'on parlait alors de la même constitution. Dans certains cas, les différences entre les discours étaient le produit d'une certaine confusion. Avant les années 1860, seuls la Suisse et les États-Unis avaient instauré un gouvernement fédéral moderne et beaucoup d'Ontariens avaient du mal à saisir la complexité de ce système relativement nouveau. En outre, la poursuite de la longue et sanglante guerre de Sécession avait poussé plusieurs habitants de l'Amérique du Nord britannique à douter de l'intérêt d'institutionnaliser des identités régionales fortes en créant des gouvernements provinciaux. Par exemple, John A. Macdonald tenait les droits des états – excessifs selon lui – et le particularisme local pour responsables de la guerre de Sécession. Lui et ses partisans préconisaient une union législative, comme celle qui existait en Angleterre et en Écosse, susceptible de fidéliser les citoyens et de gagner leur respect en mettant fin aux désaccords régionaux. Une union législative nord-américaine britannique était toutefois inconcevable : le Bas-Canada et les colonies atlantiques ne conféreraient jamais le pouvoir à un Parlement national au sein duquel l'Ontario pourrait avoir la majorité des votes et le droit de légiférer sur des préoccupations locales majeures, telles que l'éducation et la justice. C'est pourquoi Macdonald et ses partisans ontariens ont accepté l'existence de juridictions provinciales, mais en insistant qu'elles soient réduites au minimum. Ces centralisateurs soulignèrent également que les 72 Résolutions conféraient au gouvernement fédéral le pouvoir de débouter la législation provinciale (par le droit de véto, par exemple). En outre, le fédéral conservait les compétences « résiduelles », à savoir la capacité d'adopter des lois « relatives à toutes les questions d'ordre général, c'est-à-dire non exclusivement réservées aux gouvernements et aux assemblées législatives locaux[15] ». Le Parlement fédéral jouirait donc, conclurent-ils, de l'autorité suprême sur toutes les juridictions importantes; il disposerait également du pouvoir d'assumer les responsabilités d'intérêt national qui surviendraient dans le futur (tel que le transport aérien). Les gouvernements provinciaux seraient, au contraire, « subordonnés » à leur homologue fédéral[16].

Les réformistes du Haut-Canada rejetèrent cette interprétation. Ces futurs Ontariens, tout comme les colonies atlantiques, craignaient l'instauration d'un gouvernement fédéral qui pourrait s'ingérer dans les problèmes locaux. Alors que peu soutenaient le modèle d'états dotés de droits aussi étendus que ceux revendiqués par les états américains du sud, Brown et d'autres défenseurs des droits locaux s'étaient assurés que les 72 Résolutions comprennent une série d'articles qui octroyaient des juridictions locales, dont l'imposition directe (par exemple, l'impôt foncier), l'éducation, les travaux publics et les institutions municipales. Les conditions de l'union prévoyaient également, mais de façon un peu confuse, que chaque province allait légiférer « sur toutes questions à caractère local ou privé échappant au Parlement en général ». Comme le suggère Paul Romney, les réformistes du Haut-Canada s'attendaient à ce que les termes de l'union garantissent que « les affaires locales de l'Ontario incombent seulement aux Ontariens[17] ».

Les partisans de la Confédération opinaient qu'une union politique des colonies de l'Amérique du Nord britannique pourrait aussi renforcer la défense militaire de chaque colonie. Cet argument se résumait à l'idée que « l'union fait la force, la désunion nous affaiblit ». Tous espéraient, bien évidemment, que la Grande-Bretagne contribuerait à la défense du nouveau Dominion. Mais, en s'unifiant, le jeune pays pourrait rassembler ses forces et les déployer dès que nécessaire par l'intermédiaire du chemin de fer Intercolonial qui serait bientôt construit. En somme, grâce à la Confédération, les colonies deviendraient « une grande nationalité… qui commande le respect au dehors[18] » et qui ferait contrepoids à la « destinée manifeste » des États-Unis.

Arguments contraires

Les politiciens du Haut-Canada ne votèrent pas tous en faveur des 72 Résolutions. Ni forte ni unifiée, l'opposition aux conditions de l'union dans le Haut-Canada portait avant tout sur la représentation des intérêts du Haut-Canada. Les détracteurs n'étaient pas, en principe, contre l'union, mais les Résolutions de Québec ne les avaient pas convaincus. L'insistance de la Grande Coalition à vouloir que la Province du Canada débatte des conditions de l'union comme s'il s'agissait d'un « traité » non modifiable, amadoua la majorité de ces opposants. Seuls les plus intraitables d'entre eux se firent entendre par leurs votes négatifs[19]. Par conséquent, les détracteurs du Haut-Canada doivent être perçus comme un groupe disparate qui ne réussit qu'à retarder la confirmation de l'accord – après en avoir certes souligné certaines failles –, mais sans parvenir à le modifier.

Parce que le Haut-Canada était la colonie qui importait le plus de marchandises et qui payait le plus d'impôts, certains critiques, tels que Matthew Crooks Cameron, député conservateur d'Ontario Nord à l'assemblée et futur chef de file des conservateurs de la province, soulignèrent que les Ontariens finiraient inévitablement par payer une part disproportionnée des futures dépenses du Dominion. Ils s'opposèrent, par conséquent, à l'augmentation anticipée des dépenses selon les termes de l'union. Le nouveau gouvernement du Dominion devait assumer, par exemple, la responsabilité des dettes de toutes les colonies et s'engager à payer une subvention à chaque province (semblable à la péréquation actuelle). La création de la Chambre des communes et du Sénat, en sus des assemblées législatives provinciales séparées, paraissait superflue et onéreuse aux yeux de bon nombre qui préféraient le système en vigueur[20].

La question du coût s'étendait également à d'autres domaines. L'article le plus impopulaire des conditions de l'union fut sans doute la promesse de construire le chemin de fer Intercolonial. Jusque dans les années 1870, il n'existait aucune liaison ferroviaire entre la province du Canada et les colonies atlantiques. Les échanges commerciaux se limitaient à ce qui pouvait être transporté par le Saint-Laurent au printemps, en été et en automne. Les négociations pour la construction d'un chemin de fer entre ces régions se poursuivaient depuis des années, mais les désaccords successifs concernant le budget que chaque colonie devrait y consacrer minaient les possibilités d'une entente. Lors des plus récentes négociations, en 1862, le gouvernement de John Sandfield Macdonald et Louis-Victor Sicotte avait convenu que la province du Canada payerait le $5/12^e$ des coûts de construction, mais ces derniers se ravisèrent brusquement[21]. La liaison ferroviaire que les politiciens en faveur de la Confédération à travers le pays voyaient comme une nécessité pour la construction de la nation – une mesure essentielle pour inciter la Nouvelle-Écosse et le Nouveau-Brunswick à se joindre à l'union – ne connaissait pas une telle popularité au Haut-Canada. Comme l'exprima David Reesor, de Kings, les contribuables de la Province du Canada devraient assumer « une dépense deux fois plus grande que celle dont il fut jadis question[22] ». À la lumière de la controverse politique au Nouveau-Brunswick concernant le trajet de la voie ferrée, ainsi qu'aux difficultés financières récentes du chemin de fer Grand Tronc, on craignait que garantir la construction de la voie ferrée équivaudrait à remettre un chèque en blanc au gouvernement de l'union[23].

Les détracteurs redoutaient aussi que la construction du chemin de fer, et le projet de l'union en général, n'offrirait qu'une bien faible mesure défensive. Même si elles pouvaient être protégées, les voies ferroviaires situées à proximité de la frontière américaine, vulnérables aux attaques, nécessiteraient des forces défensives considérables. L'idée selon laquelle l'Amérique du Nord britannique serait mieux protégée en établissant une simple frontière qui s'étendrait du Nord-Ouest jusqu'à la Nouvelle-Écosse en laissait beaucoup sceptiques. Non sans sarcasme, John Sanborn déclara,

> Cette union bien formée nous mettra, dit-on, à même de défier l'univers entier et nous assurera une paix inaltérable. Je veux bien croire qu'elle augmentera la facilité des communications mais je doute qu'elle augmente notre force. Je ne comprends pas comment les citoyens du Nouveau-Brunswick pourraient laisser leurs frontières sans défense pour venir à notre secours[24].

John Macdonald (le député réformiste de Toronto Ouest et non le futur premier ministre) partageait les mêmes doutes : « nous, dans le Haut et le Bas-Canada, avec une population qui n'atteint pas celle de la ville de Londres, serons appelés à défendre une frontière d'une si grande ampleur, un territoire, selon certains, aussi imposant que le continent européen ?[25] ». De toute évidence, les défenses locales devaient être établies indépendamment du statut politique de chaque colonie, si bien que l'union proposée n'agirait guère comme élément dissuasif ou, au mieux, causerait une certaine confusion.

D'autres objections aux Résolutions de Québec étaient de nature purement philosophique. Par exemple, un véritable doute planait sur le « principe fédéral ». L'union du Haut et du Bas-Canada avait déjà semé beaucoup de discorde; comment allait-on améliorer la situation en incluant le Canada Atlantique dans l'union tout en préservant l'autonomie de chaque

Matthew Crooks Cameron
Député de l'Assemblée législative, Province du Canada (Ontario)

24 FÉVRIER 1865

PRISE DE POSITION 3.2
Citation : Province du Canada, Assemblée législative, 24 février 1865. Source : *Débats parlementaires sur la question de la Confédération des provinces de l'Amérique britannique du Nord*. Québec, Hunter, Rose et Lemieux, 1865, p. 465.
Photographe : Notman et Fraser, Bibliothèque et Archives Canada, PA-028639.

" Quant au projet même, il a été élaboré en trop grande hâte; on voit que c'est une œuvre de compromis faite d'une manière précipitée. C'est un travail de rapiéçage et, comme nous le savons tous, nous ne sommes pas libres de changer aucune des pièces du plan pour qu'il ait meilleure mine ou qu'il soit plus facile à endurer par ceux qui auront à le subir. "

province[26] ? Dans une lettre personnelle adressée à John A. Macdonald, Matthew Cameron exposa de sérieuses réserves : « je doute que le régime basé sur le principe fédéral nous permette de vivre en plus grande harmonie... ou réussisse à nous faire travailler dans l'intérêt de tous[27] ». Il avait exprimé cette crainte dans sa critique des Résolutions de Québec à l'Assemblée. Cameron préconisait une union législative car « Nous devrions sentir que si nous devons être unis, ce devrait être de fait autant que de nom, que nous devrions ne former qu'un seul peuple[28] ». Cameron, conscient que le désir d'autonomie locale des états du sud était à l'origine de la guerre de Sécession, conclut que si les Canadiens rejoignaient l'union de l'Amérique du Nord britannique proposée dans les Résolutions de Québec, ils « sèmer[aient] la discorde et la lutte qui détruir[aie]nt notre union au lieu de la cimenter[29] ». Les affirmations de Thomas D'Arcy McGee, parmi d'autres partisans, que l'union créerait une « nouvelle nationalité » étaient ainsi souvent dénigrées. Puisque les colonies conservaient jalousement leurs lois locales et que les Résolutions de Québec protégeaient l'autonomie locale, beaucoup doutaient que le système fédéral soit capable de promouvoir l'unité tout en préservant les différences.

Quelques politiciens ontariens contestèrent même l'influence potentielle que leur province pourrait exercer au sein de la Confédération. Par exemple, Cameron avait émis l'hypothèse suivant laquelle « 65 députés du Bas-Canada et 47 des autres provinces [les Maritimes], qui partagent les mêmes intérêts, s'uniront contre nous[30] ». John Simpson, député réformiste du Conseil législatif, avait aussi fait valoir qu'en dépit des dix-sept députés supplémentaires que la représentation selon la population octroierait à l'Ontario, « le Haut-Canada se trouverait encore dans une grande minorité de toute la chambre » et serait toujours exposé aux dépenses non justifiées des représentants fédéraux des autres parties du pays[31].

La décision de nommer à vie les représentants du Conseil législatif (c'est-à-dire le Sénat), plutôt que de les élire, donnait également lieu à de nombreuses critiques. Puisqu'au lendemain de 1856 la province du Canada avait mis en jeu plusieurs des sièges du Conseil législatif aux élections[32], beaucoup d'Ontariens s'opposèrent alors à ce changement qui, selon eux, ferait en sorte que le Sénat, qui n'aurait aucun compte à rendre aux électeurs, deviendrait ainsi un outil de partisannerie et de patronage. Comme Ged Martin l'observe, les détracteurs interprétaient la décision de nommer les premiers sénateurs à partir des conseillers actuels comme « un pot-de-vin transparent afin de freiner les chambres hautes dans l'exercice de leur principale fonction, c'est-à-dire de jeter un second regard désintéressé[33] ».

Enfin, la majorité des opposants à la Confédération déplorèrent le manque de consultation publique. La Grande Coalition avait été formée en 1864 sans la tenue d'un scrutin et de nouvelles élections n'étaient prévues qu'en 1867. Alors que le suffrage dans la province du Canada était toujours lié à la richesse et au sexe, et que certains critiques avaient sans aucun doute stratégiquement utilisé l'absence de débats publics sur l'union pour prolonger les discussions, beaucoup de détracteurs s'offusquèrent que des changements constitutionnels de grande envergure soient effectués sans obtenir l'approbation de ceux qui jouissaient de la capacité de voter. Pendant l'été 1865, John Sandfield Macdonald, le premier politicien à occuper le poste de premier ministre de l'Ontario, prévint que la défaite électorale du premier ministre du Nouveau-Brunswick, Samuel Leonard Tilley, servirait d'exemple à ceux qui promouvaient la Confédération à l'encontre de l'opinion publique. Sa mise en garde n'eut cependant que peu d'incidence sur le cours des événements[34].

La suite des événements

Les deux assemblées législatives de la province devaient, en définitive, se rallier aux Résolutions de Québec. À l'Assemblée, la majorité des élus du Haut comme du Bas-Canada – bien que dans en moindre proportion ici en raison de l'opposition des Rouges – avalisèrent l'accord. L'absence d'un plan alternatif viable, la mésentente et un vote qui requérait un « oui » ou un « non » clair, empêchèrent les opposants aux Résolutions de Québec dans le Haut-Canada de monter une véritable opposition à l'encontre de la popularité, même relative, de l'union.

Les lecteurs pourront observer que les partisans et les détracteurs de la Confédération ont offert des analyses fort perspicaces des conditions de l'union. Par exemple, dans les 150 années qui ont suivi, les grands projets de construction nationale tels que le chemin de fer Intercolonial ont été essentiels à la mise en place du commerce interprovincial. Mais l'Ontario, généralement une province « nantie », contribua financièrement à l'expansion des projets nationaux dans d'autres provinces. Pareillement, une union législative n'étant pas envisageable sur le plan politique, une structure fédérale donna par conséquent une marge de manœuvre nécessaire aux Canadiens pour qu'ils puissent être canadiens à leur façon. Or ces mêmes particularités provinciales ont parfois servi de point de ralliement pour les voix séparatistes, comme en Nouvelle-Écosse et au Québec. Ces observations ne remettent cependant pas en question l'importance des événements ultérieurs, pas plus qu'elles ne découlent de causes uniques; au contraire, elles reconnaissent que, des deux côtés du débat, des questions légitimes aidant à mieux comprendre le rôle de l'Ontario dans la politique canadienne ont été soulevées[35].

Les débats sur la fondation de l'Ontario ne se sont pas taris en 1865. En 1869, le gouvernement fédéral obtenait les terres du Nord-Ouest de la Compagnie de la Baie d'Hudson; le gouvernement ne reconnut pas la présence des Métis de la rivière Rouge, et leur réaction a souligné le danger d'ignorer l'autorité des peuples autochtones. Cette prise de conscience, ainsi que la nécessité de construire un chemin de fer transcontinental ou d'éviter d'autres conflits onéreux, de même que la certitude que les peuples autochtones occupant le territoire où l'itinéraire du chemin de fer était envisageable voudraient entrer en négociation avec le gouvernement avant l'arrivée des «colons», sont autant de raisons qui ont poussé la Couronne à reprendre les précédents de la décennie antérieure et négocier une série de traités numérotés qui s'appliqueraient éventuellement aux terres s'étendant de l'Ontario jusqu'au Yukon[36]. Comme l'historien J.R. Miller l'explique dans son chapitre, ces accords n'étaient pas de simples traités écrits, mais également des *alliances* scellées devant l'esprit divin qui liaient les parties à s'engager et à entretenir de bonnes relations à long terme[37]. Quoique les frontières ontariennes ne furent stabilisées qu'en 1912, une partie du traité n° 3 se trouvait à l'intérieur des limites actuelles. Les négociations débutèrent en 1870 et se poursuivirent chaque année par la suite, les chefs autochtones réclamant toujours des conditions plus favorables. Ce n'est qu'en 1873 que l'impasse prit fin, au moment où le gouverneur Alexander Morris rencontra les chefs des Saulteaux du Lac Seul et de la rivière English, à l'angle nord-ouest (territoire aujourd'hui situé à l'intersection de l'Ontario, du Manitoba et du Minnesota), et leur proposa des termes qui correspondaient davantage aux attentes des peuples autochtones. Au terme de négociations difficiles, le chef Ka-Katche-way consentit enfin à signer le traité, mais Morris menaça de négocier avec chacune des bandes autochtones individuellement si elles continuaient à résister. Or à l'issue de nouvelles négociations, la Couronne accepta d'augmenter le paiement unique en argent de 10 $ à 12 $, de fournir des outils, du matériel et des provisions agricoles, du bétail et des vêtements. Elle permit également que les peuples autochtones continuent de chasser et de pêcher sur les terres de la couronne, et promit d'inclure dans le traité les proches parents autochtones qui habitaient aux États-Unis, s'ils venaient s'établir au Canada dans les deux années suivant la signature. Même si certaines de ces promesses, étant verbales et non écrites, devaient par la suite être contestées, les deux parties acceptèrent les conditions et le traité n° 3 fut signé le 3 octobre 1873[38].

Cependant, l'établissement de nouveaux arrivants ne cessa d'augmenter et allait s'étendre au tournant du siècle jusqu'au nord de l'Ontario. Les négociations du traité n° 9, en 1905 et 1906, s'étaient déroulées de manière très différente de celle des autres traités numérotés. Contrairement à Alexander Morris, les commissaires au traité n° 9 ne s'écartèrent pas des dispositions élaborées à Ottawa et s'efforcèrent plutôt d'expliquer le traité aux chefs cris et ojibwés afin de les convaincre de le signer. Malheureusement, les explications des commissaires s'avérèrent souvent simplistes et, parfois, « carrément contraires aux dispositions écrites[39] ». Par exemple, à Mishkeegogamang (jadis Osnaburgh), les commissaires avaient souligné l'importance de l'obéissance aux lois de la Couronne. Mais l'engagement de laisser les bandes poursuivre leurs activités de chasse et d'agriculture sur toutes les terres « cédées » ne s'était pas accompagné de directives explicites, alors que ces mêmes activités devaient être « sujettes à des régulations » du gouvernement et que cet engagement excluait « toutes les terres requises ou utilisées à l'occasion pour l'établissement de nouveaux arrivants, l'exploitation minière, l'exploitation forestière, le commerce, etc.[40] ». À Eabametoong (jadis Fort Hope), l'un des commissaires avait même laissé entendre que les bandes autochtones ne cédaient les titres fonciers que sur les « terres qu'ils n'utilisaient pas[41] ». Avec ces paroles rassurantes, mais trompeuses, et à la lumière de leur marge de manœuvre réduite, les bandes signèrent le traité.

La signification des chroniques parlementaires et autochtones sera sujette à débat dans les décennies à venir, aussi l'accès à ces discussions est de première importance pour les Ontariens et l'ensemble des Canadiens. Les débats de la Province du Canada, les textes des traités numérotés et les récits relatant les négociations des traités sont des documents fondateurs

Mawedopenais
Chef de la Première nation du Fort Francis

2 OCTOBRE 1873

PRISE DE POSITION 3.3

Citation : Source : Alexander Morris, *The Treaties of Canada with the Indians of Manitoba and the North-West Territories Including the Negotiations on Which They Are Based, and Other Information Relating Thereto*. Toronto, Willing & Williamson, 1880, p. 59.
Photographe : Bibliothèque et Archives du Canada. Numéro d'acquisition 1986-79-1638.

" Nous croyons que le Grand Esprit nous a plantés ici, sur cette terre, tout comme il l'a fait pour vous là d'où vous venez. Nous croyons que là où nous nous trouvons constitue notre propriété. Je vais vous parler de ce qu'il nous a dit lorsqu'il nous a plantés ici et des règles que nous, Indiens, devrions suivre, car il nous a donné des règles à suivre afin de nous gouverner adéquatement. "

essentiels. Parce que l'État canadien n'a pas su respecter les termes des traités numérotés, la réconciliation demeure un processus qui ne peut être favorisé que si l'on prend connaissance des ententes et des torts du passé. Bien que les débats parlementaires sur la Confédération se soient déroulés dans une atmosphère révolue et à la poursuite d'objectifs différents, ils donnent un aperçu des forces et des faiblesses de la structure politique du Canada et du rôle de l'Ontario, passé et actuel, au sein de la Confédération. Grâce à l'examen renouvelé de l'histoire du Canada, nous pouvons en corriger les erreurs afin de bâtir un meilleur futur sur ses réalisations.

NOTES

1   L'auteur tient à remercier Penny Bryden pour ses suggestions très utiles.

2   *Halifax Morning Chronicle*, 1ᵉʳ juillet 1867.

3   Cité dans Gerald M. Craig, *Upper Canada : The Formative Years, 1784-1841*, Toronto, McClelland and Stewart, 1963, p. 9.

4   Pour une analyse des publications récentes sur la loyauté, la révolution et le XIXᵉ siècle, consulter Jeffrey McNairn, « As the Tsunami of Histories of Atlantic and Liberal Revolutions Wash up in Upper Canada : Worries from a Colonial Shore – Part One », *History Compass*, 14, 9, 2016, p. 407-417.

5   Alan Taylor, *The Civil War of 1812 : American Citizens, British Subjects, Irish Rebels and Indian Allies*, Toronto, Random House, 2010.

6   Douglas Owram, *Promise of Eden : The Canadian Expansionist Movement and the Idea of the West, 1856-1900*, Toronto, University of Toronto Press, 1992.

7   J.R. Miller, « Compact, Contract, Covenant : Canada's Treaty-Making Tradition », Keenan Lecture, 2003.

8   Pour une analyse approfondie des propositions fédérales d'avant 1864 au Haut-Canada, consulter Daniel Heidt, « 'First Among Equals' : The Development of Preponderant Federalisms in Upper Canada and Ontario to 1896», thèse de doctorat, Western University, 2014, chap. 1 et 2.

9   P. B. Waite, *The Life and Times of Confederation, 1864-1867 : Politics, Newspapers, and the Union of British North America*, Toronto, University of Toronto Press, 1962, p. 76-85.

10 Waite, *The Life and Times of Confederation*, p. 89.

11 John T. Saywell, *The Lawmakers : Judicial Power and the Shaping of Canadian Federalism*, Toronto, University of Toronto Press for the Osgoode Society for Canadian Legal History, 2002, p. 6-7; voir également : G. P. Browne, (dir.), *Documents on the Confederation of British North America*, Toronto, McClelland and Stewart, 1969, p. 94-95.

12 George Brown a lancé le mouvement en faveur de la représentation selon la population, qu'ont rejoint de nombreux conservateurs du Haut-Canada. Par exemple, John Hillyard

Cameron se sépara de Macdonald en 1861, emmenant avec lui un nombre croissant de conservateurs, ce qui obligea Macdonald à envisager la promotion, au sein de ses partisans, de la représentation selon la population.

13   Heidt, « 'First Among Equals' », chap. 2.

14   *Débats parlementaires sur la question de la Confédération de l'Amérique britannique du Nord*, Québec, Hunter, Rose et Lemieux, 1865, 8 février 1865, p. 87.

15   Pour des textes classiques sur l'interprétation centraliste de la constitution du Canada, consulter Donald Creighton, *John A. Macdonald : The Young Politician*, Toronto, University of Toronto Press, 1952; Norman McLeod Rogers, « The Compact Theory of Confederation », *Papers and Proceedings of the Annual Meeting of the Canadian Political Science Association*, 1931, p. 205-230; Richard Gwyn, *Nation Maker : Sir John A. Macdonald : His Life, Our Times*, vol. 2, 1867-1891, Toronto, Random House Canada, 2011; W.L. Morton, *The Kingdom of Canada : A General History From Earliest Times*, Toronto, McClelland and Stewart Limited, 1963.

16   *Débats parlementaires sur la question de la Confédération*, 6 février 1865, p. 42.

17   Paul Romney, *Getting It Wrong : How Canadians Forgot Their Past and Imperiled Confederation*, Toronto, University of Toronto Press, 1999, p. 103. Voir aussi J.M.S. Careless, *Brown of the Globe*, vol. 2 : *Statesman of Confederation, 1860-1880*, Toronto, Macmillan Company, 1963.

18   *Débats parlementaires sur la question de la Confédération*, 6 février 1865, p. 28-29.

19   Contrairement aux débats dans les colonies atlantiques où les partisans de la Confédération préconisaient souvent de nouvelles négociations afin de modifier les Résolutions de Québec, la Grande Coalition essayait d'éviter d'autres retards ou désaccords en limitant le vote à un oui ou un non. Cette tactique n'a pas empêché les partisans de proposer des amendements, mais en vain. Ironiquement, les délégués de la Conférence de Londres se sont par la suite distanciés à plusieurs reprises des Résolutions de Québec.

20   *Débats parlementaires sur la question de la Confédération*, 24 février 1865, p. 457-468; 6 mars 1865, 684; 7 mars 1865, p. 760.

21   Gene Lawrence Allen, « The origins of the Intercolonial Railway, 1835-1869 », thèse de doctorat, University of Toronto, 1991.

22   *Débats parlementaires sur la question de la Confédération*, 13 février 1865, p. 167.

23   Pour une histoire détaillée du chemin de fer Intercolonial, consulter Andy Albert den Otter, *The Philosophy of Railways : The Transcontinental Railway Idea in British North America*, Toronto, University of Toronto Press, 1997, et Allen « The Origins of the Intercolonial Railway ».

24   *Débats parlementaires sur la question de la Confédération*, 9 février 1865, p. 125.

25   Cité dans Ged Martin, « Painting the Other Picture : The Case Against Canadian Confederation », dans C.C. Eldridge (dir.), *From Rebellion to Patriation : Canada and Britain in the Nineteenth and Twentieth Centuries*, Cardiff, Canadian Studies in Wales Group, 1989, p. 56-57.

26   Pour plus d'informations sur cette perspective, consulter Martin, « Painting the Other Picture », p. 49.

27   M.C. Cameron à John A. Macdonald, 3 décembre 1864, Bibliothèque et Archives Canada, MG26-A, vol. 338, Pt 2.

28   *Débats parlementaires sur la question de la Confédération*, 24 février 1865, p. 459.

29   *Ibid.*, p. 468.

30   Cité dans Martin, « Painting the Other Picture », p. 60.

31   *Débats parlementaires sur la question de la Confédération*, 16 février 1865, p. 235.

32   Janet Ajzenstat, « Bicameralism and Canada's Founders : The Origins of the Canadian Senate », dans Serge Joyal (dir.), *Protecting Canadian Democracy : The Senate You Never Knew*, Montréal, McGill-Queen's University Press, 2003, p. 12.

33   Martin, « Painting the Other Picture », p. 65.

34   Bruce W. Hodgins, *John Sandfield Macdonald, 1812-1872*, Toronto, University of Toronto Press, 1971, p. 78-79.

35   Les lecteurs apprécieront une brève note sur les enjeux que les débats n'abordaient pas. Les établissements scolaires séparés pour les catholiques et les Franco-Ontariens, ainsi que pour les anglophones et les protestants du Bas-Canada, étaient au centre des préoccupations dans les années 1860. Les 72 Résolutions de Québec ont permis aux deux groupes de conserver leurs droits tels qu'ils existaient « au moment de l'entrée en vigueur de l'Union ». Cependant, la question de l'éducation a été très rarement abordée lors des débats législatifs sur la Confédération, notamment parce qu'Alexander Galt avait promis, dans le cas où l'Assemblée voterait l'accord sur la Confédération, de proposer une loi qui améliorerait les droits des écoles séparées dans les deux sections de la colonie, stratégie efficace qui visait à tenir à l'écart les deux questions pendant une période clé de quelques mois.

36   Miller, « Compact, Contract, Covenant : Canada's Treaty-Making Tradition », p. 20-21.

37   *Ibid.*, p. 32.

38   Wayne E. Daugherty, « Treaty Research Report : Treaty Three, 1873 », Treaties and Historical Research Centre Self-Government, Indian and Northern Affairs Canada, 1986. Les bandes autochtones qui étaient absentes lors des négociations ont signé le traité d'adhésion dans les deux années qui ont suivi. Force est de constater que le traité n° 3 fut le seul traité numéroté qui autorisa les Métis à signer un traité d'adhésion.

39   John S. Long, « How the Commissioners Explained Treaty Number Nine to the Ojibway and Cree in 1905 », *Ontario History*, XCVIII, n° 1, printemps 2006, p. 13.

40   Traité n° 9; Long, « How the Commissioners Explained Treaty Number Nine », p. 14-19.

41   Long, « How the Commissioners Explained Treaty Number Nine », p. 19. Voir aussi John S. Long, *Treaty no. 9 : Making the Agreement to Share the Land in Far Northern Ontario in 1905*, Montréal, McGill-Queen's University Press, 2010.

4

Le Québec et la Confédération : gains et compromis

MARCEL MARTEL, COLIN M. COATES, MARTIN PÂQUET
ET MAXIME GOHIER

Le Québec est un membre fondateur de la Confédération et c'est en partie grâce à lui que la Confédération a vu le jour. Les représentants francophones de la future province de Québec, membres d'une minorité linguistique et religieuse, s'étaient retrouvés en position de force à la table des négociations à Charlottetown en 1864 et ensuite à Québec la même année. Il semblait alors impératif de prendre en considération les préoccupations des francophones afin de réorganiser l'ordre colonial en Amérique du Nord. Un accord constitutionnel n'aurait jamais pu voir le jour sans le soutien des politiciens canadiens-français. Quant aux anglophones, en minorité dans la future province de Québec, ils s'attendaient à ce que leurs représentants protègent leurs intérêts.

Concilier les droits et les inquiétudes des colons anglophones et francophones en Amérique du Nord britannique a constitué une question d'ordre politique et constitutionnel, et ce, depuis le traité de Paris (1763) en vertu duquel la Nouvelle-France fut cédée aux Britanniques. Cela faisait plus d'un siècle que les autorités britanniques imposaient une réorganisation constitutionnelle en Amérique du Nord. Par conséquent, les colons n'avaient pas réellement leur mot à dire. Des changements constitutionnels avaient graduellement apporté des solutions à la question de l'intégration d'une population catholique et francophone au sein d'une structure politique coloniale administrée par Londres. En 1774, la Grande-Bretagne avait agrandi les frontières de la province de Québec et permis l'usage du droit civil français. Elle avait également autorisé les catholiques à prêter un serment qui leur permettait d'occuper un poste dans la fonction publique. Dix-sept ans plus tard, les autorités britanniques amendaient les accords constitutionnels et divisaient la province de Québec en deux territoires distincts, le Haut et le Bas-Canada. Tous deux disposèrent alors d'institutions parlementaires pour les représenter.

En réponse aux rébellions de 1837 et 1838, la Grande-Bretagne avait tenté d'assimiler les Canadiens français en forçant l'union du Bas et du Haut-Canada. Le Canada-Ouest (Haut-Canada) et le Canada-Est (Bas-Canada) avaient le même nombre de représentants au sein de la nouvelle législature qui gouvernait les deux régions de la colonie, et ce, malgré la différence de population – moindre dans le Canada-Ouest. L'emploi du français au Parlement colonial fut d'abord interdit pour être ensuite réinstauré en 1848. La tentative d'assimiler les Canadiens français dans un régime politique nord-américain plus vaste s'était soldée par un échec. Les politiciens canadiens-français devaient faire face aux critiques des réformistes du Haut-Canada; pour leur part, les chefs politiques protestants, soucieux du poids démographique de la population protestante grandissante, souhaitaient ne plus dépendre autant des électeurs catholiques. C'est dans ce contexte que le politicien canadien-français Louis-Hippolyte La Fontaine fit un usage astucieux des différences idéologiques. En effet, il développa avec ses collègues anglophones des coalitions dont la pérennité dans le milieu politique dépendait largement du soutien des législateurs francophones. Par exemple, le recensement de 1851 démontrait que la population du Haut-Canada était supérieure à celle du Bas-Canada. Les protestants réclamaient par conséquent la mise en place de la « représentation selon la population » (*rep by pop*) dans l'espoir de limiter l'influence des catholiques. Or, les alliances des Canadiens français avec les politiciens modérés du Haut-Canada permirent de faire obstacle à toute tentative de mise en œuvre de la politique de représentation selon la population dans les années 1850 et 1860. Les dirigeants canadiens-français savaient que la dualité canadienne pouvait servir leurs intérêts. Cette idée façonna leur pensée politique et leur stratégie durant quinze ans.

La délégation du « Québec » en pleine action

Lorsque les politiciens coloniaux se rencontrèrent en 1864 afin de discuter d'une union élargie des colonies d'Amérique du Nord britannique, les Canadiens français exerçaient déjà une grande influence à la table des négociations. Sans la participation de ces principaux acteurs politiques du Canada-Est, le projet n'aurait jamais vu le jour. La possibilité d'une union des colonies d'Amérique du Nord britannique est apparue lorsque George-Étienne Cartier, chef des Bleus (conservateurs) dans le Canada-Est (future province de Québec), rejoignit John A. Macdonald et George Brown du Canada-Ouest au sein d'une coalition dans le but de mettre fin à l'impasse politique dans la Province du Canada. Certains dirigeants politiques de cette colonie croyaient qu'une fédération élargie des colonies britanniques mettrait fin aux différends existants à l'époque.

Lors de la rencontre des trois colonies maritimes (la Nouvelle-Écosse, le Nouveau-Brunswick et l'Île-du-Prince-Édouard) en septembre 1864 à Charlottetown, des responsables politiques canadiens en profitèrent pour présenter leur projet d'union de toutes les colonies dans un même régime politique. Les délégués canadiens-français étaient alors George-Étienne Cartier et Hector-Louis Langevin, accompagnés de leurs collègues, l'Irlandais catholique montréalais Thomas D'Arcy McGee et l'Écossais protestant Alexander Galt, originaire de l'Estrie.

Après avoir élaboré les grandes lignes de l'accord pour une union de l'Amérique du Nord britannique, les trente-trois dirigeants des colonies se retrouvèrent à Québec afin de revoir les modalités de l'union. Le fruit de leurs délibérations, connu sous le nom des 72 Résolutions – appelées le « *Quebec Scheme* » – , jetaient les bases de l'accord final qui sera signé à Londres et qui donnera naissance à l'Acte de l'Amérique du Nord britannique.

Parmi les délégués du Canada-Est à la Conférence de Québec, on retrouvait quatre Canadiens français : George-Étienne Cartier, Hector-Louis Langevin, Jean-Charles Chapais et Étienne-Paschal Taché, ainsi que deux anglophones : Alexander Galt et Thomas D'Arcy McGee. Aucun membre du Parti Rouge (les libéraux) ne participa à ces pourparlers. En effet, le nouvel accord ne mentionnait pas la séparation de l'Église et de l'État, une condition fondamentale aux yeux du Parti Rouge. Si le Québec devait acquérir une autonomie suffisante (mais non pas totale) grâce à

George-Étienne Cartier
Procureur général Est,
Province du Canada (Québec)

7 FÉVRIER 1865

PRISE DE POSITION 4.1
Citation : Province du Canada, Assemblée législative, 7 février 1865. Source : *Débats parlementaires sur la question de la Confédération des provinces de l'Amérique britannique du Nord*. Québec, Hunter, Rose et Lemieux, 1865, p. 56.
Photographe : Bibliothèque et Archives Canada, MIKAN 2242461.

> Quelques-uns ont prétendu qu'il était impossible de faire fonctionner la confédération, par suite des différences de race et de religion. Ceux qui partagent cette opinion sont dans l'erreur ; c'est tout le contraire. C'est précisément en conséquence de cette variété de races, d'intérêts locaux, que le système fédéral doit être établi et qu'il fonctionnera bien.

Thomas D'Arcy McGee
Député libéral-conservateur de l'Assemblée législative, Province du Canada (Québec)

9 FÉVRIER 1865

Prise de position 4.2
Citation : Province du Canada, Assemblée législative, 9 février 1865. Source : *Débats parlementaires sur la question de la Confédération des provinces de l'Amérique britannique du Nord*. Québec, Hunter, Rose et Lemieux, 1865, p. 146. Photographe : William Notman, Bibliothèque et Archives Canada, C-016749.

> … avec de la modération et de la fermeté, la minorité protestante du Bas-Canada obtiendra de cette chambre toutes les garanties raisonnables pour son système d'éducation… si l'on se prépare à accorder à la minorité protestante du Bas-Canada des garanties spéciales, l'on devra les accorder aussi à la minorité catholique du Haut-Canada, sans rien retrancher ni ajouter.

la Confédération, il en était de même pour l'Église catholique de langue française, au sein de la future province à tout le moins.

Lors des négociations, les demandes des représentants canadiens-français furent très précises. Pour comprendre les revendications des Canadiens français, il faut rappeler la conception du rôle limité attribué à l'État au XIXe siècle. Les gouvernements des sociétés occidentales ne jouissaient pas d'un rôle d'une grande importance dans les affaires économiques et sociales, contrairement à ceux de la seconde moitié du XXe siècle. Dans les premières années de l'histoire du Canada, le gouvernement fédéral employait seulement quelques centaines de personnes et les revenus fédéraux, provenant en grande partie des droits de douane et d'accises, s'élevaient à quatorze millions de dollars. Autrement dit, dans l'immédiat, la Confédération ne donna pas davantage de pouvoirs à l'État. Lors des négociations à Québec, les politiciens canadiens-français s'attendaient à ce qu'on leur octroie le contrôle provincial des institutions politiques et sociales, essentielles, à leurs yeux, pour le renforcement de leur identité et de leur culture. Les délégués des Maritimes se méfiaient également des tendances centralisatrices de certains participants à la conférence. Le fédéralisme et l'autonomie provinciale qui l'accompagnait étaient nécessaires d'un point de vue politique. L'union législative en vue d'un gouvernement central fort, idée que préconisait Macdonald, n'était donc pas envisageable. Dans les discussions portant sur le pouvoir qui allait être conféré au gouvernement fédéral et aux provinces, les représentants canadiens-français n'en démordaient pas : l'éducation devait être une responsabilité provinciale en raison de la coexistence des catholiques et des protestants qui fréquentaient des établissements scolaires suivant leur obédience religieuse. Les dirigeants canadiens-français s'attendaient à ce que l'usage du français soit garanti dans les institutions fédérales tout comme au sein de la nouvelle province de Québec.

D'Arcy McGee et Galt jouèrent un rôle important dans la protection des droits des anglophones au Québec. Ils purent notamment compter sur le soutien de Cartier et de Langevin. En fait, les questions relatives au bilinguisme et à l'éducation étaient cruciales et le Québec était la seule province bilingue où le français et l'anglais étaient les langues officielles de l'Assemblée législative et des tribunaux. La mise en place d'écoles confessionnelles protestantes et catholiques (indépendamment de la langue) fut garantie. Les anglophones, protestants ou catholiques, ainsi que les francophones catholiques, s'assurèrent de maintenir des institutions essentielles à leur survie culturelle.

Les droits des Autochtones

Les droits autochtones ne suscitèrent pas le même intérêt que les droits des autres minorités. Les représentants canadiens-français et anglophones de la future province de Québec n'abordèrent pas la question des droits autochtones, et ce, même si certaines dispositions constitutionnelles avaient une grande incidence dans la vie des Autochtones. Dès 1851, la province du Canada avait adopté une série de lois relatives aux Autochtones, mais ce n'est qu'en 1860 que Londres lui conféra officiellement la responsabilité de la « Gestion des terres et propriétés autochtones[1] ». En fait, le dernier pouvoir que Londres donna à la colonie avant la Confédération fut celui de la gestion des Affaires autochtones. Par conséquent, lorsque l'idée d'une union législative ou fédérale vit le jour dans les années 1850, les Autochtones ainsi que leurs droits demeurèrent une prérogative de la Couronne[2]. À Charlottetown, personne n'aborda la question des Autochtones; à Québec, elle ne fut seulement soulevée qu'après deux jours de délibération au sujet du pouvoir à attribuer aux gouvernements provinciaux et fédéral. C'est ainsi que le 25 octobre, Oliver Mowat proposa que la « législature fédérale » puisse statuer sur la situation de ceux qu'on appelle « Indiens »[3]. Les délégués ne semblèrent pas avoir examiné la proposition[4] et personne n'émit d'objection à ce que la responsabilité des « Indiens et des terres réservées pour les Indiens » soit inscrite au nombre des trente-sept compétences octroyées au gouvernement fédéral[5]. La question des Autochtones ne fut pas davantage abordée lors des débats ultérieurs concernant les 72 Résolutions qui eurent lieu à l'Assemblée législative et au Conseil législatif en 1865.

L'absence (réelle ou symbolique) des Autochtones à la table des négociations ne signifie pas que les dirigeants de l'Amérique du Nord britannique ne s'en préoccupaient pas. Il est toutefois difficile de savoir ce que les Pères de la Confédération pensaient à leur sujet. Au nombre des rédacteurs des 72 Résolutions, plusieurs avaient participé à la gestion du dossier des affaires autochtones au cours de la dernière décennie. George-Étienne Cartier, procureur général du Bas-Canada, avait souvent examiné les questions relatives aux droits autochtones, tout comme Macdonald en sa qualité de procureur général du Haut-Canada. Tous deux avaient présenté des projets de loi relatifs aux Autochtones à l'Assemblée législative. Parmi ces projets de loi figurent l'Acte pour encourager la civilisation graduelle de 1857 et l'Acte de 1860 conférant la responsabilité des affaires autochtones au Canada-Uni. Alexander Campbell, commissaire des terres de la Couronne, fut à la tête du département des Affaires indiennes de mars 1864 jusqu'au moment de la Confédération. Il avait succédé à William McDougall (1862-1864), qui était présent à la Conférence de Québec[6]. Langevin, quant à lui, devint le premier surintendant général des Affaires indiennes après la Confédération. Pour sa part, Macdonald est celui qui occupa ce poste le plus longtemps dans l'histoire du Canada, soit de 1878 à 1887. Il n'était pas seulement superintendant, mais également le principal défenseur du système fédéral de pensionnat pour les Autochtones[7].

Les affaires autochtones étaient d'une grande importance pour les fondateurs du Canada. Ils pensaient, bien évidemment, qu'elles devaient être supervisées et gérées par le gouvernement « national ». Cette nouvelle compétence du gouvernement fédéral, jadis octroyée de manière officieuse aux colonies maritimes, constituait une preuve de la souveraineté de la Couronne et du pouvoir impérial exercé sur les assemblées locales. Les conservateurs voulaient que ce modèle politique perdure[8]. Pour les Pères de la Confédération, administrer les affaires autochtones était donc central au projet d'édification de la nation. En effet, la gestion des affaires autochtones était le principal lien symbolique entre la nouvelle union fédérale à la Couronne de la Grande-Bretagne. Ainsi, les fondateurs de la Confédération pouvaient maintenir des liens avec la mère patrie comme ils l'avaient toujours souhaité[9].

Le résultat de cette omission fut la perduration des mêmes problèmes qui avaient caractérisé les relations entre les peuples autochtones vivant au Canada-Est et leurs voisins non-autochtones. Contrairement à la politique mise en place au Canada-Ouest et ensuite dans les Prairies et les Territoires du Nord-Ouest, aucun traité territorial formel ne fut signé avec les Premières Nations. Le pacte confédératif ne pouvait résoudre les problèmes existants entre les non-Autochtones du Québec et les Mohawks, Wendats, Anishinaabegs, Abénakis, Atikamekws, Wolastoqiyiks (Maleseet), Mi'kmaqs et Innus. L'expansion des frontières du Québec vers le nord en 1898 et 1912 aura pour conséquence d'intégrer les territoires d'autres nations autochtones, tels que les Cris, les Naskapis et les Inuits, à celui de la province sans qu'aucun traité pour l'acquisition de ces terres ne soit signé.

Les débats sur les mérites de la Confédération

La Confédération avait été approuvée par tous les délégués présents à la conférence d'octobre 1864. Mais elle avait soulevé des débats dans les différentes législatures coloniales. À Québec, qui était alors la capitale de la province du Canada, le Conseil législatif disposant de certains membres élus depuis 1856 tint des débats du 3 au 20 février 1865, alors que d'autres débats eurent lieu à l'Assemblée législative du 3 février au 13 mars.

Pour beaucoup de politiciens canadiens-français, les Résolutions de Québec proposaient une version améliorée de l'arrangement constitutionnel en vigueur. À l'Assemblée législative, George-Étienne Cartier et ses alliés conservateurs acceptèrent d'apporter leur soutien au gouvernement de coalition jusqu'à la reconnaissance totale de la réorganisation politique et institutionnelle de l'Amérique du Nord britannique. La coalition entre Cartier, Macdonald et Brown constituait la majorité parlementaire. Par conséquent, l'accord allait être signé. Néanmoins, aucun membre de la majorité parlementaire ne tenait pour acquis les résultats du vote. En outre, des divergences d'opinions entre parlementaires, notamment celles qui portaient sur les avantages et les inconvénients du nouvel arrangement constitutionnel, étaient présentes au sein de la population canadienne-française, comme c'était le cas dans les autres colonies britanniques. Les partisans de la Confédération devaient persuader les élus de la colonie de voter pour les Résolutions de Québec, mais aussi convaincre l'ensemble de la population par le biais de la presse. Afin de stimuler le soutien populaire et en raison de la gravité historique de l'occasion, les assemblées s'assurèrent que des comptes rendus complets des débats soient publiés et rendus accessibles au grand public[10].

Lors des débats à l'Assemblée, les partisans de la Confédération s'attardèrent sur les difficultés auxquelles était confrontée la création d'une nouvelle fédération, tout en soulignant les avantages économiques et politiques qui découleraient de cette union. Pour beaucoup d'entre eux, la Confédération était un projet visionnaire qui misait notamment sur l'entrée des Maritimes dans la Confédération, et garantissait l'accès à un marché plus large pour leurs produits agricoles et manufacturés. Un chemin

Étienne-Paschal Taché
*Premier ministre,
Province du Canada (Québec)*

3 FÉVRIER 1865

PRISE DE POSITION 4.3
Étienne-Paschal Taché, citation, Province du Canada, Conseil législatif, 3 février 1865. Source : *Débats parlementaires sur la question de la Confédération des provinces de l'Amérique britannique du Nord.* Québec, Hunter, Rose et Lemieux, 1865, p. 10. Photographe : Bibliothèque et Archives Canada, PA-074100.

> Si nous obtenons une union fédérale, ce sera l'équivalent d'une séparation des provinces, et par là le Bas-Canada conservera son autonomie avec toutes les institutions qui lui sont si chères et sur lesquelles il pourra exercer la surveillance nécessaire pour les préserver de tout danger.

de fer reliant le Canada-Ouest et le Canada-Est aux Maritimes était nécessaire pour la prospérité future; il permettrait de créer un plus grand marché, fort de quatre millions de consommateurs. Les partisans de la Confédération firent également valoir que celle-ci encouragerait l'élite politique et les milieux d'affaires à participer à la création d'une nation continentale. Le nouveau pays allait bientôt acquérir les Territoires du Nord-Ouest, alors sous le contrôle officieux de la Compagnie de la Baie d'Hudson et largement habités par les peuples autochtones. Ces territoires, une fois acquis par le nouveau pays, seraient mis à la disposition des immigrants et des non-Autochtones.

Certains craignaient que les 72 Résolutions n'effacent les particularismes des différentes régions. Par conséquent, Cartier rassura les parlementaires et leur promit que les différences religieuses et ethniques ne disparaîtraient pas au sein du nouveau pays. Au contraire, il déclara que « lorsque nous serons unis, si toutefois nous le devenons, nous formerons une nationalité politique indépendante de l'origine nationale, ou de la religion d'aucun individu[11] ». Selon Cartier et ses partisans, en vertu du nouvel accord constitutionnel les droits des Canadiens français seraient protégés, ce qui leur permettrait de pratiquer leur religion, de préserver leur langue et de maintenir leur système juridique de droit civil. La présence de deux communautés nationales avait provoqué des tensions qui avaient compliqué l'administration coloniale du Canada-Uni. Par conséquent, la formation d'un gouvernement stable jouissant de la confiance de la Chambre s'avérait pratiquement impossible – particulièrement dans les années 1860. Mais le temps était venu de rediviser le Canada-Uni en deux. Grâce à cette séparation, les électeurs de la future province de Québec retrouveraient le contrôle de leurs institutions politiques qu'ils avaient perdu lors de la dissolution de l'Assemblée législative en 1838. Les partisans de la Confédération, tant au Canada-Est qu'au Canada-Ouest, jugeaient essentielle cette notion de séparation. Taché, présent à la Conférence de Québec, affirmait que la Confédération était semblable à la « séparation des provinces, et par là le Bas-Canada conservera son autonomie avec toutes les institutions qui lui sont si chères et sur lesquelles il pourra exercer la surveillance nécessaire pour les préserver de tout danger ». La personne qui transcrivit les propos de Taché précisa que ces mots furent ensuite répétés en français « dans le but précis de faire parvenir son message de manière claire et précise à ses collègues du Bas-Canada qui n'ont

Christopher Dunkin
Député de l'Assemblée législative, Province du Canada (Québec)

27 FÉVRIER 1865

PRISE DE POSITION 4.4
Citation : Province du Canada, Assemblée législative, 27 février 1865. Source : *Débats parlementaires sur la question de la Confédération des provinces de l'Amérique britannique du Nord*. Québec, Hunter, Rose et Lemieux, 1865, p. 516. Photographe : Studio Topley, Bibliothèque et Archives Canada, PA-026325.

> … l'on vient vous parler de fonder « une nouvelle nationalité », de rallier toute la population autour de son nouveau gouvernement à Outaouais [Ottawa]! M. L'ORATEUR, une pareille chose est-elle possible? Dans notre société, nous comptons un bon nombre des nôtres dont la pensée nationale et le cœur même sont à Londres… Paris… la Verte Erin… et… Washington; mais est-il un grand nombre d'entre nous qui soient sincèrement attachés à la cité d'Outaouais, le siège de la nouvelle nationalité que l'on veut créer?

Antoine-Aimé Dorion
Chef des Rouges, député de l'Assemblée législative, Province du Canada (Québec)

16 FÉVRIER 1865

PRISE DE POSITION 4.5
Citation : Province du Canada, Assemblée législative, 16 février 1865. Source : *Débats parlementaires sur la question de la Confédération des provinces de l'Amérique britannique du Nord*. Québec, Hunter, Rose et Lemieux, 1865, p. 255. Photographe : Studio Topley, Bibliothèque et Archives Canada, PA-025755.

" Il est vrai, M. l'Orateur, que je n'ai jamais insulté le Haut-Canada comme l'ont fait quelques-uns de ceux qui m'ont attaqué. Je n'ai jamais comparé la population du Haut-Canada à autant de morues du golfe. J'ai prouvé, au contraire, que j'avais toujours été prêt à faire droit aux justes réclamations du Haut-Canada, sans toutefois sacrifier les droits du Bas-Canada. "

pas bien compris l'anglais[12] ». Le nouveau gouvernement fédéral disposait donc d'un contrôle limité sur les questions au coeur des préoccupations des Canadiens français. Langevin expliqua qu'au niveau du gouvernement fédéral, « il n'y aura pas de questions de races, de nationalité, de religion ou de localité, et que cette législature sera seulement chargée de régler les grandes questions générales qui intéresseront toute la confédération, et non pas seulement une localité[13] ».

Les défenseurs du régime élaboré à Québec insistaient sur le fait qu'aucune goutte de sang n'avait été versée dans la réalisation du projet confédératif, les Nord-Américains britanniques n'ayant pas eu à faire la guerre pour atteindre l'unité politique. Ceci contrastait avec les Français qui eux, à la même époque, s'étaient montrés belliqueux. Cartier rappela que Napoléon III, après avoir fait couler beaucoup de sang et dépensé des sommes astronomiques, avait pu acquérir la Savoie et Nice, « ce qui a donné une addition de près d'un million d'habitants à la France », mais à un prix exorbitant[14].

Les opposants au projet fédératif élaboré à Québec, rejetant les belles paroles des défenseurs de la Confédération, critiquaient plusieurs de leurs revendications. Christopher Dunkin, le député de Brome en Estrie, était le seul conservateur qui s'opposait au projet. Il lui fallut deux jours pour présenter son discours dans lequel il soulevait d'emblée une série de questions au sujet de la Confédération. Il doutait fort qu'au lendemain de celle-ci une nouvelle nationalité allait voir le jour. Selon lui, la religion, l'ethnicité et la langue divisaient les colonies de l'Amérique du Nord britannique. Dans cette optique, les maigres forces de ces colonies, même unies sous un seul drapeau, ne pouvaient empêcher une attaque américaine. En effet, l'armée américaine du Nord, engagée à l'époque dans la guerre civile, disposait d'effectifs bien plus grands[15].

Les Rouges étaient les opposants les plus farouches au projet confédératif. Ils étaient dépeints comme des libéraux radicaux en raison de leur point de vue sur la séparation de l'État et de l'Église. Leur chef, Antoine-Aimé Dorion, les engageait à s'opposer à la Confédération. Puisque la majorité des membres élus à l'Assemblée ne comprenait pas le français, il s'exprimait en anglais pour bien faire comprendre la nature de son opposition. Dorion se demandait si une union fédérale allait voir le jour grâce à la Confédération et répondait que non, puisque le gouvernement fédéral allait utiliser son pouvoir de désaveu pour « rejeter des lois passées

Henri-Gustave Joly de Lotbinière
Député de l'Assemblée législative, Province du Canada (Québec)

20 FÉVRIER 1865

Prise de position 4.6
Citation : Province du Canada, Assemblée législative, 20 février 1865. Source : *Débats parlementaires sur la question de la Confédération des provinces de l'Amérique britannique du Nord*. Québec, Hunter, Rose et Lemieux, 1865, p. 356. Photographe : Studio Topley, Bibliothèque et Archives Canada, PA-025470.

> Commençons par le Bas-Canada : sa population se compose d'environ trois quarts de Canadiens français, et d'un quart de Canadiens anglais. Il est impossible, même aux admirateurs les plus aveugles du plan de confédération, de fermer les yeux sur cette différence de nationalité qui jouera certainement un grand rôle dans les destinées de la confédération future.

par les législatures locales et réclamées par la grande majorité de ceux qu'elles devront affecter[16] ». Il rappelait également à son auditoire qu'il avait lui-même longtemps défendu la création d'une vraie Confédération « des deux Canadas, au moyen de laquelle les questions locales seraient soumises aux délibérations des législatures locales, avec un gouvernement central ayant le contrôle sur les questions commerciales et autres questions d'intérêt commun en général[17] ». Selon lui, le régime élaboré à Québec ouvrait la voie à une union législative qui nuirait aux Canadiens français. Dorion dénonçait également la nature antidémocratique du Sénat proposé[18]. Tout comme les autres opposants à la Confédération au Nouveau-Brunswick et en Nouvelle-Écosse, il exhortait le gouvernement de laisser les électeurs décider du sort des 72 Résolutions.

Certaines des inquiétudes de Dorion étaient légitimes. En 1867, il était difficile de prévoir l'attitude qu'allait adopter le gouvernement fédéral dans l'avenir. Chose certaine, le gouvernement allait effectivement utiliser son pouvoir de désaveu, comme l'avait prédit Dorion (mais non plus après 1943). Conférer plus de pouvoir au gouvernement fédéral constituait bien alors une menace potentielle pour les droits des minorités. Cet argument était prisé par les politiciens qui désiraient que le Québec jouisse d'une plus grande autonomie, voire même d'une indépendance totale[19].

Le plus important groupe de réfractaires au projet confédératif étaient les *Violets*, aussi connus sous le nom de libéraux modérés. Henri-Gustave Joly de Lotbinière, l'un de leurs représentants, avait exprimé son mécontentement à l'égard de la Confédération dans un discours présenté le 20 février 1865[20]. Selon son biographe, J.I. Little, ce discours se distinguait de ceux prononcés par les autres parlementaires, car il s'appuyait sur la philosophie politique et l'histoire[21]. En fait, l'accord constitutionnel proposé, susceptible d'affaiblir les relations de l'Amérique du Nord britannique avec le gouvernement impérial, ne rassurait pas Joly de Lotbinière. Selon lui, les colonies de l'Amérique du Nord britannique pouvaient jouir des soi-disant avantages économiques découlant de la proposition constitutionnelle sans avoir à créer cette nouvelle structure politique. Il formula des critiques acerbes à l'endroit de ceux qui vantaient les mérites de l'accord. Après tout, la mise en place d'un régime fédéral s'était soldée par un échec dans de nombreux pays européens et de l'Amérique latine. Aux États-Unis, par exemple, la guerre civile déchirait le pays. À l'instar de Dunkin, Joly de Lotbinière essayait par là de miner l'idée de Cartier d'une nouvelle nationalité canadienne. Pour l'un comme pour l'autre, les colons britanniques, qui allaient se retrouver sous la même structure politique d'ici peu, n'avaient rien en commun. Joly de Lotbinière était l'un des rares protestants de langue française sur la scène publique au Canada. Il rappela ainsi aux parlementaires que les colons britanniques ne partageaient pas la même langue ni la même religion avec les francophones. En manifestant son désaccord avec ses collègues canadiens-français qui avaient participé aux négociations de 1864, il s'opposait à leurs déclarations triomphalistes sur les gains politiques. Selon Joly de Lotbinière, le cadre constitutionnel ne garantissait pas la mise en place d'institutions protégeant la langue et la culture françaises. Il ne préservait pas non plus le caractère distinctif du Canada français. Bien au contraire, le cadre constitutionnel posait, à son avis, la menace la plus grave envers les Canadiens français. Ainsi, exhorta-t-il : « Ne donnons pas au monde le triste spectacle d'un peuple qui renonce volontairement à sa nationalité[22] ».

Le résultat des votes

Le Conseil législatif fut le premier, le 20 février 1865, à voter sur le projet constitutionnel. Quarante-cinq de ses membres l'approuvèrent alors que quinze s'y opposèrent. Le 10 mars, à 4 h 30, les membres de l'Assemblée législative votèrent à leur tour et ce vote se déroula dans une atmosphère tendue. Il faut dire que le gouvernement de Samuel Leonard Tilley, qui favorisait la Confédération, venait de perdre, quelques jours auparavant, les élections au Nouveau-Brunswick. Un tel rejet par les électeurs constituait un revers majeur pour les défenseurs de la Confédération dans la Province du Canada. Macdonald, Brown et Cartier en sortirent tout de même vainqueurs puisque quatre-vingt-onze députés approuvèrent le projet, contre trente-trois qui le rejetèrent. Au Canada-Est, trente-sept membres, dont six Violets, votèrent pour le régime élaboré à Québec et vingt-cinq s'y opposèrent. Parmi les députés du Canada-Est, tous les députés Rouges, onze Violets et quatre Bleus votèrent contre la Confédération. Les opposants représentaient les comtés de l'île de Montréal ainsi que ceux en bordure de la frontière américaine. Les habitants de ces comtés préféraient le commerce nord-sud avec les États-Unis et qualifièrent d'illusoire le commerce entre l'est et l'ouest que favorisait le projet confédéral[23].

Après la Confédération, beaucoup de ses opposants initiaux décidèrent néanmoins de poursuivre leur carrière politique dans le nouveau cadre confédératif. Par exemple, Joly de Lotbinière vota contre la Confédération mais accepta son entrée en vigueur. Il fut par la suite élu à la Chambre des communes d'Ottawa et à l'Assemblée législative de Québec (pendant les années qui suivirent l'entrée dans la Confédération, il était possible de siéger dans les deux législatures)[24]. Il fut également à la tête du parti libéral provincial de 1869 à 1882. En outre, il devint premier ministre du Québec de 1878 à 1879; il devait plus tard occuper la fonction de lieutenant-gouverneur de la Colombie-Britannique, de 1900 à 1906. Pour sa part, Antoine-Aimé Dorion fut élu député fédéral libéral en 1867 et, par la suite, nommé ministre de la Justice lorsqu'Alexander Mackenzie devint, en 1873, le premier libéral à occuper le siège de premier ministre. Quant à Christopher Dunkin, il poursuivit une carrière politique provinciale et devint le premier ministre des Finances du Québec. En 1869, il accepta de se joindre au gouvernement fédéral de John A. Macdonald, mais dut démissionner en 1871 après avoir été nommé à la magistrature. En d'autres termes, même les opposants à la Confédération en vinrent à accepter la légitimité du nouveau régime politique.

Les débats autour de la Confédération en dehors du Parlement

Pendant que les politiciens élus et nommés argumentaient autour du projet confédératif, le débat faisait également rage au sein du public. À la suite de la Conférence de Québec, certains journaux des colonies britanniques avaient publié des articles vantant ou critiquant les mérites des 72 Résolutions. Ces prises de position reflétaient les appartenances politiques de ces journaux. Ceux des Rouges, tels que *Le Journal de Saint-Hyacinthe*, *Le Défricheur*, *L'Ordre*, *Le Canadien*, *La Tribune* et *Le Pays*, étaient les plus critiques. Ils affirmaient que le nouveau régime constitutionnel menaçait la culture et la langue des Canadiens français. En outre, ils se demandaient si les Canadiens français allaient être autonomes après la création de nouvelles institutions politiques provinciales. Le 7 juin 1865, *L'Ordre*, par exemple, avançait que l'union avec les États-Unis convenait mieux aux Canadiens français. En effet, aux États-Unis, le Québec « serait un

État souverain²⁵ » alors qu'au Canada, il deviendrait peut-être une simple municipalité. Le journal *Le Pays*, de son côté, mettait en garde contre les conséquences désastreuses que pourrait avoir la Confédération : « la langue française mourra, les croyances religieuses seront persécutées, une nationalité submergée, la race canadienne-française sera violée et maltraitée, elle verra ses droits violés et ses libertés mises à néant²⁶ ». Entre la tenue de la Conférence de Québec et les débats au Parlement canadien en 1865, des séances publiques, organisées en grande partie par les Rouges, avaient dénoncé l'accord²⁷.

Les journaux qui apportaient leur soutien à Cartier et à son groupe politique défendaient bien évidemment la Confédération. *La Minerve*, par exemple, soulignait les avantages obtenus par les Canadiens français grâce aux dispositions constitutionnelles. Au moment de la Conférence de Charlottetown, en septembre 1864, *La Minerve* présenta clairement sa position : « si l'accord constitutionnel protège les intérêts du Bas-Canada ainsi que sa religion et nationalité, nous allons apporter notre soutien à la Confédération. Néanmoins, si la Confédération ne protège pas le Bas-Canada, nous nous battrons coûte que coûte²⁸ ». *La Minerve* ainsi que d'autres journaux arrivèrent à la conclusion que le Québec allait tirer des bénéfices de cette union. Pour Joseph-Édouard Cauchon, fondateur du *Journal de Québec*, la Confédération allait protéger la langue française, le catholicisme et la culture canadienne-française. S'annexer aux États-Unis, l'alternative du moment, aurait pour conséquence l'assimilation linguistique et culturelle des Canadiens français²⁹. Dans une brochure de 1865 sur les Résolutions de Québec, Cauchon reprenait des arguments similaires. Pour lui, il était primordial de rétablir une assemblée locale et autonome, que ce soit au sein d'une nouvelle fédération avec le Canada-Ouest ou avec toutes les autres colonies de l'Amérique du Nord britannique. « [U]ne constitution locale », avançait-il, « nous offrirait certainement une mesure de protection, comme catholiques et comme Français... puisque de minorité nous deviendrions et resterions, à toujours, la majorité nationale et la majorité religieuse³⁰ ». L'historien Arthur Silver observe dans son analyse des journaux de l'époque traitant des débats de la Confédération que « la séparation » du Canada-Ouest et « l'indépendance » (dans les limites des compétences de Québec) furent des thèmes importants dans la propagande des quotidiens d'allégeance conservatrice ou bleue³¹.

L'Église catholique romaine constituait pour sa part une redoutable alliée des défenseurs de la Confédération dans la bataille pour gagner le cœur de l'opinion publique. Lors des négociations de 1864 et 1866, les autorités ecclésiastiques exerçaient toujours une influence sur Cartier et Hector-Louis Langevin, représentants des défenseurs canadiens-français de la Confédération. Lorsqu'il se trouva à Londres pour superviser l'adoption du projet de Confédération par le Parlement britannique, Langevin demeura en étroit contact avec son frère Edmond, secrétaire et personne de confiance de l'archevêque de Québec. Notamment, Hector-Louis promit à son frère qu'il s'assurerait que les politiciens britanniques ne supprimeraient pas le contrôle de l'éducation par les provinces.

Pendant les débats à l'Assemblée législative, les opposants à la Confédération discutèrent du rôle de l'Église catholique. Or si la hiérarchie religieuse soutenait la Confédération, ce n'était pas nécessairement le cas du bas-clergé qui travaillait et vivait avec ses ouailles. Le député de Verchères et membre du parti Rouge, Félix Geoffrion, contestait l'affirmation selon laquelle l'Église catholique au Québec était unanime dans son appui[32]. Il affirmait que de nombreux prêtres s'opposaient à la Confédération, ce qui avait incité Joseph-Édouard Cauchon à accuser Geoffrion d'entraîner l'Église dans le débat. Dans sa réponse, Geoffrion lui rappela que George-Étienne Cartier était le premier à l'avoir fait lors de son discours du 7 février 1865[33]. Sans révéler l'identité de l'individu en question, Geoffrion cita un article publié dans *Le Canadien*, dans lequel un prêtre dénonçait le pouvoir accordé au futur gouvernement fédéral à propos du mariage, ce qui signifiait que ce gouvernement allait pouvoir s'immiscer dans le droit civil au Québec. Dans sa tentative de miner la crédibilité de cet opposant religieux, Édouard Rémillard, membre du parti Rouge mais favorable à la Confédération[34], se demandait si deux ou trois prêtres suffisaient pour affirmer que le clergé était divisé. En fait, ces deux ou trois prêtres étaient intervenus en tant que citoyens et non pas en tant que membres de l'Église catholique[35]. Les opposants à la Confédération ne laissèrent toutefois pas Rémillard avoir le dernier mot. Lors de son intervention, Maurice Laframboise lut une lettre d'un prêtre qui avait été publiée dans *Le Canadien* (6 mars 1865). Dans celle-ci, le prêtre s'exprimait contre la Confédération. Selon lui, les Canadiens français allaient perdre leur « liberté d'action » dans la nouvelle structure politique. De plus, ils n'auraient presque plus d'influence dans les institutions fédérales[36].

Si les références aux opinions de certains membres du clergé ne changèrent pas les résultats des débats à l'Assemblée législative, la hiérarchie de l'Église catholique allait mobiliser le clergé en 1867. Plusieurs évêques du Québec, dont Jean Langevin de Rimouski, frère aîné d'Edmond et d'Hector-Louis, faisaient l'éloge de la Confédération. Pour l'évêque Langevin, « la nouvelle constitution […] vous est donnée comme l'expression de la volonté suprême du législateur de l'Autorité légitime et par conséquent de celle de Dieu même ». Pour lui, le catholicisme et la culture canadienne-française seraient protégés. Par conséquent, il sommait ses fidèles d'apporter leur soutien à la Confédération[37]. De son côté, Mgr Ignace Bourget de Montréal envoya une lettre, le 25 juillet 1867, demandant au clergé d'avoir des mots favorables pour la Confédération. Pour sa part, l'évêque Louis-François Laflèche de Trois-Rivières inséra un avertissement fort sérieux : enjoints de lire sa lettre lors d'une célébration dominicale, les prêtres devaient mettre en garde ceux qui, en s'opposant à la Confédération, commettaient un péché[38].

L'Acte de l'Amérique du Nord britannique, adopté par le Parlement britannique, entra en vigueur le 1er juillet 1867. Des élections se déroulèrent à l'automne de la même année et Cartier et les candidats conservateurs furent élus au Québec : ils obtinrent quarante-sept sièges et les libéraux dix-sept.

Les droits des minorités : un exemple pour la planète ?[39]

Lors des négociations de 1864, les futurs habitants canadiens-français et canadiens-anglais de la province de Québec firent part de leurs préoccupations envers les droits des minorités. Les débats parlementaires canadiens de 1865 abordèrent les mêmes questions. Quand on se penche 150 ans plus tard sur les débats de 1865, force est d'admettre que les parlementaires n'avaient qu'une connaissance limitée des droits des minorités. Pouvons-nous leur en vouloir ? Après tout, ces politiciens étaient immergés dans une culture politique où le parlement avait le pouvoir absolu et où les tribunaux n'avaient pas réellement voix au chapitre. À la même époque, les empires prenaient de l'ampleur et les prétentions nationalistes atteignaient leur paroxysme avec la création de pays tels que l'Allemagne et l'Italie. Malgré ces développements, les gouvernements ne jouaient pas un rôle important dans la vie quotidienne de leurs citoyens. En effet, les questions sensibles dans certains pays tels que le Canada portaient sur les droits en matière religieuse. Par conséquent, les désaccords entre les protestants et les catholiques rendaient la discussion difficile. Dans de telles circonstances, l'idée selon laquelle les droits des minorités devaient être reconnus et protégés par la Constitution, mais également par les tribunaux, n'était pas aussi répandue que de nos jours.

Malgré leurs différences, les législateurs abordèrent d'une certaine manière la question des droits des minorités. Les relations de pouvoir entre les principaux groupes linguistiques et religieux des colonies se trouvaient souvent au cœur des débats. En effet, les Canadiens français et les catholiques, en minorité partout sauf dans le Canada-Est, étaient fréquemment l'objet des discussions. Plus de 85 pour cent des Canadiens français vivaient au Canada-Est; environ 90 000 Acadiens vivaient au Nouveau-Brunswick, en Nouvelle-Écosse et à l'Île-du-Prince-Édouard; autour de 40 000 Canadiens français vivaient au Canada-Ouest (la future province d'Ontario); et quelque 15 000 Métis francophones vivaient dans les Prairies. Les catholiques représentaient 18 pour cent de la population au Canada-Ouest, 20 pour cent au Nouveau-Brunswick et 25 pour cent en Nouvelle-Écosse. À l'Île-du-Prince-Édouard, les catholiques représentaient la moitié de la population[40]. Les droits des anglophones au Canada-Est occupaient également une place centrale pour les Pères de la Confédération. Si les anglophones étaient majoritaires en dehors du Canada-Est, leur statut de minorité au sein de la province du Canad-Est poussait leurs représentants à exiger la mise en place d'une mesure de protection au sein du nouvel ordre constitutionnel. Il faut garder à l'esprit que lorsque la Confédération vit le jour, la proportion d'anglophones au Canada-Est avaint atteint son maximum. En effet, environ un quart de la population était alors anglophone, mais la force électorale de cette dernière au Canada-Est allait diminuer dans les décennies à venir. Bien entendu, les dirigeants politiques de la colonie ne s'attendaient pas à ce changement démographique. Les Juifs et les groupes ethniques – qu'on appelle maintenant allophones – ne furent pas pris en compte lors des débats.

Les compromis réalisés entre 1864 et 1867 ne protégèrent pas adéquatement les minorités catholiques et francophones en dehors du Québec. L'historien Arthur Silver affirme que les droits des Canadiens français n'étaient pas supposés prévaloir en dehors de la future province de Québec[41]. En outre, les droits des francophones, à l'exception de ceux qui existaient déjà en Ontario, n'étaient pratiquement pas mentionnés lors des négociations et des débats qui se déroulèrent de 1864 à 1867. Les politiciens canadiens-français refusaient de sacrifier l'autonomie et le contrôle que la future province de Québec allait obtenir dans la gestion des « dossiers locaux ». Ainsi, ils n'exigèrent pas de garanties constitutionnelles pour les autres minorités francophones du pays. La question de l'éducation était, sans contredit, la plus controversée. Hector-Louis Langevin subissait des pressions pour qu'il modifie son approche. Avant de partir pour Londres en 1866, Langevin rencontra les évêques catholiques des Maritimes, dont l'archevêque d'Halifax, Thomas Louis Connolly. En Nouvelle-Écosse, les catholiques représentaient un quart de la population et Connolly se présenta comme leur défenseur. Connolly demanda la reconnaissance constitutionnelle des écoles séparées, car il craignait que le système scolaire provincial non confessionnel ne compromette la foi des catholiques. Cependant, le premier ministre de la Nouvelle-Écosse s'opposait à cette revendication. Connolly intervint donc auprès des politiciens présents à Londres et leur suggéra que le gouvernement fédéral assume la responsabilité constitutionnelle de l'éducation[42]. Hector-Louis Langevin, comme bon nombre de politiciens du Canada-Est, rejetait cette idée. En effet, il craignait de compromettre les droits des Canadiens français dans la future province de Québec.

Les défenseurs de la Confédération, en particulier les députés francophones, comprenaient ses implications pour les questions linguistiques et religieuses, et ce, malgré leur indifférence envers les droits des minorités. De fait, les garanties constitutionnelles portaient spécifiquement sur la langue et la religion. L'article 133 de l'Acte de l'Amérique du Nord britannique reconnaissait le français et l'anglais comme langues officielles, mais uniquement au sein des institutions fédérales et au Québec. L'article 93 relatif à l'éducation protégeait les écoles publiques et séparées; il octroyait également le droit aux protestants et aux catholiques d'interjeter appel au gouverneur général en conseil (conseil des ministres fédéral) si une assemblée législative provinciale refusait de maintenir l'accès aux écoles séparées en vigueur pour les minorités au moment de la Confédération. Pour leur part, les anglophones au Québec bénéficiaient d'autres protections outre la langue et l'éducation. Le Parlement provincial de Québec était constitué d'une assemblée législative élue et d'un conseil législatif nommé (cette dernière institution fut abolie en 1968). Par ailleurs, eu égard aux douze circonscriptions provinciales à l'extérieur de Montréal avec des majorités anglophones à l'époque de la Confédération, il fut convenu que leurs « limites ne peuvent pas être modifiées sans l'accord de la majorité des députés de ces circonscriptions[43] ». Les douze circonscriptions protégées allaient conserver cette prérogative constitutionnelle jusqu'en 1970. De telles dispositions n'allaient probablement pas protéger les droits des anglophones de manière efficace, mais elles étaient primordiales lors des négociations dans les années 1860. Quoi qu'il en soit, la minorité anglophone au Québec faisait face à moins de difficultés que les francophones en dehors de la province pour faire respecter leur droit de choisir leur propre système éducatif.

Après 1867, les Canadiens catholiques et en particulier les francophones se rendirent vite compte que l'équilibre de pouvoir et d'influence après l'entrée en vigueur de la constitution n'avantageait pas les francophones à l'extérieur du Québec. En 1871, la province du Nouveau-Brunswick décida de financer uniquement les écoles non confessionnelles. Le gouvernement fédéral n'intervint pas malgré le mécontentement des Acadiens et des catholiques. En 1890, le gouvernement manitobain déclara que l'anglais était la seule langue officielle de la province et abolit le financement des écoles confessionnelles et ce, malgré la protection dont jouissaient la langue française et les écoles confessionnelles dans la constitution de cette province, créée en 1870. Les décisions ultérieures des tribunaux soulignèrent l'importance des droits des francophones et des catholiques. Néanmoins, le gouvernement provincial n'en tint pas compte et le gouvernement fédéral, dirigé par Wilfrid Laurier, accepta un compromis sur la question de l'éducation qui prit la forme d'une seule heure d'instruction religieuse par jour. Enfin, en 1912, le gouvernement de l'Ontario limita l'usage du français comme langue d'enseignement dans les écoles de la province. Bien que les Canadiens français en Ontario affirmaient que l'article 93 protégeait l'usage du français comme langue d'enseignement, les tribunaux en décidèrent autrement. Ces crises scolaires démontrèrent les limites des garanties constitutionnelles pour les minorités. Elles influencèrent énormément les débats qui commencèrent dans les années 1960 et se terminèrent en 1982 avec le rapatriement de la constitution. En 1864, le politicien influent du Canada-Ouest et grand défenseur du protestantisme, George Brown, avait tenté de rassurer les délégués en leur disant que le dossier des droits des minorités était réglé. Il avait même affirmé que le projet constitutionnel devait être perçu comme une source d'inspiration. Néanmoins, une fois mises à dure épreuve, les garanties accordées aux minorités en dehors du Québec ne furent pas respectées. Au Québec, l'octroi du contrôle de secteurs clés tels que l'éducation, la santé et le bien-être avait renforcé le pouvoir et l'autonomie de la majorité des Canadiens français à l'époque, c'est-à-dire ceux qui habitaient le territoire du Québec. Par conséquent, la Confédération exauçait le souhait de Cartier de protéger la culture canadienne-française et la société de sa chère province. Le Québec allait ainsi créer un cadre juridictionnel pour la survie et la promotion de la société canadienne-française catholique. L'idée d'un Canada biculturel nourri par Cartier allait finalement l'emporter face au modèle centralisateur mis de l'avant par Macdonald.

NOTES

1   23 Victoria, cap. 151, *An Act Respecting the Management of the Indian Lands and Property*, adopté le 19 mai 1860 et sanctionné par la Couronne le 30 juin 1860.

2   Voir, par exemple, Joseph-Charles Taché, *Des provinces de l'Amérique du Nord et d'une Union fédérale*, Québec, Des presses à vapeur de J. T. Brousseau, 1858 ; Joseph Cauchon, *Étude sur l'union projetée des provinces britanniques de l'Amérique du Nord*, Québec, Augustin Côté et Cie, 1858. Le seul projet abordant les peuples autochtones est celui de Cartier, Ross et Galt, qui envisageait de conférer au gouvernement fédéral la gouvernance des terres indiennes et non incorporées. G. É. Cartier, J. J. Ross et M. East [A. T. Galt] à sir Edward Bulwer Lytton, le 25 octobre 1858, dans G. P. Browne (dir.), *Documents on the Confederation of British North America*, Toronto, McClelland and Stewart, 1969, p. 18.

3   Hewitt Bernard's Minutes of the Quebec Conference, du 10 au 29 octobre, 1864, dans Browne (dir.), *Documents on the Confederation*, p. 85.

4   Christopher Moore, *Three Weeks in Quebec City : The Meeting That Made Canada*, Toronto, Allen Lane, 2015, p. 179.

5   The Quebec Resolutions, octobre 1864, dans Browne (dir.), *Documents on the Confederation*, p. 159.

6   Brian Gettler, « Indigenous Policy and Silence at Confederation », *Earlycanadianhistory.ca*, < https://earlycanadianhistory.ca/2017/06/26/indigenous-policy-and-silence-at-confederation/>.

7   Donald B. Smith, « Macdonald's Relationship with Aboriginal People », dans Patrice Dutil et Roger Hall (dir.), *Macdonald at 200 : New Reflections and Legacies*, Toronto, Dundurn Press, 2014, p. 58-93 ; Jim R. Miller, « Macdonald as Minister of Indian Affairs : The Shaping of Canadian Indian Policy », *ibid.*, p. 311-340.

8   Robert C. Vipond, « 1787 and 1867 : The Federal Principle and Canadian Confederation Reconsidered », *Revue canadienne de science politique*, 22, 1, 1989, p. 3-25.

9   The Quebec Resolutions, octobre 1864, dans Browne (dir.), *Documents on the Confederation*, p. 154; voir Phillip Buckner, « L'élaboration de la constitution canadienne au sein du monde britannique », dans Eugénie Brouillet, Alain-G. Gagnon et Guy Laforest (dir.), *La Conférence de Québec de 1864 : 150 ans plus tard. Comprendre l'émergence de la fédération canadienne*, Québec, Presses de l'Université Laval, 2016, p. 84-85, et David E. Smith, *Federalism and the Constitution of Canada*, Toronto, University of Toronto Press, 2010, p. 48-49.

10 *Débats parlementaires sur la question de la Confédération des provinces de l'Amérique britannique du Nord, 3ᵉ session, 8ᵉ Parlement provincial du Canada*, Québec, Hunter, Rose et Lemieux, imprimeurs parlementaires, 1865.

11 George-Étienne Cartier, *Débats parlementaires*, 7 février 1865, p. 59.

12 Taché, *Débats parlementaires* , 4 février 1865, p. 10. Dans la version anglaise, on précise que les propos ont été prononcés en français, 4 février 1865, p. 9.

13 Hector Langevin, *Débats parlementaires*, 21 février 1865, p. 374.

14 George-Étienne Cartier, *Débats parlementaires* , 7 février 1865, p. 58.

15 François Rocher, « Sur les opposants au projet de Confédération de 1864 : critiques sur la finalité du régime », dans Brouillet, Gagnon and Laforest (dir.), *La Conférence de Québec de 1864*, p. 221-224; Stéphane Kelly, « L'argumentaire économique des opposants québécois », *ibid.*, p. 255.

16 Antoine-Aimé Dorion, *Débats parlementaires*, 16 février 1865, p. 262.

17 *Ibid.*, p. 250.

18 *Ibid.*, p. 258.

19 Michel Seymour, « Le Canada reconnaît-il l'existence des droits collectifs linguistiques du peuple québécois ? », dans Marcel Martel et Martin Pâquet (dir.), *Légiférer en matière linguistique*, Québec, Les Presses de l'Université Laval, 2008, p. 426-428; Marcel Martel, « Ils n'étaient pas à la table de négociations : les francophones en milieu minoritaire et leur expérience concernant le pacte confédératif », dans Jean-François Caron et Marcel Martel (dir.), *Le Canada français et la Confédération. Fondements et bilan critique*, Québec, Les Presses de l'Université Laval, 2016, p. 71-79.

20 Ses propos à l'Assemblée législative sont réimprimés dans un pamphlet.

21 J. I. Little, *Patrician Liberal. The Public and Private Life of Sir Henri-Gustave Joly de Lotbinière, 1829-1908*, Toronto, University of Toronto Press, 2013, p. 103.

22 Lotbinière, *Débats parlementaires*, 20 février 1865, p. 369.

23 P. B. Waite, *The Life and Times of Confederation, 1864-1867 : Politics, Newspapers, and the Union of British North America*, Toronto, University of Toronto Press, 1962, p. 154-156; Kelly, « L'argumentaire économique des opposants québécois », p. 247-248.

24 Le double mandat fut aboli en 1874.

25 P.B. Waite, *The Life and Times of Confederation*, p. 147.

26 *Ibid.*, p. 148 (citation).

27 Rocher, « Sur les opposants au projet de Confédération de 1864 », p. 221-224.

28 *La Minerve*, le 9 septembre 1864, cité dans Arthur I. Silver, *The French-Canadian Idea of Confederation, 1864-1900*, Toronto, University of Toronto Press, 1982, p. 33.

29 Éric Bédard, « Éviter ce 'gouffre d'inique liberté'. Le fédéralisme centralisateur de Joseph-Édouard Cauchon », dans Brouillet, Gagnon et Laforest (dir.), *La Conférence de Québec de 1864*, p. 109-122.

30 Joseph Cauchon, *L'Union des provinces de l'Amérique britannique du Nord*, Québec, L'Imprimerie A. Côté et Cie, 1865, p. 45.

31 Silver, *The French-Canadian Idea of Confederation*, p. 41.

32 Félix Geoffrion, *Débats parlementaires*, 8 mars 1865, p. 782.

33 Félix Geoffrion et Joseph-Édouard Cauchon, *Débats parlementaires*, 8 mars 1865, p. 782-783.

34 Biographie d'Édouard Rémillard, Assemblée nationale du Québec, <http://www.assnat.qc.ca/fr/deputes/remillard-edouard-5055/biographie.html>.

35 Édouard Rémillard, *Débats parlementaires*, 8 mars 1865, p. 790.

36 Maurice Laframboise, *Débats parlementaires*, 9 mars 1865, p. 842-843.

37 Yvan Lamonde, *Histoire sociale des idées au Québec, 1760-1896*, Montréal, Fides, 2000, p. 353.

38 Marcel Bellavance, *Le Québec et la Confédération : un choix libre ? Le clergé et la constitution de 1867*, Québec, Septentrion, 1992, p. 82-92, p. 122-124.

39 Certains paragraphes de cette sous-section furent publiés dans Marcel Martel, « An Example for the World ? Confederation and French Canadians », dans Colin M. Coates et Philip Girard (dir.), « Debating the Confederation Debates of 1865 », *Canada Watch*, printemps 2016, p. 7-8.

40 Waite, *The Life and Times of Confederation*, p. 117, p. 179, p. 195 et p. 229.

41 Silver, *The French-Canadian Idea of Confederation*.

42 David B. Flemming, « CONNOLLY, THOMAS LOUIS », dans *Dictionnaire biographique du Canada*, vol. 10, Université Laval/University of Toronto, 2003– , consulté le 22 septembre 2018, <http://www.biographi.ca/fr/bio/connolly_thomas_louis_10F.html>; Marcel Martel et Martin Pâquet, *Langue et politique au Canada et au Québec. Une synthèse historique*, Montréal, Les Éditions du Boréal, 2010, p. 52.

43 Silver, *The French-Canadian Idea of Confederation*, p. 56.

5

Les Maritimes et le débat sur la Confédération

PHILLIP BUCKNER

Le 1ᵉʳ septembre 1864, quinze délégués de la Nouvelle-Écosse, du Nouveau-Brunswick et de l'Île-du-Prince-Édouard se réunirent à Charlottetown dans le but de discuter d'une proposition pour l'union des Maritimes. Ces délégués étaient fort conscients que les chances de mettre sur pied un plan d'union acceptable pour les trois assemblées législatives des Maritimes étaient faibles. Ils ne se seraient probablement pas même rencontrés n'eût été une délégation de la Province du Canada qui avait demandé d'assister à la réunion afin de présenter une proposition pour une union élargie de l'Amérique du Nord britannique. En un peu plus d'une semaine, les délégués présents à Charlottetown s'entendirent sur un canevas pour la création d'une union continentale qui s'étendrait éventuellement de l'Atlantique au Pacifique. En octobre, dix-neuf délégués des Maritimes rencontrèrent dans la ville de Québec des délégués de la Province du Canada et de Terre-Neuve. Ils forgèrent 72 Résolutions visant à donner une structure constitutionnelle à l'union. Les délégués des Maritimes retournèrent ensuite dans leur province respective avec l'objectif d'obtenir l'approbation législative pour les Résolutions de Québec (également appelées le « *Quebec Scheme* » par ses opposants).

Les négociations

L'historiographie récente a présenté comme un article de foi la notion selon laquelle les Maritimes furent persuadées d'entrer dans une union dont elles n'avaient pas besoin et qu'elles ne désiraient pas, une union qui servait au fond les intérêts de la Province du Canada. Il est vrai que le niveau d'échange commercial entre les Maritimes et le Canada au début des années 1860 était bas. Il est également vrai que plusieurs habitants des Maritimes voyaient peu de bénéfice dans l'accroissement de l'activité économique entre deux régions qui avaient des économies semblables, c'est-à-dire basées principalement sur l'agriculture et l'extraction de matières premières afin de les exporter au Royaume-Uni ou aux États-Unis. Plus encore, les Maritimes du début des années 1860 connaissaient une croissance économique rapide générée par le Traité de Réciprocité de 1854 avec les États-Unis et, dans le contexte de la guerre civile américaine, par la demande croissante pour les matières premières. Certains craignaient toutefois que la fin du conflit ne mette un terme à la prospérité de la région, particulièrement si les États-Unis abrogeaient le traité.

D'autres signes annonçaient un horizon économique difficile. La population des Maritimes avait continué de s'accroître pendant les années 1860, atteignant un total de 768 000 en 1871. Mais cette croissance dissimulait une réalité plus profonde qui n'échappait pas à certains habitants. En effet, la croissance démographique des années 1860 était largement tributaire du taux de la reproduction naturelle et ce, à une époque où le nombre d'immigrants dans la région commençait à décliner alors qu'une proportion importante de natifs émigraient, notamment vers les États-Unis. C'était là l'indice des limites de l'expansion d'une économie traditionnelle dans les Maritimes, basée sur l'extraction des ressources naturelles et la construction de navires en bois opérée par les marchands locaux. Certaines élites politiques et économiques – qui étaient souvent les mêmes – envisageaient déjà le futur de l'économie de la région en fonction du développement du chemin de fer vers le sud, en direction du Maine, et vers l'ouest, au Canada. Ces liaisons ferroviaires, espéraient les défenseurs du chemin de fer, allaient accroître les possibilités commerciales et entraîner le développement d'une industrie manufacturière secondaire. Cependant, la construction d'un chemin de fer sur une si longue distance requiérait l'investissement d'énormes capitaux, au-delà de ce que chacune des colonies des Maritimes pouvait rassembler isolément. La tentative de construction d'un chemin de fer (appelé la Western Extension) reliant Saint-Jean, la plus grosse ville des Maritimes, et Bangor, dans le Maine, échoua parce que le Nouveau-Brunswick ne réussit pas à trouver un partenaire financier dans cet état américain pour s'engager dans une telle entreprise. Le projet de construction d'un chemin de fer intercolonial reliant les Maritimes et le Canada échoua également en raison de l'incapacité des gouvernements canadien et britannique de trouver un terrain d'entente sur la manière de financer le chemin de fer. Il parut de plus en plus évident que le chemin de fer Intercolonial ne serait jamais construit, à moins que les colonies de l'Amérique du Nord britannique ne s'unissent et s'engagent fermement à réaliser le projet.

L'enthousiasme pour le chemin de fer n'était pas universellement partagé. Il se manifestait fortement dans les grands centres urbains susceptibles de se trouver sur le tracé de l'Intercolonial ou d'y être facilement reliés par des lignes d'accès. Ce projet connaissait également une certaine popularité dans les régions qui possédaient de substantielles réserves de charbon ou des gisements de fer et qui, par conséquent, avaient un plus grand potentiel industriel. La perspective des dépenses colossales qu'entraînerait inévitablement le chemin de fer engendrait moins d'enthousiasme au sein des communautés vivant de l'agriculture, des pêcheries et du commerce maritime traditionnel et qui préféraient maintenir les taxes et les tarifs douaniers le plus bas possible. C'était dans ces régions que la Confédération était la moins attrayante. Il ne faisait aucun doute que pour les Maritimes, la décision de se joindre à ce qui était présenté comme une union continentale s'avérait un risque beaucoup plus grand que pour les provinces centrales. Les délégués des Maritimes à Québec espéraient que les avantages économiques des provinces centrales pourraient en partie être contrebalancés par la construction (financée par le fédéral) du chemin de fer Intercolonial, mais les marchands et les banquiers des Maritimes craignaient que ce projet n'accroisse la domination canadienne de leur économie régionale, alors que plusieurs agriculteurs, pêcheurs et propriétaires de navire appréhendaient une hausse fiscale.

La Confédération représentait certes bien davantage qu'un enjeu commercial. Les populations anglophones des Maritimes et de la Province du Canada étaient sans doute séparées – comme les opposants à la Confédération le soulignaient – par une vaste zone forestière, mais elles avaient malgré tout beaucoup en commun. Elles partageaient le sentiment d'un même héritage et d'un profond attachement envers l'empire britannique, la monarchie britannique, la constitution britannique et les valeurs libérales britanniques. C'était cette identité culturelle commune qui prédisposèrent les délégués du Canada et des Maritimes à accepter, à la conférence de Charlottetown, le besoin d'une confédération des colonies de l'Amérique du Nord britannique et de s'entendre, à Québec, sur un plan plus détaillé de l'union. Le timing des conférences était crucial. En 1862, l'arrestation par la marine américaine des États du Nord de deux diplomates des États du Sud envoyés à Londres sur un navire britannique, le *Trent*, avait dangereusement mené les États-Unis et le Royaume-Uni au bord de la guerre et avait suscité l'inquiétude partout dans l'Amérique du Nord britannique. À mesure que la guerre de Sécession américaine approchait de la fin et que la victoire du Nord semblait inévitable, il apparaissait de plus en plus évident que l'équilibre des forces sur le continent nord-américain s'était transformé de façon permanente et que la viabilité politique et économique des colonies britanniques dans la région septentrionale du continent était menacée. La plus grande force qui anima le mouvement en faveur de la Confédération fut le sentiment communément partagé par les habitants de l'Amérique du Nord britannique qu'ils avaient à choisir entre la continuité de l'adhésion à l'empire britannique ou une absorption graduelle dans un empire américain en pleine expansion[1]. Au départ, les opposants à la Confédération utilisèrent ces peurs et insistèrent sur le fait que la fin de la guerre signifiait aussi la fin des tensions à la frontière canado-américaine. Mais la décision du gouvernement américain d'abroger en 1865 le Traité de Réciprocité – une décision basée sur des motifs politiques et non économiques – semblait témoigner de l'hostilité américaine envers la survie de l'Amérique du Nord britannique à long terme. Cette crainte s'intensifia dans le cadre des raids des Féniens, un mouvement nationaliste irlandais qui jouissait d'un appui considérable parmi les Américains d'origine irlandaise, mais aussi du soutien de quelques Canadiens d'origine irlandaise – dans une bien moindre mesure, il est vrai. L'historiographie traditionnelle s'est souvent moquée de la gravité des raids des Féniens plutôt que les considérer comme de véritables menaces, celles-ci étant magnifiées par les partisans de la Confédération afin de susciter un sentiment anti-américain et anticatholique apte à stimuler davantage l'appui au projet. Si cette interprétation n'est pas sans fondement, elle néglige cependant la gravité de la menace des Fénians telle qu'elle était perçue par les habitants de l'Amérique du Nord britannique qui, dans cette perspective, craignaient que les raids ne provoquent un incident susceptible de déboucher sur une autre guerre Anglo-américaine.

Des études récentes sur les relations anglo-américaines ont souligné qu'au lendemain de la guerre de Sécession, les États-Unis et la Grande-Bretagne ont cherché à se rapprocher et le Traité de Washington (1871) en serait l'aboutissement. Mais il s'agit là d'une interprétation largement rétrospective, puisque les contemporains au Royaume-Uni et en Amérique du Nord britannique prenaient la menace de l'expansionnisme américain au sérieux. Même le Traité de Washington n'avait pas réussi à mettre fin aux tensions dans la relation anglo-américaine. Mentionnons également que l'idée selon laquelle le gouvernement impérial cherchait un moyen d'abandonner son engagement envers la défense de ses colonies nord-américaines est un mythe. Si une guerre devait avoir lieu – bien que le gouvernement impérial espérait vivement qu'elle puisse être évitée par la diplomatie –, les Britanniques étaient sûrs qu'ils pourraient s'appuyer sur la marine royale pour l'emporter. Mais le gouvernement impérial cherchait à se décharger de la défense de ses colonies nord-américaines en en confiant la responsabilité aux habitants eux-mêmes. La raison principale qui poussait le gouvernement impérial à accorder un appui sans réserve à la Confédération, était la conviction que si les colonies de l'Amérique du Nord britannique s'unissaient, elles seraient mieux outillées pour protéger leurs frontières et survivre à la domination continentale américaine. Sans le soutien impérial, la Confédération n'aurait pu se réaliser dans les années 1860, même si l'étendue de l'influence impériale ne doit pas être exagérée (comme il appert dans plusieurs études récentes)[2]. Les habitants de l'Amérique du Nord britannique ne pouvaient être contraints à entrer dans la Confédération. Il fallait qu'une majorité d'entre eux – ou, dans le cas de la Nouvelle-Écosse, au moins une majorité dans l'Assemblée existante – soit convaincue qu'il était à long terme dans l'intérêt des colonies de l'Amérique du Nord britannique de s'unir contre la menace américaine afin de préserver leur lien avec l'empire. Le refus de l'Île-du-Prince-Édouard de se joindre à la Confédération jusqu'à ce qu'elle soit prête à y accéder selon ses propres termes, malgré toute la pression exercée par le gouvernement impérial, en offre un exemple probant.

Certains opposants à la Confédération dans les Maritimes affirmaient que les habitants des colonies s'en porteraient mieux s'ils coupaient les ponts avec l'empire et étaient annexés par les États-Unis plutôt que par le Canada. Mais il s'agissait là de l'opinion d'une infime minorité. D'autres détracteurs avançaient l'argument opposé, à savoir que la création d'un nouvel état national risquerait de compromettre la loyauté des coloniaux envers l'empire et mener à l'indépendance – ce qui allait se produire, mais non du vivant des contemporains de 1864. Toutefois, le plus grand nombre – y compris les opposants à la Confédération – acceptait le postulat que l'union de l'Amérique du Nord britannique était à la fois nécessaire et désirable à long terme pour préserver le lien impérial. Certains d'entre eux s'opposaient cependant au timing de la Confédération, avançant que l'union était prématurée et qu'elle ne devrait pas prendre place avant que le chemin de fer Intercolonial ne soit construit d'une part et, d'autre part, que des liens plus serrés entre le Canada et les Maritimes ne soient tissés. Mais nombreux étaient aussi ceux, sans doute la majorité les habitants des Maritimes (et assurément des élites politiques), qui avaient pour objection principale les conditions de l'union. Cette objection n'était pas tant dirigée contre le concept d'union que contre les termes des Résolutions de Québec.

Avec un recul de 150 ans, il est facile d'accepter l'argument des opposants à la Confédération selon lequel les délégués des Maritimes à la Conférence de Québec aient fait une mauvaise affaire, entraînant les Maritimes dans une union inégale au détriment des intérêts de la région. Ici encore, il y a certainement du vrai dans cette affirmation. De toute évidence, la colonie la plus imposante du Canada-Uni devait exercer une influence disproportionnée dans les négociations qui menaient à une union, tout comme dans les politiques de la nation ainsi créée – une nation qui serait, après tout, appelée « Canada ». Pourtant, comme les partisans de la Confédération de cette même région le reconnurent, les Maritimes négociaient de plus en plus en position de faiblesse. Le gouvernement impérial entendait clairement déléguer plus de responsabilités aux coloniaux pour la défense et la gouvernance de ses territoires en Amérique du Nord. En l'absence d'union, cela signifiait remettre le contrôle effectif entre les mains de la plus large et de la plus puissante colonie, le Canada-Uni. Dans le cadre des négociations du renouvellement de la politique de réciprocité avec les États-Unis, de la régulation des pêches, de la colonisation de l'Ouest canadien et de plusieurs autres enjeux de taille aux retombées importantes pour les Maritimes, le gouvernement impérial allait assurément s'en remettre au conseil du Canada-Uni, sans accorder beaucoup d'attention aux préoccupations des Maritimes. Les leaders du mouvement en faveur de la Confédération croyaient également que sans la construction du chemin de fer Intercolonial et, par conséquent, sans la participation des Maritimes à une économie canadienne en rapide expansion, le développement de la région allait ralentir et stagner. Dans l'éventualité où le Canada survivrait et parviendrait à contrôler les vastes territoires de l'Ouest – et c'était dans l'intérêt à long terme des Maritimes que ces deux projets se réalisent –, les Maritimes se retrouveraient dans une position encore plus désavantageuse si elles cherchaient par la suite à rejoindre la Confédération. Les délégués des Maritimes à Québec étaient également conscients de la fragilité de la coalition canadienne et, notamment, qu'il y avait des limites aux compromis que les Canadiens pouvaient accepter sur les conditions de l'union.

Néanmoins, les délégués des Maritimes à Québec cherchaient à s'assurer que les intérêts de la région seraient protégés le mieux possible au sein des nouvelles structures fédérales. La mesure la plus difficile à accepter pour les opposants à la Confédération était la décision d'établir, dans la Chambre des communes proposée, la représentation selon la population comme principe de représentation, ce qui assureraient aux Canadiens une majorité substantielle, vouée d'ailleurs à s'accroître avec le temps. Mais dès l'origine, il était évident qu'aucun autre système ne serait acceptable pour le Haut-Canada. Les adversaires de la Confédération n'étaient pas parvenus à proposer une alternative qui ne fut ni expressément intéressée, ni irréaliste. Quoi qu'il en soit, la préoccupation des opposants à la Confédération à l'effet que les Canadiens allaient former un bloc uni dans la Chambre des communes était plutôt ridicule, notamment au vu de l'histoire politique de la Province-Unie du Canada et du large fossé qui séparait la majorité anglophone de la minorité francophone. George Brown, le chef politique du parti majoritaire au Canada-Ouest, essaya de persuader les libéraux des Maritimes d'appuyer la Confédération afin de créer une majorité dans la Chambre des communes canadienne, en vue de mettre fin à la domination canadienne-française dans la Province-Unie. Cette alliance n'eut pas lieu, mais de perspicaces politiciens des Maritimes, tels que Samuel Leonard Tilley et Charles Tupper, surent anticiper que les représentants des Maritimes à Ottawa pourraient jouer un rôle majeur dans les politiques fédérales, à tout le moins au cours de leur propre vie (ainsi Tupper ne devait s'éteindre qu'en 1915 à l'âge de 94 ans).

Afin de contrebalancer le principe de représentation selon la population à la Chambre des communes, les délégués des Maritimes à la Conférence de Québec avaient insisté sur la création d'une seconde Chambre (ou Sénat) basée sur le principe de la représentation régionale. Contrairement au Sénat américain, cependant, le Sénat canadien allait être constitué par un corps nommé à vie par le nouveau gouvernement fédéral, plutôt que par les gouvernements provinciaux. Au cours de la semaine pendant laquelle se déroula la Conférence de Québec, une grande partie des débats sur les structures du Sénat portèrent non pas sur la méthode de nomination, mais sur le nombre de sénateurs par région[3]. On s'entendit finalement sur le fait que le Nouveau-Brunswick et la Nouvelle-Écosse auraient dix sénateurs chacun et que l'Île-du-Prince-Édouard et Terre-Neuve en auraient quatre chacune. Cela signifiait que les provinces de l'Atlantique, collectivement, auraient vingt-huit sénateurs, quatre de plus que les vingt-quatre attribués respectivement à l'Ontario et au Québec. Pour les opposants à la Confédération dans les Martimes, les sénateurs représentant l'Ontario et le Québec, en nombre supérieur, domineraient ceux de leurs provinces. Ironiquement, le Sénat allait à terme se révéler inefficace pour protéger les intérêts régionaux des Maritimes, non pas en raison du nombre réduit de sénateurs représentant la région, mais principalement parce qu'une Chambre nommée n'avait pas de crédibilité dans une société de plus en plus démocratique. Avec un peu de recul sans doute, les délégués des Maritimes à Québec auraient dû constater ce fait, mais ils étaient habitués à fonctionner dans des systèmes politiques qui étaient, au mieux, quasi-démocratiques et dans lesquels les conseils législatifs nommés jouaient encore un rôle actif dans la vie politique. En outre, et peu importe la façon dont les sénateurs étaient nommés, la centralisation du pouvoir aux mains du parti qui contrôlait la Chambre des communes s'avérait pratiquement inévitable dans un système de gouvernement responsable, un système que préféraient tant les partisans que les opposants de la Confédération au système gouvernemental républicain des États-Unis.

La plupart des adversaires de la Confédération étaient critiques également à l'égard du système fédéral trop centralisé qui était sur le point d'être créé par les Résolutions de Québec. L'intention de transférer les principaux pouvoirs des assemblées coloniales à Ottawa s'était manifestement affirmée non seulement par la division des pouvoirs et la décision de conférer les pouvoirs résiduels au nouveau gouvernement fédéral – une décision plus tard renversée par le comité judiciaire du Conseil privé –, mais aussi par les arrangements financiers sur lesquels on s'était entendu à Québec. Les provinces seraient responsables de l'éducation, de la propriété et des droits civils, ainsi que des travaux publics, mais avec des moyens financiers très limités puisque les plus importantes sources de revenus publics (les droits douaniers sur les importations) devaient être versées au gouvernement fédéral. En retour de ce versement, les provinces allaient recevoir une assez maigre subvention annuelle qui avait peu de chance, comme les opposants à la Confédération l'avaient prédit, de satisfaire aux besoins provinciaux – à l'exception de l'Ontario; ce manque à gagner allait éventuellement forcer les plus petites provinces à imposer un impôt sur le revenu pour combler le fossé entre les revenus et les dépenses.

D'autres opposants à la Confédération, pour qui la constitution n'était pas suffisamment centralisée, proposèrent plutôt l'idée d'une union législative. Mais il s'agissait ici d'une position minoritaire. Au cours du XIXe siècle, les trois provinces maritimes avaient évolué en tant qu'entités distinctes. Un vigoureux sentiment de patriotisme local – un engagement envers leur « pays » – n'était pas incompatible avec d'autres loyautés, notamment celle envers l'Empire britannique que partageaient la nette majorité des habitants des Maritimes. Mais quelques opposants à la Confédération avançaient que leur identité provinciale était incompatible avec la loyauté pour la nouvelle nation qui allait naître de la Confédération. C'était sans aucun doute une vue minoritaire parmi les opposants à la Confédération. Or la grande majorité de ces derniers ne s'opposaient pas à l'union; ils s'objectaient plutôt à ce que le pouvoir soit centralisé au loin par un gouvernement dominé par les Canadiens. Ils redoutaient aussi que leur assemblée provinciale soit dénuée de réel pouvoir et que leur identité provinciale ne s'érode graduellement. C'était cette peur – une peur de domination politique tout autant qu'économique du Canada – que les délégués des Maritimes à Québec devaient confronter, de retour chez eux, devant leurs assemblées législatives. En effet, le gouvernement impérial avait clairement affirmé que la Confédération n'était possible qu'avec l'accord des assemblées des colonies.

Le débat sur la Confédération au Nouveau-Brunswick

Les délégués du Nouveau-Brunswick à la Conférence de Québec étaient revenus plutôt confiants que la majorité des Néo-Brunswickois allaient appuyer les Résolutions de Québec. Le Nouveau-Brunswick, après tout, partageait une longue frontière avec les États-Unis : il entretenait à la fois une profonde méfiance à l'égard du gouvernement américain et un fort engagement envers l'empire britannique. En effet, son identité provinciale, construite autour de son héritage loyaliste, s'était enracinée dans la mémoire historique de la guerre de 1812 et la fameuse « guerre d'Aroostook » concernant la frontière avec le Maine dans les années 1830. Le Traité de Réciprocité de 1854 avait grandement avantagé la province et temporairement affaibli l'anti-américanisme, mais les craintes d'une agression américaine avaient rapidement resurgi pendant la guerre civile, particulièrement parce que de nombreux Néo-Brunswickois nourrissaient des sympathies envers les forces confédérées. Un des délégués de la province à la Conférence de Québec, John Hamilton Gray (à ne pas confondre avec le délégué de l'Île-du-Prince-Édouard du même nom), avait perdu un frère qui s'était battu pour les Confédérés[4]. Le Nouveau-Brunswick était également assuré de bénéficier de la construction du chemin de fer Intercolonial, même si la question de savoir quelles communautés allaient en profiter dépendait de l'endroit où la route allait être construite : soit au sud, pour desservir les régions les plus densément peuplées de la province, soit au nord, pour mieux défendre cette dernière en cas d'un nouveau conflit anglo-américain. Ni le commerce du bois du Nouveau-Brunswick, ni l'industrie florissante de la construction de navires n'étaient susceptibles d'être désavantagés par l'union avec le Canada. Saint-Jean, la plus grosse ville de la province, avait déjà commencé à s'industrialiser, soutenue par un tarif douanier sur les importations qui s'avérait presqu'aussi élevé que le tarif canadien.

Les partisans de la Confédération au Nouveau-Brunswick étaient menés par Samuel Leonard Tilley, un pharmacien possédant d'importants actifs immobiliers à Saint-Jean. Tilley devint secrétaire provincial en 1857 et, en mars 1861, était nommé à la tête du gouvernement. Tilley fut responsable d'un programme controversé de construction de chemins de fer aux frais de l'État, ainsi que d'un tarif douanier provincial qui incluait un niveau de protection accessoire afin d'encourager le développement industriel de la province, particulièrement dans sa ville natale, Saint-Jean. Il était profondément convaincu de l'importance économique du chemin de fer Intercolonial et de la nécessité de la Confédération de préserver le lien avec l'Empire. Contrairement à la majorité des partisans de la Confédération dans les Maritimes, Tilley se rangeait en principe du côté des libéraux et avait exprimé certaines réticences envers la constitution très centralisée créée à la Conférence de Québec. À la fin du processus, cependant, il se déclara satisfait des quelques modifications apportées au partage des pouvoirs en faveur des provinces[5].

Les fidélités partisanes avaient toujours été fluides au Nouveau-Brunswick et la délégation que Tilley sélectionna pour aller à Québec, en principe bipartisane, était en fait composée d'hommes qui avaient soutenu son gouvernement et qui partageaient le projet de la Confédération. Le seul délégué du Nouveau-Brunswick qui avait exprimé de sérieux doutes à propos des Résolutions de Québec était Edward Barron Chandler, un avocat d'origine loyaliste et ancien premier ministre de la province. Il avait le sentiment que la constitution proposée serait beaucoup trop centralisée. Chandler n'était pas moins fortement favorable à la Confédération – même sur les bases des Résolutions de Québec – et il mena la bataille pour l'union au Conseil législatif du Nouveau-Brunswick avec deux autres délégués à la Conférence de Québec, William Henry Steeves, un marchand de bois de Saint-Jean, et Peter Mitchell, un autre marchand de bois (également avocat et constructeur de navires) de Newcastle, vigoureux défenseur du chemin de fer Intercolonial. Dans la bataille qui allait suivre, le Conseil législatif ne retira jamais son appui à la Confédération. À l'Assemblée, le gouvernement libéral de Tilley s'était effectivement transformé en une coalition unioniste dont le centre était formé par les délégués de la Conférence de Québec. Ces délégués incluaient des libéraux comme Charles Fisher, un avocat de Frédéricton et ancien chef du gouvernement que Tilley avait délogé en 1861, et l'avocat de Chatham John Mercer Johnson, né en Angleterre. Mais il y avait aussi des conservateurs comme John Hamilton Gray, un avocat de Saint-Jean et ancien chef du parti conservateur qui appuyait Tilley depuis 1861. L'emprise de Tilley sur le gouvernement était si forte qu'un seul membre démissionna du conseil des ministres; il s'agissait de George Luther Hatheway, un négociant et marchand de bois de Frédéricton, la capitale provinciale dont le statut allait être fortement ébranlé par la Confédération. Hatheway fut à ce point

Samuel Leonard Tilley
Premier ministre, chef des conservateurs (Nouveau-Brunswick)

28 JUIN 1866

> Ceux qui ont participé aux négociations pour promouvoir le commerce de l'Amérique du Nord britannique connaissent les difficultés inhérentes aux négociations effectuées hors d'une Union, alors que celles effectuées au sein d'une Union en sont facilitées.

PRISE DE POSITION 5.1
Citation : Nouveau-Brunswick, Assemblée législative, 28 juin 1866.
Source : Nouveau-Brunswick, *Reports of the Debates of the House of Assembly*. St-Jean (N.-B.), G.W. Day, 1865-1867, p. 38.
Photographe : Studio Topley, Bibliothèque et Archives Canada, PA-026347.

ulcéré par les termes de l'union négociés à Québec qu'il devint l'un des chefs du mouvement opposé à la Confédération[6].

Tilley accepta l'idée que la question de la Confédération devait être soumise au vote populaire, mais souhaita en repousser l'échéance jusqu'à ce que les partisans de la Confédération aient eu le temps de convaincre l'opinion publique sur le bien fondé de l'entente négociée à Québec. Poussé par le trop confiant lieutenant-gouverneur Arthur Hamilton Gordon, Tilley appela toutefois les élections le 30 janvier 1865[7]. Le résultat du scrutin tenu en mars de la même année fut catastrophique pour le gouvernement Tilley. Les quatre délégués à Québec dans l'Assemblée (Tilley, Gray, Johnson et Fisher) furent tous défaits, de même que les partisans de Tilley à l'exception de six, créant ainsi un vide de leadership parmi les promoteurs de la Confédération à l'Assemblée : celle-ci était désormais composée de vingt-six opposants à la Confédération, quatre indépendants et possiblement onze unionistes. La victoire des adversaires de la Confédération était tellement massive qu'elle ne peut s'expliquer par un facteur unique. Les politiques ferroviaires et fiscales défendues par Tilley étaient déjà impopulaires dans plusieurs régions de la province. Pis encore, Tilley avait tergiversé sur la route du chemin de fer Intercolonial et, s'étant ainsi mis à dos aussi bien les partisans de la route du nord et que celle du sud, il avait par conséquent soulevé le doute sur la réalisation du projet. En fait, le plus grand critique de Tilley était un autre de ses anciens alliés libéraux, John W. Cudlip, un homme d'affaires de Saint-Jean qui, ayant rompu avec lui au sujet de la construction du chemin de fer, était devenu un partisan engagé de la Western Extension en direction du Maine. Lors de l'élection de 1865, Cudlip remporta plus de votes à Saint-Jean que tout autre candidat dans la province, même si Tilley ne fut défait que par 113 votes[8]. Les opposants à la Confédération s'étaient particulièrement distingués à Saint-Jean et dans les comtés près de la frontière américaine; ils avaient fait valoir que la province devait se concentrer sur la construction de la Western Extension pour maintenir une relation économique étroite avec les États-Unis, afin d'éviter le risque d'une domination canadienne dans l'économie du Nouveau-Brunswick. Le seul endroit de la province où les partisans de la Confédération gagnèrent une majorité se trouvait dans les comtés du nord qui, d'une part, entretenaient moins de liens économiques avec les États-Unis et, d'autre part, dépendaient de l'extraction minière et du commerce du bois; ces facteurs expliquent aisément pourquoi les électeurs furent sensibles aux avantages offerts par le chemin de fer Intercolonial. Dans le comté de Restigouche, John McMillan, l'un des plus importants marchands de bois de la région et ancien arpenteur général, fut le seul membre de l'administration Tilley à être réélu. Ce comté reconduisit également un autre marchand, Abner Reid McClelan, qui avait appuyé le gouvernement libéral de Tilley, tout comme le comté de Carleton où le marchand de bois Charles Connell fut élu par acclamation. McMillan, McClelan et Connell devinrent ainsi, par défaut, les chefs du mouvement en faveur de la Confédération à l'Assemblée, une tâche pour laquelle aucun d'eux n'entretenait une véritable affinité[9].

Lors des élections, les défenseurs de la Confédération recueillirent peu de voix, particulièrement dans les régions où résidaient de fortes minorités catholiques. Peu de catholiques irlandais étaient enthousiastes à l'idée d'entrer dans une union pouvant être dominée par la grande majorité protestante menée par George Brown en Ontario. Pour leur part, les Acadiens, qui formaient un peu plus de 10 pour cent de la population et qui entretenaient des liens assez faibles avec leurs voisins canadiens-français, craignaient que leurs intérêts ne soient sacrifiés dans un parlement fédéral au sein duquel ils ne pourraient envoyer, au mieux, qu'un seul représentant. L'évêque John Sweeny, de Saint-Jean, offrit son soutien aux opposants de la Confédération, tout comme deux politiciens catholiques irlandais influents, le conservateur John Costigan du comté de Victoria et le radical Timothy Warren Anglin de Saint-Jean[10]. Éditeur du *Saint John Weekly Freeman*, le journal catholique le plus influent de la province, Anglin était une figure controversée. Il était accusé par ses adversaires d'être motivé par sa haine de la Grande-Bretagne. Or, même si Anglin n'avait jamais accepté la domination britannique en Irlande, il n'avait aucun désir de voir l'Amérique du Nord britannique rejoindre les États-Unis. Il croyait qu'une union politique entre les colonies allait éventuellement être désirable, mais qu'elle était prématurée et qu'elle n'apporterait que peu d'avantages militaires et économiques dans l'immédiat. Il était très critique envers les Résolutions de Québec en raison de leurs tendances centralisatrices.

Il y avait également en jeu la perspective d'Albert J. Smith, un avocat du comté de Westmorland qui comptait une minorité acadienne substantielle. Comme d'autres collègues libéraux de Tilley, Smith avait démissionné du conseil des ministres en 1862 parce qu'il s'opposait au financement public des chemins de fer. Smith voyait la Confédération comme

Albert J. Smith
Chef des opposants à la Confédération (Nouveau-Brunswick)

1ER JUIN 1865

PRISE DE POSITION 5.2
Citation : Nouveau-Brunswick, Assemblée législative, 1er juin 1865.
Source : Nouveau-Brunswick, *Reports of the Debates of the House of Assembly*. St-Jean (N.-B.), G.W. Day, 1865-1867, p. 118.
Photographe : Studio Topley, Bibliothèque et Archives Canada, PA-025258.

> Comment M. Tilley, ou toute autre personne, pourrait-il prévoir les effets de cette Confédération? Ils ne peuvent la contrôler une fois organisée. Alors comment pourraient-ils prévoir les impôts par personne sous la Confédération? Ces délégués pourraient y être, ou non. Des hommes meurent et nous quittent, mais la Constitution leur survivra, et M. Tilley, ou toute autre personne, ne peut dire ce qu'il fera ou non une fois la Constitution adoptée.

un stratagème conçu par les Canadiens pour résoudre leurs propres problèmes. Il était dans l'intérêt du Nouveau-Brunswick, croyait-il, de continuer son rapport de réciprocité avec les États-Unis plutôt que d'entrer dans une union inégale avec le Canada. Il était également un partisan convaincu du chemin de fer Western Extension[11]. Les opposants à la Confédération n'avaient aucun chef reconnu et aucune structure de parti, mais Smith accepta de former un gouvernement de coalition avec un conservateur opposé à la Confédération, Robert Duncan Wilmot, un riche marchand de Saint-Jean, constructeur de navires et promoteur du chemin de fer[12]. Il s'agissait d'un partenariat inégal et Smith devint rapidement la figure dominante au sein du gouvernement opposé à la Confédération. D'entrée de jeu, il était évident que les opposants de la Confédération à l'Assemblée divergeaient considérablement sur les mesures politiques à prendre par le gouvernement Smith-Wilmot. Concernant l'enjeu critique du chemin de fer, des opposants à la Confédération souhaitaient que le gouvernement se concentre sur la construction de la Western Extension, d'autres espéraient la construction du chemin de fer Intercolonial, certains encore militaient pour la construction des deux, tandis que d'autres, enfin, étaient opposés à toute dépense publique pour le chemin de fer. En fait, même si le travail avait déjà débuté sur la Western Extension, peu de progrès avait été réalisé, faute de capitaux suffisants. Plusieurs autres points litigieux, comme la règlementation de la milice et l'ampleur des ressources à injecter dans la défense coloniale, divisaient les détracteurs de la Confédération, même si le gouvernement réussit à faire passer un projet de loi qui augmentait substantiellement le budget pour la défense provinciale. Sur l'enjeu même de la Confédération, ses opposants n'arrivaient pas à former de consensus. Certains, tels que Anglin, Hatheway et Arthur Hill Gillmor[13] – un important marchand de bois et agriculteur du comté de Charlotte –, étaient opposés à l'idée de l'union dans l'immédiat et aussi peut-être dans le futur. D'autres étaient préparés à considérer un plan révisé de la Confédération, mais ne s'entendaient pas sur la nature de ce plan. D'autres encore (comme Wilmot) favorisaient une union législative, tandis que certains (comme Smith) souhaitaient un meilleur statut pour les provinces. La majorité anti-Confédération, qui formait le gouvernement lors de la session de l'Assemblée de 1865, oscilla sensiblement, mais elle parvint à passer une résolution (qui l'emporta à vingt-sept contre dix) pour envoyer une délégation à Londres dont le mandat était d'affirmer l'opposition résolue du Nouveau-Brunswick à la Confédération dans un avenir prochain.

Smith se rendit à Londres pour rencontrer le Secrétaire aux colonies, mais revint conscient que la bataille pour la Confédération n'était pas terminée et que le gouvernement impérial était décidé à ce que l'union se fasse sur la base des Résolutions de Québec. Smith comprit également que l'opinion publique changeait de cours. La Western Extension progressait peu et, au printemps 1865, le gouvernement américain décida d'abroger le Traité de Réciprocité. Le conseil des ministres se trouva profondément divisé. En septembre Wilmot avait rencontré des délégués de la Province du Canada à Québec pour discuter de la façon de répondre à l'abrogation du Traité de Réciprocité : il retourna dans sa province, persuadé que l'union législative était impraticable en raison de l'hostilité des Canadiens français et convaincu désormais de la nécessité de la Confédération. En novembre, Anglin démissionna lorsque le contrat pour la Western Extension fut accordé à une compagnie privée. Le même mois, Charles Fisher emporta une substantielle majorité lors d'une élection partielle dans le comté de York et devint le chef des partisans de la Confédération à l'Assemblée.

En février 1866, Smith alla à Washington pour tenter de renégocier le Traité de Réciprocité, mais retourna les mains vides; il commença alors à laisser entendre qu'il ne s'était jamais opposé au concept de l'union de l'Amérique du Nord britannique, mais seulement à la réduction du statut des provinces proposée par le plan de Québec et au principe de la représentation selon la population. Sa conversion apparente à la Confédération, sous une certaine forme, l'éloigna encore plus d'Anglin et des adversaires de la Confédération tels que Hatheway et Cudlip. Les opposants durs et purs à l'Assemblée continuèrent, non sans hésitation parfois, à appuyer le gouvernement lorsque l'Assemblée se réunit de nouveau en mars 1866; cependant, un nombre d'indépendants – y compris certains parmi ceux qui avaient été de toute évidence élus pour s'opposer à la Confédération – retirèrent leur appui. Pendant l'hiver de 1865-1866, le Nouveau-Brunswick s'inquiéta de plus belle des activités des Féniens, surtout lorsqu'une petite force s'installa quelque temps sur l'Indian Island jusqu'à ce qu'elle soit expulsée par la milice du Nouveau-Brunswick, secondée par une poignée de soldats britanniques. Les plus ardents opposants à la Confédération avaient toujours maintenu qu'il n'y avait pas de réelle menace provenant des États-Unis, mais cette affirmation semblait de plus en plus creuse au vu de la présence des Fénians sur la frontière.

Le 7 avril, le Conseil législatif, qui était dominé par des partisans de la Confédération, proposa une résolution en faveur de celle-ci. Lorsque le lieutenant-gouverneur Gordon entérina la résolution – malgré l'avis de ses ministres –, le gouvernement, opposé à la Confédération, démissionna en corps; Gordon demanda alors à Peter Mitchell, le chef des partisans de la Confédération dans le Conseil législatif, de former un gouvernement. Wilmot se rangea du côté du nouveau gouvernement et Tilley devint procureur-général, même s'il ne pouvait pas occuper sa véritable place comme chef du gouvernement avant d'être réélu à l'Assemblée. Gordon avait en effet dissous son ministère. La constitutionnalité de cette action était plutôt douteuse. Aussi, les vingt-deux députés de l'Assemblée qui appuyaient encore Smith envoyèrent-ils une requête au gouvernement impérial pour rappeler Gordon. En réaction, celui-ci dissout l'Assemblée et déclencha les élections.

La conduite de Gordon devint une source de controverse pendant l'élection, mais il est peu probable qu'elle ait véritablement influencé les résultats du scrutin. Pas plus d'ailleurs que les contributions d'argent versées par les Canadiens pour financer la campagne de Tilley. La réalité était que la politique pro-Américaine et isolationniste qui avait été au centre de la campagne des opposants à la Confédération lors de l'élection précédente vola en éclats. L'appui sans réserve qu'apporta le gouvernement impérial à la Confédération mina sans aucun doute la position des opposants à la Confédération, notamment en permettant aux partisans de cette dernière de remettre en question la loyauté de leurs adversaires. Quelques opposants à la Confédération n'allaient pas oublier l'intervention du gouvernement impérial. Or, le véritable responsable de l'écroulement du mouvement d'opposition à la Confédération était le gouvernement américain. Son refus de renégocier le Traité de Réciprocité affaiblit la viabilité de la Western Extension et le futur économique du Nouveau-Brunswick hors de la Confédération. L'incursion des Fénians au Nouveau-Brunswick – même si elle avait été facilement repoussée – et la lenteur avec laquelle les États-Unis avaient réagi pour les réprimer, avaient renforcé la peur à l'égard de l'hostilité américaine et ainsi démontré le besoin d'une action collective de la part des habitants de l'Amérique du Nord britannique pour maintenir le lien impérial.

L'incursion des Fénians fut de toute évidence exploitée pour attaquer la loyauté de la minorité irlandaise et catholique au Nouveau-Brunswick, particulièrement par la presse religieuse protestante. Mais il est facile d'accorder trop d'importance au sectarisme religieux dans la campagne[14]. Le sentiment anticatholique avait été un élément central de la vie politique du Nouveau-Brunswick pendant plusieurs décennies. Peut-être plus important encore, pour les partisans de la Confédération, était le désir de plusieurs catholiques irlandais de se distancier des Féniens qui avaient peu d'appui dans les communautés irlandaises du Nouveau-Brunswick. Même s'il s'opposait en privé à la Confédération, l'évêque de Saint-Jean, John Sweeny, était resté silencieux pendant l'élection de 1866, tandis que l'évêque James Rogers, de Chatham, avait abandonné sa neutralité et défendu ouvertement la Confédération[15]. Le vote catholique irlandais, qui n'avait jamais été monolithique, penchait désormais de plus en plus fermement en faveur de la Confédération, ce qui explique les défaites électorales d'Anglin et de Costigan. Seul le vote acadien s'était maintenu, permettant à six opposants de la Confédération d'être élus dans les comtés de Westmorland, Kent et Gloucester, incluant Smith mais aussi Amand Landry, le porte-parole des Acadiens à l'Assemblée[16]. Ailleurs, le résultat fut largement désastreux pour les opposants à la Confédération : les partisans de la Confédération remportèrent trente-trois des quarante-et-un sièges, jouissant dans l'ensemble de bonnes majorités. Pendant une courte session législative en juin et juillet 1866, Smith mit de l'avant une série de motions appelant à un référendum public sur la Confédération et une représentation égale des provinces au Sénat, mais elles furent facilement défaites par le gouvernement Tilley qui obtint les résolutions nécessaires pour envoyer une délégation à Londres afin de négocier les modalités définitives de l'union. Pendant l'élection de 1866, Tilley avait laissé entendre qu'il pourrait y avoir des changements dans les Résolutions de Québec, mais il ne chercha pas à obtenir de modifications substantielles lors de la Conférence de Londres en décembre 1866; au cours de celle-ci, les 72 Résolutions devinrent l'Acte de l'Amérique du Nord britannique qui fut rapidement approuvé par le Parlement britannique. Rappelons que la plupart des opposants à la Confédération avaient toujours prétendu qu'ils n'étaient pas contre le principe d'union de l'Amérique du Nord britannique. De fait, ils abandonnèrent leur opposition à la Confédération lorsqu'elle fut promulguée par la législation impériale. Smith, Anglin et

Costigan furent tous élus à la Chambre des communes canadienne en 1867. Smith allait éventuellement devenir ministre de la marine et des pêcheries, Costigan ministre du Revenu de l'intérieur, alors qu'Anglin allait finir sa carrière politique comme président de la Chambre des communes. Seul John Cudlip demeura récalcitrant jusqu'à la fin. Même s'il avait été défait lors de l'élection de 1866, il fut réélu à l'Assemblée du Nouveau-Brunswick en 1868 où il présenta la motion d'annexion aux États-Unis, un geste qui mit définitivement fin à sa carrière politique. Le Nouveau-Brunswick allait rejoindre le mouvement pour les droits provinciaux dans les années 1880, mais il était déjà alors bien intégré dans la Confédération.

Éviter l'opposition en Nouvelle-Écosse

De retour chez-eux, les délégués de la Nouvelle-Écosse à la Conférence de Québec firent également face à une opposition massive et grandissante contre les Résolutions de Québec. Les mêmes cinq délégués avaient assisté aux conférences de Charlottetown et de Québec, et même si la délégation était bipartisane, elle n'était guère représentative de l'ensemble de la Nouvelle-Écosse. Trois des cinq délégués venaient du comté de Cumberland, quatre étaient avocats et le cinquième médecin. Ce dernier était Charles Tupper, d'Amherst, et avait été à la tête du gouvernement depuis la victoire écrasante des conservateurs en 1863 (bien qu'il ne devint premier ministre qu'en mai 1864). Tupper était un défenseur de la modernisation; il appuyait la construction de chemins de fer et un système d'éducation plus efficace. Depuis 1860, il souscrivait avec enthousiasme à l'idée de l'union de l'Amérique du Nord britannique. Il avait d'ailleurs joué un rôle clé pendant les conférences de Charlottetown et de Québec. Même s'il aurait préféré l'union législative des colonies, il était un homme politique réaliste et donc prêt à accepter l'union fédérale hautement centralisée qu'il avait contribué à définir à Québec[17]. Les quatre autres délégués de la Nouvelle-Écosse n'avaient pas participé aussi activement à la Conférence de Québec. Les deux libéraux, Adams George Archibald, un ancien premier ministre, riche avocat et propriétaire terrien du comté de Colchester, et Jonathan McCully, un avocat et journaliste du comté de Cumberland, étaient d'ardents partisans de la Confédération[18]. McCully était membre du Conseil législatif et dirigeait les partisans de la Confédération au Conseil. Archibald défendit fermement le plan de Québec dans ses discours à

Adams George Archibald
Chef des libéraux (Nouvelle-Écosse)

12 AVRIL 1865

" Unis avec le Canada par la Confédération ou non, nous sommes tous liés par un destin et des intérêts communs. Nous devons tenir ou tomber ensemble. "

PRISE DE POSITION 5.3
Citation : Nouvelle-Écosse, Assemblée législative, 12 avril 1865. Source : Nouvelle-Écosse, *Debates and Proceedings of the House of Assembly*. Halifax, Crosskill and Bourinot, 1865, p. 226. Photographe : Bibliothèque et Archives Canada, MIKAN 3214517.

l'Assemblée, mais – et cela même s'il conserva le leadership du parti libéral – un seul autre libéral à l'Assemblée appuya la Confédération au cours de la session législative de 1865. Les deux conservateurs présents à Québec étaient divisés. William Alexander Henry, un conservateur d'Antigonish, appuyait les Résolutions de Québec[19], mais Robert Barry Dickey avait refusé d'accepter les modalités finales de l'union sur lesquelles on s'était entendu à Québec, particulièrement les conditions financières qu'il jugeait être injustes pour la Nouvelle-Écosse.

Constatant que la plupart des libéraux s'opposaient aux Résolutions de Québec et que son propre parti était divisé, Tupper se rendit rapidement compte qu'il aurait beaucoup de difficulté à persuader la législature de la Nouvelle-Écosse d'accepter les résolutions. Il avait cependant l'appui des chefs de l'opposition libérale, Archibald dans l'Assemblée élue et McCully au Conseil nommé. Il avait également le soutien de ceux, incluant l'archevêque Thomas Connolly, chef spirituel de la forte communauté catholique irlandaise à Halifax et véhément adversaire des influences américaines républicaines sur la province, qui craignaient que les États-Unis ne soient une menace potentielle à l'Amérique du Nord britannique[20]. Tupper pouvait aussi compter sur l'appui de ceux qui croyaient que la Confédération allait favoriser le développement et le progrès économique, un argument particulièrement populaire à Halifax, notamment dans certaines communautés comme Amherst (d'où originait Tupper) et Truro qui allaient se retrouver le long de la ligne du chemin de fer Intercolonial, ainsi que dans les régions minières de charbon comme Cap Breton et Pictou, à l'est. Or, durant la session législative de 1865, plus de 200 pétitions contre la Confédération furent envoyées à l'Assemblée témoignant du peu d'enthousiasme pour une union avec le Canada sur les bases des Résolutions de Québec.

Pendant l'hiver de 1864-1865, plusieurs habitants de la Nouvelle-Écosse continuèrent de croire que les menaces américaines n'étaient que rhétorique de guerre, particulièrement à l'encontre du Traité de Réciprocité, et que la fin de la guerre civile allait provoquer un retour à la situation antérieure. Dans tous les cas, le conflit potentiel le long de la frontière américaine ne provoquait pas les mêmes peurs dans une province qui ne partageait pas de frontière avec les États-Unis. Comme les opposants à la Confédération l'affirmaient, la défense de la Nouvelle-Écosse allait inévitablement dépendre non pas des milices locales mais de la marine royale. Quelques opposants à la Confédération suggérèrent même que la création d'une union de l'Amérique du Nord britannique allait engendrer la séparation d'avec l'empire et ainsi emmener la Grande-Bretagne à cesser de défendre ses colonies nord-américaines. Les arguments économiques des partisans de la Confédération semblaient également peu convaincants au sein de nombreuses communautés côtières, notamment dans la moitié ouest de la province, qui dépendaient de l'agriculture, de la construction de navires et du commerce maritime. La priorité de leurs habitants était de s'assurer que le Traité de Réciprocité demeure en vigueur. Ils voyaient peu de bénéfices dans le chemin de fer Intercolonial et ils craignaient que l'union avec le Canada n'handicape l'économie de la Nouvelle-Écosse en provoquant la hausse des tarifs douaniers et des taxes. Parmi ceux qui partageaient cette perspective était Thomas Killam, un important constructeur de navires à Yarmouth qui avait rapidement pris la tête à l'Assemblée de ceux qui s'opposaient à la Confédération sans égard aux conditions s'y rapportant[21]. Même à Halifax, Tupper affronta la forte opposition des intérêts mercantiles et banquiers peu favorables à la création d'une nation continentale.

Le plus vigoureux adversaire de Tupper à l'Assemblée était William Annand, imposant homme d'affaires d'Halifax et également libéral, qui possédait l'un des journaux les plus influents de la ville, le *Morning Chronicle*. On accusait cependant Annand d'incohérence politique puisqu'il oscillait entre l'opposition sans compromis à la Confédération d'une part et, d'autre part, la tenue d'une nouvelle conférence pour amender le plan de Québec[22]. Un adversaire beaucoup plus redoutable, cependant, s'avéra Joseph Howe. Howe était l'ancien chef du parti libéral et une légende en Nouvelle-Écosse. Mais pendant cette période, il occupait le poste de commissaire impérial aux pêcheries à Washington et ne siégeait pas à l'Assemblée. Lui aussi pouvait être soupçonné d'incohérence politique puisqu'il avait jadis promu l'idée de la Confédération. Au début de 1865, Howe publia douze articles contre la Confédération connus sous le nom de « *botheration letters* », dans lesquelles il soutenait que la Nouvelle-Écosse allait devenir une unité subordonnée dans l'union proposée[23]. En fait, tous les opposants de la Confédération s'entendaient sur le fait que selon le plan de Québec, la Nouvelle-Écosse allait effectivement être annexée par le Canada et qu'elle aurait bien peu d'influence dans une Chambre des communes de 194 – dont seulement dix-neuf membres proviendraient de

William Annand
Chef des opposants à la Confédération (Nouvelle-Écosse)

12 AVRIL 1865

" Seuls ceux de ce pays qui feront carrière à Ottawa peuvent éprouver de la satisfaction face à cette situation désastreuse pour la province de la Nouvelle-Écosse. "

Prise de position 5.4
Citation : Nouvelle-Écosse, Assemblée législative, 12 avril 1865. Source : Nouvelle-Écosse, *Debates and Proceedings of the House of Assembly*. Halifax, Crosskill and Bourinot, 1865, p. 238. Photographe : Assemblée législative de la Nouvelle-Écosse, Fonds Province House.

la Nouvelle-Écosse – ou encore au sein d'un Sénat nommé, lui aussi dominé par les Canadiens. Ils s'entendaient également pour affirmer que le transfert au gouvernement fédéral de tous les revenus issus des tarifs douaniers n'allait pas laisser au gouvernement de la Nouvelle-Écosse les ressources suffisantes pour promouvoir le développement provincial. Le ralliement autour de ces questions se solda par la création d'une coalition contre la Confédération, incluant à la fois ceux qui rejetaient la Confédération comme principe, nonobstant les conditions, et ceux qui pensaient qu'une union de l'Amérique du Nord britannique était soit prématurée, soit néfaste suivant le plan de Québec.

La chance souriait à Tupper. Avec l'élection d'un gouvernement opposé à la Confédération au Nouveau-Brunswick, il n'y avait pas de nécessité immédiate de tenir un vote sur les Résolutions de Québec. Le 22 mars 1865, par voie de compromis, il introduisit une motion pour renouveler les négociations sur une union des Maritimes, engendrant ainsi un débat indirect, à savoir si elle devait être conçue comme une simple étape dans l'anticipation d'une union élargie. Mais le débat se termina sans véritable résolution à l'issue de la prorogation de l'Assemblée en avril 1865. Cependant, lorsqu'elle fut de nouveau convoquée en 1866, le contexte avait changé considérablement. La guerre civile américaine était terminée et le gouvernement américain avait annoncé clairement qu'il entendait annuler le Traité de Réciprocité. Ceci avait provoqué des inquiétudes sur l'avenir économique d'une Nouvelle-Écosse coupée des marchés américains et, en particulier, sur le sort des pêcheries si les pêcheurs américains devaient avoir accès aux eaux côtières de la province. En outre, il était maintenant évident que le gouvernement impérial s'apprêtait à accorder au Canada un rôle prépondérant dans toute négociation avec les États-Unis. Les intérêts des Maritimes risquaient de passer au second plan, renforçant ainsi l'argument de Tupper voulant qu'aucune alternative logique à l'union se présentait aux Maritimes si elles voulaient influencer les décisions du Canada. Tupper obtint également des Canadiens la promesse d'inscrire, dans l'acte d'union, la garantie de la construction du chemin de fer Intercolonial. La menace des Féniens et les discussions entamées par les Américains pour l'annexion du Canada avaient grandement consolidé la proposition de construire le chemin de fer Intercolonial le plus tôt possible, et mis en évidence le besoin d'une réponse unifiée de l'Amérique du Nord britannique à l'agression américaine. Le gouvernement impérial avait aussi mis tout son poids derrière une union fondée sur le plan de Québec, affaiblissant ainsi l'argument suivant lequel l'union de l'Amérique du Nord britannique allait entraîner la fin du lien impérial.

Graduellement, au cours de l'hiver de 1865-1866, la coalition opposée à la Confédération commença à se désintégrer. L'un des premiers détracteurs de la Confédération, William Miller, du comté de Richmond, admit qu'il considérait que l'union était devenue inévitable et, le 3 avril 1866, proposa d'organiser une conférence à Londres pour en discuter les termes. Plusieurs opposants de l'union avaient désormais changé de camp et, le 10 avril 1866, Tupper déposa une motion pour favoriser la création d'une Confédération des provinces de l'Amérique du Nord britannique. La motion prévoyait également la nomination de délégués pour stipuler les conditions de l'union avec les autres colonies lors d'une conférence à Londres. Ceux qui, à l'Assemblée, étaient encore opposés à la Confédération exigèrent que les termes de l'union soient soumis au peuple pour être approuvés. L'amendement à la résolution de Tupper à cet effet fut cependant rejeté par un vote de trente-et-un contre dix-huit, et la résolution originale fut acceptée par trente-et-un contre dix-neuf. Une tendance régionale se dégageait clairement dans ce vote. Des dix-neuf qui s'opposaient à la motion de Tupper, seize représentaient les comtés de l'ouest, une région peu impliquée dans les pêcheries et qui entretenait par ailleurs des liens étroits avec les États-Unis. Pour leur part, les partisans de la Confédération, dont quatre libéraux et cinq conservateurs qui s'étaient précédemment prononcés contre l'union, provenaient principalement des comtés du centre et de l'est.

La motion de Tupper ne mentionnait pas les Résolutions de Québec, mais l'opposition affirma qu'il y aurait à cet égard peu de changements à la Conférence de Londres prévue pour décembre 1866. Elle avait vu juste : les délégués canadiens ne se seraient pas entendus sur des modifications substantielles aux Résolutions de Québec et ce, même si Tupper les avait exigées – ce dont il s'abstint. Une clause fut incluse dans l'Acte de l'Amérique du Nord britannique garantissant la construction du chemin de fer Intercolonial; de plus, les vingt-quatre sièges des Maritimes au Sénat furent divisés entre le Nouveau-Brunswick et la Nouvelle-Écosse, même si quatre d'entre eux avaient initialement été prévus pour l'Île-du-Prince-Édouard. Des changements mineurs furent apportés aux subventions destinées aux gouvernements provinciaux. La réglementation des pêcheries devenait une responsabilité fédérale plutôt que partagée entre le fédéral et les provinces. À la demande de Tupper, celles-ci perdirent la capacité de percevoir un droit d'exportation sur le charbon, sur le principe que ces droits allaient décourager l'investissement de capitaux en Nouvelle-Écosse. Au moins un délégué de la Nouvelle-Écosse demeura insatisfait de l'entente finale : William Alexander Henry, qui avait exprimé des réserves similaires à la Conférence de Québec, restait convaincu que les Maritimes devaient avoir plus de poids dans le Sénat et réclamait davantage de pouvoirs aux provinces afin de contrebalancer la domination canadienne dans la nouvelle Chambre des communes. Il devait néanmoins abandonner cette position pour appuyer la Confédération.

Les opposants à la Confédération à l'Assemblée de la Nouvelle-Écosse, dirigés par Annand et Killam, étaient furieux du contenu de l'Acte de l'Amérique du Nord britannique. Il en résulta une session législative particulièrement amère en 1867, alors que les deux côtés s'échangèrent des insultes et remettaient en question la loyauté de leurs adversaires. Les opposants de la Confédération contestèrent qu'un véritable progrès avait était réalisé eu égard aux Résolutions de Québec et exigèrent que le peuple de la Nouvelle-Écosse soit consulté par la tenue d'élections générales avant que l'Acte de l'Amérique du Nord britannique, déjà entériné par le Parlement impérial, n'entre en vigueur. Les adversaires de la Confédération furent défaits par un vote de trente-deux contre seize. Cette marge, plus grande que lors de la session précédente, révélait désormais la futilité de toute opposition future à la Confédération. Le jour même de la Confédération, le 1er juillet 1867, les drapeaux en berne accompagnèrent les bannières de célébration dans les centres urbains de la Nouvelle-Écosse. Annand et Howe, qui s'étaient rendus à Londres dans l'espoir de persuader le Parlement britannique de ne pas passer l'Acte de l'Amérique du Nord britannique, s'activaient maintenant à organiser un mouvement dans le but d'abroger l'Acte. Même si les opposants à la Confédération en Nouvelle-Écosse remportèrent facilement la majorité, tant au fédéral et qu'au provincial, lors des élections de 1867, la possibilité que le gouvernement impérial autorise la Nouvelle-Écosse à se séparer du Dominion du Canada n'était guère envisageable. Howe, qui devait se dissocier du mouvement pour l'abrogation de l'Acte, négocia avec Ottawa certaines mesures, dont l'augmentation des subventions fédérales à la Nouvelle-Écosse, et entra au conseil des ministres fédéral en janvier 1869 à titre de président du Conseil. En certaines régions de la province, la colère contre la manière dont l'union s'était faite en Nouvelle-Écosse conduit à un mouvement ayant pour but l'annexion aux États-Unis. Mais en dehors de Yarmouth, où cette mobilisation fut menée par Killam, il n'y eut guère d'enthousiasme pour rejoindre le voisin du sud. Devenu premier ministre de la Nouvelle-Écosse en 1867, Annand continua à s'opposer à la Confédération jusqu'à ce que les libéraux prennent le pouvoir à Ottawa en 1873. Un certain sentiment d'amertume allait persister et marquer la culture politique de la province, surgissant à l'occasion, notamment pendant le mouvement (mais sans envergure) de sécession de 1886. En fait, la plupart des habitants de la Nouvelle-Écosse misèrent sur de meilleures conditions au sein de la Confédération, plutôt que l'indépendance.

Tenir bon pour demander davantage: l'Île-du-Prince-Édouard

Il apparut hors de tout doute que la promotion de la Confédération allait s'avérer beaucoup plus difficile à l'Île-du-Prince-Édouard que dans les provinces continentales. Une grande partie de la population insulaire entretenait l'idée qu'en l'absence de frontières directes avec les États-Unis, il lui était possible de demeurer à l'écart des événements se déroulant sur le continent, assurée de la protection de la marine royale pour la protéger. De fait, un argument essentiel brandi par les opposants à la Confédération sur l'île se résumait à invalider toute obligation fiscale pour défendre le Canada et les vastes territoires qu'il espérait acquérir à l'Ouest. À court terme, cet argument était certainement valable; mais à long terme, l'engagement du gouvernement impérial à défendre l'Île-du-Prince-Édouard dépendrait des événements en cours sur le continent. En ce sens, le destin des insulaires, en dépit de leur conviction, était lié à celui du Canada comme l'affirmaient les partisans de la Confédération. En outre, dans l'immédiat même, l'isolationnisme avait son prix. L'autonomie de l'île était déjà compromise dès avant 1873. Après l'abrogation du Traité de Réciprocité, il fut impossible à l'île de négocier une entente commerciale avec les Américains de son propre chef, c'est-à-dire sans le consentement impérial (qu'elle n'obtint jamais). De plus, l'île n'avait que très peu de contrôle sur les pêcheries, l'une de ses plus importantes ressources. Dans ce domaine comme tant d'autres, le Royaume-Uni allait inévitablement demander l'avis du gouvernement canadien sans guère prêter attention aux besoins de l'Île-du-Prince-Édouard. L'île était à ce point insignifiante aux yeux des Britanniques que même dans le cadre d'affaires strictement internes, elle exerçait moins d'influence sur les décisions du Bureau des colonies que les groupes d'intérêt de la Grande-Bretagne. Les efforts – couronnés de succès – des propriétaires terriens absentéistes de bloquer les tentatives des habitants de l'île d'effectuer des réformes foncières en avait maintes fois démontré la réalité.

L'un des arguments les plus persuasifs avancés par les opposants à la Confédération était le peu d'influence dont jouirait l'île au Parlement à Ottawa, où elle n'enverrait qu'une poignée de députés. Or après 1867, il parut bientôt aux élites de l'île qu'une faible influence valait mieux qu'aucune influence du tout! L'alternative était évidemment de rejeter les contraintes imposées à l'autonomie de l'île et de déclarer son indépendance du Royaume-Uni. Mais si les insulaires parlaient de l'Île-du-Prince-Édouard comme de leur pays (*country*, un terme également usité au Nouveau-Brunswick et en Nouvelle-Écosse), la majorité d'entre-eux n'avaient jamais envisagé l'île comme une nation séparée. Ils souhaitaient demeurer dans l'empire. En cela, ils ne différaient guère de l'ensemble des habitants anglophones de l'Amérique du Nord britannique du continent.

Il existe une tradition fâcheuse, dans les historiographies du Canada et de l'île, de singulariser l'Île-du-Prince-Édouard comme un endroit fondamentalement différent des colonies continentales de l'Amérique du Nord britannique. Bien sûr, l'île possédait des caractéristiques distinctes : elle était certes petite et dotée d'une grande étendue de terres arables. Néanmoins, à l'instar des autres colonies, l'immigration non-francophone dans l'île était en grande partie d'origine britannique. En un certain sens, il s'agissait de la plus britannique de toutes les colonies des Maritimes puisqu'elle avait reçu un faible contingent d'immigrants d'autres pays européens, et ne comprenait qu'un petit nombre de francophones, de Noirs et d'Autochtones, tout en détenant sans doute la plus petite proportion de catholiques irlandais dans la région, malgré une forte présence de catholiques écossais. Plus encore, les racines de sa population britannique étaient relativement récentes, la grande majorité d'immigrants étant arrivés après 1815, ce qui explique pourquoi de nombreux membres de l'élite politique appartenaient à la première ou à la deuxième génération d'immigrants britanniques. Pour leur part, et par voie de comparaison, le Nouveau-Brunswick et la Nouvelle-Écosse avaient reçu antérieurement à 1812 beaucoup plus d'immigrants, à la fois des États-Unis et du Royaume-Uni.

L'île se distinguait des colonies continentales sur un autre plan tout aussi important : au cours des années 1760, elle avait été divisée en une série de lots distribués par tirage au sort à des propriétaires non-résidents originaires du Royaume-Uni. Ce régime de tenures à bail explique pourquoi la migration vers l'île origina massivement des îles britanniques d'une part, et pourquoi, d'autre part, peu d'immigrants de la classe moyenne détenant suffisamment de capitaux pour acheter des domaines en pleine propriété y furent attirés. Or bien que s'établirent dans l'île un nombre croissant de riches marchands et propriétaires, engendrant ainsi une certaine inégalité entre ces derniers et les tenanciers qui formaient la majorité de la population, cet écart s'avérait moins prononcé qu'ailleurs dans les autres colonies de l'Amérique du Nord britannique. Grâce à cette réalité sociale et à la mobilisation de la population au cours de plusieurs campagnes dans le but d'abolir le système de tenure foncière, il s'avère que l'île jouissait du système politique le plus démocratique dans l'Amérique du Nord britannique. En 1865, elle fut la seule colonie à élire une Chambre haute et une Assemblée sur la base d'un suffrage masculin quasi-universel. Par conséquent, nombreux furent les insulaires qui n'apprécièrent pas les décisions prises à Québec de nommer un Sénat (particulièrement de la part d'Ottawa) et de faire élire des députés à la Chambre des communes dans des provinces où le droit de vote avait un caractère beaucoup plus restrictif.

À la fin de 1864, les insulaires avaient de bonnes raisons de croire qu'il n'y avait pas de besoin urgent de joindre l'union économique avec le reste du Canada. Au cours de la décennie précédente, la population de l'île s'était accrue d'au moins 29 pour cent (pour une population de 80 857). Même au cours des années 1860, elle avait connu une croissance de 16,3 pour cent. Ceci reflétait la force de l'économie traditionnelle de l'Île-du-Prince-Édouard fondée sur l'exportation de produits agricoles et de poissons, ainsi que sur l'industrie de construction navale alors en plein essor. La plupart des navires construits sur l'île étaient destinés à être vendus au Royaume-Uni, mais certains appartenaient à des marchands locaux qui fournissaient de leurs produits les marchés de la Nouvelle-Angleterre et des autres colonies maritimes. L'île, qui ne s'était pas encore dotée de chemins de fer, répugnait à participer financièrement à l'Intercolonial, n'y voyait pas son intérêt. Bien que la fin de la guerre civile américaine en 1865 et l'abrogation du Traité de Réciprocité freinèrent considérablement le commerce avec les États-Unis, on croyait avec un optimisme inaltérable au retour de l'âge d'or de la décennie précédente.

Déjà à la Conférence de Québec, la délégation de l'île avait manifesté son insatisfaction à l'endroit des résolutions qui y furent prises. Les représentants de l'île se trouvaient isolés sur plusieurs enjeux. À leur sens, le Sénat devait reposer sur le principe d'une égalité provinciale et non régionale; ils furent par conséquent déçus du faible nombre de sénateurs – soit quatre – que l'île pourrait obtenir. Ils étaient d'ailleurs en désaccord avec la nature non démocratique du Sénat, même lorsqu'à leur demande (et celle de Terre-Neuve), l'importance de la propriété foncière requise pour être nommé sénateur fut légèrement révisée à la baisse. La délégation de l'Île-du-Prince-Édouard fut également perturbée par le fait que la Chambre des communes allait être élue suivant le principe de la représentation selon la population, et particulièrement par le rejet du compromis proposé par ses membres d'obtenir un sixième député aux cinq déjà concédés. Ils ne prisèrent pas davantage la nature centralisée de la nouvelle constitution : ils considéraient que l'Île-du-Prince-Édouard, en raison de sa dette limitée, ne recevrait pas une compensation adéquate pour le transfert de ses revenus de douane à Ottawa. Enfin, les délégués étaient allés à la Conférence anticipant qu'ils obtiendraient une subvention permettant au gouvernement de l'Île-du-Prince-Édouard d'acheter le reste des domaines appartenant aux propriétaires absentéistes, proposition que leur refusèrent les autres délégations.

Contrairement aux autres délégations, celle de l'île était tiraillée de l'intérieur autour de certains enjeux. Certains des conflits entre les délégués était de nature personnelle. Les deux hommes les plus critiques du processus à Québec étaient Edward Palmer et George Coles. Celui-ci était un marchand important de Charlottetown qui souhaitait mettre fin au régime des propriétaires absentéistes. Anglican, il était néanmoins chef du parti libéral qui dépendait largement sur l'appui des catholiques[24]. Palmer, de son côté, avocat et important propriétaire terrien, défendait les droits des propriétaires absentéistes et s'était opposé à plusieurs réformes introduites par les libéraux, incluant le vote masculin universel. Excitant le sentiment anticatholique chez les protestants, il avait mené les conservateurs au pouvoir en 1859, puis de nouveau en janvier 1863 pour former un gouvernement entièrement composé de protestants[25]. L'opposition était si profonde entre les deux hommes qu'ils s'étaient déjà battus en duel – heureusement sans fâcheuse conséquence. Palmer était un personnage imprévisible; par ailleurs, une certain inimitié existait entre lui et le colonel John Hamilton Gray, un officier qui avait servi dans l'armée britannique pendant plus de vingt ans avant de revenir sur l'île. En mars 1863, il avait remplacé Palmer comme chef du parti conservateur et comme premier ministre. Gray et un autre conservateur, William Pope, avocat et éditeur du plus influent journal conservateur de l'île, étaient d'enthousiastes partisans de la Confédération. Ils étaient même prêts à défendre – malgré leur réticence – les Résolutions de Québec. Ils bénéficiaient de l'appui d'un autre délégué conservateur à Québec, Thomas Heath Haviland. Important propriétaire terrien et défenseur des droits des propriétaires absentéistes, Haviland figurait également au nombre des partisans convaincus de la Confédération; il croyait qu'à défaut de s'unir pour créer une nation s'étendant d'une mer à l'autre, les colonies se feraient éventuellement annexer par les États-Unis. À la fin des années 1860 et au début des années 1870, il s'attaqua sans relâche à l'attitude insulaire des opposants à la Confédération[26].

Il est possible que dans des circonstances différentes, les conservateurs en faveur de la Confédération aient pu bénéficier de l'appui de Coles, le chef du parti libéral; celui-ci n'était pas en principe contre la Confédération, mais il avait été rebuté par le refus de donner à l'île les fonds nécessaires pour mettre fin au système de la tenure à bail. Cette décision allait coûter cher aux partisans de la Confédération de l'île puisqu'il y avait un nombre important de tenanciers qui, soutenus par leurs défenseurs, auraient appuyé la Confédération si l'enjeu avait été résolu en leur faveur. Coles persuada toutefois le parti libéral de s'opposer à la Confédération avec l'appui d'un autre délégué libéral à Québec, Andrew Archibald Macdonald, membre de l'une des plus riches familles de construction navale et de l'aristocratie catholique de l'île[27]. Macdonald était le chef de l'opposition au Conseil législatif, au sein duquel, avec Palmer, il devait mener une campagne implacable contre le plan de Québec.

Le septième délégué à Québec, Edward Whelan, était pour ainsi dire le seul libéral à appuyer la Confédération. Né en Irlande, il avait reçu une formation de journaliste dans le bureau de Joseph Howe avant de s'établir

William Henry Pope
Secrétaire colonial
(Île-du-Prince-Édouard)

24 MARS 1865

PRISE DE POSITION 5.5
Citation : Île-du-Prince-Édouard, Assemblée législative, 24 mars 1865. Source : Île-du-Prince-Édouard, *The Parliamentary Reporter of Debates and Proceedings of the House of Assembly as Printed in the Examiner*, 1866, p. 43.
Photographe : Studio Topley, Bibliothèque et Archives Canada, PA-027027.

" Pourquoi ne pas unir nos ressources et ouvrir la porte de la prospérité qui nous est grande ouverte? Ce que la Confédération a fait pour les anciennes colonies, elle pourrait le faire pour nous. Nous avons des chemins de fer et des bateaux à vapeur, ainsi que de la machinerie, ce qui n'était pas leur cas. Nous avons un pays qui, à de nombreux égards, est égal au leur. Sommes-nous sur le point d'admettre que notre peuple est inférieur à celui des anciennes colonies, ou au peuple américain actuel? "

à Charlottetown et d'y fonder le journal réformiste le plus important de l'île. Dans les années 1850, il s'était joint au gouvernement libéral, avait appuyé sans réserve les tentatives de Coles pour abolir le système de propriétaires absentéistes et était devenu porte-parole des catholiques. Avant la Conférence de Charlottetown, il avait exprimé son scepticisme envers l'union proposée, mais à l'instar de Coles, il s'était rallié à l'idée que seule la Confédération pouvait mettre un terme à l'ingérence du Bureau des colonies et donner à l'île les ressources suffisantes pour enfin régler la question des terres. Même s'il était défavorable aux Résolutions de Québec et déçu qu'on ait refusé à la conférence de prodiguer les fonds nécessaires pour acheter les titres des propriétaires absentéistes, il continua à promouvoir l'union, mais son influence dans le parti libéral, et même sur les libéraux catholiques irlandais, s'était affaiblie. Comme plusieurs libéraux modérés, il n'approuvait pas les tactiques de la *Tenant League* des années 1860 – une organisation qui encourageait les tenanciers de l'île à ignorer la loi et refuser de payer leur loyer – et appuya la décision du gouvernement de l'île de demander des troupes britanniques pour mettre fin à l'agitation. Même s'il avait toujours milité en faveur de l'indépendance de l'Irlande, il désapprouvait fortement l'approche des Féniens, croyant – un peu comme D'Arcy McGee au Canada et Timothy Warren Anglin au Nouveau-Brunswick (quoique le premier appuyait la Confédération, et non le second) – que le sort des catholiques irlandais en Amérique du Nord britannique était plus avantageux sous la constitution britannique que sous l'autorité américaine[28]. Ses positions politiques, y compris son appui à la Confédération, fragilisèrent son emprise sur les électeurs catholiques irlandais qui se tournèrent plus volontiers vers un jeune journaliste né dans l'île, Edward Reilly. En 1862, Reilly fonda le *Vindicator*, un journal qui secondait fermement l'Église catholique, refusait de condamner la *Tenant League* et restait évasif sur les raids des Féniens tout en attaquant avec véhémence les Résolutions de Québec. Reilly défit Whelan dans une élection partielle tenue en 1867, privant ainsi l'Assemblée d'un des plus talentueux et rares défenseurs libéraux de la Confédération, et à jamais puisqu'il mourut quelques mois plus tard[29].

Les conservateurs partisans de la Confédération ne connurent guère plus de succès. Gray avait été démis de ses fonctions en janvier 1865 et remplacé comme premier ministre par James Colledge Pope, le frère cadet de William Pope. Alors propriétaire de vastes domaines, le plus jeune des

Pope figurait aussi parmi les entrepreneurs de construction navale les plus importants de l'île. S'il était entré en politique après son frère, il faisait déjà partie du gouvernement conservateur élu en 1859[30]. William était fervent partisan de la Confédération, mais James ne l'était pas. En principe, ce dernier n'était pas en désaccord avec le concept d'union, mais il croyait que les Résolutions de Québec n'offraient pas les meilleures conditions à l'île; bien que William conserva son siège dans le nouveau gouvernement formé par son frère, il s'agissait bien là d'un gouvernement résolument opposé à la Confédération. Les débats législatifs au cours de la session de 1865 en fournirent rapidement la preuve lorsque William Pope, appuyé par Haviland, proposa huit résolutions en faveur de la Confédération. Haviland et William Pope, de même que Gray, défendirent passionnément la nécessité de l'union comme unique alternative à l'annexion américaine. Les opposants de la Confédération nièrent que l'île fut acculée à un choix aussi sombre et attaquèrent les Résolutions de Québec, particulièrement la décision de donner à l'île seulement cinq députés dans la Chambre des communes envisagée, un nombre qui, croyaient-ils, allait s'éteindre à néant au rythme de l'accroissement de la population canadienne sous la poussée de l'immigration. Tous prédirent, à tour de rôle, que la Confédération allait détruire non seulement l'autonomie de l'île mais également son économie. Parmi eux se trouvaient non seulement des conservateurs influents comme James Pope et Frederick Brecken, mais aussi la majorité des chefs libéraux, dont George Howlan, autre catholique irlandais et important propriétaire de navire et nouveau leader des libéraux catholiques[31]. Whelan était le seul libéral influent à défendre la Confédération. Le résultat final ne fit aucun doute : l'amendement de James Pope aux résolutions de son frère, qui avait pour but d'y substituer cinq résolutions hostiles à l'union, fut passé par un vote de vingt-trois contre cinq. La déclaration que le gouvernement de Pope prépara ensuite à l'attention de la Reine, et par laquelle l'île affirmait sa volonté de demeurer à l'écart de la Confédération, reçut vingt-trois voix contre quatre à l'Assemblée, et l'unanimité de la Chambre haute.

Lorsque Charles Tupper, le premier ministre de la Nouvelle-Écosse, tenta en 1865 de persuader l'Île-du-Prince-Édouard de renouveler les négociations sur l'union maritime, le gouvernement de l'île refusa d'y prendre part. Pope n'accorda pas plus d'importance à la pression britannique. En 1865, le gouvernement impérial informa l'Île-du-Prince-Édouard que sans l'union, elle allait devoir payer le salaire du lieutenant-gouverneur.

James Colledge Pope
Chef des conservateurs,
(Île-du-Prince-Édouard

7 MAI 1866

Prise de position 5.6
Citation : Île-du-Prince-Édouard,
Assemblée législative, 7 mai 1866. Source :
Île-du-Prince-Édouard, *The Parliamentary
Reporter of Debates and Proceedings of
the House of Assembly as Printed in the
Examiner*, 1866, p. 101.
Photographe : Studio Topley, Bibliothèque et
Archives Canada, MIKAN 3435158.

" [Déposée :] Même si une Union des provinces continentales… avait pour effet de renforcer les liens entre ces provinces et de les rapprocher… cette Chambre ne peut admettre qu'une Union fédérale… favoriserait le bien-être et servirait les intérêts des gens de cette île, isolés… plusieurs mois par année par une insurmontable barrière de glace. "

Il tenta également – mais en vain – de faire payer l'île pour les troupes britanniques envoyées depuis Halifax pour contrôler la *Tenant League*. En réponse à cette pression, lorsque l'Assemblée se réunit en 1866, un James Pope en colère présenta son fameux « *No Terms Resolution* », l'une des trois résolutions qui déclaraient que l'Île-du-Prince-Édouard ne serait jamais en accord avec la Confédération. Quelques députés de l'Assemblée, dont Francis Kelly, un arpenteur et un cultivateur d'origine irlandaise qui avait été élu comme colistier du chef libéral George Coles dans le comté de Queen's, aurait même souhaité que la résolution fut renforcée[32]. Pendant le débat, Cornelius Howatt, un cultivateur tenancier du comté de Prince[33], déclara que l'enjeu principal se ramenait à la « question du 'soi' ou du 'non soi' » – un commentaire réactualisé dans les années 1970 par des universitaires de l'île qui, critiquant le sort que la Confédération avait réservé à cette dernière, s'identifièrent alors comme les « frères et sœurs de Cornelius Howatt »[34]. Quelques partisans de la Confédération, incluant Whelan, le colonel Gray et Haviland, s'objectèrent à l'irrévocabilité de la résolution tout comme à l'insulte faite au gouvernement impérial. William Pope démissiona d'ailleurs du gouvernement de son frère pour protester contre les résolutions. Les opposants de la Confédération étaient convaincus qu'il n'y avait aucune raison de craindre la réaction du gouvernement impérial, puisque l'Assemblée était dans son droit de passer les résolutions. Ce qu'elle fit par un vote de vingt-et-un contre sept.

Les résolutions, de même que la déclaration à la Reine qui s'en inspirait, indiquent clairement qu'une grande majorité des députés dans l'Assemblée s'opposaient à la Confédération; il est cependant prudent de ne pas prendre les résolutions au pied de la lettre. Même James Pope, l'auteur des résolutions, avait confié en privé que son opinion personnelle n'était pas aussi catégorique et qu'avec le temps des conditions plus avantageuses seraient sans doute offertes à l'île, qui pourrait alors revenir sur sa décision. Il rejeta également la suggestion d'Edward Palmer d'envoyer un délégué à Londres pour appuyer Howe qui, par ailleurs, s'y trouvait pour tenter de faire pression contre la Confédération.

James Pope se rendit à Londres pour affaires personnelles à la fin de 1866, au même moment où les délégués du Nouveau-Brunswick et de la Nouvelle-Écosse prenaient part à la Conférence de Londres. Pope s'entretint avec eux de la possibilité d'une subvention canadienne de 800 000 $ afin de permettre à l'île d'acheter ce qu'il restait des domaines des propriétaires absentéistes, mais les délégués du Canada firent remarquer qu'aucune décision ne pouvait être prise sans le consentement du nouveau Parlement canadien, ce qui équivalait à un rejet de la proposition. Lorsque la nouvelle de l'offre s'ébruita dans l'île, la presse opposée à la Confédération qualifia la subvention de pot-de-vin du Canada qu'il fallait par principe rejeter. Plusieurs opposants de la Confédération ressentirent si vivement la trahison qu'ils se retirèrent du conseil des ministres de Pope, affaiblissant du coup les conservateurs au moment même où se préparait l'élection de février 1867, et à l'issue de laquelle ils subirent une cuisante défaite aux mains des libéraux. Le sentiment anti-confédératif joua certainement un rôle dans la victoire des libéraux. Edward Palmer se vanta auprès de Joseph Howe que le nombre de partisans de la Confédération dans l'Assemblée s'était réduit de huit à cinq, alors que le nombre d'opposants se montait à vingt-cinq. Les cinq partisans de la Confédération avaient même dû s'engager à ne pas raviver le projet de rejoindre la Confédération avant la prochaine élection. Dirigé par Coles, un opposant convaincu de la Confédération, le gouvernement libéral ne comprit aucun partisan du projet. Mais le refus du gouvernement britannique de confirmer à l'île la garantie d'un prêt pour acquérir la part restante des domaines des propriétaires absentéistes signalait que la question de l'union n'était pas caduque. De plus, l'île commençait à ressentir les effets de la fermeture du marché américain. En 1868, elle amorça des négociations informelles – et plutôt futiles – avec le général Benjamin F. Butler, un représentant du Congrès du Massachusetts, sur une entente éventuelle de libre-échange et de pêcherie à part avec les États-Unis. Il est peu probable que le gouvernement américain ait pris ces discussions au sérieux, l'Île-du-Prince-Édouard n'ayant pas l'autorité pour négocier un traité séparé, fait qu'elle avait dû publiquement reconnaître.

En août 1869, le gouverneur général du Canada, sir John Young, et trois membres du conseil des ministres canadien vinrent à Charlottetown pour tenter de négocier l'entrée de l'Île-du-Prince-Édouard dans le Canada. Robert Poore Haythorne, un riche propriétaire terrien né en Angleterre, se trouvait alors à la tête du gouvernement libéral, Coles s'étant retiré pour des raisons de santé[35]. Les Canadiens offrirent aux insulaires de « meilleures conditions », y compris une révision à la hausse de la subvention annuelle, ainsi qu'un réseau efficace de bateaux à vapeurs entre le continent et l'île. Or, les négociations furent rompues au début de 1870 en raison de l'épineuse question des tenures foncières. Haythorne insista auprès du gouvernement canadien pour qu'il persuade le gouvernement britannique, qui se tenait à la source du problème, d'accorder à l'île les 800 000 $ requis pour acheter le reste des domaines, mais cette éventualité semblait irréaliste. L'île avait également indiqué que toute nouvelle offre devait offrir une subvention pour la construction d'un chemin de fer sur son territoire, une proposition que le gouvernement canadien n'était pas en mesure d'accepter.

Dans l'Assemblée de 1870, les opposants de la Confédération se réjouirent de l'échec des négociations, mais le ton avait changé. Si ces derniers parlaient toujours de ce rejet comme d'un triomphe, ils reconnaissaient cependant que de « meilleures conditions » se présenteraient sans doute dans l'avenir, ce qui revenait à admettre que le temps n'était pas de leur côté. Et ils avaient raison. De plus en plus, l'île voyait son autonomie diminuer. Le gouvernement de l'île n'avait pas d'autres alternatives que d'accepter la réglementation canadienne pour ses pêcheries, ainsi que la subordination de son lieutenant-gouverneur au gouverneur général à Ottawa. En 1871, l'île acceptait d'adopter le système décimal canadien pour sa monnaie. Le facteur décisif qui, au bout du compte, emmena l'île à se joindre à la Confédération fut la décision de construire un chemin de fer à travers son territoire. Il s'agissait d'une décision controversée, puisqu'elle allait entraîner une augmentation colossale – et éventuellement insoutenable – de la dette provinciale. C'était un risque que les autres colonies des Maritimes avaient accepté deux décennies plus tôt, et les raisons pour lesquelles l'île entra dans l'ère du chemin de fer ne s'en distinguaient guère. Les entrepreneurs et les politiciens de l'île restaient plutôt froids devant une technologie dont ils n'avaient pas besoin, mais ils reconnaissaient que les limites de l'expansion de l'économie traditionnelle avaient été atteintes, sinon dépassées. Durant les années 1870, l'industrie de construction des navires de bois commençait un lent mais inévitable déclin, tout comme l'industrie du transport maritime. Puisqu'il s'avérait de plus en plus évident que les États-Unis n'allaient jamais renouveler le Traité de Réciprocité, l'île devait également trouver des mesures pour réduire les coûts de transport afin de se livrer à la concurrence sur les marchés canadiens. En outre, de nombreux cultivateurs de l'île situés loin de la capitale espéraient un meilleur accès au marché de Charlottetown.

Même Haythorne, qui dirigeait le gouvernement libéral opposé à la Confédération, accepta avec réticence le chemin de fer. Il n'est d'ailleurs pas inconcevable qu'il ait pu vouloir lui-même en construire un, malgré les réserves de certains de ses partisans les plus farouchement opposés à la Confédération, notamment David Laird, éditeur du journal protestant le plus influent de l'île[36]. Bien que le gouvernement de Haythorne fut réélu en juillet 1870, il n'obtint qu'une faible majorité à l'Assemblée et la défection d'un bloc de catholiques libéraux vers le parti conservateur ramena James Pope au pouvoir. Le nouveau gouvernement inclua William Pope et un nombre de conservateurs soupçonnés (non sans raison) d'être favorables à la Confédération. Cependant, les catholiques libéraux qui avaient changé de camp, menés par l'opposant à la Confédération George Howlan, insistèrent pour qu'aucun changement ne fut apporté au statut constitutionnel de l'île sans la consultation populaire par voie de scrutin. Howlan, qui avait précédemment exprimé son opposition envers la construction du chemin de fer, se rallia enfin à l'idée que l'île n'avait pas d'autres choix compte tenu de l'évolution des conditions économiques. La construction du chemin de fer débuta donc en 1871. À l'instar de maints projets ferroviaires en cette période, celui-ci fut accompagné de son lot d'accusations – corruption, mauvaise gestion, dépassement des coûts – certaines justifiées et d'autres non.

C'est partiellement en raison de ces accusations que les conservateurs furent défaits en 1872 par les libéraux. Ces derniers avaient en effet promis de réduire les coûts de la construction du chemin de fer, mais ils s'avérèrent eux-mêmes incapables de résister à la pression politique pour entériner une plus grande expansion. En novembre 1872, faisant face à un effondrement financier imminent, le gouvernement de Haythorne se rapprocha du gouvernement canadien dans le but d'unir l'île à la Confédération. Or, certains des détracteurs de la Confédération s'étaient opposés précisément à la construction du chemin de fer, convaincus que le gouvernement s'était engagé dans ce projet afin d'emmener l'île dans la Confédération. En effet, s'agissant là d'un postulat peu contesté dans l'historiographie canadienne, l'île fut « mise sur les rails » pour la pousser à entrer dans la Confédération. Mais il n'existe aucune preuve de complot qui aurait forcé l'île à prendre place au sein de la Confédération contre sa volonté en l'acculant à la faillite. Il est vrai que les politiciens de l'île étaient de plus en plus nombreux à accepter la Confédération comme fait inéluctable, et qu'il était dans l'intérêt de l'île de construire un chemin de fer avant l'entrée dans la Confédération, le gouvernement du Dominion ne pouvant alors refuser de prendre en charge la dette de l'île. Mais la dette du chemin de fer ne fut pas le seul motif qui réussit à persuader plusieurs opposants à la Confédération que l'union était de plus en plus souhaitable. Pour certains, ce fut davantage la prise de conscience que l'île n'allait sans doute jamais réunir les ressources suffisantes pour acheter les domaines des propriétaires absentéistes restants; pour d'autres, ce fut plutôt le souhait d'abolir les frais de douanes à la hauteur de 15 pour cent que l'île avait imposés sur les importations venant du Canada, de loin son plus important partenaire commercial. En 1873, il parut inévitable que la création du Dominion était irréversible et que loin d'affaiblir les liens avec la Grande-Bretagne, la Confédération avait de toute évidence renforcé sa relation avec le Royaume-Uni.

En février 1873, Haythorne et Laird (auparavant un véhément opposant à la Confédération) se rendirent à Ottawa pour négocier les conditions de l'entrée de l'Île-du-Prince-Édouard dans l'union : ils jugèrent le gouvernement canadien – influencé par les conservateurs des Maritimes tels que Tilley – plutôt généreux dans ses propositions. Mais Haythorne avait toujours promis que toute entente devait être soumise au vote populaire et, de fait, une élection fut prévue pour mars 1873. Les conservateurs de Pope remportèrent l'élection en promettant de négocier des conditions plus favorables encore avec leurs confrères conservateurs à Ottawa. Après l'élection de Pope, Howlan et Haviland – l'un des rares politiciens qui avait soutenu sans relâche la Confédération – retournèrent à Ottawa où ils parvinrent à obtenir des conditions légèrement bonifiées. Celles-ci incluaient grosso modo ce que l'île avait espéré obtenir à la Conférence de Québec en 1864 et même davantage. Le Canada acceptait d'assumer la dette du chemin de fer de l'île et de lui donner en sus 800 000 $ pour l'achat des domaines des propriétaires absentéistes. La subvention annuelle d'Ottawa fut augmentée à 50 $ per capita, une somme plus généreuse que celle dont bénéficiaient les autres provinces; cette mesure se justifiait en raison du fait que l'île, ne possédant pas de terres de la Couronne, ne pouvait les vendre pour obtenir des revenus. Le gouvernement canadien garantit également – une promesse qu'il aura par la suite du mal à tenir – un réseau de bateaux à vapeur pour assurer les liaisons avec le continent. L'île reçut également les six sièges au Parlement que ses délégués avaient demandés à Québec – sans doute pour tenir compte de sa poussée démographique au cours de la dernière décennie.

À l'Assemblée, seulement deux députés votèrent contre l'entente, l'un d'eux étant Cornelius Howatt qui avait conservé son aversion pour la Confédération jusqu'à la fin, et l'autre, un cultivateur de Bedeque, Augustus Edward Crevier Holland. Les vingt-quatre autres députés appuyèrent l'entente, certains d'entre eux (dont James Pope) déclarant qu'ils avaient été convaincus du besoin de la Confédération depuis un certain temps, d'autres affirmant qu'ils étaient devenus partisans de la Confédération non pas par choix mais par nécessité. Tous – même Howatt – acceptèrent le fait que toute résistance était futile. D'autres, comme Thomas Heath Haviland, le seul délégué à la Conférence de Québec détenant un siège à l'Assemblée, accueillirent avec enthousiasme la décision de l'île, déclarant que les insulaires allaient désormais faire partie d'une nation s'étendant « des eaux bleues de l'Atlantique aux berges du brillant et scintillant océan Pacifique », et qu'ils devaient être « fiers de faire partie d'un Dominion possédant une forme de gouvernement si supérieure à celle des États-Unis[37] ». Le 1er juillet 1873, l'Île-du-Prince-Édouard entra donc dans le giron confédératif. Il n'y eut aucune protestation contre l'union et notamment à Charlottetown où les insulaires furent nombreux à célébrer l'événement devant les édifices décorés du drapeau canadien. Peu d'animosité entacha l'atmosphère, même parmi ceux qui s'étaient montrés réfractaires à la Confédération, car l'île y était entrée forte d'une entente respectueuse de ses propres conditions. Non sans ironie, la province maritime qui avait le plus protesté contre la Confédération s'y rallia, en fin de parcours, avec le moins de ressentiment.

NOTES

1 Voir Phillip Buckner, « 'British North America and a Continent in Dissolution' : The Role of the American Civil War in the Making of Canadian Confederation », *The Journal of the Civil War Era*, 7, 4, décembre 2017, p. 512-540.

2 Voir par exemple Ged Martin, *Britain and the Origins of Canadian Confederation, 1837-1867*, Londres, Macmillan, 1995, et Andrew Smith, *British Businessmen and Canadian Confederation : Constitution-Making in an Era of Anglo-Globalization*, Montréal et Kingston, McGill Queen's University Press, 2008. Les raisons de mon désaccord avec leur approche sont détaillées dans : Phillip Buckner, « L'élaboration de la constitution canadienne au sein du monde britannique », dans Eugénie Brouillet, Alain-G. Gagnon et Guy Laforest (dir.), *La Conférence de Québec de 1864 : 150 ans plus tard*, Québec, Les Presses de l'Université Laval, 2016, p. 71-108.

3   Les discussions aux conférences de Charlottetown et de Québec se retrouvent dans G. P. Browne (dir.), *Documents on the Confederation of British North America*, Toronto, McClelland and Stewart, 1969.

4   C. M. Wallace, « GRAY, JOHN HAMILTON (1814-89) », dans *Dictionnaire biographique du Canada*, vol. 11, Université Laval/University of Toronto, 2003- , consulté le 19 septembre 2018, <http://www.biographi.ca/fr/bio/gray_john_hamilton_1814_1889_11F.html>.

5   C. M. Wallace, « TILLEY, sir SAMUEL LEONARD », dans *Dictionnaire biographique du Canada*, vol. 12, Université Laval/University of Toronto, 2003- , consulté le 19 septembre 2018, <http://www.biographi.ca/fr/bio/tilley_samuel_leonard_12F.html>.

6   Sur ces individus, voir : Michael Swift, « CHANDLER, EDWARD BARRON », dans *Dictionnaire biographique du Canada*, vol. 10, Université Laval/University of Toronto, 2003-, consulté le 19 septembre 2018, <http://www.biographi.ca/fr/bio/chandler_edward_barron_10F.html>; W. A. Spray, « STEEVES, WILLIAM HENRY », dans *Dictionnaire biographique du Canada*, vol. 10, Université Laval/University of Toronto, 2003- , consulté le 19 septembre 2018, <http://www.biographi.ca/fr/bio/steeves_william_henry_10F.html>; W. A. Spray, « MITCHELL, PETER », dans *Dictionnaire biographique du Canada*, vol. 12, Université Laval/University of Toronto, 2003- , consulté le 19 septembre 2018, <http://www.biographi.ca/fr/bio/mitchell_peter_12F.html>; C. M. Wallace, « FISHER, CHARLES », dans *Dictionnaire biographique du Canada*, vol. 10, Université Laval/University of Toronto, 2003- , consulté le 19 septembre 2018, <http://www.biographi.ca/fr/bio/fisher_charles_10F.html>; W. A. Spray, « HATHEWAY, GEORGE LUTHER », dans *Dictionnaire biographique du Canada*, vol. 10, Université Laval/University of Toronto, 2003- , consulté le 19 septembre 2018, <http://www.biographi.ca/fr/bio/hatheway_george_luther_10F.html>; sur John Hamilton Gray, voir la référence à la note 4.

7   J. K. Chapman, « GORDON, ARTHUR HAMILTON, 1er baron STANMORE », dans *Dictionnaire biographique du Canada*, vol. 14, Université Laval/University of Toronto, 2003- , consulté le 19 septembre 2018, <http://www.biographi.ca/fr/bio/gordon_arthur_hamilton_14F.html>.

8   C. M. Wallace, « CUDLIP, JOHN WATERBURY », dans *Dictionnaire biographique du Canada*, vol. 11, Université Laval/University of Toronto, 2003- , consulté le 19 septembre 2018, <http://www.biographi.ca/fr/bio/cudlip_john_waterbury_11F.html>.

9   Sur McMillan et Connell, voir : William Arthur Spray, « MCMILLAN, JOHN (1816-86) », dans *Dictionnaire biographique du Canada*, vol. 11, Université Laval/University of Toronto, 2003- , consulté le 19 septembre 2018, <http://www.biographi.ca/fr/bio/mcmillan_john_1816_1886_11F.html>; Charles F. MacKinnon, « CONNELL, CHARLES », dans *Dictionnaire biographique du Canada*, vol. 10, Université Laval/University of Toronto, 2003- , consulté le 19 septembre 2018, http://www.biographi.ca/fr/bio/connell_charles_10F.html.

10 Terrence Murphy, « SWEENY, JOHN », dans *Dictionnaire biographique du Canada*, vol. 13, Université Laval/University of Toronto, 2003- , consulté le 19 septembre 2018, <http://www.biographi.ca/fr/bio/sweeny_john_13F.html>; David Shanahan, « COSTIGAN, JOHN », dans *Dictionnaire biographique du Canada*, vol. 14, Université Laval/University of Toronto, 2003- , consulté le 19 septembre 2018, <http://www.biographi.ca/fr/bio/costigan_john_14F.html>; William M. Baker, « ANGLIN, TIMOTHY WARREN », dans *Dictionnaire*

biographique du Canada, vol. 12, Université Laval/University of Toronto, 2003- , consulté le 19 septembre 2018, <http://www.biographi.ca/fr/bio/anglin_timothy_warren_12F.html>.

11 C. M. Wallace, « SMITH, sir ALBERT JAMES », dans *Dictionnaire biographique du Canada*, vol. 11, Université Laval/University of Toronto, 2003- , consulté le 19 septembre 2018, <http://www.biographi.ca/fr/bio/smith_albert_james_11F.html>.

12 W. A. Spray, « WILMOT, ROBERT DUNCAN », dans *Dictionnaire biographique du Canada*, vol. 12, Université Laval/University of Toronto, 2003- , consulté le 19 septembre 2018, <http://www.biographi.ca/fr/bio/wilmot_robert_duncan_12F.html>.

13 Kathryn Wilson, « GILLMOR, ARTHUR HILL », dans *Dictionnaire biographique du Canada*, vol. 13, Université Laval/University of Toronto, 2003- , consulté le 19 septembre 2018, <http://www.biographi.ca/fr/bio/gillmor_arthur_hill_13F.html>.

14 Pour une perspective différente, voir William M. Baker, *Timothy Warren Anglin, 1822-96 : Irish Catholic Canadian*, Toronto, University of Toronto Press, 1977, chap. 7.

15 Laurie C. C. Stanley, « ROGERS, JAMES », dans *Dictionnaire biographique du Canada*, vol. 13, Université Laval/University of Toronto, 2003- , consulté le 19 septembre 2018, <http://www.biographi.ca/fr/bio/rogers_james_13F.html>.

16 W. A. Spray, « LANDRY, AMAND », dans *Dictionnaire biographique du Canada*, vol. 10, Université Laval/University of Toronto, 2003- , consulté le 19 septembre 2018, <http://www.biographi.ca/fr/bio/landry_amand_10F.html>.

17 Phillip Buckner, « TUPPER, sir CHARLES », dans *Dictionnaire biographique du Canada*, vol. 14, Université Laval/University of Toronto, 2003- , consulté le 19 septembre 2018, <http://www.biographi.ca/fr/bio/tupper_charles_14F.html>.

18 K. G. Pryke, « ARCHIBALD, sir ADAMS GEORGE », dans *Dictionnaire biographique du Canada*, vol. 12, Université Laval/University of Toronto, 2003- , consulté le 19 septembre 2018, <http://www.biographi.ca/fr/bio/archibald_adams_george_12F.html>; P. B. Waite, « MCCULLY, JONATHAN », dans *Dictionnaire biographique du Canada*, vol. 10, Université Laval/University of Toronto, 2003- , consulté le 19 septembre 2018, <http://www.biographi.ca/fr/bio/mccully_jonathan_10F.html>.

19 Phyllis R. Blakeley, « HENRY, WILLIAM ALEXANDER », dans *Dictionnaire biographique du Canada*, vol. 11, Université Laval/University of Toronto, 2003- , consulté le 19 septembre 2018, <http://www.biographi.ca/fr/bio/henry_william_alexander_11F.html>.

20 David B. Flemming, « CONNOLLY, THOMAS LOUIS », dans *Dictionnaire biographique du Canada*, vol. 10, Université Laval/University of Toronto, 2003- , consulté le 19 septembre 2018, <http://www.biographi.ca/fr/bio/connolly_thomas_louis_10F.html>.

21 K. G. Pryke, « KILLAM, THOMAS », dans *Dictionnaire biographique du Canada*, vol. 9, Université Laval/University of Toronto, 2003- , consulté le 19 septembre 2018, <http://www.biographi.ca/fr/bio/killam_thomas_9F.html>.

22 David A. Sutherland, « ANNAND, WILLIAM », dans *Dictionnaire biographique du Canada*, vol. 11, Université Laval/University of Toronto, 2003- , consulté le 19 septembre 2018, <http://www.biographi.ca/fr/bio/annand_william_11F.html>.

23 J. Murray Beck, « HOWE, JOSEPH », dans *Dictionnaire biographique du Canada*, vol. 10, Université Laval/University of Toronto, 2003- , consulté le 19 septembre 2018, <http://www.biographi.ca/fr/bio/howe_joseph_10F.html>.

24 Ian Ross Robertson, « COLES, GEORGE », dans *Dictionnaire biographique du Canada*, vol. 10, Université Laval/University of Toronto, 2003– , consulté le 19 septembre 2018, <http://www.biographi.ca/fr/bio/coles_george_10F.html>.

25 Ian Ross Robertson, « PALMER, EDWARD », dans *Dictionnaire biographique du Canada*, vol. 11, Université Laval/University of Toronto, 2003– , consulté le 19 septembre 2018, <http://www.biographi.ca/fr/bio/palmer_edward_11F.html>.

26 David E. Weale, « GRAY, JOHN HAMILTON (1811-87) », dans *Dictionnaire biographique du Canada*, vol. 11, Université Laval/University of Toronto, 2003– , consulté le 19 septembre 2018, <http://www.biographi.ca/fr/bio/gray_john_hamilton_1811_1887_11F.html>; Ian Ross Robertson, « POPE, WILLIAM HENRY », dans *Dictionnaire biographique du Canada*, vol. 10, Université Laval/University of Toronto, 2003– , consulté le 19 septembre 2018, <http://www.biographi.ca/fr/bio/pope_william_henry_10F.html>; Andrew Robb, « HAVILAND, THOMAS HEATH (1822-95) », dans *Dictionnaire biographique du Canada*, vol. 12, Université Laval/University of Toronto, 2003– , consulté le 19 septembre 2018, <http://www.biographi.ca/fr/bio/haviland_thomas_heath_1822_1895_12F.html>.

27 G. Edward MacDonald, « MACDONALD, ANDREW ARCHIBALD », dans *Dictionnaire biographique du Canada*, vol. 14, Université Laval/University of Toronto, 2003– , consulté le 19 septembre 2018, <http://www.biographi.ca/fr/bio/macdonald_andrew_archibald_14F.html>.

28 Ian Ross Robertson, « WHELAN, EDWARD », dans *Dictionnaire biographique du Canada*, vol. 9, Université Laval/University of Toronto, 2003– , consulté le 19 septembre 2018, <http://www.biographi.ca/fr/bio/whelan_edward_9F.html>.

29 Ian Ross Robertson, « REILLY, EDWARD », dans *Dictionnaire biographique du Canada*, vol. 10, Université Laval/University of Toronto, 2003– , consulté le 19 septembre 2018, <http://www.biographi.ca/fr/bio/reilly_edward_10F.html>.

30 Ian Ross Robertson, « POPE, JAMES COLLEDGE », dans *Dictionnaire biographique du Canada*, vol. 11, Université Laval/University of Toronto, 2003– , consulté le 19 septembre 2018, <http://www.biographi.ca/fr/bio/pope_james_colledge_11F.html>.

31 Henry Tinson Holman, « BRECKEN, FREDERICK DE ST CROIX », dans *Dictionnaire biographique du Canada*, vol. 13, Université Laval/University of Toronto, 2003– , consulté le 19 septembre 2018, <http://www.biographi.ca/fr/bio/brecken_frederick_de_st_croix_13F.html>.

32 D. B. Boylan, « KELLY, FRANCIS », dans *Dictionnaire biographique du Canada*, vol. 10, Université Laval/University of Toronto, 2003– , consulté le 19 septembre 2018, <http://www.biographi.ca/fr/bio/kelly_francis_10F.html>.

33 David E. Weale, « HOWATT, CORNELIUS », dans *Dictionnaire biographique du Canada*, vol. 12, Université Laval/University of Toronto, 2003– , consulté le 19 septembre 2018, <http://www.biographi.ca/fr/bio/howatt_cornelius_12F.html>.

34 Voir Harry Baglole et David Weale, *Cornelius Howatt : Superstar!*, Belfast, Î.-P.-É., Williams & Crue, 1974, et *The Island and Confederation : The End of an Era*, Charlottetown, Williams & Crue, 1973.

35 Andrew Robb, « HAYTHORNE, ROBERT POORE », dans *Dictionnaire biographique du Canada*, vol. 12, Université Laval/University of Toronto, 2003– , consulté le 19 septembre 2018, <http://www.biographi.ca/fr/bio/haythorne_robert_poore_12F.html>.

36 Andrew Robb, « LAIRD, DAVID », dans *Dictionnaire biographique du Canada*, vol. 14, Université Laval/University of Toronto, 2003– , consulté le 19 septembre 2018, <http://www.biographi.ca/fr/bio/laird_david_14F.html>.

37 T. H. Haviland dans Prince Edward Island, *Parliamentary Reporter*, 1873, p. 226-227.

6

Résister à la volonté du Canada : l'entrée du Manitoba dans la Confédération

ROBERT WARDHAUGH ET BARRY FERGUSON

L'histoire du Manitoba se distingue du fait qu'il s'agit de la seule province créée à l'encontre des desseins du gouvernement canadien. En effet, le Manitoba est né de la résistance de la colonie de la rivière Rouge entre 1869 et 1870. Mal préparé à acquérir la Terre de Rupert de la Compagnie de la Baie d'Hudson (CBH), le Canada s'aventurait alors assez maladroitement dans les vastes Territoires du Nord-Ouest. Forte d'une population de 12 000 personnes, la colonie de la rivière Rouge était composée d'une communauté diversifiée dont la majorité était métis. Résistant à l'expansion désordonnée du Canada et à l'occupation péremptoire de ses terres par ce dernier, la colonie reconstitua le pouvoir local par un gouvernement provisoire et demanda que des négociations soient entamées pour mettre en place un gouvernement représentatif inspiré du modèle britannique. Le Manitoba fut la seule province où une partie de la population autochtone participa à sa création. La Loi sur le Manitoba de 1870 assurait la concession de terres aux Métis afin « d'éteindre le titre indien ». Bien que la résistance de la rivière Rouge accorda une victoire temporaire aux Métis tout en donnant naissance à la cinquième province du Canada, elle conduisit quinze ans plus tard à une rébellion ouverte, de même qu'à de graves doléances régionales et provinciales. Le Manitoba est entré dans la Confédération en 1870 sur des bases iniques eu égard aux autres provinces. Cette inégalité

153

de traitement devait ultérieurement s'étendre à la Saskatchewan et à l'Alberta, provinces intégrées en 1905, et ainsi alimenter le puissant sentiment de marginalisation de l'Ouest.

La revendication du Nord-Ouest par le Canada

L'acquisition par le Canada de la Terre de Rupert et des Territoires du Nord-Ouest fut effectuée en vertu de la disposition du « pouvoir d'admettre » inscrite à l'article 146 de la Loi constitutionnelle de 1867[1]. Portés par le projet colonialiste, les politiciens canadiens croyaient fermement que ces vastes territoires leur revenaient[2]. Or ni le Canada, ni la Grande-Bretagne n'avaient pris en compte que la région possédait ses propres structures économiques et sociales et, dans le cas de l'ancienne colonie (*Old Settlement*) de la rivière Rouge, un système politique susceptible de résister aux plans et aux conditions imposés de l'extérieur. Lors des négociations sur les modalités de l'expansion du Dominion, les gouvernements canadien et britannique négligèrent de prendre en compte le caractère original de la région, de la population et des institutions qu'ils étaient si confiants d'acquérir.

Un nombre considérable de travaux ont été consacrés à la résistance de la rivière Rouge et à l'entrée du Manitoba dans la Confédération. Or, comme les récentes études ont délaissé la perspective de construction nationale, thème qui inspira jadis l'historiographie traditionnelle, il convient sans doute ici de renouveler notre compréhension des enjeux politiques qui ont forgé les événements de 1869-1870.

La rivière Rouge sous l'autorité de la Compagnie de la Baie d'Hudson

Au moment de la signature de la confédération canadienne en 1867, l'ancienne colonie de la rivière Rouge affrontait déjà des conflits de nature politique, économique et culturelle[3]. Lorsque la CBH obtint le renouvellement de son autorité sur la région en 1835, la rivière Rouge fut dotée d'une organisation politique, sous la forme du Conseil non élu d'Assiniboia, et d'un système juridique, la Cour des assises trimestrielles d'Assiniboia. Le Conseil et la Cour se sont toutefois graduellement émancipés du contrôle de la Compagnie[4]. La colonie put par la suite affirmer ses droits politiques et économiques sous un régime d'autorégulation, et développer une économie de marché de type capitaliste ainsi qu'une colonie agricole hors de tout emprise de la Compagnie. Au début des années 1860, toutefois, la colonie n'était plus autonome ni autogouvernée, et les ambigüités créées par l'autorité de la Compagnie et la surveillance de l'Empire britannique pesèrent de tout leur poids sur elle[5].

L'autorité de la CBH sur la Terre de Rupert s'avérait controversée depuis déjà plusieurs décennies. En 1857, le mandat de la Compagnie dans cette région fut mis à l'étude par un « comité spécial » du Parlement britannique. Après une évaluation exhaustive, la Compagnie fut interrogée sur ses pratiques commerciales et sur son incapacité à promouvoir la colonisation, tout comme à implanter des services éducationnels, religieux et sociaux[6]. Le comité examina une pétition signée par 575 « habitants et natifs de la colonie établie sur la Rivière Rouge ». La pétition avançait que les droits des colons avaient été sévèrement compromis – notamment ceux liés au régime foncier, à la vente de production agricole et au commerce –, contrairement à ce que stipulaient les relations contractuelles avec la CBH. La pétition affirmait également que la CBH n'avait aucune autorité légale sur le Nord-Ouest puisque ce droit incombait à la Couronne en vertu de la Proclamation royale de 1763[7].

Un rapport du comité datant de 1857 avait recommandé un renouvellement limité du « permis » de la CBH pour faire le commerce dans les Territoires du Nord-Ouest. La Compagnie avait en outre reçu l'ordre de quitter l'île de Vancouver pour avoir failli à sa tâche de promouvoir la colonisation; elle devait également céder les districts de la rivière Rouge et de la rivière Saskatchewan Nord à la Province du Canada[8]. Des négociations intermittentes pour l'acquisition du Nord-Ouest s'étaient amorcées, mais sans véritable progrès[9].

Les négociations pour l'acquisition du Nord-Ouest

Après la Confédération, la Grande-Bretagne informa le Canada qu'il était impératif que des mesures soient prises au plus tôt[10]. Le nouveau Dominion passa alors une série de résolutions, dont celle qui donnait l'autorisation au gouvernement britannique de négocier avec la CBH. William McDougall, le ministre des Travaux publics, déclara que le Canada devait acquérir

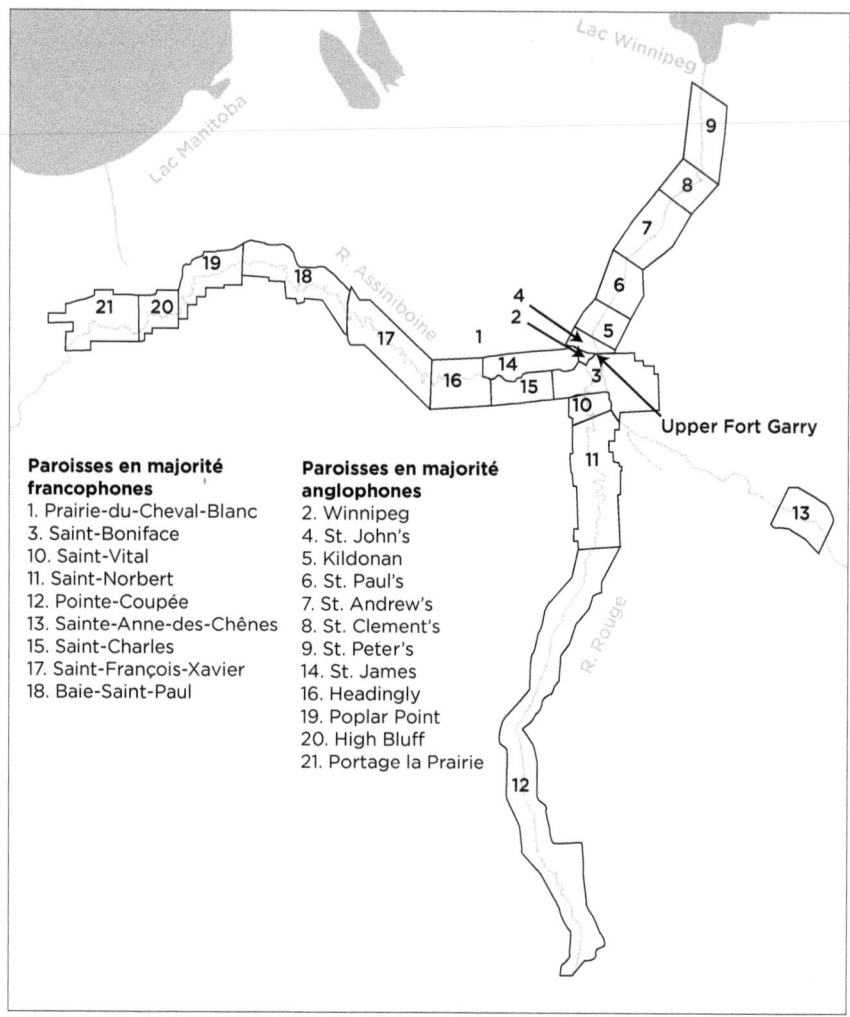

Figure 6.1 La colonie de la Rivière Rouge, 1870 : les paroisses francophones et anglophones. D'après : Gerhard J. Ens, *Homeland to Hinterland : The Changing Worlds of the Metis in the Nineteenth Century*, Toronto, University of Toronto Press, 1996, p. 11; Gerald Friesen, *The Canadian Prairies : A History*, Toronto, University of Toronto Press, 1987, p. 91; Jean Hall, "The People", *The Provisional Government of Assiniboia*, https://hallnjean2.wordpress.com/resources/definition-provisional-government/the-people-electorate/; George Stanley, *The Birth of Western Canada : A History of The Riel Rebellions*, 2ᵉ édition, Toronto, University of Toronto Press, 1961, p. 14.

tout le Nord-Ouest et toutes les terres jusqu'à la côte pacifique : « Qui ne s'étend doit se contracter ». Grâce à l'expansion, le Canada réaliserait ainsi sa destinée en tant que « nouvelle nationalité »[11]. Le gouvernement britannique accéléra le processus en adoptant la Loi sur la Terre de Rupert en juillet 1868. En vertu de cette loi, la Compagnie devait céder les « terres, droits, privilèges, libertés, concessions, pouvoirs et autorités » au nouveau Dominion[12]. En mars 1869, le gouvernement britannique proposa un arrangement[13] : en échange de la Terre de Rupert, le Canada octroierait 300 000 £ à la CBH et 1/20e de toutes les terres arables. Aucune mention particulière ne fut faite du droit à la propriété foncière ou de la représentation politique des résidents de la rivière Rouge[14].

En mai 1869, le gouvernement canadien présenta un projet de loi pour l'acquisition du Nord-Ouest. Le ministre George-Étienne Cartier, déjà sur la défensive après avoir envoyé des expéditions préliminaires pour sonder le territoire, exaltait la mesure, la disant susceptible d'accomplir en quelques années ce que les États-Unis avaient réussi à faire en un demi-siècle. Cartier vantait la modicité du coût d'acquisition, le prix d'achat prenant la forme d'un prêt du gouvernement britannique au Canada remboursable sur quarante-cinq ans. Le premier ministre John A. Macdonald déposa une « Loi concernant le gouvernement provisoire de la terre de Rupert et du Territoire du Nord-Ouest après leur adhésion à l'Union ». La législation octroyait au lieutenant-gouverneur la pleine autorité pour prendre les dispositions qu'il jugeait nécessaires pour gouverner la rivière Rouge et le Nord-Ouest. La seule concession faite aux habitants de la rivière Rouge s'avérait une clause stipulant que les lois existantes et les fonctionnaires sur place seraient maintenus au bon vouloir du Canada (malgré le fait qu'Ottawa n'avait aucune documentation sur eux). La législation fut approuvée et le gouvernement canadien s'engagea à effectuer l'acquisition formelle au cours de l'année[15]. Le Canada et la Grande-Bretagne se mirent alors à tergiverser sur les conditions définitives.

L'acquisition canadienne ratée

Pendant l'été 1869, des équipes d'arpenteurs canadiens arrivèrent dans la région de la rivière Rouge. Les inquiétudes des habitants se transformèrent en colère vers la fin du mois d'août lorsque les arpenteurs, obéissant aux consignes de William McDougall, procédèrent à la délimitation de 800 acres en lots de terres agricoles sur des terres déjà occupées. Un mois plus tard, William MacTavish, président du Conseil d'Assiniboia et gouverneur de la Terre de Rupert mandaté par la CBH depuis 1858, informa Alexandre-Antonin Taché, évêque catholique de Saint-Boniface, que les habitants (en particulier les Métis) s'inquiétaient de ces transgressions et menaçaient de créer des « troubles »[16].

Avant le transfert officiel, le Canada nomma McDougall le 28 septembre 1869 au poste de lieutenant-gouverneur de la Terre de Rupert. Il avait reçu l'ordre de se rendre « le plus rapidement possible à Fort Garry » et d'effectuer les « arrangements préliminaires pour l'organisation » du gouvernement territorial en assurant la liaison avec les officiers du Conseil et de la Compagnie. Il avait également reçu l'ordre de passer en revue les conditions des peuples autochtones et le rôle de la Compagnie. Tout particulièrement, McDougall avait été chargé de faire un inventaire des lois et ordonnances, des impôts et licences et, enfin, de la propriété foncière. Ces consignes démontraient que l'acquisition de la région par le Canada avait été entreprise avec une connaissance limitée de l'administration locale existante[17].

McDougall progressa lentement jusqu'à la rivière Rouge par le biais des États-Unis. Pendant ce temps, Joseph Howe, désormais ministre responsable des provinces, s'était lui aussi rendu dans la colonie à l'occasion d'une visite informelle et précipitée. Ses rencontres avec les représentants de groupes divers lui permirent de mieux comprendre le fondement des raisons de l'agitation de la rivière Rouge contre les actions commises par les Canadiens dans la région, tout comme l'impact de l'éventuelle administration canadienne. Howe rapporta une copie des documents et des actes du Conseil d'Assiniboia. Lors de son voyage de retour, il rencontra McDougall au Minnesota. Mais en raison de mauvaises conditions météorologiques, les deux hommes ne purent s'entretenir longtemps. Howe mit cependant en garde McDougall, ce qu'il réitéra par la suite dans sa correspondance, de ne pas se ranger du côté des « Canadiens » et de ne provoquer d'aucune façon une colonie déjà divisée[18].

Dirigé par William MacTavish, alors gravement malade, le désuet Conseil d'Assiniboia se réunit le 16 octobre et adressa à McDougall un message. La missive faisait bon accueil au nouveau lieutenant-gouverneur, mais l'informait des « sentiments partagés » dans la colonie concernant le transfert territorial, tout comme des craintes pour l'avenir. Le Conseil espérait que « tous les droits légitimes des anciens colons seront respectés et que la transition sera aisée autant que possible pour eux[19] ». Au même moment, un groupe de Métis créait le Comité national des Métis de la Rivière Rouge[20]. Le 21 octobre, le Comité national envoya un avis interdisant à McDougall de mettre pied dans le Territoire du Nord-Ouest sans son autorisation[21].

Quelques jours plus tard, le Conseil d'Assiniboia se réunit de nouveau. Il exprimait son « désaccord face aux actes odieux » orchestrés par le groupe de Métis qui menaçait de barrer le chemin à McDougall. Les dirigeants du Comité national, Louis Riel et John Bruce, durent s'expliquer. Riel affirma que le Comité s'opposait à l'imposition de l'autorité canadienne sans consultation et demandait que toute la colonie – et non seulement le Comité national – envoie des « délégués » pour négocier son entrée dans le Canada. Le Conseil essaya en vain de convaincre Riel de la « nature erronée » de ses arguments et le prévint du « caractère hautement criminel » des actions des Métis[22].

Le gouverneur MacTavish écrivit également à McDougall au sujet du profond « mécontentement » des Métis de la colonie, avançant qu'il était impossible de les détourner de leur objectif. Il suggéra que McDougall reste à Pembina dans le Dakota du Nord jusqu'à l'issue de « négociations conciliantes[23] ». McDougall avait également reçu des renseignements provenant d'autres sources, dont le chef de l'expédition canadienne, le colonel J.S. Dennis, sur l'hostilité croissante envers le Canada et les tensions qui s'agitaient au sein de la colonie. McDougall en était arrivé à la conclusion qu'il devait rapidement se rendre à la rivière Rouge. Il s'était déjà mis en route lorsqu'il fut arrêté en chemin, à la frontière de Pembina, par une force métisse armée. Perplexe, McDougall exhorta alors MacTavish à imposer son autorité en son nom[24].

Suite à cette confrontation, la vie publique de la rivière Rouge devint tumultueuse. Le 2 novembre, le Comité national s'empara des quartiers généraux de la CBH installés à Upper Fort Garry (au centre de Winnipeg actuel), lieu symbolique de l'autorité commerciale et politique. Les Métis réclamèrent la création d'un conseil assurant aux communautés francophone et anglophone une représentation égale, de même que la participation du chef des Saulteaux, Henry Prince. Ce « Conseil des Vingt-Quatre » se réunit du 9 novembre au 1er décembre. Les délibérations furent dominées par une question essentielle, à savoir si le Conseil devait demeurer un organe consultatif ou se proclamer lui-même gouvernement provisoire[25].

À la fin de novembre, le gouvernement canadien reporta l'accord définitif avec la CBH et la Grande-Bretagne. Il évoqua les conditions instables du Nord-Ouest et l'incapacité du Canada à asseoir son autorité dans la région. Le gouvernement britannique n'appréciait guère devoir assumer la responsabilité d'une région qu'il ne pouvait contrôler directement. Le Secrétaire aux Colonies, le comte de Granville, militant en faveur de l'acquisition du territoire, affirma que c'était les actions du Canada qui avaient engendré des conditions aussi instables[26].

Entre-temps, McDougall fut prévenu de ne pas agir précipitamment. Howe l'avertit une fois de plus « qu'en l'état actuel des choses, vous ne pouvez asseoir ou revendiquer aucune autorité » avant que le gouvernement canadien ait confirmé que le territoire fut « annexé ». Le premier ministre Macdonald, de son côté, fut plus direct. L'heure était grave et McDougall fut sommé d'éviter toute action précipitée, incluant les déclarations publiques. Si une rébellion éclatait à la rivière Rouge, prévint-il, la Grande-Bretagne et le Canada ne seraient pas en mesure d'assurer l'ordre public, ce qui démontrerait l'absence « de gouvernement légal » dans la région, une situation qui « par la loi des nations » autoriserait les résidents à former leur propre administration « pour protéger la vie et la propriété ». En outre, une action rapide serait susceptible de légitimer un gouvernement provisoire en vertu du droit coutumier. Enfin, les États-Unis pourraient bien prendre prétexte de la situation pour intervenir[27].

Au moment où il tenta pour une seconde et ultime fois d'imposer son autorité à la rivière Rouge, McDougall n'avait toujours pas pris connaissance des lettres que Howe et Macdonald lui avaient adressées. Le 1er décembre à Fort Garry, il fit afficher une proclamation au nom de la Couronne dans laquelle il se nommait lieutenant-gouverneur des Territoires du Nord-Ouest. Cette malheureuse auto-proclamation fut suivie par des déclarations tout aussi désastreuses. McDougall désigna le colonel Dennis « gardien de la paix » contre des « corps d'hommes armés » non spécifiés et lui ordonna de créer une force militaire autorisée « à attaquer, arrêter, désarmer ou disperser lesdits hommes armés qui se sont assemblés illégalement et qui ont perturbé la paix. » Ces mots belliqueux menèrent à une deuxième proclamation qui informait le public de la nouvelle autorité en place. Or McDougall demeura au Dakota, dépourvu d'appui, de soutien ou de reconnaissance populaire. Le colonel Dennis, pour sa part, peinait à contenir les incitations à la confrontation et répugnait à donner l'ordre de prendre les armes[28]. McDougall avait invoqué l'autorité de la Couronne sans autorisation, agi au mépris du gouvernement canadien et menacé l'usage d'une force qu'il ne possédait pas.

L'initiative de la rivière Rouge : convention politique et gouvernement provisoire

Les politiciens canadiens et britanniques étaient au fait de la situation qu'ils avaient créée. Le gouverneur général, sir John Young, était bien conscient de l'impossibilité de déployer les forces militaires britanniques à la rivière Rouge en raison du manque de réseaux de transport efficaces. Young émit une proclamation offrant l'amnistie à toutes les « personnes malavisées » qui avaient violemment bloqué l'accès à la région, sous condition qu'elles abandonnent leur dessein de résister. La proclamation présumait que les protestataires étaient de bonne foi et fidèles à la Couronne, et n'avaient agi qu'aux seules fins d'exprimer des préoccupations légitimes concernant la sauvegarde de leurs droits civils, religieux et fonciers, droits qui allaient, selon la proclamation, être garantis[29].

Howe informa McDougall de la proclamation du gouverneur général et lui ordonna de retirer ses proclamations précédentes. À la veille de Noël 1869, Howe réprimanda McDougall pour ses « actions entièrement illégales », incluant l'invocation de l'autorité de la Reine sans permission. Pendant que McDougall continuait d'envoyer des rapports et de défendre ses actions, il se retira au Minnesota avant de revenir au Canada[30]. Le gouvernement canadien essaya de relancer le projet de la rivière Rouge en formant deux commissions. La première comprit deux Canadiens français, anciens résidents de la rivière Rouge, le révérend père J.-B. Thibault et le colonel Charles de Salaberry, qui furent mandatés pour jauger de la situation et calmer la population. L'autre commission se limita à un seul membre : Donald A. Smith, un fonctionnaire chevronné de la CBH vivant à Montréal, qui fut chargé d'effectuer une enquête et de proposer diverses solutions pour résoudre la situation par le biais de négociations entre la rivière Rouge et le Canada[31]. Ces nominations permirent de mettre en place un processus de négociation qui aurait dû cependant être amorcé six mois plus tôt[32].

Dans l'intervalle, soit le 2 décembre, le Conseil des Vingt-Quatre avait publié une «Liste des Droits» qui énumérait quinze principes formant la base de l'entrée de la rivière Rouge dans la Confédération en tant que territoire du Canada. La liste exigeait la représentation politique dans les législatures locale et nationale, la création d'institutions administratives et juridiques, un statut égal des langues française et anglaise, la reconnaissance des « coutumes, privilèges et usages » existants, ainsi que la négociation de « traités » avec « plusieurs tribus indiennes » sur le territoire. Cette liste fut la première des quatre listes établies par les représentants politiques de la colonie[33]. Le Conseil se proclama ensuite gouvernement provisoire et publia, le 8 décembre, sa propre « Proclamation ». Prenant prétexte de la vente avortée par la CBH et des efforts du Canada pour « subjuguer » les résidents de la rivière Rouge, la proclamation invoquait le principe fondamental selon lequel un peuple qui n'a pas de gouvernement est libre de donner ou de refuser son allégeance aux autorités de son choix.

La rivière Rouge possédait donc désormais un gouvernement opérationnel. Sans se soucier de l'appui de la majorité de la population ni de la reconnaissance du Canada, il revendiquait ainsi de manière plausible le pouvoir[34]. Le nouveau régime hissa un drapeau arborant une fleur de lis et un trèfle, mais aussi l'Union Jack[35].

Les activités du gouvernement provisoire

Les quatre mois qui suivirent furent particulièrement agités par des troubles civils, de violents incidents et des arrestations de masse, celles-ci ordonnées par le gouvernement provisoire. La période fut également marquée par des délibérations politiques qui aboutirent à un plan de négociation avec le gouvernement du Canada. Pendant ce temps, le Comité national organisa une force paramilitaire capable de rassembler entre 200 et 300 hommes. Elle était employée pour patrouiller le périmètre de la colonie et assurer l'occupation d'Upper Fort Garry. C'est alors que la proclamation du gouvernement provisoire du 8 décembre donna lieu à une grave confrontation. Les membres du parti canadien, un groupe d'habitants mécontents de Portage La Prairie et de Canadiens de Fort Garry, avaient organisé une force armée dans le but de renverser le nouveau gouvernement.

Louis Riel
Représentant à la Convention des Quarante et chef des Métis

27 JANVIER 1870

PRISE DE POSITION 6.1

Citation : Convention des Quarante, Deuxième gouvernement provisoire du Manitoba, 27 janvier 1870. Source : Norma Jean Hall (dir.), Convention of Forty, « Third Day », p. 16. Mis en ligne par la Province du Manitoba, 2010. Photographe : Duffin and Co., Bibliothèque et Archives Canada, C-052177.

> Bien sûr que je suis sujet britannique, mais je ne suis pas encore sujet canadien. C'est pourquoi le gouverneur général du Canada n'a rien à me dire et je n'ai rien à lui dire; je n'ai affaire qu'à son commissaire. S'il doit faire une proclamation, qu'il la fasse.

Les Métis répondirent aussitôt par l'arrestation et l'emprisonnement à Fort Garry de quarante-cinq hommes, dont leur leader, l'aventurier canadien Dr John Christian Schultz. Le gouvernement provisoire et le Comité national, dirigés par Louis Riel, en étaient arrivés à incarner de facto la loi et l'ordre à la rivière Rouge[36].

Les délibérations politiques se poursuivirent dans cette atmosphère tendue. Les assemblées locales et les délibérations du gouvernement provisoire élaborèrent les modalités et les procédures afin de sortir de l'impasse. À la fin du mois de janvier, une nouvelle convention populaire fut convoquée et composée de quarante délégués, soit vingt issus des paroisses anglo-protestantes et vingt des paroisses franco-catholiques. Cette « Convention des Quarante », encouragée par les dirigeants de chaque communauté et par le commissaire canadien Donald Smith, délibéra sur les négociations avec le Canada. La nouvelle organisation, formée d'abord par un sous-comité comprenant James Ross, John Black, Louis Riel et Louis Schmidt, établit une nouvelle liste des droits, cette fois plus étendue et détaillée que la précédente. Il en résulta des débats houleux sur la question du statut à revendiquer, territorial ou provincial, ce dernier entraînant de plus grandes dépenses locales, mais également le contrôle (qui avait été promis) des terres publiques. Riel, qui favorisait le statut provincial, ne put cependant rallier toute la convention. Même si la « deuxième Liste des Droits » fut révisée à deux reprises, c'est cette seconde liste qui constitua le noyau des objectifs de la rivière Rouge. Ceux-ci portaient sur la représentation politique locale et nationale, un corps législatif élu à l'intérieur d'une période de trois ans, les revenus adéquats pour le fonctionnement des gouvernementaux locaux, la mise à disposition par le Canada d'un réseau de communication et de transport, les travaux publics dont la construction d'édifices gouvernementaux, ainsi que le financement d'écoles, de routes et de ponts. La liste exigeait également la reconnaissance des droits fonciers, mais aussi d'autres droits tels que l'utilisation du français et de l'anglais dans la législature et dans les tribunaux, de même que la reconnaissance et l'obtention des droits de citoyenneté pour les habitants du nouveau territoire[37].

Or, le conflit reprit de plus belle en février. La frustration de Riel face à l'échec du statut provincial se solda par de nouvelles incarcérations, dont celles du moribond William MacTavish et de rivaux de Riel parmi les Métis. Le « parti canadien » s'organisa de nouveau et tenta de renverser le gouvernement provisoire. La force métisse passa à l'action et appréhenda un groupe d'environ cinquante membres du parti canadien. Plusieurs prisonniers furent menacés d'exécution, incluant leur chef, un ancien milicien, le major Charles Boulton. Des négociations effrénées s'en suivirent et la plupart des prisonniers furent relâchés, mais Riel et ses plus proches alliés décidèrent de faire un exemple de l'un des détenus afin de forcer le Canada à « respecter » le nouveau gouvernement. C'est ainsi que le 4 mars, Thomas Scott, un membre du parti canadien, fut exécuté par une cour martiale militaire pour avoir menacé la vie de Riel, président du gouvernement provisoire[38]. Pendant les mois et les années qui suivirent, la mort de Scott revêtit une importance symbolique pour l'Ontario protestant. Cet acte eut pour effet de fragiliser la légitimité du gouvernement de la rivière Rouge et d'entacher la réputation de Riel jusqu'à sa mort.

La Convention des Quarante fut bouleversée par la tournure des événements. Elle s'activa sans tarder pour réviser les modalités de négociation avec le Canada. Dans les cinq jours qui suivirent l'exécution de Scott, l'influent évêque Taché, rappelé par le gouvernement canadien d'un concile œcuménique à Rome, retourna à la rivière Rouge. Pendant le trajet de retour, Taché rencontra George-Étienne Cartier et John A. Macdonald à Ottawa. Il apportait avec lui l'assurance qu'il allait faire justice, au nom du gouvernement canadien, aux demandes de la population de la rivière Rouge. Le Conseil s'occupa pendant la mi-mars à peaufiner la Liste des Droits. Cette « troisième liste » incluait désormais la revendication de Riel pour un statut provincial. Le Conseil désigna trois délégués pour se rendre immédiatement à Ottawa afin de négocier les modalités. Le premier était John Black, ancien greffier et vice-président du Conseil d'Assiniboia, représentant actif du gouvernement provisoire et membre de l'élite dirigeante de la communauté « anglaise ». Le second était Noël-J. Ritchot, curé de la paroisse de La Salle depuis 1862 et proche conseiller des Métis pendant l'automne 1869 et l'hiver 1870. Le troisième délégué était Alfred H. Scott, identifié comme jeune marchand « américain » et membre du gouvernement provisoire. Le 24 mars, les trois délégués se mirent en route vers Ottawa. Ritchot avait avec lui une copie révisée de la Liste des Droits – une « quatrième liste » – remaniée par l'exécutif du gouvernement provisoire afin de solidifier la revendication « d'écoles confessionnelles »[39].

Les négociations de la Loi sur le Manitoba

L'arrivée de la délégation de la rivière Rouge à Ottawa à la mi-avril provoqua un tollé de protestation en Ontario où l'exécution de Thomas Scott avait suscité une indignation générale. Le parti canadien de la rivière Rouge prenait appui sur le mouvement « Canada First », un groupe d'ardents nationalistes qui représentaient ses intérêts en Ontario. La presse provinciale avait pour sa part envenimé la situation en mettant en scène le « meurtre » d'un loyal Anglo-Ontarien par des Métis franco-catholiques, attisant davantage les antagonismes anglais-français et catholiques-protestants. Des manifestations populaires eurent lieu à Toronto le 7 avril et le mouvement Canada First parvint à obtenir un mandat d'arrestation contre la délégation. Au moment de leur arrivée à Ottawa le 11 avril, et suite à une rencontre préliminaire avec les ministres Cartier et Howe, Ritchot et Scott furent détenus par les forces de police locale pendant toute une semaine, boucs émissaires d'une campagne visant à punir les responsables du meurtre de Thomas Scott. Il fut éventuellement décidé que l'émission des mandats d'arrestation échappait à l'autorité de l'Ontario et les deux délégués furent libérés. Pendant tout ce temps, Black avait pu demeurer sans inquiétude à l'Hôtel Russell, dans une chambre adjacente à celle du commissaire Donald A. Smith[40].

Bien que le gouvernement canadien n'était guère disposé à reconnaître les délégués de manière officielle, Cartier et Macdonald les rencontrèrent néanmoins. Du 22 avril au 2 mai, les négociations se poursuivirent à la résidence privée de Cartier, la Liste des Droits formant la base des objectifs défendus par Black et Ritchot (Scott n'y contribua pas activement). Cartier et Macdonald lui opposèrent l'ébauche d'un document moins généreux, inspiré du rapport plutôt hostile que leur avait soumis Smith à l'endroit des doléances de la rivière Rouge[41].

Les enjeux les plus litigieux qui furent débattus étaient le statut provincial et les terres publiques. Macdonald et Cartier concédaient le statut provincial, mais non pas le contrôle local des ressources naturelles, ce qui incluait les terres publiques. Car, insistèrent-ils, les terres et les ressources naturelles devaient échoir au gouvernement du Dominion afin de faciliter des politiques relatives à la propriété foncière et aux chemins de fer. Cette position inquiéta vivement Ritchot parce que le contrôle des terres publiques constituait l'un des principes de base de la Liste des Droits et se trouvait au cœur de la demande pour l'obtention du statut provincial. Le régime foncier existant se trouverait ainsi menacé, et les fonds pour la colonisation future et les revenus publics perdus. Conscient de ne pouvoir compter sur l'appui de John Black et que, de toute façon, il ne pouvait gagner sur ce point, Ritchot chercha une autre solution : « Nous ne pourrions pas céder le contrôle des terres, écrit-il dans son journal, à moins d'obtenir une compensation ou des conditions qui, pour la population là-bas actuellement, équivaudrait au contrôle des terres de leur province[42] ». Ritchot présenta alors une nouvelle proposition qui, même si elle ne figurait pas au nombre des directives officielles des délégués, avait déjà été débattue à la rivière Rouge. En tant que descendants des peuples autochtones, les Métis croyaient qu'ils avaient hérité d'une part des titres autochtones sur les terres. S'il était nul besoin de signer des traités avec les Métis puisqu'ils n'étaient pas « Indiens » et ne s'auto-identifiaient pas comme tels, on pouvait avancer l'argument qu'ils méritaient une certaine reconnaissance à cet égard. Pour Ritchot, la concession d'une vaste étendue de terres aux Métis constituait une forme acceptable de compensation contre la perte du contrôle provincial. Une telle concession ou réserve de terre assurerait l'avenir de la population agricole métisse et canadienne-française, de même qu'une garantie foncière. Macdonald et Cartier acceptèrent le compromis, mais offrirent seulement une concession de 100 000 acres pour les descendants des Métis.

Le 28 avril, au terme de trois jours de négociation, Macdonald et Cartier proposèrent une nouvelle version du projet de loi aux délégués. Mais au tout début des discussions, Macdonald se retira soudainement. Il appert que le premier ministre, qui croulait sous les problèmes personnels et souffrait d'anxiété, tomba alors dans une phase de consommation d'alcool qui se prolongea pendant plusieurs jours[43]. Le premier ministre absent, la responsabilité d'organiser les négociations incomba alors à Cartier. Entre l'insistance de Ritchot et l'attitude favorable de Cartier, les deux parties se mirent d'accord sur la concession d'une importante superficie de terres – soit 1,4 million d'acres, à savoir le sixième du territoire de la nouvelle province – aux Métis y vivant, ainsi qu'à leurs descendants. D'autres enjeux furent également négociés à l'amiable, tels que les mesures fiscales, les liens économiques, de même que les droits juridiques, linguistiques et éducatifs en fonction de la dualité linguistique (francophone et

Donald Alexander Smith
(1ᵉʳ baron Strathcona)
Commissaire spécial du Canada

27 JANVIER 1870

> Il va presque sans dire que le Canada n'est pas seulement disposé à respecter le peuple de ce pays, mais qu'il désire leur accorder tous les privilèges afférant aux Provinces du Dominion – tous les droits dont bénéficient les sujets britanniques partout au Dominion.

PRISE DE POSITION 6.2
Citation : Convention des Quarante, Deuxième gouvernement provisoire du Manitoba, 27 janvier 1870. Source : Norma Jean Hall (dir.), Convention of Forty, « Third Day », p. 16-17. Mis en ligne par la Province du Manitoba, 2010. Photographe : Bibliothèque et Archives Canada, C-5489.

anglophone) et religieuse (catholique et protestante). Ce fut néanmoins en l'absence de Macdonald que l'entente définitive fut conclue[44].

Le 2 mai, Macdonald était de retour et présenta un compte rendu étonnamment lucide – compte tenu de son état – de la Loi sur le Manitoba qui venait d'être négociée et qui était encore sous presse. Le premier ministre la passa en revue avec suffisamment d'adresse, expliquant qu'une province allait être créée, la notion de « territoire » étant de toute apparence étrangère au système colonial britannique. De même, l'appellation « Assiniboia » serait remplacée par « Manitoba », un terme autochtone plus euphonique et émotif (« la rencontre des esprits », avança-t-il). Il présenta un rapport détaillé, grâce aux clarifications de Cartier sur certains points, tels que la garantie de l'occupation légale des terres par les populations existantes, et une curieuse comparaison entre la concession de terres aux Métis et celle accordée aux loyalistes de l'Empire-Uni. La nouvelle loi, affirma-t-il, « donnera satisfaction aux gens de toute classe et race du pays ». Macdonald termina son allocation par l'annonce d'une loi complémentaire pour l'envoi d'une petite « expédition » militaire de soldats britanniques et de miliciens canadiens, afin d'atténuer les craintes de la population locale envers l'hostilité autochtone et les menaces contre la paix provenant de l'étranger[45].

L'annonce de Macdonald déclencha une première chaîne de réactions par l'opposition parlementaire contre le paiement « répréhensible » à la CBH, comme le décrivit le chef libéral Alexander Mackenzie, pour un territoire qui revenait de droit au Canada, et contre cette loi « risible » qui créait une province à partir de deux ou trois « comtés ». William McDougall, qui avait repris les couleurs libérales, donna le premier une série de discours visant à critiquer la législation proposée et défendre ses propres actions antérieures, ce qui provoqua les commentaires cinglants de ministres comme sir Francis Hincks et une dure remontrance de la part de Joseph Howe[46].

Le jour où la Loi sur le Manitoba devait être débattue, Macdonald, qui souffrait de calculs biliaires, tomba gravement malade, ce qui limita sensiblement sa participation aux discussions pendant des mois. Le 7 mai, Alexander Mackenzie déclara que la Loi sur le Manitoba était un enjeu d'« une grande portée politique pour l'avenir du pays » et se prononça en faveur de son adoption rapide[47]. Pendant les échanges, des membres critiquèrent les clauses relatives aux écoles confessionnelles, sans pour autant s'y opposer, ni contester d'ailleurs la reconnaissance du français et de l'anglais comme langues du gouvernement et dans les tribunaux. De nombreux députés s'élevèrent, cependant, contre la réserve de 1,4 million d'acres pour la population métisse; ils condamnèrent également les généreuses conditions fiscales. Par ailleurs, tant les conservateurs que les libéraux révélèrent leur confusion à l'égard du statut de la terre octroyée aux Métis : l'était-elle en vertu d'un droit autochtone inhérent ou d'une reconnaissance de la population qui y résidait ? La loi reçut la sanction royale le 12 mai[48]. Lorsque le gouvernement provisoire d'Assiniboia fut informé de l'existence de la loi et de ses conditions, il donna également son approbation officielle[49].

La nouvelle province créée par la Loi sur le Manitoba fut proclamée le 15 juillet 1870, le jour même où la vente de la Terre de Rupert fut conclue. L'élection de la première assemblée législative provinciale eut lieu en décembre. La Loi sur le Manitoba s'écartait radicalement, et ce à plusieurs égards, de l'Acte de l'Amérique du Nord britannique qui avait créé la Confédération en 1867. Les clauses concernant la représentation de la province à Ottawa (quatre députés au Parlement et deux sénateurs) et le contrôle fédéral des terres de la Couronne étaient en violation avec plusieurs sections traitant du Sénat, de la Chambre des communes et, de façon plus importante encore, des pouvoirs provinciaux sous la loi constitutionnelle. Il n'est pas surprenant que l'intégration du Manitoba ait été plus tard placée sous un statut impérial distinct, l'Acte de l'Amérique du Nord britannique de 1871[50].

La mainmise du Canada sur la rivière Rouge procéda d'une façon irrégulière tout au long du processus. À cet égard, la dernière manœuvre du Parlement provoqua un climat d'instabilité, de troubles et de malaises. Il autorisa en effet une expédition militaire – demandée par le gouvernement de Macdonald depuis un certain temps – de 400 soldats britanniques et de 800 miliciens de l'Ontario et du Québec, incluant l'infanterie et l'artillerie. L'expédition à la rivière Rouge, lancée pendant l'été 1870, avait pour but officiel de protéger la colonie. Dirigée par le colonel de l'armée britannique Garnet Wolseley, cette campagne se justifiait pour assurer le transfert du territoire. Alors que l'expédition s'approchait de la rivière Rouge à la fin août 1870, Wolseley, devançant le nouveau lieutenant-gouverneur Adams Archibald, écrivit aux habitants que la « mission en est une de paix » dont le but était de « sécuriser l'autorité souveraine de Sa Majesté la Reine ».

Il promit également « un ordre et une discipline des plus stricts » de la part des troupes. Wolseley entraîna le bataillon britannique en avance sur la milice canadienne et progressa en direction de la rivière Rouge le 24 août dans une formation militaire « prête au combat ». La colonie fut alors transformée en un camp armé. Un nombre important d'hommes métis étaient en cette période absents, occupés à la chasse au bison. Riel fut du coup privé de soutien civil et militaire, de sorte que le « Père de la Confédération » du Manitoba fut contraint à l'exil. Le 2 septembre, Adams Archibald arriva au même moment que les bataillons de milices canadiens. Les troupes de Wolseley repartirent une semaine plus tard. Des tensions et des conflits sporadiques s'en suivirent, coûtant la mort de plusieurs Métis, notamment l'associé de Riel, Elzéar Goulet, poursuivi jusque dans la rivière Rouge où il périt noyé[51].

Le représentant canadien alors responsable, Adams Archibald, était un Néo-Écossais modéré et un allié de Joseph Howe, qui comprenait certaines des positions défendues par les Manitobains. Archibald entreprit le processus laborieux de négocier les structures du gouvernement et des politiques. Il passa deux longues années à mettre sur pied une assemblée provinciale (également partagée entre les circonscriptions paroissiales francophones et anglophones), de même que des tribunaux et des organismes administratifs gouvernementaux. Pendant son mandat, il fut effectivement à la tête de la colonie, mais non d'un gouvernement « responsable ». La formation d'un gouvernement responsable dirigé par un premier ministre provincial ne survint qu'au milieu des années 1870[52].

Les Manitobains avaient gagné l'essentiel de ce qu'ils espéraient en 1870 : un gouvernement représentatif, une représentation fédérale, des institutions basées sur la société locale, une assise financière, l'assurance d'un réseau de communication, ainsi que des terres de réserve pour la population résidente. Trois éléments, toutefois, contribuaient à miner ces gains. Le premier concernait le problème de l'amnistie pour les actions du gouvernement provisoire. L'amnistie avait été maintes fois recherchée pendant et après 1870, mais ni le Canada ni la Grande-Bretagne n'en acceptaient la responsabilité. Le Canada ne s'attribuait aucun blâme, surtout pas de manquer de compassion à l'endroit des Métis; pour sa part le gouvernement impérial affirmait que certaines actions criminelles restaient susceptibles de mener à des poursuites. L'incertitude qui entoura dès lors l'amnistie devint à la fois un fardeau pour Louis Riel et un fléau pour la

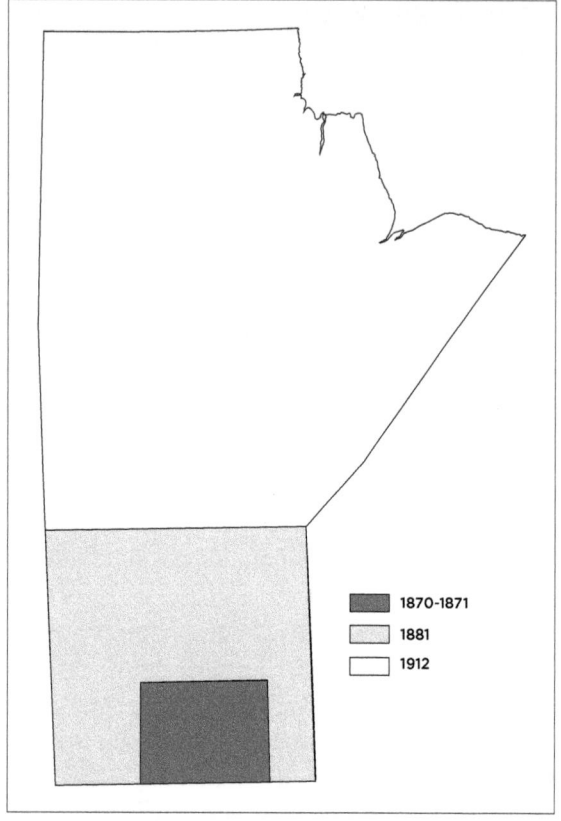

Figure 6.2 L'expansion du Manitoba entre 1870 et 1912. Reproduit avec la permission de John Welsted *et al.*, "Manitoba : Geographical Identity of a Prairie Province", dans John C. Everitt, Christoph Stadel et John E. Welsted (dir.), *The Geography of Manitoba : Its Land and Its People*, Winnipeg, University of Manitoba Press, 1996, p. 5.

vie politique. Le second problème concernait le contrôle du Dominion sur les ressources naturelles et les terres publiques. L'administration des terres promises aux Métis avait été dévolue au gouvernement canadien à Ottawa. L'impartialité liée à l'administration des terres métisses devint un objet de discorde pendant les années 1870 lorsque les colons quittèrent en masse le Manitoba pour les régions plus à l'ouest, créant des problèmes qui persistent jusqu'à nos jours. Un troisième point de discorde résulta de la forme de subordination des compétences : la garantie des droits religieux et linguistiques pour les Manitobains catholiques et francophones dépendait de la bonne volonté et des intentions des futurs gouvernements du Canada et du Manitoba. Comme allaient le démontrer les événements subséquents, ni la garantie des droits confessionnels et linguistiques, ni l'administration équitable des dispositions enchâssées dans la Loi sur le Manitoba, ne furent solidement établies. Le Manitoba n'était pas une province comme les autres et n'allait le devenir que soixante ans plus tard. Sa subordination constituait un tournant constitutionnel, comme l'avança l'historien Chester Martin il y a un siècle, propos repris par presque tous les historiens depuis. Cette Loi était une « seconde Confédération » qui, en établissant un modèle pour les provinces subordonnées, allait créer des problèmes pendant des décennies. Pour reprendre Martin, la Loi sur le Manitoba telle que validée par le Parlement britannique en 1871 signifiait que « d'une fédération entre égaux, le Canada était devenu un Empire[53] ».

L'élaboration des traités, 1871-1876

L'acquisition du Manitoba et du Nord-Ouest par le Canada n'avait pas été achevée par la prise de possession de 1870. Tel que le stipulait la Liste des Droits du gouvernement provisoire, les « traités » avec les « tribus indiennes » de la région devaient être négociés, processus que les Premières Nations de tout le Nord-Ouest et le Canada voulaient amorcer au plus tôt. Les Premières Nations n'étaient pas dupes : les Autochtones connaissaient les plans grandioses que le Canada nourrissait pour leur terre natale. Ils avaient déjà fait l'expérience de l'attitude arrogante et cavalière du Canada envers leurs peuples, et les poussées épidémiques, de même que l'attrition des ressources alimentaires, les inquiétaient au plus haut point[54]. Ils étaient bien renseignés sur les déboires des Métis de la rivière Rouge avec les Canadiens. Pour sa part, le Canada avait déjà démontré sa détermination à absorber le Nord-Ouest dans le cadre de sa stratégie d'expansion, même s'il reconnaissait son incapacité à imposer ses plans à l'instar des États-Unis qui misaient sur une politique de guerre et sur la colonisation de masse[55].

Les Premières Nations s'était accoutumées à des rapports d'accommodement mutuel à l'époque de la CBH, et elles étaient prêtes à poursuivre ce type de relations avec les Canadiens. Ceci explique pourquoi les peuples autochtones à l'intérieur – comme au-delà – de la nouvelle province cherchèrent à négocier des traités dès l'arrivée d'Adams Archibald au Manitoba. Ils furent cependant bloqués dans leurs démarches par la désorganisation habituelle du gouvernement canadien, de même que par l'attention exclusive, ou presque, que le lieutenant-gouverneur accorda à la création des structures politiques et administratives de la nouvelle province.

Au cours de l'année 1871, Archibald et le nouveau Commissaire des Indiens, Wemyss Simpson (ancien marchand de la Compagnie et député conservateur), engagèrent les discussions pour les traités. La première entente (traité n° 1 ou le « traité du fort de pierre ») fut signée à Lower Fort Garry, en aval de Winnipeg, le 3 août 1871, entre les « tribus indiennes Chippewa et Moskégonne » du Manitoba. Il s'agissait d'un territoire de 43 250 kilomètres carrés englobant la nouvelle province, tout en la débordant à l'est et à l'ouest. Le caractère cérémoniel de la signature du traité revêtit l'importance de l'entente, d'autant plus que les négociations avaient été par moment intenses. Près d'un millier d'Anishinaabegs s'étaient rassemblés pendant que leurs chefs concluaient les pourparlers avec les Canadiens[56]. Le traité n° 2 fut signé le 21 août au «*Manitoba Post*» sur le lac Manitoba. Il portait sur une zone de 92 000 kilomètres carrés épousant un arc au nord et à l'ouest du premier traité.

Les conditions des traités n°s 1 et n° 2 reflétaient la gravité de la situation. Comme pour les traités postérieurs, il s'agissait d'ententes de réciprocité, non pas avec le Canada, mais entre Sa Majesté la Reine et les peuples de la région. En échange d'une acceptation générale d'accès aux terres prédéterminées pour la « colonisation et l'immigration » et d'une reconnaissance pour respecter le traité et maintenir la paix, les Premières Nations recevaient des concessions de terres – 160 acres (64,75 hectares) par famille de cinq personnes–, un paiement annuel de quinze dollars par famille, une prohibition de la vente des « boissons enivrantes », ainsi que l'implantation d'une école « sur chaque réserve » selon le désir des habitants[57].

Archibald présenta les signatures de chaque traité en soulignant l'engagement de la Couronne d'offrir la « justice pour tous », ainsi que la promesse du Dominion de rechercher le « bien pour toutes les races ». Il affirma que la Reine, « même si elle devait croire qu'il soit bon pour vous d'adopter des habitudes civilisées, elle n'a pas l'intention de vous y forcer. Cela, elle le laisse à votre discrétion : vous n'avez pas à vivre comme l'homme blanc ». Accentuant ce point, il affirma que les réserves fournissaient une abondance de terre pour leur usage perpétuel, soit pour l'agriculture soit pour la chasse[58]. Le commissaire Simpson rappela dans son discours aux Premières Nations, et dans son rapport au ministre, qu'il avait fallu un certain nombre d'efforts pour convaincre les chefs de bande que leurs demandes étaient à son sens excessives, comme par exemple l'exigence, dans la zone du traité n° 1, d'une réserve de terre qui couvrirait les deux tiers de la province. Il nota également que les Métis établis en bordure de la rivière Assiniboine, bien qu'éligibles pour des concessions foncières en vertu de la Loi sur le Manitoba, avaient été contrecarrés dans leurs tentatives de gagner des réserves de terre[59].

Bien qu'Archibald et Simpson exprimèrent au nom de la Reine Victoria leurs meilleurs sentiments aux Autochtones, le gouvernement qu'ils représentaient négligea rapidement ses obligations découlant des traités, ce qui provoqua une certaine agitation parmi les Premières Nations signataires dans les quatre années qui suivirent. Ces tensions entraînèrent la révision des traités dès avant 1875. Comme l'admit Alexander Morris, successeur d'Archibald et de Simpson : « Certaines promesses verbales... ne furent pas inscrites au texte des traités, ni ne furent reconnues ou mentionnées quand les traités furent ratifiés par le Conseil Privé ». Un mémorandum, subséquemment signé, vint augmenter la rente à cinq dollars par habitant et stipula des gratifications particulières pour les chefs et les conseillers[60].

Deux autres traités furent signés avec les Premières Nations dans des zones qui furent incorporées au Manitoba avant les années 1880. Entre 1873 et 1876, Alexander Morris fut nommé lieutenant-gouverneur du Manitoba et des Territoires du Nord-Ouest et J. A. N. Provencher, Commissaire des Indiens. Le traité n° 3, l'entente de « l'angle nord-ouest », fut signé en 1873 principalement avec les bandes de Saulteaux du nord-ouest de l'Ontario. Ces négociations, qui portaient sur une zone de 124 450 kilomètres carrés, furent l'objet de demandes plus avisées de la part des Chefs, en partie parce qu'ils connaissaient la richesse en bois et en minerais des terres qu'ils possédaient, mais aussi parce qu'ils savaient que les signataires des traités n° 1 et n° 2 étaient déjà insatisfaits. Ils négocièrent ainsi de meilleures conditions, incluant une rente bonifiée à la hauteur de cinq dollars par personne, la concession d'une terre familiale de 640 acres (259 hectares), l'approvisionnement en équipement et fournitures pour l'agriculture et pour la pêche, ainsi que la promesse de pouvoir « poursuivre leurs activités de chasse et de pêche partout dans les territoires cédés[61] ». Cette promesse de l'accès aux droits de chasse et de pêche, qui n'était pas inédite dans les traités précédents à travers l'Amérique du Nord britannique, sera reproduite dans chacun des traités subséquents.

La dernière entente relative au Manitoba fut le traité n° 5, à savoir le « Traité de Winnipeg » de 1875-1876 (le traité n° 4 débordant sur le côté ouest de la province). Ce traité concernait les nations autochtones du nord des lacs Winnipegosis et Manitoba et un territoire d'une superficie de 259 000 kilomètres carrés, incluant à la fois les voies fluviales et les terres. Le traité était même plus précis que les précédents puisqu'il mentionnait les droits à la terre, les rentes, les écoles, la prohibition d'alcool, l'équipement et les fournitures pour l'agriculture. La portée du traité fut élargie en 1908 lorsque le reste du nord du Manitoba, un territoire d'environ 345 000 kilomètres carrés[62], fut inclus dans ses limites.

Les traités négociés entre 1871 et 1876 furent établis sur la reconnaissance de l'autonomie et l'importance des peuples autochtones qu'aucune administration future, aussi négligente ou perfide fut-elle, ne pourrait jamais nier. Les textes à eux seuls, nonobstant le riche contexte des ententes antérieures et le témoignage des débats qui avaient encadré les négociations, révèlent la complexité des traités. Il s'agissait d'ententes entre la Couronne (et non seulement le gouvernement du Canada) et les peuples autochtones. Le Canada s'obligeait à reconnaître ses obligations perpétuelles à travers des cérémonies et commémorations annuelles, le paiement des rentes, les engagements envers les droits fonciers des Autochtones et leur accès à la terre et aux voies fluviales pour assurer leur bien-être matériel et, en principe, le respect pour leur mode de vie actuel et futur. Les Premières Nations furent obligées de maintenir les traités en préservant la paix et en coopérant avec la colonisation et le développement. Tous les traités virent jour grâce à la volonté des peuples autochtones et des représentants de la Couronne de négocier, mais aussi grâce au concours essentiel de solides interprètes métis de la rivière Rouge, tels que James McKay et Charles Nolin, et du clergé catholique et protestant qui avait la confiance de plusieurs chefs autochtones[63]. Ces ententes préservèrent la structure du contrôle canadien du Nord-Ouest et du Manitoba, même si dans les faits, elle frôla l'écroulement pendant la Rébellion de 1885.

NOTES

1 L'Acte de l'Amérique du Nord britannique de 1867.

2 Voir Doug Owram, *The Promise of Eden*, Toronto, University of Toronto Press, 1980, et W.L. Morton, *The Critical Years : The Union of British North America 1857-1873*, Toronto, McClelland & Stewart, 1963.

3 Voir E.E. Rich, *The Fur Trade and the Northwest to 1857*, Toronto, McClelland & Stewart, 1967, W. L. Morton, *Manitoba : A History*, édition révisée, Toronto, University of Toronto Press, 1966, et, pour un ouvrage de synthèse plus récent, J.M. Bumsted, *Fur Trade Wars : The Founding of Western Canada*, Winnipeg, Great Plains, 2003.

4 E.H. Oliver, *The Canadian North-West*, I, Publications of the Canadian Archives, n° 9, Ottawa, Government Printing Bureau, 1915, 35ff, « minutes » p. 266-618.

5 Outre l'ouvrage précité de Morton, *Manitoba*, de même que *Substantial Justice : Law and Lawyers in Manitoba*, Winnipeg, Peguis Publishers, 1972, de Dale et Lee Gibson, les analyses les plus complètes ont été effectuées par G. A. Friesen (*The Canadian Prairies : A History*, Toronto, University of Toronto Press, 1985) et Gerhard Ens (*Homeland to Hinterland : The Changing Worlds of the Red River Metis in the Nineteenth Century*, Toronto, University of Toronto Press, 1996). Adoptant en partie une approche politique, Dale Gibson a récemment rédigé une histoire bien étoffée des dossiers judiciaires qu'il fait précéder d'une solide introduction : *Law, Life and Government at Red River, vol. I, 1812-1872*, Montréal, McGill-Queen's University Press, 2015.

6 Voir United Kingdom Parliament, « Select Committee... under the Administration of the Hudson's Bay Company », *Report*, Londres, 1857, passim. Parmi les témoins se trouvaient des hommes d'Église de la rivière Rouge, tels que le révérend David Anderson, le révérend G. O. Corbett, d'anciens résidents (Alexander Isbister et Dr. John Rae), des représentants canadiens (Alfred Roche et W.H. Draper) et britanniques.

7 *Report*, Londres, 1857, Appendix 15.

8 *Report*, Londres, 1857, Recommendations 7, 10, 12, 3.

9 John S. Galbraith, *The Hudson's Bay Company as an Imperial Factor 1821-1869*, Los Angeles, University of California Press, 1959, p. 341-354; Morton, *The Critical Years*, p. 30-40.

10 Galbraith, *The Hudson's Bay Company*, p. 355ff et p. 413ff, et Morton, *The Critical Years*, p. 60-63, p. 69-70.

11 McDougall, Canada, *Débats de la Chambre des communes*, 6 décembre 1867, p. 293.

12 United Kingdom Parliament, « Rupert's Land Act », p. 31-32 Victoria, c. 105, 1868, voir l'article 3.

13 Galbraith, *The Hudson's Bay Company*, p. 413-424; Morton, *The Critical Years*, p. 223-225, p. 233ff.

14 Les accords spécifiques furent imprimés sous les titres « Memorandum of Agreement » le 22 mars 1869, « Memorandum » des Présidents de la Chambre et du Sénat et « Deed of Surrender » les 29 et 31 mai 1869, dans Oliver, *The Canadian North-West*, II, p. 949ff et p. 945ff.

15 Canada, *Débats de la Chambre des communes*, 1869 : Cartier, le 28 mai 1869, McDougall, le 28 mai 1869, Galt, le 28 mai 1869, John A. Macdonald, le 4 juin 1869, John Rose, le 9 juin 1869, A. Mackenzie et L. H. Holton, le 18 juin 1869.

16 Morton, *Manitoba*, p. 118-120; William McDougall à J. S. Dennis, le 10 juillet 1869 et Dennis à McDougall, le 21 août 1869, dans Canada, *Sessional Paper #12*, 1870; MacTavish à Taché, le 4 septembre 1869, dans Canada, « Committee… », 1874. Les modes de communication entre Ottawa et la rivière Rouge étaient problématiques. Le courrier ordinaire pouvait prendre plusieurs semaines pour être acheminé, tandis que le télégraphe devait passer par les États-Unis et ensuite être acheminé par une marche de trois jours dans l'Assiniboia. Voir D.N. Sprague, *Canada and the Metis*, Waterloo, Wilfrid Laurier University Press, 1988, p. 44.

17 Joseph Howe, secrétaire d'État, à William McDougall, Lt.-Gov. le 29 septembre 1869, « Papers Relating to Canada 1867-1874 », *Irish University Press Series of British Parliamentary Papers*, Shannon, Irish University Press, 1968, vol. 27 et Oliver, *The Canadian North-West*, II, p. 878-880.

18 Murray Beck, *Joseph Howe, vol. II : The Briton Becomes Canadian*, Montreal, McGill-Queen's University Press, 1983, p. 255-263; Howe à la Chambre des communes, le 21 février 1870; Howe à McDougall, le 19 octobre 1869, *Débats de la Chambre des communes*, 1870, p. 1473.

19 Conseil d'Assiniboia, procès-verbal, le 19 octobre 1869, « Address to Governor McDougall », dans Oliver, *The Canadian North-West*, I, p. 610-613, p. 613-614.

20 Le succès de ce groupe en particulier, tributaire de la vie politique complexe des Métis, a été analysé par Gerhard Ens : « Prologue to the Red River Resistance : Pre-liminal Politics and the Triumph of Riel », *Revue de la Société historique du Canada*, 5, 1994, p. 111-123.

21 John Bruce et Louis Riel à McDougall, le 21 octobre 1869, dans Oliver, *The Canadian North-West*, II, p. 880.

22 Conseil d'Assiniboia, procès-verbal, le 25 octobre 1869, dans Oliver, *The Canadian North-West*, I, p. 616-618.

23 MacTavish à W. McDougall, le 30 octobre 1869, dans Oliver, *The Canadian North-West*, II, p. 884-887.

24 Morton, *Manitoba*, p. 121-123; J. S. Dennis à McDougall, le 27 octobre 1869, dans Oliver, *The Canadian North-West*, II, p. 881-883; McDougall à Howe, le 4 novembre 1869, *British Parliamentary Papers*, 27, Canada 1867-1874; McDougall à MacTavish, le 2 novembre 1869, dans Oliver, *The Canadian North-West*, II, p. 887-889.

25 L'enchaînement des événements peut être reconstitué dans : W.L. Morton (dir.), *Alexander Begg's Red River Journal*, Toronto, Champlain Society, 1956, 163ff, ainsi que dans l'ouvrage d'Alexander Begg, *The Creation of Manitoba*, Toronto, 1871, chap. 1-3.

26 Voir Galbraith, *The Hudson's Bay Company*, p. 426-427; *British Parliamentary Papers*, 27, Canada 1867-1874, Granville à Young, le 25 novembre et le 30 novembre 1869.

27 Howe à McDougall, le 19 novembre 1869 dans *British Parliamentary Papers*, 27, Canada 1867-1874; Macdonald à McDougall, le 27 novembre 1869; Bibliothèque et archives du Canada (BAC), Fonds William McDougall, Howe à McDougall, le 29 novembre 1869.

28 Le texte est disponible dans divers ouvrages. Voir Oliver, *The Canadian North-West*, II, p. 893-895. Pour les ordres donnés subséquemment au colonel J.S. Dennis et la seconde « proclamation » affirmant l'autorité de Dennis, voir « Commission Appointing Col.

Dennis », le 1er décembre 1869, « Proclamation », le 2 décembre 1869, dans Oliver, *The Canadian North-West* II, p. 896-898 et p. 898-899.

29   Proclamation, le 6 décembre 1869, dans Oliver, *The Canadian North-West*, II, p. 899-900.

30   Joseph Howe à William McDougall, le 7, 11 et 24 décembre 1869; McDougall à Howe, le 16 décembre 1869, le 1er janvier 1870 et le 20 janvier 1870, Canada, Chambre des communes, *Sessional Paper #12*, 1870.

31   Howe à McDougall, le 7 décembre 1869, Canada, Chambre des communes, *Sessional Paper #12*, 1870; Howe au R. P. J.-B. Thibault, le 4 et 6 décembre 1869, Canada 1874, p. 190.

32   Joseph Howe au R. P. Thibault, le 4 décembre 1869, dans Canada, *Sessional Paper*, 1874; Howe à Smith, le 10 décembre 1869, BAC, Fonds William McDougall, Commission envoyée à Donald A. Smith, le 17 décembre 1869, dans Oliver, *The Canadian North-West*, II, p. 906-907.

33   Voir la « Liste des Droits », décembre 1869, publiée à de nombreuses reprises : Morton (dir.), *Alexander Begg's Red River Journal*, p. 193ff, et Begg, *Creation of Manitoba*, p. 110ff. J. M. Bumsted souligne avec justesse que cette liste, souvent décrite comme la première Liste de Droits, était en fait la deuxième version d'une liste plus courte rédigée en novembre par le Conseil des Vingt-Quatre (Bumsted, *Red River Rebellion*, Winnipeg, Great Plains, 1996, p. 93-95).

34   « Declaration of the People of Rupert's Land and the North-West », signée par John Bruce, président, et Louis Riel, secrétaire, le 8 décembre 1869, dans Oliver, *The Canadian North-West*, II, p. 905-906. Le catholicisme conservateur du document est expliqué par Thomas Flanagan dans « Political Theory of the Red River Resistance : The Declaration of December 8, 1869 », *Revue canadienne de science politique*, 11, 1, 1979, p. 153-164; l'historien du droit Dale Gibson est d'avis que le document était légal, puisque le gouvernement provisoire avait passé les trois principaux tests de légitimité pour ce type de gouvernement (*Law, Life and Government at Red River*, vol. I, p. 243-244).

35   Le récit de la bataille des fanions se trouve dans : Morton (dir.), *Alexander Begg's Red River Journal*. Pour mars 1870, voir p. 361-362 et p. 372-374.

36   Voir notamment Begg, *Creation of Manitoba*, passim, et D.N. Sprague, *Canada and the Metis*, p. 33-52.

37   Begg transcrivit la deuxième liste dans l'ouvrage de Morton (dir.), *Alexander Begg's Red River Journal*, p. 291-295, réimprimé sous le nom de « Second List of Rights », dans Morton, *Manitoba*, Appendix I, p. 242-244.

38   Des témoignages de première main se retrouvent dans D.A. Smith, sous forme dramatisée (« Report... », Canada, *Sessional Paper #12*, 1870), et dans Morton (dir.), *Manitoba : Birth of a Province*, p. 38-42. Voir aussi le rapport plus neutre de Begg dans Morton (dir.), *Alexander Begg's Red River Journal*, le 3-9 mars 1870, p. 327-332. Bumsted a étudié la question dans *Thomas Scott's Body*, Winnipeg, University of Manitoba Press, 2000, p. 3-10 et p. 197-209.

39   Thomas Bunn, secrétaire du gouvernement provisoire, R. P. N.-J. Ritchot, le 22 mars 1870, dans Canada, *Select Committee...*, 1874, p. 71.

40   L'épisode a été raconté dans le journal du R. P. N.-J. Ritchot daté d'avril 1870, que l'on peut retrouver dans Morton, *Manitoba*, p. 133-136 et l'indispensable texte de Philippe Mailhot, « Ritchot's Resistance : Abbé Noël Joseph Ritchot and the Creation and Transformation of Manitoba », thèse de doctorat, University of Manitoba, 1986.

41 D.A. Smith, «Report» Canada, *Sessional Paper # 12*, 1870, et Smith à J. Howe, le 12 avril 1870.

42 Journal de N.-J. Ritchot, le 27 avril 1870, dans Morton, *Manitoba*, p. 140; voir aussi Thomas Flanagan, *Métis Lands in Manitoba*, Calgary, University of Calgary Press, 1991, p. 33-34.

43 Stafford Northcote, «Diary», le 29 avril 1870, dans Morton, *Manitoba*, p. 91 et Patricia Phenix, *Private Demons : The Tragic Personal Life of John A. Macdonald*, Toronto, McClelland & Stewart, 2006, p. 204-205.

44 Voir les écritures du journal de Northcote et Ritchot de la fin d'avril au début de mai 1870 dans Morton (dir.), *Manitoba*, p. 90-101 et p. 139-143.

45 John A. Macdonald, Chambre des communes, *Débats*, session de l'après-midi, le 2 mai 1870, p. 1303-1304.

46 Alexander Mackenzie, William McDougall, Francis Hincks, Joseph Howe et Louis-R. Masson, Chambre des communes, *Débats*, le 2 mai 1870, déclarations de Mackenzie citées à la page 1306.

47 Chambre des communes, *Débats*, le 21 février 1870 et le 7 mai 1870, déclarations de Mackenzie citées à la page 1414.

48 Chambre des communes, *Débats*, McDougall et Howe, le 9 mai 1870.

49 Morton, *Manitoba*, 142. Voir Oliver, *The Canadian North-West, II*.

50 Grande-Bretagne, Parlement, *British North America Act*, c. 28, 1875.

51 G. F. G. Stanley, *Toil and Trouble : Military Expeditions to Red River*, Toronto, Dundurn, 1989, p. 160-170; David W. Grebstad avance que l'expédition était une forme primitive d'occupation par l'État («Rowboat Diplomacy : The Dominion of Canada's Whole of Government Approach to the Red River Rebellion», *Revue militaire canadienne*, 13, 3, 2013, p. 57-66).

52 Voir la lettre de nomination dans : E. A. Meredith, sous-secrétaire d'État, à A. G. Archibald, 4 août 1870, dans Oliver, *The Canadian North-West, II*, p. 974.

53 Chester Martin, «The First 'New Province' of the Dominion», *Canadian Historical Review*, 1, 4, 1920, p. 377; l'exposition plus détaillée de son argumentation se trouve dans *The Natural Resources Question*, Winnipeg, King's Printer, 1920.

54 J. R. Miller, *Compact, Contract, Covenant : Aboriginal Treaty-Making in Canada*, Toronto, University of Toronto Press, 2009, p. 155; sur les conditions des Autochtones, voir James Daschuk, *Clearing the Plains : Disease, Politics of Starvation, and the Loss of Aboriginal Life*, Regina, University of Regina Press, 2013.

55 Miller, *Compact, Contract, Covenant*, chap. 6; Friesen, *The Canadian Prairies*, chap. 5; et Aimée Craft, *Breathing Life into the Stone Fort Treaty : An Anishinabe Understanding of Treaty One*, Saskatoon, Purich, 2013.

56 Outre les résumés disponibles dans Miller et Friesen, se reporter à Alexander Morris, *The Treaties of Canada with the Indians of Manitoba and the North-West Territories*, Toronto, Belford, Clarke & Co. 1880, 15 ff, ainsi qu'une page web du gouvernement du Canada, Canada, Affaires autochtones et du Nord Canada (AANDC), «Les Traités au Manitoba», 2015 : <https://www.aadnc-aandc.gc.ca/fra/1100100020406/1100100020407>. Les premières frontières du Manitoba, qui ne couvraient que 33 000 kilomètres carrés, s'étendirent sur 189 000 kilomètres carrés en 1881.

57 De plus amples détails se retrouvent dans « Canada, AANDC, Textes des traités – Traités n°s 1 et 2, 2013: <https://www.aadnc-aandc.gc.ca/fra/1100100028664/1100100028665> et AANDC, « Les Traités au Manitoba ».

58 Voir « Canada, AANDC, Textes des traités – Traités n°s 1 et 2 » et « Les Traités au Manitoba ». Une discussion des négociations est reproduite dans Morris, *The Treaties of Canada*, p. 28-29.

59 Morris, *The Treaties of Canada*, qui cite Archibald à Howe, le 20 juillet 1871, p. 33-35 et le 3 novembre 1871, p. 37-43.

60 Morris, *The Treaties of Canada*, p. 126-127.

61 AANDC, «Textes des traités – Traité No 3 » et « Les Traités au Manitoba ».

62 *Ibid.*

63 Miller, *Compact, Contract and Covenant*, p. 184-186.

7

« Les intérêts de la Confédération » : la Colombie-Britannique et la Confédération

PATRICIA E. ROY

> *Les promesses [du Canada] envers la Colombie-Britannique reflétaient moins les besoins de la Colombie-Britannique que les intérêts de la Confédération.*
>
> Colonist de Victoria, 20 juillet 1871

Le 14 mai 1870, à Victoria, trois hommes, Joseph W. Trutch, Dr Robert W.W. Carrall et Dr John S. Helmcken, spécialement choisis par le gouverneur Anthony Musgrave – lui-même nommé par John A. Macdonald – entreprirent un voyage de cinq jours à bord du bateau *Active* en direction de San Francisco. La construction de l'Union Pacific Railroad venait d'être achevée et c'est par ce moyen que les trois hommes se rendirent directement à Chicago. Ils prirent ensuite le chemin de fer le Grand Tronc qui les mena à Ottawa, où ils devaient s'entretenir avec le premier ministre Macdonald et le conseil des ministres sur les «conditions justes et équitables» de l'entrée de la Colombie-Britannique au sein de la Confédération. Henry Seelye, journaliste au *Victoria British Colonist*, les accompagnait. Sous les ordres de John Robson, rédacteur en chef du journal, Seelye devait tenter d'influencer le gouvernement canadien, particulièrement son compatriote

183

Néo-Brunswickois S.L. Tilley, pour que les conditions de l'union prévoient la mise en place d'un gouvernement responsable. Macdonald était gravement malade[1] et c'est George-Étienne Cartier, le premier ministre par intérim, qui accueillit les Britanno-Colombiens. Macdonald avait cependant déjà jeté les fondements d'une nation canadienne s'étendant d'« un océan à l'autre ».

L'idée d'une Amérique du Nord britannique à l'échelle du continent n'était pas neuve. Mais, pour la Colombie-Britannique, l'histoire qui lui est associée commença en 1864 à la Conférence de Québec. Lors de cette conférence, George Brown proposa que les 72 Résolutions de Québec prévoient « l'admission, sous des conditions équitables, des Territoires du Nord-Ouest, de la Colombie-Britannique et de [l'île de] Vancouver dans l'union ». La motion fut adoptée à l'unanimité[2] et devint ainsi l'article 146 de l'Acte de l'Amérique du Nord britannique en 1867. Ce dernier article ne faisait toutefois pas référence à l'île de Vancouver; un an auparavant, celle-ci avait en effet été contrainte par le gouvernement britannique de s'annexer à la Colombie-Britannique, c'est-à-dire à la colonie continentale, afin de réaliser, comme l'espérait le gouvernement impérial, des économies sur les dépenses administratives. De fait, à cette époque, les deux colonies voyaient leurs revenus et leurs populations décliner et leurs dettes s'accroître[3]. En 1867, la population non-autochtone de la colonie unie s'estimait au mieux à 15 000 habitants et continuait de s'affaisser. La colonie enregistrait également une dette de 1 300 000 $ qui résultait en grande partie de la construction routière dans sa partie continentale[4]. Celle-ci jalousait par ailleurs la domination commerciale de Victoria. Pour sa part, l'île s'offusquait de la perte de son nom, de son statut de port libre de Victoria et de son gouvernement représentatif – bien que non responsable. Elle devait maintenant se contenter d'une constitution similaire à celle de la colonie continentale qui prévoyait un Conseil législatif au sein duquel un gouverneur choisissait quatorze des vingt-trois membres. Néanmoins, certains désiraient maintenir le statu quo, alors que d'autres abondaient dans le sens du changement, qu'il s'agisse de l'annexion aux États-Unis ou de l'intégration au Canada.

S'annexer n'était pas une idée si farfelue. Après tout, la communication avec le monde extérieur se faisait essentiellement par San Francisco. En outre, la colonie se trouvait coincée entre deux territoires américains depuis l'acquisition de l'Alaska par les États-Unis en 1867. Au moins deux pétitions en faveur de l'annexion circulaient à Victoria, mais non dans la colonie continentale; elles récoltèrent avant tout les signatures d'Européens et d'Américains. Ces pétitions attirèrent peu l'attention de Washington, DC[5]. Elles encouragèrent néanmoins le Bureau des Colonies à promouvoir vigoureusement la Confédération et étayèrent l'argument du Canada en faveur de l'entrée de la Colombie-Britannique au sein de la Confédération.

Les partisans du statu quo exerçaient une influence plus importante malgré leurs effectifs restreints. En effet, grâce à leur chef de file, le gouverneur Frederick Seymour, ils dominaient le gouvernement. Cependant, les efforts que le gouverneur avait investi dans l'élaboration de l'union des colonies avait affecté sa santé, ce qui ne le disposait pas à faire face aux problèmes liés à la création d'une nouvelle union[6]. Bien qu'il ne s'opposait pas à la Confédération en soi, ce contexte peut contribuer à expliquer sa réticence. Les fonctionnaires qui formaient la majorité au Conseil législatif étaient également en faveur du statu quo; en faisaient partie Trutch, d'origine anglaise, ingénieur et arpenteur, et commissaire principal des terres et des travaux publics, ainsi que des officiers de la marine royale et d'anciens employés de la Compagnie de la Baie d'Hudson (CBH). Par exemple, le docteur Helmcken, venu à Victoria en 1850 à titre de chirurgien de la CBH, considérait que l'entrée dans la Confédération équivalait à « un autre saut dans le vide » compte tenu de la distance qui séparait la région du Canada d'une part, et des droits de douane plus élevés d'autre part[7]. De hauts fonctionnaires, comme le juge Matthew Baillie Begbie, craignaient de perdre leur poste et leur régime de pension. Les officiers britanniques, dans leur majorité plus instruits et de classes sociales supérieures aux Canadiens, tenaient ces derniers pour de petits économes étroits d'esprit et sans envergure, tels des « Chinois d'Amérique du Nord[8] ».

La pression en faveur de la Confédération

Les Canadiens étaient sans aucun doute numériquement minoritaires en Colombie-Britannique, mais ils comptaient à leur nombre deux rédacteurs de journaux très influents : Amor De Cosmos et John Robson. De Cosmos, né William Smith et originaire de Windsor en Nouvelle-Écosse, considérait que Joseph Howe était un héros pour avoir défendu le libéralisme britannique. Ayant changé de nom quelques années auparavant, il s'était rendu à Victoria en 1858 et avait fondé le *Colonist*[9]. Ses premiers

Amor De Cosmos
Membre du Conseil législatif (Colombie-Britannique)

10 MARS 1870

> Je suis pour la Confédération, pourvu que les conditions financières soient justes et que les autres conditions contribuent à l'avancement et à la protection de notre industrie. Si nous ne pouvons obtenir des conditions favorables, mais je crois que nous le pouvons, ce sera au peuple de ce pays de décider si nous devons vivre dans l'isolement ou chercher à vivre au sein d'une autre union qui nous serait plus favorable.

PRISE DE POSITION 7.1
Citation : Colombie-Britannique, Conseil législatif, 10 mars 1870. Source : Colombie-britannique, *Legislative Council : Debates on the Subject of Confederation with Canada*, Victoria, William H. Cullin, 1912, p. 38. Photographe : Royal BC Museum and Archives, Image A-01224.

éditoriaux réclamaient la mise en place d'un gouvernement responsable et d'une fédération des colonies d'Amérique du Nord britannique. En 1863, il devint député élu de l'Assemblée législative de l'île et vendit le *Colonist* pour se concentrer davantage sur sa carrière politique. Au congrès réformiste de Toronto en juin 1876, son appel pour l'entrée de la Colombie-Britannique au sein de la Confédération reçut un chaleureux accueil[10]. L'autre rédacteur clé était John Robson, originaire de Perth au Canada-Ouest. Dès 1862, dans le *British Columbian* de New Westminster, Robson avait déclaré que les provinces d'Amérique du Nord britannique devaient être unies « au sein d'une seule Confédération qui s'étendrait d'un océan à l'autre[11] ». Il souhaitait également qu'un gouvernement responsable soit mis en place.

Le 18 mars 1867, le Conseil législatif de la Colombie-Britannique adopta à l'unanimité une motion proposée par De Cosmos suivant laquelle, en raison des événements en Amérique du Nord britannique et au vu de l'opinion des Britanno-Colombiens, Seymour devait immédiatement adopter les mesures nécessaires pour l'entrée de la Colombie-Britannique dans la Confédération en fonction de « conditions justes et équitables[12] ». D'après le Dr Helmcken, les membres du Conseil s'attendaient à ce que le Canada couvre toutes les dépenses encourues par la Colombie-Britannique (dettes incluses) et « lui procure des bénéfices supplémentaires[13] ». Seymour ne soumit pas la résolution au Canada; il l'envoya en fait plus tard à Londres et la présenta comme le « moyen d'expression d'une communauté découragée en quête de changement ». Il avança de façon ambigüe que lui-même et les habitants de la colonie désiraient établir « un lien très étroit avec la Confédération dans l'est, voire même entrer dans celle-ci », bien que l'ouverture d'une route à travers un massif montagneux fortement « accidenté » serait difficile[14]. Le Bureau des Colonies répliqua que l'union ne pourrait avoir lieu que lorsque le Canada ferait l'acquisition de la Terre de Rupert[15].

Le 22 janvier 1868, Tilley, le ministre canadien des douanes, envoya un télégramme à H.E. Seelye, journaliste au *Colonist*, afin de lui faire savoir que le Canada n'avait reçu aucune nouvelle de la Colombie-Britannique[16]. Une semaine plus tard, on lut le télégramme lors d'une séance publique à Victoria et il y fut décidé que le Canada devait demander au gouvernement impérial de sommer Seymour d'entamer les négociations avec le Canada[17]. Parmi les conditions proposées pour rejoindre l'union, on demandait que le Canada assume la responsabilité de la dette (estimée à 1 500 000 $), octroie des subventions (fixes et par habitant), mette en place un gouvernement responsable et, surtout, construise dans un délai de deux ans une route de wagon à partir du point de départ de la navigation sur le fleuve Fraser jusqu'au lac Supérieur[18]. Le 7 mars 1868, le conseil des ministres canadien pria le Secrétaire aux Colonies d'ordonner à Seymour « de prendre des mesures adéquates » afin que le Conseil législatif agisse en faveur de la Confédération[19].

Deux semaines plus tard, Seymour informa le Conseil qu'il appuyait la Confédération. L'union favoriserait la communication avec le Canada, mais ne pourrait se réaliser qu'une fois la Terre de Rupert acquise par le Canada[20]. Le lendemain, Tilley télégraphia que le Canada avait entamé des discussions avec le gouvernement impérial au sujet de l'entrée de la Colombie-Britannique au sein de la Confédération. Il ajouta également que le Conseil devait envoyer une adresse à Sa Majesté en faveur de l'union[21]. Des assemblées publiques à New Westminster et à Yale demandèrent à Seymour de communiquer au Conseil la nécessité d'une union immédiate, dans de « bonnes et équitables conditions[22] ».

Lorsque Seymour négligea de donner suite à la requête des assemblées publiques, De Cosmos présenta une motion en faveur de l'entrée « sans délai » de la Colombie-Britannique au sein de la Confédération. Il proposa des termes comprenant les dispositions financières, la construction « d'une bonne route de wagon » du Lac Supérieur jusqu'au point de départ de la navigation sur le fleuve Fraser, un nombre de députés au Parlement fédéral et le transfert des postes des fonctionnaires coloniaux à la fonction publique fédérale (dans la mesure où leurs fonctions étaient compatibles avec celles qui incombaient aux pouvoirs fédéraux). Or, les membres nommés du Conseil adoptèrent un amendement qui spécifiait que, ne connaissant pas suffisamment « le fonctionnement pratique de la Confédération », il leur était par conséquent impossible de définir les termes les plus avantageux. Seuls De Cosmos, Robson et deux autres députés élus s'opposèrent à l'amendement[23]. Fort de cette division dans les opinions, Seymour eut beau jeu de reporter le débat sur la Confédération[24].

En septembre 1868, vingt-six personnes n'appartenant pas au Conseil et issues de l'ensemble des communautés de la Colombie-Britannique se réunirent pour une durée de trois jours à Yale, point de départ de la navigation sur le fleuve Fraser. Joshua Thompson, de Barkerville, affirma que

« la colonie était presque unanimement en faveur de la Confédération ». Les délégués se plaignirent cependant que le gouverneur et ses conseillers « s'opposaient à l'amélioration du bien-être de la colonie » et réclamèrent de Seymour qu'il s'applique à obtenir l'entrée de la Colombie-Britannique dans la Confédération sous des conditions favorables, ou qu'il explique publiquement les raisons prohibant cette initiative[25].

À Victoria, les résolutions de la Convention de Yale furent sujettes à de nombreuses moqueries, car « un homme de couleur », et de surcroît américain, comptait au nombre des délégués[26] : il s'agissait de Mifflin Wistar Gibbs, ancien membre du Conseil municipal de Victoria. Seymour fit parvenir les résolutions de Yale à Londres. Il envoya également des coupures du *Colonist* pour souligner la divergence d'avis parmi les habitants de Victoria. Il mentionna également qu'il ne voyait pas comment mettre en place un gouvernement responsable[27]. Néanmoins, le 17 décembre 1868, dans une allocution qui faisait lieu de discours du Trône, Seymour reconnut le soutien populaire dont jouissait la Confédération. Il avança que tous les Anglais « se réjouiraient de voir un État vaste s'étendant depuis l'Atlantique jusqu'au Pacifique, portant toujours l'Union Jack », mais il ajouta que des obstacles considérables se présentaient[28]. L'adresse en réponse à son discours démontra une réelle satisfaction sur le déroulement des discussions entourant la Confédération[29].

La situation au Conseil changea légèrement au lendemain des élections de l'automne de 1868. Les électeurs de l'île rejetèrent les partisans de la Confédération, dont De Cosmos. Seymour, qui avait truqué les résultats en octroyant le droit de vote aux étrangers et aux non-propriétaires, déclara que le soutien à la Confédération n'était pas largement répandu. Il omit de mentionner cependant que les partisans de la Confédération avaient obtenu une majorité lors des élections tenues dans la colonie continentale, et que la presse était unanimement en faveur de la Confédération. Parmi les députés élus de la colonie continentale se trouvaient Robson et Robert William Weir Carrall, médecin à Barkerville et originaire de Woodstock (Canada-Ouest). Ce dernier déclara que « nous relierons les deux extrémités de ce continent par un ruban d'hommes intelligents, énergiques et sensibles, et, plus tard, une ligne de chemin de fer suivra ». À Cariboo, les élections portèrent entièrement sur la Confédération[30]. Or, les personnes nommées par Seymour dominaient toujours le Conseil législatif. Le 17 février 1869, le Conseil adopta une résolution, à onze voix contre cinq, déclarant la Confédération indésirable, bien qu'elle fut « réalisable » et pria la Grande-Bretagne de ne prendre aucune mesure décisive pour l'entrée de la Colombie-Britannique au sein de la Confédération[31].

Selon Donald Creighton, la Colombie-Britannique demeura une « idée très lointaine » pour Macdonald jusqu'au moment où le Canada acquit la Terre de Rupert, jadis possession de la CBH, en avril 1869[32]. Carrall et maints autres, dont Seelye, continuaient de rappeler à Macdonald les sentiments favorables en Colombie-Britannique pour l'entrée de cette dernière au sein de la Confédération. En mai 1869, Macdonald demanda au Bureau des Colonies de rappeler Seymour car, selon lui, la Colombie-Britannique avait besoin d'un « homme de bonne foi » au « gouvernail ». Ce brave homme s'avéra Anthony Musgrave qui avait milité, mais en vain, pour la cause de la Confédération à Terre-Neuve[33]. Il se révéla inutile de rappeler Seymour qui avait déjà demandé à être relevé de ses fonctions pour cause de maladie : il s'éteignit le 10 juin 1869 à Bella Coola lors d'un séjour sur la côte[34]. La nouvelle de sa mort se propagea le 14 juin à Victoria et fut immédiatement télégraphiée à Londres. Le lendemain, le Bureau des Colonies informa les Britanno-Colombiens que leur nouveau gouverneur était Musgrave.

Musgrave arriva en août, muni des instructions du Bureau des Colonies, celui-ci conforté que « l'opinion dominante » en Colombie-Britannique favorisait la Confédération; suivant ces directives il devrait, lorsque les circonstances le commanderaient, informer le peuple que le gouvernement de Sa Majesté appuyait ce projet[35]. Musgrave constata que les habitants étaient en faveur de la Confédération sur la foi « de conditions justes et équitables ». À telle enseigne, le Conseil municipal de New Westminster le reçut officiellement à titre « de solide défenseur de la Confédération[36] ». Le 20 octobre 1869, il publia ses instructions dans le *Government Gazette*. Certains conseillers législatifs s'offusquèrent du fait que Musgrave les publie avant de les présenter devant le Conseil, mais aussi de la démarche prise par un membre anonyme du conseil des ministres du Canada (selon toute vraisemblance Tilley) qui avait écrit à un Britanno-Colombien (probablement Seelye) que : « le Canada s'attend à enregistrer des pertes d'argent pendant plusieurs années suite à l'entrée de la Colombie-Britannique [à l'intérieur de la Confédération], et il est prêt à la traiter très libéralement[37] ».

Robert William Weir Carrall
Membre du Conseil législatif (Colombie-Britannique)

11 MARS 1870

Prise de position 7.2
Citation : Colombie-Britannique, Conseil législatif, 11 mars 1870. Source : Colombie-britannique, *Legislative Council : Debates on the Subject of Confederation with Canada*, Victoria, William H. Cullin, 1912, p. 48. Photographe : Studio Topley, Bibliothèque et Archives Canada, PA-026366.

“ Je vous le demande : mais qui sont les partisans de la Confédération? Le peuple, sans aucun doute. Et nous, le peuple de cette colonie, aurions-nous pu faire de la Confédération un succès sans que le gouvernement ne lance le débat? ”

191

Les fonctionnaires coloniaux qui craignaient de perdre leur emploi, de même que les agriculteurs qui redoutaient que le tarif canadien soit insuffisant pour les protéger contre la concurrence américaine, se rangeaient les premiers parmi les adversaires de la Confédération. Musgrave se rendit compte que la question n'intéressait guère les immigrants britanniques, alors que les sujets non-britanniques favorisaient pour leur part l'annexion aux États-Unis. Il réussit toutefois à convaincre le Conseil des avantages de la Confédération en garantissant aux fonctionnaires un poste au sein des gouvernements canadien ou provincial, ainsi que leur fond de retraite. Il nomma également deux députés élus du Conseil législatif à son Conseil exécutif : les Drs Carrall et Helmcken. Musgrave mentionna, lors d'une conversation privée avec Helmcken, que le gouvernement de Sa Majesté favorisait la Confédération, mais qu'il voulait l'union « si et seulement si les Britanno-Colombiens le désiraient… sans exercer de pression indue sur le Conseil ou la législature… Le gouvernement canadien souhaite l'entrée de la Colombie-Britannique. Ils [les gouvernements britannique et canadien] craignent que, laissée à elle-même, elle ne choisisse de s'annexer aux États-Unis et les clameurs pour l'annexion les rendent anxieux[38] ».

Musgrave et son conseil esquissèrent par la suite les conditions de l'union. Ils n'avaient comme modèles que les conditions accordées aux autres provinces[39]. Musgrave s'étant cassé la jambe, la responsabilité de lire le discours d'ouverture du Conseil législatif, le 15 février 1870, incomba à Philip Hankin, le secrétaire de la colonie. Il émit l'avis que « l'examen attentif » de l'union avec le Canada ne pouvait « plus être reporté par respect au gouvernement de Sa Majesté, ou des bénéfices qu'en tirerait la colonie… selon certaines conditions, qui… ne seraient pas difficiles à atteindre, et qui seraient très avantageuses s'il y avait une union ». Musgrave suggéra l'adhésion d'autres députés élus au Conseil, mais il ne croyait pas que ce qu'on appelait communément le « gouvernement responsable » convienne à une « communauté si jeune[40] ».

Avant le début des débats, Musgrave informa le gouverneur général du Canada que les conditions seraient adoptées « comme une mesure du gouvernement » en raison du fait que « l'opinion est tellement divisée » parmi les députés élus du Conseil. Il l'avertit « il est douteux, s'il s'agissait de lui faire subir une modification quelque peu importante, qu'il y consentirait » et que le gouvernement canadien devait « se préparer à être libéral s'il désire l'union[41] ».

Les débats sur les conditions de l'union

Le 9 mars 1870, le débat sur l'élaboration des conditions de l'union commença, ce que le procureur général Henry Crease décrivit comme « la Confédération ou rien ». Personne ne rejetait la Confédération en soi, mais le Conseil en discuta les tenants et les aboutissants pendant onze jours[42]. Le nombre d'heures dédiées au sujet révèle bien que l'instauration d'un gouvernement responsable était l'enjeu le plus controversé. Peu s'opposaient au principe du gouvernement responsable, mais le timing soulevait des opinions divergentes. Le gouvernement responsable devait-il être une condition sine qua non ou devait-on le reporter jusqu'à ce que la population s'accroisse et que la province soit en mesure de l'exercer ? Robson avança que si le gouvernement responsable n'était pas mis en place en Colombie-Britannique, la région connaîtrait un soulèvement semblable à celui de la rivière Rouge. La perspective de Carrall reflétait cependant davantage l'opinion parmi les membres du Conseil. Pour lui, le gouvernement responsable était « la meilleure forme de gouvernement et la plus sage, mais il ne convenait pas à cette colonie » dont la population était réduite et dispersée[43]. Le Conseil décida que la constitution de la législature devait rester inchangée jusqu'à disposition contraire sous l'égide de l'Acte d'Amérique du Nord britannique. Ce qui revenait à dire, comme l'observa Helmcken parmi d'autres, que « le peuple peut obtenir un gouvernement responsable quand il le désire[44] ».

Les droits de douane portaient par ailleurs à controverse. Helmcken prévint que le tarif canadien nuirait aux agriculteurs et que « le gouvernement local perdrait le pouvoir de réglementer et d'encourager les secteurs » dont dépendait la prospérité de la colonie[45]. Trutch répondit que la Confédération serait bénéfique pour le Canada seulement si elle l'était également pour la Colombie-Britannique. Il soutint que celle-ci pouvait décider des droits de douane[46]. Cet argument conquit alors le Conseil[47].

Les conditions financières étaient d'une extrême importance. Les termes proposés mentionnaient que le Canada devait assumer la responsabilité des dettes de la Colombie-Britannique (un peu plus d'un million de dollars). Le Canada devait également s'engager à octroyer une allocation compensatrice aux provinces dont la dette par habitant était inférieure à la moyenne. Il devait promettre des fonds annuels de 35 000 $ et une subvention de 80 cents par personne fondée sur une population théoriquement

John Sebastian Helmcken
Membre du Conseil législatif (Colombie-Britannique)

9 MARS 1870

PRISE DE POSITION 7.3
Citation : Colombie-Britannique, Conseil législatif, 9 mars 1870. Source : Colombie-britannique, *Legislative Council : Debates on the Subject of Confederation with Canada*, Victoria, William H. Cullin, 1912, p. 11. Photographe : Royal BC Museum and Archives, Image A-01351.

> La Confédération élargirait grandement le territoire du Dominion, mais s'il y avait une guerre, ce même territoire serait une source de faiblesse. C'est le peuple et non le territoire qui rend un pays fort et puissant. Pour être forte, une union doit être faite grâce au peuple et, à mon avis, cette condition est actuellement manquante.

établie à 120 000 habitants, puisque le nombre d'habitants en Colombie-Britannique était inconnu. Plusieurs politiciens avançaient qu'elle se chiffrait sans doute à environ 40 000 habitants. Helmcken s'attribua le mérite d'avoir proposé l'idée de calculer, en fonction des recettes douanières et suivant une formule compliquée, les conditions financières à partir d'un nombre fictif d'habitants[48]. Trutch, qui prêta main à l'élaboration des conditions, expliqua que le coût de la vie en Colombie-Britannique était plus élevé qu'au Canada et que la surestimation du nombre d'habitants pouvait rendre compte des « ressources non-développées ». Robson indiqua de son côté qu'une population de 120 000 permettrait à la Colombie-Britannique d'obtenir une plus grande représentation au Parlement[49]. Pour sa part, Henry Holbrook de New Westminster, magistrat et membre officiel du Conseil, souligna avec justesse qu'il ne pouvait y avoir « d'objection à recevoir autant de fonds que possible du Canada[50] ».

On savait bien qu'un jour ou l'autre le Canada relierait la côte britanno-colombienne au reste du pays par voie ferrée. Néanmoins, les conditions stipulaient seulement que le Canada devait « utiliser tous les moyens » à sa disposition pour construire le chemin de fer « dans les meilleurs délais ». L'arpentage devait commencer dans l'immédiat et, après trois années d'union, le Canada devait consacrer au moins un million de dollars par an à la construction du chemin de fer depuis la côte ouest en direction du réseau ferroviaire déjà existant[51]. Les routes et l'emplacement du terminus, de même que les doutes soulevés sur la capacité et la détermination du gouvernement canadien d'achever le chemin de fer, alimentèrent les discussions, présageant ainsi les débats futurs. Suite à un échange relativement bref, cette condition fut adoptée. Entre-temps, les Britanno-Colombiens réclamèrent des subventions pour un service de bateaux à vapeur pour le transport des passagers et le service postal vers Puget Sound et San Francisco. De plus, la construction d'un chemin carrossable reliant la route principale de la province à Fort Garry devait être achevée à l'intérieur d'un délai de trois ans. D'autres conditions, telles qu'exhorter la Grande-Bretagne à consentir un prêt pour la construction d'une cale sèche et l'entretien continu de la base navale d'Esquimalt, pour la création d'une commission géologique, ou pour encourager la mise en place d'une troupe de milices volontaires, furent acceptées sans discussion ou presque.

Les conditions élaborées ne mentionnaient pas les peuples autochtones. Leurs effectifs avaient diminué considérablement, un tiers d'entre eux étant décédés des suites de la variole en 1862[52]. La population coloniale se chiffrant en théorie à 40 000 (y compris les personnes d'origine chinoise), la population autochtone, estimée à environ 30 000 âmes, formait donc la majorité[53]. Les politiciens ne considéraient pas les Autochtones comme partie prenante du corps politique et par conséquent ne les consultèrent pas. Les deux motions les concernant dans les 131 pages des débats publiés n'occupent qu'une seule page. Holbrook demanda que les conditions de l'union spécifient la capacité des Autochtones à occuper les terres et à jouir d'une protection égale face à la loi. Abondant dans le même sens, Robson ajouta que la politique canadienne à leur endroit était bonne, et parce que « notre propre politique ne mérite même pas de s'appeler politique », il proposa d'étendre les politiques canadiennes à la Colombie-Britannique et d'établir les « organismes nécessaires » afin d'assurer « la gestion efficace des Affaires indiennes ». « Nous devrions », déclara-t-il, « apaiser les esprits parmi les Indiens et leur faire sentir que la Confédération leur sera encore plus bénéfique qu'à la population blanche ». Robson retira néanmoins son amendement et, malgré la mise en garde de Helmcken qui prédit « des conflits si les Indiens sont confinés à des réserves », le Conseil rejeta la motion de Holbrook à vingt contre un[54]. Ainsi, aucune clause relative aux peuples autochtones ne fut envoyée à Ottawa.

Enfin, le Conseil accepta de financer l'envoi d'une délégation choisie par Musgrave afin de négocier l'union à Ottawa. Trutch, leader officieux, représentait les « fonctionnaires » qui, à l'origine opposés à la Confédération, s'y étaient par la suite ralliés. Trutch avait également des investissements personnels dans l'île et dans la colonie continentale; Carrall, représentant cette dernière, avait toujours été en faveur de la Confédération; Helmcken, lui, représentait l'île et s'était toujours opposé à la Confédération[55]. Or, le voyage en chemin de fer à travers les montagnes depuis San Francisco finit par le convaincre du côté pratique de la Confédération[56].

S'adressant aux Britanno-Colombiens lors d'un souper à Ottawa, le gouverneur général leur déclara : « ils vous veulent dans la Confédération ». Les délégués découvrirent que le conseil des ministres « en savait autant qu'eux sur le sujet ». Ensemble, ils examinèrent les conditions, expliquèrent leurs raisonnements et répondirent aux questions. Les membres du conseil de ministres les mirent toutefois en garde : ils ne pouvaient offrir que ce

Figure 7.1 La délégation de la Colombie-Britannique (Dr J.S. Helmcken, Dr R.W.W. Carrall et J.W. Trutch) arrive à Ottawa. L'artiste Robert J. Banks met l'accent sur le train en guise de symbole. Image PDP00488 par Robert Banks, avec la permission du Royal BC Museum and Archives.

que le Parlement était en mesure d'accepter. Néanmoins, des ministres et des personnes influentes de Montréal soulignèrent la nécessité du chemin de fer pour l'unification du pays. Le chemin de fer qui s'étendrait jusqu'en Colombie-Britannique se rattacherait à celui qui se rendait déjà jusqu'à Fort Garry. Le périlleux voyage effectué par le Col. Wolsley et ses hommes en avait prouvé la nécessité. Mais le Canada s'inquiétait du financement de sa construction et, lorsque Tilley posa la question, Helmcken lui répondit : « Assurez-vous que tout le monde fume un ou deux cigares par jour et boive un verre ou deux de whisky, et ainsi la valeur en douanes de ces produits compenseront les intérêts sur les dépenses ! ». Ce que Helmcken ne savait pas, c'est que Tilley s'opposait fortement à la consommation d'alcool et de tabac[57]…

Lors d'une réunion avec le conseil des ministres, Trutch, qui avait arpenté une grande partie de l'intérieur de la colonie, expliqua comment le chemin de fer pouvait être construit à travers les montagnes et le long du fleuve Fraser. Carrall décrivit l'intérieur de la colonie et avec l'aide de

Helmcken, dessina la route qu'emprunterait le chemin de fer pour se rendre sur l'île de Vancouver. Par prudence, les Canadiens s'interdirent de préciser la route ou le terminus du chemin de fer jusqu'à la fin de l'arpentage du terrain. Le gouvernement ne garantirait pas la dépense annuelle d'un million de dollars pour le chemin de fer, puisqu'il voulait qu'une entreprise privée se charge de sa construction. Il n'est pas possible de savoir qui fit la suggestion – Cartier[58], Trutch ou un autre politicien – de commencer la construction dans un délai de deux ans et de la terminer en moins de dix ans. Les Britanno-Colombiens s'en remirent au Canada pour « honorer le traité » et retirèrent leur demande concernant la route carrossable[59].

L'élaboration des conditions financières fut longue. Personne ne croyait que la population de la Colombie-Britannique s'élevait à 120 000 habitants. Dans un geste généreux, le conseil des ministres l'estima à 60 000 résidents. Par ailleurs, le ministre des Finances, Francis Hincks, n'ignorait pas que la Colombie-Britannique avait besoin d'une subvention annuelle de 150 000 $ pour équilibrer son budget. C'est alors que Cartier eut une « idée lumineuse » : en échange d'une compensation annuelle, la Colombie-Britannique devait céder des territoires pour subventionner la construction du chemin de fer[60].

Ottawa, probablement à la suggestion de Trutch[61], inséra l'article 13 relatif aux Autochtones. Aucun député au Parlement canadien ne s'y opposa[62]. Faisant écho à l'idée de Robson, cet article prévoyait que le Canada assume la responsabilité des populations autochtones, gère les terres réservées à leur endroit et adopte « une politique aussi libérale que celle poursuivie jusqu'alors par le gouvernement de la Colombie-Britannique ». Or cette clause n'était pas avantageuse pour les Autochtones. En effet, la politique de la Colombie-Britannique se résumait principalement à créer des réserves. Trutch, commissaire en chef des Terres et des Travaux publics de 1864 à 1871, estima que les Autochtones n'avaient aucun droit sur les terres qu'ils réclamaient et veilla à ce que les réserves demeurent de petite taille[63].

De nombreux enjeux suscitaient la controverse. Le Canada ne souhaitait pas créer un précédent en permettant à la Colombie-Britannique de fixer ses propres droits de douane. Un compromis fut alors adopté : la province pourrait conserver ses propres droits de douane jusqu'à la fin de la construction du chemin de fer. Par ailleurs, le Canada ne voulait pas aider à la construction de la cale sèche de peur que d'autres provinces en réclament une également. Mais le Canada céda ici aussi au compromis :

il garantirait pendant dix ans les intérêts sur le prêt accordé pour sa construction. Le Canada affirma par ailleurs que la responsabilité de bâtir un asile d'aliénés incombait au gouvernement local, et que la création d'un hôpital maritime n'était pas nécessaire puisque les marins pouvaient être soignés dans un hôpital ordinaire. Néanmoins, il reconnut son obligation de bâtir une prison. Par ailleurs, la Colombie-Britannique pouvait instaurer un gouvernement responsable au moment où il lui semblerait opportun, après son entrée dans la Confédération[64]. Helmcken rappela que « le Conseil octroya presque tout ce qui avait été demandé. En effet, nous les avions avertis que si nous n'obtenions pas les conditions proposées au départ, aucune union ne verrait le jour. Tous se sont montrés courtois et ouverts, en privé, aux échanges et à la discussion[65] ».

Une fois l'accord établi, les délégués britanno-colombiens repartirent, chacun de son côté. Helmcken fut le seul à retourner immédiatement à Victoria. On l'avertit de ne rien déclarer sinon « qu'on a obtenu tout ce qu'on désirait » avant de s'entretenir directement avec Musgrave. Celui-ci, ayant pris connaissance des conditions par télégramme, informa le Bureau des colonies que si le Canada promettait le chemin de fer, « aucune autre question ne revêtirait autant d'importance ». Toutefois, sans « la certitude que la communication par terre à travers le territoire britannique » serait assurée dans les meilleurs délais, il n'avait guère confiance « que la communauté décide en faveur de l'union[66] ».

À la fin du mois d'août, les conditions furent publiées et Helmcken fut déçu de la réaction de certains qui considéraient que les conditions « étaient trop bonnes pour être vraies ». À Victoria, seule la presse s'en réjouissait. En novembre, plus de 500 habitants de Victoria signèrent une pétition réclamant que les conditions spécifient que le terminus du chemin de fer transcontinental soit localisé à Victoria ou à Esquimalt. À New Westminster, lors d'une séance publique, les participants estimèrent, en revanche, que cette attitude était « propre à nuire à la cause de la Confédération » et exprimèrent leur entière satisfaction pour les conditions proposées. Ils se disaient « parfaitement satisfaits » que la vallée du Fraser « présente, pour le chemin de fer transcontinental, des avantages naturels qui ne seront pas dédaignés[67] ».

Comme promis, Musgrave reconstitua le Conseil exécutif de manière à ce que les députés élus en 1870 forment la majorité. La Confédération représentait l'enjeu principal. Tous les députés élus, dont De Cosmos et

Robson, étaient en faveur de la Confédération, de même que certains candidats défaits[68]. Lors d'une réunion du Conseil en 1871, Trutch informa les membres sur les conditions financières et la construction du chemin de fer. Helmcken appuya la motion. Ils avaient déterminé au préalable que les conditions constituaient un traité et devaient donc être acceptées comme un tout[69]. Personne n'émit d'objections et ainsi la Confédération fut adoptée à l'unanimité.

Néanmoins, au Parlement canadien, les députés ne partageaient pas cet état d'esprit. Le discours du trône du 15 février 1871 rapporta que la Colombie-Britannique avait demandé l'admission dans l'union. Les députés seraient appelés à voter des fonds destinés à l'exploration et à l'arpentage de la route du futur « chemin de fer intercolonial ». Ils allaient recevoir « tous les documents » justifiant l'extension des frontières canadiennes « des bords de l'océan Atlantique d'un côté jusqu'à ceux du Pacifique de l'autre[70] ». Macdonald s'était attendu à un vif débat au Parlement autour du fait que les conditions représentaient un fardeau pour le Dominion, mais au même moment il se trouvait à Washington pour négocier la gestion des pêcheries[71].

Dans sa présentation du projet de loi pour l'entrée de la Colombie-Britannique, Cartier cita lord Lytton qui avait créé la colonie de la Colombie-Britannique en 1858. Lytton avait souhaité que les dominions de Sa Majesté dans l'Amérique du Nord britannique « formeraient un jour un territoire ininterrompu s'étendant de l'Atlantique au Pacifique ». Cartier précisa que l'accord était similaire à un traité, c'est-à-dire qu'une fois adopté par la législature de la Colombie-Britannique, il ne pouvait être amendé. Il savait que la question du chemin de fer susciterait la polémique. Il informa les députés qu'une entreprise privée, subventionnée principalement par des concessions foncières, allait se charger de la construction du chemin de fer. Par conséquent, le ministère des finances aurait peu de dépenses à assumer. Il présenta la méthode par laquelle le nombre d'habitants en Colombie-Britannique avait été calculé et plaida en faveur d'une décision rapide sur l'union, puisque la population croissante de la Colombie-Britannique provoquerait d'ici tôt une hausse de subvention par habitant[72].

Le débat fut houleux. Nombre d'amendements furent proposés et aussitôt rejetés. Alexander Morris, ministre du Revenu intérieur, déclara qu'il s'agissait de « la pire dispute » depuis la Confédération[73]. Alexander

Mackenzie, chef de l'opposition, déposa une motion stipulant que si la Chambre des communes était disposée à accepter des conditions raisonnables, celles qui lui étaient soumises étaient « si peu raisonnables et si injustes envers le Canada » que les députés ne devaient pas les approuver. Cette résolution fut rejetée à quatre-vingt-six voix contre soixante-huit[74]. Les députés de l'opposition soulevèrent plusieurs objections concernant le chemin de fer : son coût encore inconnu – la route proposée devant traverser une « mer de montagnes », d'après une citation tirée du *Colonist* par Timothy Anglin[75] » – , la trop courte échéance de dix ans pour sa construction[76] et le fardeau financier qu'elle représentait pour le Canada[77]. Mais comme personne ne s'opposa à ce que la Colombie-Britannique devienne province canadienne, le projet de loi fut adopté le 1er avril 1871[78]. Le Sénat, qui débattit de questions similaires, l'adopta quatre jours plus tard.

En Colombie-Britannique, le gouvernement déclara le 20 juillet 1871 jour férié. Comme il n'alloua aucune somme aux festivités, celles-ci incombèrent entièrement à des organisateurs bénévoles. À Barkerville, où le sentiment pro-canadien se faisait particulièrement sentir, les habitants célébrèrent l'événement le 1er juillet : ils décorèrent les édifices, jouèrent un salut royal à midi et organisèrent un concert en après-midi[79]. À New Westminster, « des drapeaux de toutes formes et nationalités flottèrent sur tout ce qui servait de mâts », pendant que les familles profitaient du soleil et des activités sportives. La journée se termina par un bal[80]. En revanche, à Victoria, le comité chargé d'organiser les festivités se sépara faute de fonds. Néanmoins, le 19 juillet, à minuit, le service d'incendie tira sur la sonnette d'alarme : les habitants, apeurés, se précipitèrent vers le centre de la ville où ils eurent la chance d'apprécier un feu d'artifice improvisé. Selon le *Colonist*, à minuit, « c'était l'euphorie dans la ville. Les cloches sonnaient, des coups de feu retentissaient, des lumières bleues et des chandelles romaines brûlaient et des pétards claquaient... Tout le monde avait l'air heureux et enjoué. Les festivités durèrent jusqu'à tard dans la nuit ». « Ils fêtaient la naissance de la liberté », observa le journal, reflétant le parti pris de John Robson pour le gouvernement responsable. Pendant la journée, certains hissèrent des drapeaux de plusieurs pays, incluant le Canada. Le H.M.S. *Zealous* tira une salve et le « *Mechanics Institute* » parraina un pique-nique, avec courses à pied, danses et rafraîchissements, ainsi qu'un « discours sur la Confédération » d'Amor De Cosmos[81].

Le *Cariboo Sentinel*, publié à Barkerville par Robert Holloway (originaire du Canada-Ouest, il était arrivé dans la colonie en 1862 par voie terrestre), claironna qu'« une nouvelle nation a vu le jour ». C'était là l'exception. Quatre autres journaux mirent plutôt l'accent sur le côté pratique de la Confédération, et non sur l'attachement sentimental pour le Canada. Le *Victoria Daily Standard*, propriété d'Amor De Cosmos, et le *Colonist*, dont le nouveau rédacteur était John Robson, prirent à témoin la présence d'arpenteurs de la Commission géologique du Canada en vue de la construction du chemin de fer pour souligner la bonne volonté du Canada d'honorer ses engagements. Le *Standard* résuma parfaitement les principaux avantages de l'entrée de la Colombie-Britannique dans la Confédération : « la nouvelle constitution accorde l'autonomie gouvernementale; aussi, jouissant de la responsabilité de nos propres affaires, d'un revenu excédentaire de 200 000 $, d'un chemin de fer et d'un réseau de transport maritime à vapeur, sommes-nous heureux de faire partie de la Confédération et de devenir Canadiens[82] ». Après avoir rappelé aux Canadiens que la « jeune » Colombie-Britannique aura besoin d'« être bien nourrie pour développer son jeune corps d'enfant », le *Mainland Guardian* rassura néanmoins ses lecteurs que le Canada « venait d'ajouter la plus belle flèche à son arc[83] ». Peuple fier, les Britanno-Colombiens étaient entrés dans la Confédération moins par les machinations des gouvernements britannique et canadien, que dans le respect de leurs propres « conditions, justes et équitables ».

NOTES

1   Donald Creighton, *John A. Macdonald : The Old Chieftain*, Toronto, Macmillan, 1955, p. 70-71.

2   Cité dans J.M.S. Careless, *Brown of the Globe : The Statesman of Confederation, 1860-1880*, Toronto, Macmillan, 1963, p. 164.

3   F.W. Howay, « The Attitude of Governor Seymour Towards Confederation », *Délibérations et mémoires de la Société royale du Canada*, 1920, p. 33.

4   Cité dans Margaret A. Ormsby, « Frederick Seymour : the Forgotten Governor », *BC Studies*, 22, été 1974, p. 13.

5   Willard E. Ireland, « The Annexation Petition of 1869 », *British Columbia Historical Quarterly* (ci-après BCHQ) IV, octobre 1940, p. 269.

6   Susan Dickinson Scott, « The Attitude of the Colonial Governors and Officials Towards Confederation », dans W. George Shelton (dir.), *British Columbia & Confederation*, Victoria, University of Victoria, 1967, p. 147.

7   Dorothy Blakey Smith (dir.), *The Reminiscences of Doctor John Sebastian Helmcken*, Vancouver, University of British Columbia Press, 1975, p. 242, p. 253.

8   Smith (dir.), *Reminiscences*, p. 247. Voir également : *Victoria Daily Standard*, le 17 juillet 1871. Ce dernier commentaire représentait une insulte de taille. Un nombre considérable de Britanno-Colombiens d'origine européenne méprisaient les Chinois dans la colonie parce qu'ils croyaient que ceux-ci envoyaient la majeure partie de leurs gages en Chine et ainsi ne contribuaient pas au développement de la colonie. Pour plus de détails, consulter Patricia E. Roy, *A White Man's Province : British Columbia Politicians and Chinese and Japanese Immigrants*, Vancouver, University of British Columbia Press, 1989, chap. 1.

9   H. Robert Kendrick, « Amor De Cosmos and Confederation », dans Shelton (dir.), *British Columbia and Confederation*, 68; Robert A. J. McDonald et H. Keith Ralston, « DE COSMOS, AMOR », dans *Dictionnaire biographique du Canada*, vol. 12, Université Laval/University of Toronto, 2003– , consulté le 21 septembre 2018, <http://www.biographi.ca/fr/bio/de_cosmos_amor_12F.html>.

10 McDonald et Ralston, « Amor De Cosmos », p. 240; Kendrick, « Amor De Cosmos », p. 80.

11 *British Columbian*, le 15 octobre 1862.

12 Legislative Council, *Journals*, le 18 mars 1867, réimprimé dans James E. Hendrickson (dir.), *Journals of the Legislative Council of British Columbia, 1866-1871*, Victoria, Provincial Archives of British Columbia, 1980, p. 73.

13 Smith (dir.), *Reminiscences*, p. 239-240.

14 Seymour s'adressant au duc de Buckingham et Chandos, le 25 septembre 1867, en Grande-Bretagne, au Parlement, Chambre des communes, *Papers on the Union of British Columbia with the Dominion of Canada*, 1869, p. 390.

15 Cité dans Howay, « The Attitude of Governor Seymour », p. 36.

16 *Colonist*, 31 janvier 1868.

17 Howay, « The Attitude of Governor Seymour », p. 37.

18 James Trimble *et al.*, au gouverneur général et au Conseil Privé, Mémoire du 29 janvier 1868, joint au rapport du Conseil Privé, 6 mars 1868, dans *Papers on the Union of British Columbia with the Dominion of Canada*, Londres, House of Commons, 1869, p. 6-7.

19 Rapport d'un comité du Conseil privé, approuvé par le gouverneur général le 6 mars 1868, pièce jointe avec lettre de Monck au duc de Buckinghamshire and Chandos, dans *Papers on the Union of British Columbia*, p. 5.

20 Legislative Council, 21 mars 1868, dans Hendrickson (dir.), *Journals*, p. 110.

21 Ormsby, « Frederick Seymour », p. 17; Howay, « The Attitude of Governor Seymour », p. 38.

22 Howay, « The Attitude of Governor Seymour », p. 39.

23 Legislative Council, *Journals*, 24 avril 1868, dans Hendrickson (dir.), *Journals*, p. 143-145.

24 Legislative Council, *Journals*, 1er mai 1868, dans Hendrickson (dir.), *Journals*, p. 164.

25 Cité dans Howay, « The Attitude of Governor Seymour », p. 44-45.

26 Smith (dir.), *Reminiscences*, p. 246.

27 Howay, « The Attitude of Governor Seymour », p. 45.

28 Legislative Council, *Journals*, le 17 décembre 1868, dans Hendrickson (dir.), *Journals*, p. 172.

29 Legislative Council, *Journals*, le 21 décembre 1868, dans Hendrickson (dir.), *Journals*, p. 175.

30 Dorothy Blakey Smith, « CARRALL, ROBERT WILLIAM WEIR », dans *Dictionnaire biographique du Canada*, vol. 10, Université Laval/University of Toronto, 2003– , consulté le 21 septembre, 2018, <http://www.biographi.ca/fr/bio/carrall_robert_william_weir_10F.html>.

31 Legislative Council, *Journals*, 17 février 1869, dans Hendrickson (dir.), *Journals*, 226. Dans une lettre d'accompagnement adressée au Bureau des Colonies, Seymour indiquait que les obstacles à l'union étaient « presque impossibles à surmonter et les avantages limités » (Howay, « Seymour, » p. 42).

32 Le soulèvement de la rivière Rouge, qui s'amorça en novembre 1869, eut l'effet de reporter l'accord mais sans vraiment affecter les discussions avec la Colombie-Britannique.

33 Macdonald s'adressant à Young, le 25 mai 1869, Macdonald Papers, cité dans Creighton, *John A. Macdonald*, p. 35.

34 Ormsby, « Seymour », p. 18, note 62.

35 Granville à Musgrave, 14 août 1869, dans *Papers on the Union of British Columbia with the Dominion of Canada*, p. 30-31.

36 *Colonist*, le 11 septembre 1869.

37 *Ibid.*

38 Smith (dir.), *Reminiscences*, p. 252.

39 *Ibid.*, p. 254. Helmcken avança que son ébauche jetait les fondements des débats du Conseil exécutif.

40 Musgrave s'adressant au Conseil législatif le 15 février 1870 : réimprimé dans Hendrickson (dir.), *Journals*, p. 271-272.

41 Musgrave au gouverneur général, 20 février 1870, dans *Documents de la Session de la Puissance du Canada, 1871*, volume IV, *Documents relatifs à son admission dans la confédération canadienne*, Ottawa, I.B. Taylor, 1871, 18-2, 18-3.

42 Les débats sur le gouvernement responsable occupaient vingt-sept pages et le sujet était mentionné dans les discussions portant sur d'autres conditions.

43 Legislative Council, *Debates*, 18 mars 1870 : réimprimé dans Hendrickson (dir.), *Journals*, p. 526, p. 527.

44 Legislative Council, *Debates*, 21 mars 1870 : réimprimé dans Hendrickson (dir.), *Journals*, p. 531, p. 536.

45 Legislative Council, *Debates*, 9 mars 1870 : réimprimé dans Hendrickson (dir.), *Journals*, p. 449.

46 Legislative Council, *Debates*, 10 mars 1870 : réimprimé dans Hendrickson (dir.), *Journals*, p. 459.

47 Legislative Council, *Debates*, 24 mars 1870 : réimprimé dans Hendrickson (dir.), *Journals*, p. 566.

48 Smith (dir.), *Reminiscences*, p. 251, p. 262.

49 Legislative Council, *Debates*, 14 mars 1870 : réimprimé dans Hendrickson (dir.), *Journals*, p. 487, p. 495.

50 Legislative Council, *Debates*, 16 mars 1870 : réimprimé dans Hendrickson (dir.), *Journals*, p. 498.

51 *Ibid.*, p. 506. Trutch eut l'idée de faire construire un chemin de fer reliant la Colombie-Britannique au réseau canadien : Smith (dir.), *Reminiscences*, p. 255.

52 Wilson Duff, *The Indian History of British Columbia*, Victoria, Provincial Museum of British Columbia, 1969, p. 42-43.

53 De Cosmos cita ces numéros, 14 mars 1870 : Hendrickson (dir.), *Journals*, p. 488.

54 Legislative Council, *Debates*, 23 mars 1870 : Hendrickson (dir.), *Journals*, p. 567-568.

55 Musgrave demanda à Robson de faire partie de la délégation. Il refusa pour des raisons personnelles liées à ses affaires. *British Columbian*, 8 juillet 1882, cité dans F.W. Howay, « Governor Musgrave and Confederation », *Délibérations et mémoires de la Société royale du Canada*, Section II, 1921, p. 25.

56 Smith (dir.), *Reminiscences*, p. 259.

57 *Ibid.*, p. 260, p. 352, p. 351, p. 261.

58 Dans *The French-Canadian Idea of Confederation, 1864-1900*, Toronto, University of Toronto, 1982, p. 71-72, A.I. Silver affirme que Cartier proposa une durée maximale, mais il ne cite aucune source.

59 Smith (dir.), *Reminiscences*, p. 355, p. 353.

60 *Ibid.*, p. 262, p. 349.

61 Robin A. Fisher, *Contact and Conflict : Indian-European Relations in British Columbia, 1774-1890*, 2e édition, Vancouver, University of British Columbia Press, 1992, p. 176.

62 Cartier annonça au Parlement que certaines terres de la Couronne avaient été réservées aux Autochtones, et ajouta que « le seul point de repère que l'on ait pour s'assurer que les Autochtones seront bien traités à l'avenir, c'est la façon dont ils ont été traités jusqu'à présent », Chambre des communes, *Débats*, le 28 mars 1871, p. 278. A.T. Galt justifia ainsi le nombre de députés fédéraux de la Colombie-Britannique : « Ces Autochtones ne doivent pas être mis sur un pied d'égalité avec les Blancs pour l'établissement de la base financière de l'union, du moins pas en ce qui concerne les revenus » (Chambre des communes, *Débats*, le 28 mars 1871, p. 279).

63 Voir Robin Fisher, « Joseph Trutch and Indian Land Policy », *BC Studies*, 12, hiver 1971-1972, p. 3-33.

64 Le gouvernement canadien nomma Trutch, qui s'opposait au gouvernement responsable, comme premier lieutenant-gouverneur. Lors de son assermentation, Trutch affirma que son devoir était de « garantir le bon fonctionnement » du gouvernement responsable, mais ne l'instaurerait pas avant la tenue d'élections générales. Ce qu'il fit, mais si graduellement, qu'il est difficile de fixer une date précise à son achèvement. Le seul point de repère chronologique est sa décision de demander à Amor De Cosmos de former un gouvernement lorsque J.F. McCreight perdit la confiance de l'assemblée en 1872. John Tupper Saywell, « Sir Joseph Trutch : British Columbia's First Lieutenant-Governor », *BCHQ*, XIX, juin-avril 1955, p. 71-92.

65 Smith (dir.), *Reminiscences*, p. 263.

66 Musgrave s'adressant au Bureau des Colonies le 5 avril 1870, 4924, CO/38, 290, cité dans Howay, « Governor Musgrave », p. 21.

67 Musgrave à Lisgar, 5 décembre 1870, et pièces jointes, dans Puissance du Canada, *Documents de la Session*, 1871, volume IV, Documents relatifs à son admission, p. 18-21.

68 Howay, « Musgrave » p. 26.

69 Smith (dir.), *Reminiscences*, p. 266.

70 Chambre des communes, *Débats*, 15 février 1871, p. 2.

71 Macdonald s'adressant à Musgrave le 29 septembre 1870, cité dans Creighton, *John A. Macdonald*, p. 74, p. 105.

72 Chambre des communes, *Débats*, 28 mars 1871, p. 277, p. 278.

73 Morris s'adressant à Macdonald, 1er avril 1871, cité dans Creighton, *Macdonald*, p. 106.

74 Chambre des communes, *Débats*, 1er avril 1871, p. 315.

75 *Ibid.*, 30 mars 1871, p. 301.

76 Galt dans Chambre des communes, *Débats*, 28 mars 1871, p. 279.

77 Alfred William Jones dans Chambre des communes, *Débats*, 30 mars 1871, p. 298; Antoine-Aimé Dorion, Chambre des communes, *Débats*, 30 mars 1871, p. 305.

78 Les débats publiés ne mentionnent aucune dissension. Le *Colonist* annonça que le projet de loi avait été approuvé avec une majorité de seulement dix-huit voix.

79 *Cariboo Sentinel*, 8 juillet 1871. En 1871, les Américains situés près de Williams Creek ne célébrèrent pas le 4 juillet suivant leur tradition.

80 *Mainland Guardian*, 18 et 22 juillet 1871.

81 *Colonist*, 20 juillet 1871.

82 *Victoria Daily Standard*, 19 et 20 juillet 1871.

83 *Mainland Guardian*, 21 juillet 1871.

8

« Un demi-pain plutôt que rien » : le Yukon et la Confédération

P. Whitney Lackenbauer et Ken S. Coates

> *Au Yukon, deux philosophies politiques nord-américaines se sont confrontées. La version américaine mettait l'accent sur l'autonomie locale et sur le droit des pionniers [non-autochtones] à mettre en place leur propre gouvernement et à concevoir leurs propres réglementations... En revanche, la tradition politique canadienne était inspirée du système britannique préconisant l'autorité, les lois et les réglementations venant de l'extérieur, et par lequel le développement était contrôlé et dirigé suivant une vision générale, ou nationale, plutôt que l'intérêt local ou régional.*
>
> Morris Zaslow, 1971[1]

L'année 1867 marqua un tournant politique dans l'histoire de ce qui deviendra le Territoire du Yukon, même si peu d'habitants de cette partie nord-ouest du Dominion du Canada furent alors conscients qu'un changement décisif s'étaient opéré. Depuis des millénaires, le mode de vie des peuples autochtones de la région (en grande partie des Athapascanes et des Dénés, mais aussi des Inuits le long de la côte arctique et des Tlingits dans le sud-ouest) reposait sur une économie de subsistance axée sur la chasse et la collecte, et sur un cycle migratoire saisonnier que suivaient de petits groupes au sein de leurs territoires traditionnels[2]. Leurs systèmes sociaux et politiques complexes, leur mode d'utilisation du sol et leur culture matérielle étaient déterminés par les richesses de la terre, des rivières et – pour les Inuits – de la mer. Il n'y avait pas de frontières absolues. Dans la foulée des tentatives de colonisation russe dans l'Amérique russe (Alaska) au cœur d'un empire croissant de la traite des fourrures, le traité anglo-russe de 1825 créa une frontière internationale longeant le 141e méridien. Le traçage de cette frontière eut lieu sans l'avis des peuples autochtones de la région. Cette décision n'eut cependant pas d'incidences majeures sur les terres d'origine autochtone puisque la présence européenne était minime, voire inexistante. Comme il se produisit fréquemment dans le Nord du Canada, les commerçants de fourrures de la Compagnie de la Baie d'Hudson, représentant l'avant-garde de l'avancée européenne dans la région, initièrent les premiers rapports soutenus avec les peuples autochtones. Néanmoins, en raison du petit nombre de commerçants de fourrures euro-canadiens (bientôt suivis par quelques missionnaires), les peuples autochtones contrôlaient toujours leurs affaires économiques, politiques et spirituelles dans la seconde moitié du XIXe siècle[3].

Une fois que le secrétaire d'État américain William H. Seward eut négocié l'achat de l'Alaska avec les Russes, les États-Unis firent rapidement de l'Alaska un district militaire et instaurèrent des lois relatives à la douane, au commerce et à la navigation. Des spéculateurs, des entrepreneurs, des colons, des commerçants et des pionniers commencèrent alors à se diriger vers le nord. Un accord élaboré avec les chefs tlingits autorisait les mineurs à traverser le col du Chilkoot et à accéder ainsi plus facilement à la vallée du fleuve Yukon. Les Canadiens, au contraire, s'intéressèrent peu à ces régions somme toute éloignées où la traite des fourrures, contrôlée par la Compagnie de la Baie d'Hudson, dominait toujours. S'il était aisé d'imaginer les prairies comme une frontière agraire et « civilisée » poussant le jeune Dominion à acquérir la Terre de Rupert et le Territoire du Nord-Ouest, le nord lointain demeurait un arrière-pays isolé pour les politiciens d'Ottawa. Par conséquent, l'engagement du gouvernement canadien dans la vallée du fleuve Yukon se résumait à quelques enquêtes ponctuelles sur ses ressources et sa géographie jusqu'au milieu des années 1890[4].

Dans les années 1880, la découverte d'or – en grande partie par des prospecteurs américains – le long du fleuve Yukon près de la frontière internationale, donna naissance à une petite communauté isolée à Fortymile qui, par un hasard géographique, se situait sur le côté canadien du 141e méridien[5]. En l'absence de représentant de l'État canadien sur des centaines de kilomètres, la communauté se gouvernait alors seule. En cas de grief, un habitant pétitionnaire pouvait convoquer une «réunion de mineurs» réunissant toute la communauté, et les membres prenaient alors une décision suivant le «sens commun». Cette manière de résoudre les conflits n'était peut-être pas conforme aux lois britanniques, mais elle permettait aux mineurs de maintenir l'ordre dans un territoire frontalier lointain. William Ogilvie, à la tête d'une équipe d'arpenteurs dans la région pour le compte du gouvernement canadien en 1887-1888, approuva leur méthode de gouvernance locale. Le gouvernement canadien se contenta de laisser les mineurs gérer leurs propres affaires, car des politiques nationales de plus grande envergure retenaient alors son attention, telles que la finalisation du chemin de fer Canadien Pacifique et la colonisation du sud des Prairies. La lutte qui s'engagea pour la mise en place d'un gouvernement responsable dans les districts du sud des Territoires du Nord-Ouest, un sujet qu'examine Bill Waiser dans le chapitre suivant, ne porta pas sur le Yukon.

Ce sont deux habitants de Fortymile qui poussèrent enfin le gouvernement canadien à agir. Après avoir été rabroués lors d'une réunion de mineurs, les propriétaires de la Northwest Trading Company, principale compagnie marchande de Fortymile, demandèrent à la Couronne de faire appliquer dans la région les lois en vigueur et d'y envoyer un percepteur des douanes. En outre, le missionnaire anglican William Carpenter Bompas exhorta Ottawa d'y maintenir l'ordre: il craignait les effets néfastes qu'aurait sur les Premières Nations l'alcool fourni par les Américains qui traversaient la frontière internationale, et redoutait les baleiniers américains qui hivernaient le long de la côte arctique sur l'île d'Herschel. Ogilvie préconisait également la présence plus formelle du gouvernement canadien dans le territoire afin d'éviter que, dans l'éventualité d'une découverte d'or, l'influence américaine qui s'y faisait de plus en plus sentir, ne menace la souveraineté canadienne.

En 1894, le gouvernement canadien consentit aux demandes d'Ogilvie et envoya Charles Constantine, un inspecteur de la Police à cheval du Nord-Ouest, pour mener une enquête. Son rapport révéla que les mineurs américains dominaient la région et que le Canada perdait alors des milliers de dollars en droits de douane, puisque les mineurs transportaient leurs produits et leur or directement des États-Unis au Yukon et vice-versa. Par conséquent, dans l'année qui suivit, Ottawa octroya au Yukon le statut de district séparé des Territoires du Nord-Ouest et y dépêcha de nouveau Constantine, chargé cette fois d'y établir un poste permanent, d'imposer le pouvoir du Dominion et d'instaurer « la loi et l'ordre dans une communauté d'au moins 2 000 mineurs venus de différents pays et qui, pour beaucoup d'entre eux, ne connaissaient aucune loi sauf la justice qu'ils rendaient eux-mêmes[6] ». Constantine, un agent des douanes, ainsi que dix-huit policiers à cheval qui venaient d'arriver à Fortymile exercèrent un contrôle immédiat : ils interdirent les réunions de mineurs et enregistrèrent les concessions minières. Désirant éviter toute confrontation avec une police bien armée, les mineurs obtempérèrent et se plièrent aux nouvelles règles. C'est ainsi que le Canada réussit à asseoir une première forme d'autorité sur un territoire qui allait bientôt connaître une formidable vague migratoire[7].

La ruée vers l'or du Klondike

La ruée vers l'or du Klondike (1896-1899) attira l'attention de la communauté internationale sur le Yukon. Même si l'identité de la première personne qui trouva de l'or au Klondike en août 1896 porte toujours à controverse[8], cette découverte à Rabbit Creek (rebaptisé par la suite Bonanza Creek) où « l'or se trouvait coincé entre deux pierres floconneuses comme un sandwich au fromage » secoua l'Amérique du Nord et le reste du monde. Les mineurs de la région réclamèrent des concessions dans l'ensemble du Bonanza et dans les ruisseaux environnants, alors que des centaines de mineurs d'Alaska convergèrent vers le Yukon depuis les camps de Fortymile ou, par le col de Chilkoot, de Juneau et de Skagway. Au cours de l'automne et de l'hiver de la même année, alors que les mineurs s'échinaient dans la boue à la recherche du précieux métal, une ville chancelante et sujette à incendie vit le jour aux confluents de la rivière Klondike et du fleuve Yukon à environ quatorze kilomètres du lieu où les premières pépites furent découvertes. Dawson City, commodément située sur le fleuve Yukon, n'était qu'à une journée de distance par voie fluviale jusqu'aux ruisseaux les plus riches en or. Au printemps 1897, environ 1 500 personnes habitaient dans la ville et, dès l'été, ce nombre atteignit 3 500 personnes. En juillet, l'arrivée de navires à San Francisco et à Seattle transportant les premières prises d'or envoûta le public et mit en branle la ruée vers le Yukon. En deux ans, Dawson allait devenir la plus grande ville canadienne à l'ouest de Winnipeg.

Les politiciens et les fonctionnaires à Ottawa prirent vite conscience de l'ampleur de la ruée chaotique vers le Klondike et agirent en conséquence. Le Ministère de l'intérieur, dirigé par l'éminent et énergique député du Manitoba, Clifford Sifton (qui s'était rendu au Yukon en automne 1897), prit la responsabilité d'élaborer les politiques du gouvernement de Laurier dans la région et de mettre en place la nouvelle administration du Yukon[9]. Le major James Morrow Walsh, figure de proue de la colonisation des Prairies et ancien officier de la Police à cheval, fut nommé par le gouvernement fédéral directeur général du Yukon sous le titre de «commissaire». À la différence des hauts fonctionnaires dans les Territoires du Nord-Ouest, le major Walsh ne pouvait être nommé «lieutenant-gouverneur» car le Yukon n'était qu'un district au sein des Territoires du Nord-Ouest qui disposait, par ailleurs, d'un lieutenant-gouverneur à Régina. Il était chargé de coordonner et de superviser tous les employés fédéraux de la région, ce qui incluait la Police à cheval du Nord-Ouest. Grâce à la commission spéciale que lui accorda le conseil des ministres fédéral, Walsh était habilité à modifier ou amender les règlements fédéraux régissant les mines sous l'autorité du gouverneur en conseil, c'est-à-dire sans demander l'avis ou l'accord d'un conseil local. Il exerça son pouvoir afin de réduire les redevances sur l'or, mettre en place des mécanismes pour régler les concessions litigieuses, de même que créer des mesures pour inciter les mineurs à prospecter dans des zones plus reculées[10]. «Jouissant de pouvoirs autocratiques», commenta le secrétaire territorial Dr J.N.E. Brown, le commissaire demandait néanmoins souvent conseil aux fonctionnaires nommés par le gouvernement, en particulier au juge, au procureur de la Couronne, au commissaire de l'or et à l'inspecteur minier[11].

Puisque le district du Yukon faisait encore partie des Territoires du Nord-Ouest, il attira l'attention du gouvernement territorial à Régina en 1897, qui y vit la possibilité de tirer des revenus de la vente de l'alcool. Le gouvernement des Territoires du Nord-Ouest exerçait le pouvoir d'octroyer des permis et de réglementer la vente de boissons alcoolisées. Puisque la loi d'application dans les Territoires du Nord-Ouest l'était également au Yukon, le Conseil exécutif territorial envoya à Dawson City l'un de ses

Figure 8.1 Le mineur au Yukon chassé du pouvoir par les « monstres » du Conseil du Yukon et du conseil des ministres à Ottawa : *Dawson Daily*, 19 mai 1903.

membres, G.H.V. Bulyea, pour vendre des permis d'alcool. Or, puisque le gouvernement fédéral avait assumé les coûts relatifs à l'administration du Yukon, Clifford Sifton (à la tête du département qui procurait les permis d'alcool) contesta la juridiction du gouvernement des Territoires du Nord-Ouest sur le Yukon. Cette situation incita fortement Ottawa à retrancher le district judiciaire du Yukon des Territoires du Nord-Ouest. « Notre autorité a été renversée et notre droit à l'autonomie gouvernementale violé » déclara avec colère le premier ministre des Territoires du Nord-Ouest, F.W.G. Haultain. « Nous devons marquer notre désaccord profond face à cette diminution injustifiable et inutile de notre droit à l'autonomie gouvernementale, dont l'obtention l'année passée vous est redevable et dont nous étions si reconnaissants ». Sifton admit que la commission du major Walsh était « en quelque sorte *ultra vires* », c'est-à-dire en dehors de la juridiction fédérale. Pour la première fois depuis le début de la ruée vers l'or, la session parlementaire de 1898 fournit au gouvernement libéral d'Ottawa l'occasion de reconnaître le Yukon de manière formelle à titre de juridiction distincte[12].

L'Acte du territoire du Yukon, approuvé formellement le 13 juin 1898, octroya le statut de territoire séparé au Yukon conformément aux frontières établies pour le district judiciaire du Yukon par le conseil des ministres fédéral l'année précédente, et détermina les institutions exécutives, législatives et judiciaires de la région[13]. Lors d'un discours à la Chambre des communes, Sifton déclara qu'il avait adopté la philosophie – vieille de vingt-cinq ans – des gouvernements de John A. Macdonald et d'Alexander Mackenzie dans leur organisation de l'Ouest, « la seule exception radicale » étant l'absence d'un « membre élu au Conseil ». Il voyait l'Acte comme une mesure transitoire jusqu'à ce que le « caractère permanent » de la communauté s'affirme. Sifton et son gouvernement se disaient inquiets du nombre d'Américains présents dans la région, ces derniers constituant une force politique et démographique aux conséquences potentiellement considérables. Selon lui, la mise en place de la représentation populaire était trop précoce « [puisque] selon nos meilleures informations presque neuf habitants sur dix sont des étrangers ne connaissant rien de notre système de représentation, et que la population restera tout probablement en grande partie nomade, du moins pour le moment ». Il prévoyait que « tout naturellement, si un peuple s'installe de manière définitive dans la région », le gouvernement fédéral mettrait à la disposition de la région « un système de représentation semblable, en principe, à celui mis en place dans les Territoires du Nord-Ouest[14] ».

Le chef de l'administration du Yukon était le commissaire nommé et commandé par le conseil des ministres fédéral et responsable devant eux. Si ce titre ne jouissait pas du même prestige que celui de « lieutenant-gouverneur » dans les autres provinces et territoires, le Yukon ne valait pas pour autant moins que les Territoires du Nord-Ouest[15]. Bien au contraire, comme l'affirme l'historien Lewis H. Thomas, car « les pouvoirs conférés au commissaire étaient sans précédent. Non seulement était-il à la tête de l'administration locale, mais compte tenu des difficultés de communication avec Ottawa, il exerçait également une autorité sur tous les fonctionnaires du gouvernement fédéral présents sur le territoire. Il détenait aussi le pouvoir traditionnel de réserver son consentement pour tout décret et d'envoyer ce dernier à Ottawa pour le soumettre au conseil des ministres fédéral[16] ». Walsh, qui s'était querellé – entre autres – avec la police au cours de l'année précédente, démissionna. Son successeur, William Ogilvie, connaissant bien le pays, était apprécié des mineurs et maintenait de solides relations politiques (étant l'oncle par alliance de Clifford Sifton)[17].

Le commissaire présidait au Conseil territorial nommé qui détenait un pouvoir semblable à celui du lieutenant-gouverneur et du Conseil législatif des Territoires du Nord-Ouest au cours de la période allant jusqu'à 1875. Le commissaire Walsh avait recommandé la mise en place d'un conseil composé de trois membres nommés et de trois membres élus, mais le gouvernement fédéral rejeta le principe électoral. Le conseil des ministres à Ottawa décida plutôt de nommer tous les membres du Conseil territorial, jusqu'à concurrence de six membres. Siégeaient sur ce conseil le commissaire, le surintendant de la Police à cheval des Territoires du Nord-Ouest, le juge territorial (membre d'office en raison de son rang), le commissaire de l'or, l'officier de l'état civil et le conseiller juridique. Selon Sifton, cette politique paternaliste était nécessaire et se situait en droite lignée de la tradition britannique. Conçu dans le but de mettre en œuvre la vision d'Ottawa et d'imposer une certaine forme de gouvernement, le Conseil ainsi nommé empêchait les intérêts locaux (en grande partie américains) d'y avoir recours pour manifester leurs revendications à Ottawa. Ken Coates et William Morrison décrivent la situation de la manière suivante : « c'était comme essayer de mettre un couvercle sur une marmite lorsque l'eau est en pleine ébullition sans soupape de sureté.... Les membres du Conseil... ne représentaient pas plus qu'ils ne comprenaient les problèmes auxquels faisaient face les mineurs, les ouvriers et les autres. La vapeur devait s'échapper d'une façon ou d'une autre, et les efforts de Sifton afin de la contenir ne firent qu'augmenter la frustration des deux côtés[18] ».

En vertu de l'Acte du territoire du Yukon de 1898, le gouverneur en conseil (c'est-à-dire, le conseil des ministres fédéral à Ottawa) conservait le pouvoir de légiférer pour «la paix, l'ordre et le bon gouvernement» territorial. Le commissaire en conseil du Yukon jouissait « du même pouvoir de promulguer des ordonnances pour le gouvernement du territoire » que le lieutenant-gouverneur et l'Assemblée législative des Territoires du Nord-Ouest à l'époque, dans la mesure où le conseil des ministres fédéral ne décide de limiter leurs capacités à légiférer. L'Acte exigeait que l'administration du Yukon transmette toutes ses ordonnances à Ottawa dans les dix jours, le conseil des ministres fédéral se réservant le privilège de les rejeter pendant une période de deux ans. Ni l'administration territoriale, ni le conseil des ministres fédéral ne pouvaient imposer un impôt ou droit de douane supérieur à cent dollars, amender ou rejeter une sanction prévue par le Parlement ou s'approprier des terres, capitaux ou propriétés publiques canadiennes sans l'accord du Parlement. Les lois criminelles et civiles, tout comme les ordonnances des Territoires du Nord-Ouest, étaient en vigueur jusqu'au moment de leur amendement ou leur révocation[19]. Les deux paliers de gouvernement devaient nommer certains hauts fonctionnaires dont les salaires proviendraient, d'une part, des revenus fédéraux – grâce aux redevances sur l'or ainsi qu'aux revenus générés par les permis d'extraction, les ventes de terres, les redevances sur le bois, les droits de douane et l'importation d'alcool – et, d'autre part, des revenus territoriaux – issus des permis d'alcool et des taxes perçues sur les cabinets d'avocats, les commissionnaires-priseurs, les exploitants de traversiers et les propriétaires des salles de danse. L'Acte du territoire du Yukon évoquait sans doute l'Acte des Territoires du Nord-Ouest de 1875, en ce sens que les territoires étaient gérés en partie par Ottawa, et en partie par les administrations territoriales, mais il ne prévoyait pas la mise en place d'institutions représentatives. «Les autorités fédérales redoutaient ce type d'évolution politique en raison du caractère frontalier et cosmopolite du secteur minier», explique l'historien David Morrison. «Ce n'est que lorsque les habitants dans la région du Klondike exercèrent une pression soutenue sur le gouvernement que celui-ci agit pour instaurer une représentation populaire[20]».

La demande d'un gouvernement responsable

Par son refus d'octroyer le droit de participer à l'élaboration des politiques aux résidents euro-canadiens de la région, le régime mis en place par l'Acte du territoire du Yukon de 1898 engendra un important mouvement de contestation local. Dès l'entrée en vigueur de la loi, les mineurs organisèrent des assemblées de masse et se mirent à militer pour l'élection des représentants au Conseil territorial ainsi qu'au Parlement fédéral. « Les agitations d'avant 1897 dans les Territoires du Nord-Ouest reprirent », observe l'historien Lewis H. Thomas. Quatre journaux concurrents (trois américains et un canadien), dont deux qui s'opposaient fortement à Ottawa, exposèrent l'incompétence et la corruption flagrante des bénéficiaires du népotisme libéral, les conflits concernant les redevances fédérales sur l'exportation d'or, les nouveaux règlements miniers portant à controverse, de même que l'absence d'autonomie gouvernementale réelle dans le territoire[21]. Un éditorial du *Klondike Nugget* accusa Ottawa de traiter les résidents du Yukon comme « une race sous-développée qui a maintes fois démontré son incapacité à s'autogouverner, une caractéristique qui a pourtant fait la renommée de notre race... ». L'éditorial insistait sur la nécessité d'accorder le droit de vote aux Anglo-Canadiens – de même qu'aux Américains « en raison de leur importance dans la mise en valeur de ce pays[22] ».

Des manifestations de masse organisées à l'issue de réunions de mineurs et de comités de citoyens, la pression des journaux et l'opposition conservatrice au Parlement donnèrent le coup d'envoi des réformes portant sur la gouvernance territoriale[23]. En 1899, les modifications apportées à l'Acte du territoire du Yukon permirent que deux membres élus localement, pour une période de deux ans, se joignent aux quatre membres nommés par le gouvernement fédéral au Conseil du Yukon. Notons que seuls « les sujets mâles nés et naturalisés britanniques âgés de 21 ans ayant résidé de manière continue dans le territoire pendant au moins un an » pouvaient voter, ce qui excluait d'office les femmes et les personnes détenant le statut d'Indien. Le commissaire et les membres nommés continuaient de former la branche exécutive du gouvernement territorial du Yukon; mais le commissaire présidait désormais aux réunions du Conseil, assurant ainsi « par sa présence un degré de coordination entre les fonctions législatives et exécutives[24] ». Dans l'année qui suivit, les séances du

Conseil du Yukon furent pour la première fois ouvertes au public et adoptèrent quelques aspects de la procédure parlementaire. D'après l'historienne du Yukon Linda Johnson, « grâce à son Conseil qui fonctionna tant comme un organe législatif en session ouverte que comme un conseil des ministres à huis clos, le Yukon se préparait pour ses premières élections [en 1900] en s'acheminant, à la prochaine étape, vers un gouvernement plus démocratique[25] ».

Avec la participation de membres élus, le Conseil du Yukon devint ainsi un organe législatif actif. Ses membres envoyèrent des pétitions et des protestations à Ottawa dans l'espoir d'inciter le gouvernement fédéral à régler des problèmes d'importance aux yeux des résidents du Yukon. Le commissaire James H. Ross, qui avait succédé à Ogilvie au début de 1901, prôna et assura une législation qui mit en place des institutions municipales à Dawson et à Bonanza (Grand Forks) ayant pour effet de réduire la charge des services locaux que le Conseil devait fournir[26]. En mai 1902, Ross convainquit également Ottawa d'amender l'Acte du territoire du Yukon afin d'augmenter à cinq le nombre des membres élus au Conseil et de clarifier certains pouvoirs législatifs et judiciaires. Un acte portant sur la représentation du territoire du Yukon reçut, au même moment, l'approbation royale pour octroyer au Yukon, devenue circonscription électorale, le droit d'envoyer un député à la Chambre des communes. Même si Ross démissionna en juillet 1902 à la suite d'une attaque cérébro-vasculaire, il fut dûment élu premier député yukonais avant la fin de l'année[27].

L'Acte du territoire du Yukon ne faisait aucune mention des peuples autochtones et ne prenait aucune disposition à leur égard. Ne formant qu'une faible partie de la population du territoire lors de la ruée vers l'or, ils furent dès lors marginalisés sur l'échiquier politique au Yukon, comme partout ailleurs au Canada. Certaines dispositions de la Loi sur les Indiens de 1876 et certains amendements subséquents s'appliquaient au Yukon, mais l'absence de traités signés avec les Premières Nations et le manque de réserves indiennes reconnues démontrent bien que les fonctionnaires fédéraux avaient davantage tendance à ignorer les peuples autochtones, qu'à vouloir imposer des politiques assimilatrices dans la région. Le gouvernement avait signé le traité n° 8 – couvrant grosso modo le nord de l'Alberta et le nord-est de la Colombie-Britannique actuels – dans le but de faciliter l'accès des voyageurs se rendant au Klondike. Mais au Yukon, le gouvernement craignait que les traités et une réserve permettraient aux peuples autochtones d'accaparer des terres précieuses en richesses aurifères. Si certains Autochtones tentèrent de profiter de la ruée vers l'or en travaillant comme bûcherons, ouvriers ou employés sur des bateaux à vapeur, ceux qui ne vivaient pas en bordure du fleuve du Yukon préservèrent leur mode de vie ancestral. Devant les effets néfastes qu'entraînait l'afflux d'étrangers sur les terres autochtones, le chef et homme d'affaires Jim Boss (Kishwoot) du Ta'an Kwach'an actuel engagea, en 1901 et 1902, un avocat de Whitehorse pour envoyer au surintendant général des Affaires indiennes à Ottawa et au commissaire du Yukon d'éloquentes lettres dans lesquelles il leur fit part des inquiétudes de sa nation sur l'aliénation de leurs terres et de leurs ressources, et leur droit à l'autodétermination. Ottawa rejeta sa demande d'amorcer un processus de revendication territoriale et de négociation des traités au Yukon. Les Premières Nations du Yukon devaient attendre sept décennies avant que le gouvernement fédéral n'accepte d'entamer de telles démarches[28].

La population non-autochtone du territoire fit également l'expérience d'une telle frustration. En 1903, les membres élus du Conseil du Yukon entreprirent des démarches en faveur d'un gouvernement responsable, ce qui, dans le contexte canadien, impliquait un pouvoir exécutif dépendant du soutien d'une assemblée élue et non simplement de la Couronne[29]. Ce courant réformiste se jumelait à l'opposition organisée, virulente et presque universelle contre la décision concernant la « Concession Treadgold », une décision émanant du conseil des ministres fédéral d'octroyer le contrôle des ruisseaux les plus riches en or, ainsi que les droits spéciaux relatifs à l'eau, à un syndicat minier dirigé par l'entrepreneur britannique A.N.C Treadgold qui voulait mettre sur pied une exploitation minière mécanisée à grande échelle dans la région[30]. Ce développement menaçait l'identité des « Stampeders » forgée sur les chercheurs d'or indépendants, un groupe victime d'une conjoncture économique aux horizons de plus en plus restreints et qui frappait durement leur communauté. En outre, pour envenimer la situation, le successeur du commissaire Ross, Frederick Tennyson Congdon – un implacable « représentant de la machine politique libérale[31] » –, se révéla un chef inepte et corrompu qui divisa à la fois les Yukonais et le parti libéral[32]. Congdon démissionna de son poste de commissaire en 1904 afin de se présenter aux élections fédérales sous la bannière libérale, mais les divergences d'opinions entre les « *Tabs* » (partisans de Congdon) et les « *Steam Beers* » (partisans du propriétaire de brasserie Tom O'Brien) divisèrent le vote libéral. Dr Alfred Thompson, représentant du parti indépendant du Yukon (une coalition entre les libéraux et les conservateurs), sortit vainqueur des élections. « Dès lors que Congdon fut battu », conclut l'historien David Morrison, « certains politiciens du territoire purent désormais se concentrer de nouveau sur la lutte en faveur des réformes [économiques et politiques] qu'ils souhaitaient[33] ».

Frank Oliver, qui succéda à Clifford Sifton comme ministre de l'Intérieur, se rendit à Dawson City en 1905, rencontra les citoyens et annonça que le gouvernement de Laurier allait amender les réglementations des mines dans l'espoir de répondre aux plaintes locales. Toutefois, lors de la session parlementaire à Ottawa, le député yukonais Dr Thompson soutint ardemment l'instauration d'un Conseil du Yukon composé de dix membres élus et d'un gouvernement responsable. Le premier ministre Laurier, à la Chambre des communes, justifia l'approche du gouvernement concernant l'administration du Yukon en affirmant que la région venait tout juste d'être « civilisée » par la ruée vers l'or. « Mon honorable ami avouera que cela eût été le propre de la plus insigne folie de donner des institutions parlementaires à cette population nouvelle recrutée dans tous les coins de l'univers », insista-t-il. Le premier ministre soutenait un conseil élu du Yukon, mais répéta qu'« il ne le fallait pas auparavant et que le gouvernement n'a rien à se reprocher quant au caractère des institutions dont il a doté le Yukon[34] ». À Dawson, les sessions du Conseil en 1905 et 1906, à la différence des années précédentes, se déroulèrent dans le calme. Le commissaire William Wallace Burns McInnes, de concert avec la chambre de Commerce de Dawson, le parti indépendant du Yukon, le parti libéral du Yukon et les députés fédéraux de l'opposition, continuait de faire pression sur le conseil des ministres fédéral afin qu'il envisage la mise en place de réformes politiques en profondeur pour le territoire[35].

En 1907, J.N.E. Brown soulignait dans sa réflexion sur l'évolution du gouvernement territorial que « le souhait des habitants d'avoir un Conseil du Yukon élu n'a pas encore été exaucé... [En fait,] le malaise politique au Yukon persistera jusqu'à l'obtention d'un conseil complètement élu. La lutte de ce jeune territoire pour l'obtention d'un gouvernement responsable reflète une histoire similaire en Ontario, au Québec et dans le Nord-Ouest[36] ». Dr Thompson souleva la question une fois de plus lors de la session parlementaire en 1907, assurant ses collègues qu'il avait le soutien des Yukonais de tous les partis politiques, lesquels ne réclamaient pas l'autonomie provinciale complète. Dans l'état actuel des choses, les cinq membres nommés du Conseil en place « qui tiennent leur nomination de la Couronne touchent des traitements parce qu'ils remplissent diverses fonctions publiques; aussi, sont-ils nécessairement moins au courant du sentiment public que le seraient des élus du peuple ». Il s'offusquait que « [d]ans toute l'étendue du Dominion, c'est le seul territoire qui ne jouit pas d'une autonomie pleine et entière, l'unique coin de terre où le gouvernement responsable ne soit pas établi ». Frank Oliver répondit qu'il anticipait que les élections de 1907 seraient « la dernière fois que les habitants du Yukon n'élisent qu'une partie de son conseil[37] ».

La lutte constante des rédacteurs en chef des journaux, des groupes de pression et des politiciens pour l'obtention d'un conseil du Yukon élu porta enfin fruit. Les hauts fonctionnaires du ministère de l'Intérieur donnèrent l'ordre à leur personnel juridique de modifier l'Acte du territoire du Yukon pour façonner la gouvernance territoriale suivant le modèle le plus récent, celui de l'Assemblée des Territoires du Nord-Ouest. L'avant-projet de loi prévoyait l'entrée en fonction d'un lieutenant-gouverneur et d'une assemblée législative élue et composée de onze membres qui jouiraient des mêmes pouvoirs et responsabilités assignés auparavant au commissaire en conseil. Le ministre Oliver approuva l'ébauche du projet de loi qu'il envoya à l'imprimeur du Roi pour être publié en mars 1908, mais le mois suivant, le sous-ministre de la Justice examina le projet de loi et informa ses collègues « qu'il me paraît inutile et peu avisé d'abroger l'acte existant. Une minime modification de la loi existante allait faire l'affaire ». Le département de l'Intérieur accepta ses conseils et abandonna le projet, attribuant alors « de nouveaux rôles, responsabilités et relations » au Conseil du Yukon et au commissaire, et mit en place « une version un peu lourde d'un gouvernement représentatif, mais toujours non responsable[38] ». Avec le temps, ce système d'administration allait se montrer difficile à gérer et encore plus à réformer.

En juillet 1908, la modification de l'Acte du territoire du Yukon permit l'instauration d'un conseil du Yukon composé de dix membres élus qui choisiraient eux-mêmes leur président et siègeraient séparément du commissaire[39]. Cette séparation signifiait que le commissaire jouissait du pouvoir exécutif d'une part, et le conseil du pouvoir législatif, de l'autre. Comme le résume David Morrison, « le commissaire, avec un pouvoir de réserve et de désaveu sur la législation du conseil, devait continuer, sur les avis d'Ottawa, l'administration des responsabilités fédérales et surveiller les employés des gouvernements canadien et yukonais ». En bref, le commissaire conservait le pouvoir exécutif et la responsabilité de l'administration territoriale. « Les représentants du peuple, à qui on avait interdit de proposer des mesures législatives à caractère financier non approuvées par le chef de l'exécutif, allaient jouir du contrôle des dépenses publiques – mais non de l'initiative d'en prendre les mesures–, du pouvoir de conduire le processus décisionnel comme ils l'entendaient sous l'égide de leur propre président, ainsi que de la liberté de légiférer sur des enjeux non-financiers[40] ».

Ainsi, le gouvernement Laurier octroya l'autonomie gouvernementale grâce à la constitution d'une législature totalement élue – ce qui était dans la lignée de la tradition britannique –, mais sans permettre un gouvernement responsable, ce qui représentait un affront au modèle de Westminster. En 1908, Frank Oliver, en proposant l'amendement, déclara qu'« Il est naturel qu'en chaque partie du Canada on veuille jouir d'une autonomie dans la plus large mesure possible dans l'administration des affaires », mais il ajouta que « quand il s'est agi d'organiser de nouveaux territoires on n'a pas toujours cru désirable – et il n'a pas toujours été possible – d'accorder à ces régions ainsi organisées des parlements dont tous les membres fussent élus par le peuple ». Il proposa qu'Ottawa établisse « une forme de gouvernement s'inspirant du principe général consacré dans notre constitution : c'est-à-dire que le peuple gouvernera dans une certaine sphère bien définie, dans certaines limites précises…[41] ». La position d'Oliver reflétait une vieille idée qu'avait maintes fois exprimée Clifford Sifton avant lui, selon laquelle le Klondike était destiné à être un camp minier de courte durée, avec peu de perspective d'avenir à long terme, et encore moins d'accroissement significatif de la population. Le gouvernement, par conséquent, préférait les petites solutions temporaires.

Lors des trois jours de débats parlementaires sur la modification de l'Acte, le député conservateur George Foster estima que « c'est une anomalie… de permettre à une population de choisir ses propres représentants pour légiférer alors que toute l'administration est aux mains d'un fonctionnaire nommé par la Couronne[42] ». Le sénateur James Lougheed s'étonna également que lorsque le commissaire, à titre de représentant fédéral, soumettait une mesure financière et que le Conseil marquait son désaccord, en l'absence d'une équipe ministérielle aucune mesure ne pouvait être prise pour encourager les membres du Conseil à accepter un compromis.

Pour mettre fin à une impasse, le commissaire était cependant habilité à dissoudre le Conseil et à convoquer de nouvelles élections, une situation plutôt singulière qui s'éloignait du système politique en place dans le reste du Canada. Au nom du gouvernement libéral, le secrétaire d'État R.W. Scott expliqua néanmoins que : « ce serait une véritable farce... de conférer à une communauté aussi petite [moins de 10 000 habitants] des pouvoirs attribués à une province... Le gouvernement deviendrait un jouet entre les mains d'une communauté de cette taille si on lui accordait tout le cérémonial associé à la constitution d'une province[43] ». Si les débats politiques étaient d'un grand intérêt pour les habitants du Nord, beaucoup d'entre eux avaient maintenant l'habitude de travailler au Yukon pendant l'été et de se déplacer vers le sud en hiver lorsqu'ils ne pouvaient plus travailler à l'exploitation des placers. Le déclin du Yukon au lendemain de la ruée vers l'or fut exacerbé par les migrations saisonnières qui renforcèrent la nature transitoire de la population.

L'instauration d'un gouvernement représentatif mais non responsable ne provoqua pas de vives réactions dans le territoire en raison de l'évolution des relations entre le Canada et le Yukon. David Morrison avance que « les hommes qui se sont battus pour un conseil élu et pour un plus grand contrôle populaire du gouvernement, soit parce qu'ils ne pouvaient pas envisager les problèmes qui allaient en découler, soit – sans doute plus encore – par apathie, ne furent pas choqués par le compromis proposé par Oliver et ses collègues ». En fait, « même le Dr Thompson, qui n'était pas à Ottawa lors des débats sur l'amendement de l'Acte, déclara qu'il regrettait que les changements ne furent pas plus radicaux, 'mais il vaut mieux un demi-pain plutôt que rien'[44] ». R. G. Robertson laissa entendre plus tard que « la séparation claire des pouvoirs législatif et exécutif, reflétant davantage une pratique territoriale américaine, était innovante – quoique méconnue – par rapport à la jurisprudence canadienne et aux principes du régime parlementaire[45] ». Comme le signale judicieusement Morrison, « la nouvelle relation formelle entre le commissaire et le Conseil était similaire à celle qu'entretenaient le gouverneur et l'Assemblée législative dans tous les systèmes britanniques de gouvernement ». Pourtant, en séparant le pouvoir exécutif du Conseil du Yukon sans mettre en place un conseil des ministres exerçant le pouvoir exécutif, les amendements de 1908 « créèrent un système parlementaire hybride se situant entre deux modèles constitutionnels britanniques[46] ».

Les amendements de 1908 reflétèrent le pari le plus sûr que fit le gouvernement dans la gestion d'un territoire lointain dont la population américaine demeurait importante et à proximité du territoire d'Alaska. Les politiciens d'Ottawa avaient bien discerné le caractère transitoire de la vie au Yukon[47]. Depuis 1901, la population avait chuté de 27 000 habitants à moins de 10 000 habitants, l'extraction d'or avait diminué très rapidement et le nombre de fonctionnaires décliné en conséquence. L'exploitation minière s'était profondément transformée : elle était passée du chercheur d'or rustique travaillant à mains nues, à l'exploitation minière industrielle et capitaliste à grande échelle. L'économie du Yukon était désormais dominée par les grands concessionnaires : les Guggenheim de New York, l'A.N.C. Treadgold et la «Klondike Joe» Boyle[48]. Le contrôle de l'approvisionnement en eau, élément central des concessions, était devenu un facteur déterminant dans la réussite financière, se substituant à la ruse des chercheurs d'or, la chance ou le travail acharné. «Le côté glamour du Yukon n'est plus, de même que l'époque des mineurs travaillant seuls et de la fortune amassée en une semaine», déclara la *Canadian Annual Review* en 1908[49]. La folie de la ruée vers l'or se dissipait et le Yukon n'était plus une priorité dans les coulisses de pouvoir au sud. Le gouvernement représentatif entra en vigueur en 1908, mais comme l'observe Robertson, «tel un cactus en pleine tempête de neige, il n'évoluera pas pendant 40 ans[50]».

L'âge d'or du Yukon n'était plus et le coin nord-ouest du pays redevenait sans conséquence pour les politiciens. Ce n'est que dans les années 1970 que le Yukon refit vraiment son apparition sur la scène constitutionnelle et politique nationale. La Première Guerre mondiale avait accéléré le déclin du territoire. Le Yukon s'était pourtant dévoué corps et âme pour l'effort de guerre et une grande partie de sa main-d'œuvre et de ses ressources financières y avait été consacrée. Mais la population ne cessait de diminuer et Dawson City avait perdu son élan. Jusque dans les années 1960, les exploitations minières avaient continué sur les chantiers de dragage du Klondike, mais les découvertes étaient peu nombreuses et peu durables. Sur le plan politique, le gouvernement du Canada avait envisagé en 1918 la destitution du Conseil territorial élu et convenu, à contrecœur, de maintenir le Conseil représentatif composé de trois membres. Outre le conflit potentiel créé autour d'un projet d'annexion avec la Colombie-Britannique dans les années 1930 – fusion mise à mal par la constatation du modeste financement de l'école catholique de Dawson City procuré par le gouvernement du Yukon –, le Yukon joua un rôle fort limité dans les affaires nationales à cette époque. La Seconde Guerre mondiale propulsa néanmoins l'extrême nord-ouest sur la scène continentale, même si la construction de la route de l'Alaska, la route à relais du Nord-Ouest (des terrains d'aviation débouchant en Alaska) et l'oléoduc CANOL – parmi d'autres projets – engagea très peu le gouvernement canadien qui se contenta simplement de donner son aval à ces opérations, en les observant de loin.

Les changements se sont davantage manifestés après la Seconde Guerre mondiale. Le gouvernement du Canada assuma alors plus de responsabilités dans l'expansion de l'État-providence à travers le pays, ce qui donna lieu à des investissements plus importants et plus rapides dans le Nord. L'essor minier de la région raviva l'intérêt du sud pour le Yukon, favorisant une augmentation des activités gouvernementales sur le territoire, un changement de capitale, passant de Dawson City à Whitehorse, et une certaine expansion démographique (bien qu'incomparable à celle qu'avait connue la région pendant la ruée vers l'or). La population croissante, particulièrement à Whitehorse, poussa le peuple, au terme du mandat exercé par le très admiré commissaire James Smith (1966-1976), à réclamer davantage d'autonomie politique. Les politiciens du Yukon, réputés tapageurs, exigèrent la mise en place d'un gouvernement responsable avec son propre conseil ministériel. Un changement majeur allait se produire en 1979 avec le gouvernement éphémère du premier ministre Joe Clark au pouvoir. Clark, qui apporta son soutien au député yukonais Erik Nielsen – ce dernier l'ayant précédemment appuyé lors de sa campagne à la chefferie du parti conservateur du Canada –, promit l'obtention du statut de province pour le Yukon. Mais les Yukonais demeurèrent plutôt tièdes devant cette proposition qui s'annonçait onéreuse. Le gouvernement conservateur décida plutôt d'établir un gouvernement responsable en 1979 par l'intermédiaire d'une lettre émise par Jake Epp, ministre des Affaires indiennes et du Nord.

Les réclamations émanant du Yukon pour une plus grande autonomie surgirent à la même époque que le militantisme politique autochtone, en particulier celui de la « *Yukon Native Brotherhood* » (plus tard nommé le Conseil des Indiens du Yukon/Conseil des Premières Nations du Yukon). Les dirigeants autochtones, avec à leur tête Elijah Smith, sollicitèrent les premières ententes modernes du Canada en matière de revendications territoriales, une proposition que le gouvernement du Canada accepta de mauvaise grâce en 1973. Tout cela enclencha un processus de négociation qui dura vingt ans : celles-ci aboutirent avec la signature d'une entente-cadre définitive en 1993 et l'émergence d'un gouvernement autochtone autonome comme force majeure dans les affaires du territoire. Pendant près de soixante-dix ans, la gouvernance du Yukon s'était affaiblie, mais des politiciens yukonais persistants stimulèrent des changements et le processus de revendications territoriales au Yukon vit le jour. L'adoption d'une nouvelle Loi sur le Yukon en 2002, ainsi qu'un vaste programme de dévolution des pouvoirs fédéraux (incluant le contrôle des terres et des ressources naturelles) et la restitution progressive du pouvoir politique des Autochtones au sein du territoire, octroya au Yukon des pouvoirs semblables à ceux des provinces, tout en conservant ses droits sur les transferts annuels du gouvernement canadien.

Même après 150 ans d'existence, la Confédération canadienne n'a toujours pas été parachevée. Le Yukon, les Territoires du Nord-Ouest et le Nunavut ne se sont pas encore hissées au rang de provinces du Canada et ne le seront probablement jamais en raison du processus de l'amendement de la constitution. L'histoire du territoire du Yukon permet ainsi de mettre en relief les défauts d'une interprétation historique traditionnelle de la réforme politique, suivant laquelle cette dernière résulterait de l'évolution progressive et linéaire – bien que parfois cahoteuse – du statut de colonie à celui de gouvernement autonome. Si le Yukon acquit une certaine autonomie politique après 1900, il la perdit dans la foulée de la crise économique que provoqua la Première Guerre mondiale et le marasme qui s'en suivit. Par conséquent, le Yukon occupe une place à part dans l'histoire constitutionnelle canadienne, incarnant à la fois le refus du pays de se consacrer pleinement au Nord et son traitement inégal des colonies du Nord.

NOTES

1 Morris Zaslow, *The Opening of the Canadian North, 1870-1914*, Toronto, McClelland and Stewart, 1971, p. 139.

2 Pour une carte des territoires ancestraux, consulter : <http://www.env.gov.yk.ca/animals-habitat/documents/traditional_territories_map.pdf>.

3 Ken Coates, *Best Left as Indians : Indian-White Relations in the Yukon Territory*, Montréal, McGill-Queen's University Press, 1991.

4 Ken Coates, "Controlling the Periphery : The Territorial Administration of the Yukon and Alaska, 1867-1959", *Pacific Northwest Quarterly*, 78, 4, 1987, p. 146.

5 Voir Michael Gates, *Gold at Fortymile Creek : Early Days in the Yukon*, Vancouver, University of British Columbia Press, 1994.

6 Contrôleur F. White de la Police à cheval du Nord-Ouest, cité dans D.J. Hall, *Clifford Sifton, vol. 1 : The Young Napoleon, 1861-1900*, Vancouver, University of British Columbia Press, 1981, p. 160.

7 David R. Morrison, *The Politics of the Yukon Territory, 1898-1909*, Toronto, University of Toronto Press, 1968, p. 7-9; Thomas Stone, "The Mounties as Vigilantes : Perceptions of Community and the Transformation of Law in the Yukon, 1887-1897", *Law and Society Review* 14, 1979, 83-114; et William R. Morrison, *Showing the Flag : The Mounted Police and Canadian Sovereignty in the North, 1894-1925*, Vancouver, University of British Columbia Press, 1985, chap. 2.

8 Voir Les grands mystères de l'histoire canadienne, « Qui a découvert l'or du Klondike ? » <http://www.canadianmysteries.ca/sites/klondike/home/indexfr.html>.

9 Hall, *Clifford Sifton*, vol. 1, p. 172.

10 R.G. Robertson, "The Evolution of Territorial Government in Canada", dans J.H. Aitchison (dir.), *The Political Process in Canada*, Toronto, University of Toronto Press, 1963, p. 140.

11 J. N.E. Brown, "Evolution of Law and Government in the Yukon Territory", dans *University of Toronto Studies, History and Economics*, vol. II, S.M. Wickett (dir.), Toronto, Librarian of the University of Toronto, 1907, p. 199.

12 Hall, *Clifford Sifton*, vol. 1, 190-191, et C.E.S. Franks, "How the Sabbath Came to the Yukon", *Administration publique du Canada*, 10 mars 1967, p. 123-135.

13 Acte du Territoire du Yukon, 1898, 61 Victoria, c.6 (Canada).

14 Hall, *Clifford Sifton*, vol. 1, p. 191.

15 Linda Johnson, *With the People Who Live Here : The History of the Yukon Legislature, 1909-1961*, Whitehorse, Legislative Assembly of Yukon, 2009, p. 11.

16 Lewis Herbert Thomas, *The Struggle for Responsible Government in the North-West Territories, 1870-97*, édition révisée, Toronto, University of Toronto Press, 1978, p. 268.

17 Ken Coates et William Morrison, *Land of the Midnight Sun : A History of the Yukon*, Montréal, McGill-Queen's University Press, 2005, p. 105.

18 *Ibid.*, p. 191.

19 Acte du Territoire du Yukon, 1898, 61 Victoria, c.6 (Canada). Les pouvoirs du commissaire en conseil incluaient « la taxation directe pour les dépenses territoriales et locales;

l'établissement d'une fonction publique financée par le territoire; l'établissement, l'entretien et la gestion des prisons; l'incorporation d'institutions municipales; l'imposition de licences de boutique, bar, taverne, commissaire-priseur et autres; la constitution de certaines sociétés; la célébration de mariages; la protection des droits civils et fonciers; l'administration de la justice; l'imposition de sanctions – par amende, pénalité ou emprisonnement – pour la violation des ordonnances territoriales; la dépense de subsides parlementaires pour les besoins du territoire; l'intendance de tout problème de nature locale ou privée; et la disposition des installations scolaires » : cité dans Johnson, *With the People Who Live Here*, p. 12.

20 Morrison, *Politics of the Yukon Territory*, 20. Voir aussi Johnson, *With the People Who Live Here*, p. 11.

21 Thomas, *Struggle for Responsible Government*, p. 269-270.

22 Cité dans Morrison, *Politics of the Yukon Territory*, p. 28.

23 *Ibid.*, p. 25-32.

24 Robertson, "Evolution of Territorial Government", p. 141.

25 Johnson, *With the People Who Live Here*, p. 16.

26 Thomas, *Struggle for Responsible Government*, p. 271; et Morrison, *Politics of the Yukon Territory*, p. 39-41.

27 Voir Steven Smyth, *The Yukon Chronology (1897-1999)*, vol.1, 2ᵉ édition, Whitehorse, Clairedge Press, 1999, p. 6-7.

28 Coates, *Best Left As Indians*.

29 J.M.S. Careless, "Gouvernement responsable", <https://encyclopediecanadienne.ca/fr/article/gouvernement-responsable/>.

30 Pour de plus amples détails sur la Concession Treadgold, voir D.J. Hall, *Clifford Sifton, vol. 2 : A Lonely Eminence, 1901-1929*, Vancouver, University of British Columbia Press, 1985, p. 132-144; et Morrison, *Politics of the Yukon Territory*, p. 43-56.

31 Thomas, *Struggle for Responsible Government*, p. 271.

32 Hall, *Sifton*, vol. 2, p. 141.

33 Morrison, *Politics of the Yukon Territory*, p. 71.

34 Canada, Chambre des communes, *Débats*, 7 juin 1905, col. 7237-7238. Cité en partie dans Thomas, *Struggle for Responsible Government*, p. 272; et Morrison, *Politics of the Yukon Territory*, p. 74.

35 Nommé commissaire par Décret (968) le 27 mai 1905. Voir Steven Smyth, *The Yukon Chronology*, p. 8.

36 Brown, "Evolution of Law and Government", p. 211.

37 Canada, Chambre des communes, *Débats*, 12 mars 1907, (Thompson), col. 4668; (Oliver), col. 4675. Morrison, *Politics of the Yukon Territory*, p. 88. Pour en savoir plus sur le souhait de Thompson d'un gouvernement responsable, voir : "Government of Yukon", *Alaska-Yukon Magazine* 5, 1908, p. 414.

38 Johnson, *With the People Who Live Here*, p. 20-21.

39 Loi sur le Yukon, amendement de 1908, 7-8 Édouard VII, c.76.

40 Morrison, *Politics of the Yukon Territory*, p. 88. Cette loi assurait également un mandat de trois ans au Conseil, mais conférait au commissaire le pouvoir de le dissoudre et de tenir des élections quand bon lui semblait. Lors des débats parlementaires qui, en 1908, durèrent trois jours concernant l'amendement, des députés de l'opposition conservatrice soulevèrent des objections, mais n'insistèrent pas pour que la loi proposée soit modifiée. R.L. Borden et G.E. Foster dans : Chambre des communes, *Débats*, 15 juin 1908, col. 11039-11057.

41 Chambre des communes, *Débats*, 15 juin 1908, (Oliver), col. 11039 et 11050.

42 Chambre des communes, *Débats*, 15 juin 1908, (Foster), col. 11040.

43 Morrison, *Politics of the Yukon Territory*, p. 89.

44 *Ibid.*, p. 90.

45 Robertson, "Evolution of Territorial Government", p. 141.

46 Morrison, *Politics of the Yukon Territory*, p. 88.

47 Robertson, "Evolution of Territorial Government", p. 141.

48 Coates et Morrison, *Land of the Midnight Sun*, p. 157-165; et Lewis Green, *The Gold Hustlers*, Vancouver, J.J. Douglas, 1972.

49 *Canadian Annual Review*, 1908, p. 542, cité dans Morrison, *Politics of the Yukon Territory*, p. 87.

50 Robertson, "The Evolution of Territorial Government in Canada", p. 143.

9

La création de nouvelles provinces : la Saskatchewan et l'Alberta

BILL WAISER

Faire entrer les Prairies dans la Confédération a constitué un combat de plusieurs décennies qui doit être conçu comme un processus contesté jusqu'à la création, en 1905, des provinces de la Saskatchewan et de l'Alberta. La création des nouvelles provinces de l'Ouest n'est donc pas une simple histoire linéaire, marquée de progrès et de réjouissances, mais plutôt un long cheminement acrimonieux.

L'annexion du Nord-Ouest par le Canada

La question de l'entrée de l'Ouest du Canada au sein de la Confédération se posait déjà en 1857. En réponse à la demande de la Compagnie de la Baie d'Hudson (CBH) de renouveler ses privilèges commerciaux exclusifs dans la région (accordés par charte royale en 1670), le gouvernement britannique chargea une commission d'enquêter sur la capacité de la Compagnie à gérer et à gouverner la Terre de Rupert (territoire correspondant au bassin versant de la Baie d'Hudson). La Province-Unie du Canada, c'est-à-dire le Canada-Est (Québec) et le Canada-Ouest (Ontario), participa aux délibérations par le biais d'un représentant qui assista aux audiences du comité. Dès la fin des années 1840, George Brown, l'éditeur du *Globe* de Toronto, accusa la CBH et sa charte de bloquer l'expansion vers l'ouest depuis les confins des Grands Lacs inférieurs[1]. La nécessité impérative pour le

Canada-Ouest de poursuivre son expansion se trouvait à l'origine de cette campagne contre la CBH. En effet, la province restreinte par le Bouclier canadien au nord n'arrivait plus à offrir des terres agricoles en suffisance; si elle ne voulait pas s'enliser dans cette situation et voir l'essor de sa population absorbé par les États-Unis, elle n'avait d'autre choix que pousser ses frontières vers l'ouest, au-delà du lac Supérieur. La solution résidait au nord-ouest et dans les plaines intérieures de l'ouest. Dès les années 1850, les expansionnistes canadiens, qui ne voyaient plus ce coin de pays comme un désert de froidure, vantaient les mérites de l'agriculture de la région. Celle-ci, désormais dépeinte comme un Éden, accueillerait des milliers, voire des centaines de milliers d'agriculteurs tout en offrant un marché profitable pour le milieu des affaires torontois[2]. Brown et d'autres députés réformistes (libéraux) du Parlement n'en démordaient pas : le Canada était l'héritier légitime de la Terre de Rupert puisque la traite des fourrures à partir de Montréal, en particulier celle qui se rattachait à la Compagnie du Nord-Ouest, avait déjà fleuri pendant presque cent ans dans la région intérieure. En outre, firent-ils valoir, cette présence économique ne s'était pas éteinte lorsque, en 1821, la Compagnie du Nord-Ouest s'était unie à la CBH[3].

La commission d'enquête britannique arriva à la conclusion que : « la reconnaissance des souhaits justes et raisonnables du Canada est essentielle » pour entériner l'annexion du territoire au sud de la Terre de Rupert[4]. Cette déclaration laissait entendre que le Canada pouvait s'emparer des terres intérieures de l'Ouest, un développement qui ne se concrétiserait néanmoins qu'une bonne décennie plus tard. L'annexion du Nord-Ouest allait nécessairement entraîner un nouvel arrangement, c'est-à-dire la représentation selon la population, qui risquait en retour de perturber l'équilibre politique délicat de la représentation égale entre le Canada-Ouest (Ontario) et le Canada-Est (Québec) au Parlement uni. Cependant, avant d'envisager l'annexion de l'Ouest, la Confédération des colonies d'Amérique du Nord britannique devait d'abord se réaliser, ce qui impliquait des garanties constitutionnelles suffisantes pour la future province du Québec. Toutefois, certains chefs politiques canadiens se sentaient incapables d'assumer la responsabilité d'un territoire aussi vaste : l'acquisition d'un tel empire territorial résultait ainsi en l'agrandissement du Canada de 1867 par un facteur de sept[5]. Le chef de file conservateur John A. Macdonald et ses partisans, majoritairement montréalais, adhéraient au vieil empire commercial du fleuve Saint-Laurent, alors que les réformistes, menés par Brown, désiraient accéder aux Territoires du Nord-Ouest afin de satisfaire aux ambitions économiques de Toronto[6]. Pour réaliser la promesse de la Grande Coalition de 1864 d'instaurer un renouveau constitutionnel et de mettre fin à l'impasse politique dans le Canada uni, l'expansion territoriale dans les prairies de l'Ouest devait s'inscrire au projet de la Confédération. L'article 146 de l'Acte de l'Amérique du Nord britannique de 1867 disposait d'une clause qui permettrait la future adhésion du Nord-Ouest britannique.

Pendant l'hiver de 1868-1869, les représentants canadiens négocièrent avec la direction de la CBH à Londres. Aucun délégué de la Terre de Rupert, Autochtones et Métis inclus, ne fut consulté ou invité à la réunion. Les négociations n'aboutirent cependant pas, car le Canada remettait en question les droits de la Compagnie sur le territoire. Lord Granville, le Secrétaire aux Colonies, agissant comme médiateur, força la main aux deux parties. La CBH accepta de céder ses droits garantis par la Charte de la Terre de Rupert en échange d'une indemnisation de 300 000 £ de la part du gouvernement canadien. En échange, le Canada s'assurait de l'acquisition de la Terre de Rupert ainsi que des zones continentales de l'Amérique du Nord britannique dont les eaux ne s'écoulaient pas dans la Baie d'Hudson, ces territoires étant à l'époque connus sous le nom de Territoire du Nord-Ouest (littéralement au nord-ouest de la Terre de Rupert).

Le pouvoir absolu du Dominion dans les Territoires du Nord-Ouest

Pour les expansionnistes, la colonisation et le développement du Nord-Ouest permettraient au Canada d'être plus fort, plus puissant, mais surtout mieux protégé au sein d'un continent dominé par les États-Unis dont l'agressivité ne faisait aucun doute. Coloniser l'Ouest et le développer aussi vite que possible était impératif et ce, même si la situation pouvait porter préjudice à la population autochtone locale[7]. La colonisation de l'Ouest était si importante aux yeux du Canada qu'elle ne pouvait incomber à un gouvernement territorial ou provincial. La supervision du fédéral et, plus particulièrement, son administration des terres et des ressources de l'Ouest étaient une « nécessité d'ordre national[8] ». Par conséquent, le transfert des terres annonçait un tout nouveau départ dans l'histoire de la région intérieure.

À cette même époque, le gouvernement conservateur de John A. Macdonald, malgré de beaux discours sur le nouvel empire canadien dans l'Ouest et sa contribution fondamentale au succès du jeune Dominion, fit très peu pour l'intégration de la région au sein de la Confédération. Le Canada s'apprêta ainsi à prendre possession d'un territoire de trois millions de milles carrés par l'instauration, le 1er décembre 1869, d'un gouvernement temporaire situé à la rivière Rouge. Néanmoins, les Métis de la rivière Rouge, menés par Louis Riel, s'offusquant de ne pas avoir été consultés, forcèrent Ottawa à négocier l'entrée de la région au sein de la Confédération. Si la résistance de la rivière Rouge de 1869-1870 réduit à néant l'espoir des Canadiens de négocier l'intégration de la région comme s'il s'agissait d'une simple transaction immobilière, elle n'empêcha cependant pas le gouvernement fédéral, dans les décennies suivantes, de diriger la colonisation de l'Ouest et son développement. Le 1er juillet 1870, le Manitoba s'intégra au Dominion et devint la cinquième province du Canada, mais celle-ci demeura délibérément petite. De plus, elle n'exerçait aucun contrôle sur ses terres publiques et ses ressources, un droit provincial inscrit dans l'Acte de l'Amérique du Nord britannique de 1867 et octroyé à toutes les autres provinces. Au contraire, le Manitoba dépendait de subventions fédérales annuelles qui ne couvraient pas toujours les dépenses relatives à la colonisation et au développement.

En 1870, les Territoires du Nord-Ouest devinrent un territoire fédéral séparé (articles 35 et 36 de l'Acte du Manitoba), mais au-delà de cette provision, « un gouvernement efficace y était pour ainsi dire inconnu[9] ». Certains pouvaient alors se demander si le Canada avait tout simplement hérité des pouvoirs impérialistes de la CBH, notamment parce que le gouvernement territorial était situé en dehors de la région, à Winnipeg, où il était dirigé par le lieutenant-gouverneur du Manitoba. Il n'existait d'ailleurs aucune disposition pour l'installation de fonctionnaires sur le territoire. Le gouvernement libéral d'Alexander Mackenzie tenta de combler certaines lacunes dans l'Acte des Territoires du Nord-Ouest de 1875 (adopté le 8 avril 1875, entré en vigueur le 7 octobre 1876) avec la mise en place d'un gouvernement séparé établi dans les territoires et l'instauration de membres élus au Conseil, en fonction de l'augmentation du nombre de nouveaux arrivants. Mais le gouvernement territorial était très peu représentatif et fort peu d'habitants de la région participaient aux délibérations. Ce n'était en aucun cas un gouvernement responsable.

Pendant la deuxième moitié du siècle, le Canada souhaitait que règnent l'ordre et la stabilité le long de sa frontière occidentale. Il entendait implanter les meilleurs éléments de la civilisation britannique dans les plaines du nord. Ce désir ne pouvait se réaliser, cependant, que si les valeurs et les principes définissant cette nouvelle société étaient imposés de l'extérieur. Les initiatives locales et démocratiques n'étaient pas prises en considération, pas plus que la différente vision du futur que les peuples autochtones de la région auraient pu proposer. Les défenseurs de l'expansion canadienne étaient convaincus, et avaient même l'arrogance de penser, que la région allait se reconstruire sans embuche, au fur et à mesure[10].

L'intégration des Territoires du Nord-Ouest dans la Confédération devait se faire à l'aide d'initiatives fédérales, communément appelées politiques nationales. Ottawa prit en ce sens des dispositions pour l'arpentage du territoire, constitua un corps de Police à cheval, introduisit une charte pour la construction du chemin de fer transcontinental, érigea un tarif douanier protectionniste afin de favoriser le commerce entre l'Est et l'Ouest et négocia les traités avec les Premières Nations de l'Ouest. Toutes ces politiques de colonisation et de développement rencontrèrent différents problèmes et défis. Le gouvernement fédéral entretenait l'idée qu'il savait ce qui était le mieux pour la région et que lui seul était en mesure de déterminer et de façonner son avenir. Il traita les Territoires du Nord-Ouest comme s'il s'agissait d'une colonie, ce qui ne fut pas sans conséquences[11].

Traiter avec les Autochtones

Ottawa n'avait pas envisagé de négocier les traités avec les bandes des Premières Nations à l'ouest de la province du Manitoba. Les Cris prirent alors les choses en main, interrompant la construction d'une ligne télégraphique et obligeant une équipe de la Commission géologique à rebrousser chemin. Ils forcèrent ainsi le Canada à leur porter attention[12]. Si le Dominion voulait une colonisation pacifique et disciplinée dans la région, Ottawa devait parvenir à un accord avec les Cris sur la question des terres et ce, dans les meilleurs délais. Cependant, Ottawa refusa de négocier avec les bandes de la région de la forêt boréale dont les terres ne se prêtaient pas à l'agriculture.

Grâce aux traités numérotés conclus avec les Premières Nations de l'Ouest (traités n°s 1 à 7, de 1871 à 1877), le Canada poursuivait une tradition britannique établie par la Proclamation royale en 1763. Les Autochtones s'étaient avérés de précieux alliés lors de la guerre entre la Grande-Bretagne et la France. Les Britanniques déclarèrent alors qu'aucune colonisation agricole ne serait entreprise sur les territoires des Premières Nations jusqu'à l'extinction de titre par l'intermédiaire de traités. À la fin du XVIIIe et au début du XIXe siècle, les négociations portant sur ces territoires continuèrent, bien qu'imparfaitement, par l'entremise de la Couronne. Lorsque le Canada acquit l'empire du Nord-Ouest en 1870, cette manière de procéder était bien ancrée dans la tradition[13]. Les motivations avaient cependant changé. Si les autorités britanniques avaient jadis été soucieuses d'assurer et de conserver leur alliance avec les Autochtones dans la lutte contre l'agression et l'expansion américaines, les autorités civiles canadiennes voulaient maintenant éviter une guerre « indienne » onéreuse pour l'acquisition des terres dans l'Ouest. Autrement dit, négocier était le moyen le moins coûteux d'arriver à leurs fins. Les mérites de cette politique se vérifiaient à l'exemple de ce qui se passait au sud de la frontière, où les États-Unis dépensèrent davantage lors des guerres indiennes de 1870, que le budget total du gouvernement du Canada cette année-là[14].

Le processus de négociation des traités était également imprégné d'un sentiment impérialiste voulant que les Premières Nations étaient inévitablement appelées à s'éteindre, comme race distincte, devant la « supériorité » de la civilisation de l'homme blanc. Le Canada avait, de surcroît, le devoir de les rendre loyaux sujets de Sa Majesté. Cette notion que les Cris et les autres groupes étaient menacés d'extinction sans l'intervention humanitaire des Canadiens ne collait cependant pas à la réalité. Au début des années 1870, les Cris rencontrèrent de nombreuses difficultés, mais ils ne s'avouèrent pas vaincus ou voués à l'échec. Leur économie était axée sur l'exploitation pragmatique d'une variété de ressources saisonnières et régionales; peuples dynamiques ne se laissant jamais abattre, ils avaient l'habitude de s'adapter aux conditions imposées par l'adversité. Les Cris se considéraient comme des partenaires égaux dans leurs rapports avec le Canada et ils étaient prêts à négocier afin d'assurer leur propre sécurité et leur bien-être en tant que nation indépendante. Ils n'éprouvaient ni l'intérêt ni le besoin de recourir à l'assistance canadienne comme d'une béquille.

Ils admettaient cependant qu'avec le déclin rapide du bison, ils devaient envisager l'agriculture comme moyen de faire concurrence aux nouveaux arrivants. Ils concevaient leur alliance avec la Couronne, à l'instar de celle qu'ils avaient entretenue avec la CBH dans le passé, comme la meilleure façon de restructurer leur économie[15].

L'accord négocié à Fort Carlton en août 1876 fut le sixième des sept traités numérotés de l'Ouest (depuis le sud-ouest du Manitoba jusqu'aux contreforts de l'Alberta). Le traité n° 6 couvrait 120 000 milles carrés au centre de la Saskatchewan et de l'Alberta actuels, territoires essentiels pour l'expansion du Canada vers l'Ouest. Cet accord est également l'un des seuls traités dans lequel la perspective des Premières Nations fut réellement documentée, grâce au Métis Peter Erasmus, l'interprète engagé par les chefs Cris Mistawasis et Ahtahkakoop. Les délibérations furent longues, presque interminables, car les négociateurs des Premières Nations tenaient fermement leur position : ils voulaient s'assurer de meilleures conditions que celles contenues dans les traités antérieurs, tout en maintenant les acquis obtenus dans le cadre de ces derniers. Pour leur part, les commissaires au traité avaient reçu les ordres stricts de céder le moins possible aux Premières Nations et de ne faire aucune promesse supplémentaire qui n'était pas déjà incluse dans les termes originaux. L'obtention d'un accord avec les chefs des Premières Nations n'était ni simple ni même assurée.

À la mi-août de 1876, les négociations du traité n° 6 s'amorcèrent dans une aire de camping que les Cris appelaient *pehonanihk* (ou lieu d'attente) à environ un mille de Fort Carlton. Aucun photographe n'assista à cet événement d'importance majeure : ainsi, en dépit du fait que les appareils photo étaient relativement répandus à cette époque, il n'existe aucune photographie connue des réunions de traité dans les années 1870. Dès le début, le Commissaire aux Indiens Alexander Morris, escorté par la Police à cheval du Nord-Ouest, assura aux Cris que la Reine, dite «grand-mère», s'inquiétait de leur bien-être et de leur avenir. «Mes frères Indiens», commença-t-il, «j'ai serré la main de certains d'entre vous, je vous porte tous dans mon cœur». Il pria également les chefs des Premières Nations de le croire sur parole et de penser à l'avenir. «Ce que je m'apprête à promettre, et ce que je pense et espère que vous croirez, durera aussi longtemps que le soleil brillera et que cette rivière, là-bas, coulera[16]».

Le commissionnaire Morris, qui était aussi le lieutenant-gouverneur des Territoires du Nord-Ouest et du Manitoba, rassura les Cris que la Reine n'envisageait aucunement de s'immiscer dans leur mode de vie traditionnel : la pêche, la chasse et la cueillette. Les générations futures recevaient l'assurance de poursuivre ces activités. Cependant, il souligna que le gibier sauvage était en voie de disparition et que les Premières Nations devaient apprendre à cultiver le sol s'ils voulaient subvenir aux besoins de leurs enfants et de leurs petits-enfants. Afin de faciliter cette transition vers l'agriculture, le gouvernement canadien octroierait des terres de réserve à chaque bande à raison d'un mille carré pour chaque famille de cinq membres. Il établit ensuite une liste d'articles agricoles (outils, instruments, animaux et semences) à pourvoir aux bandes pour les assister dans cette voie. Il insista également sur le paiement en espèces que chaque homme, femme et enfant pourrait recevoir pendant toute la durée du traité. Il promit des cadeaux spécialement destinés aux chefs et aux conseillers; certains de ces présents revêtaient symboliquement le nouvel ordre; des uniformes du traité, des médailles en argent et un drapeau britannique. A. Morris conclut : « je vous tends la main avec toute la bonté de la Reine. Agissez pour le bien de votre peuple[17] ».

Mistawasis et Ahtahkakoop, les principaux chefs à Carlton, déclarèrent qu'ils devaient prendre le temps de discuter parmi eux des termes du traité. Les détracteurs, qui prirent la parole en premier au conseil privé des Premières Nations, étaient conscients des problèmes causés par la disparition du bison, mais ils n'avaient guère confiance en l'agriculture. Pour eux, céder leurs terres en échange d'un avenir incertain revenait à admettre leur défaite. Pour sa part, Mistawasis ne pouvait envisager un autre avenir pour son peuple. « Avez-vous quelque chose de mieux à proposer à nos peuples ? », défia-t-il en s'adressant directement à ceux qui s'opposaient au traité. « Je vous le demande une nouvelle fois : pouvez-vous nous rendre ce que nous avons perdu ? De manière permanente ? » Il avança également que le bison allait bientôt disparaître et que le traité offrait aux Premières Nations la meilleure protection qui soit contre les incertitudes que leur réservait l'avenir. « Pour ma part, j'accepterai la main qu'on me tend », conclut-il. De son côté, Ahtahkakoop exprima également son soutien. « Ne pensons pas à nous, mais à nos petits-enfants », avança-t-il. « Faisons preuve de sagesse et choisissons la bonne voie avant qu'il ne soit trop tard[18] ». Pour le chef des Cris, la bonne voie était l'adoption de l'agriculture. Il n'y avait aucune raison de croire qu'ils ne pourraient vivre de l'agriculture, notamment grâce à l'assistance et la formation que leur assuraient les représentants de la Reine.

Quand les négociations reprirent, le commissionnaire Morris prévint les Autochtones qu'il ne disposait que de peu de temps. Poundmaker prit alors la parole et avança que même si son peuple était anxieux d'assurer sa propre existence, il voulait recevoir les garanties d'obtenir de l'aide en cas de besoin. Cette requête était nettement contraire à ce que le gouvernement était prêt à offrir. De plus, certains croyaient que les Premières Nations apprendraient à cultiver la terre rapidement et que le bison ne disparaîtrait pas avant la fin de la transition vers l'agriculture, facilitant ainsi le processus. Par conséquent, Morris refusa et laissa entendre que le vrai problème était la paresse des Autochtones. « Je ne peux pas garantir... que le gouvernement nourrira et aidera tous les Indiens », répondit-il. « Vous êtes si nombreux que si on tentait de vous aider tous, cela nécessiterait une somme d'argent considérable, alors que certains d'entre vous ne feraient rien pour s'aider eux-mêmes ». Badger essaya ensuite de clarifier ses motivations : « nous voulons penser à nos enfants, nous ne voulons pas être trop avides. C'est au moment de notre installation dans les réserves de notre choix que nous soliciterons votre aide, quand nous ne pourrons pas nous aider nous-mêmes et dans l'éventualité où des troubles – prévisibles et imprévisibles – se présenteront dans le futur ». Lorsque Morris rétorqua que les Cris devaient croire en la bonté de la Reine, Mistawasis répondit que « C'est dans un cas de dernier recours... il ne s'agit pas d'un enjeu trivial à nos yeux[19] ».

Cette demande d'aide en cas de famine figurait parmi les quelques contre-propositions présentées à Morris. À leur nombre, on retrouvait également la requête d'outils supplémentaires, d'instruments, de bétail, de médicaments gratuits, d'exemption du service militaire, d'interdiction d'alcool, de mise en place d'écoles et de l'envoi d'enseignants sur les réserves. Comprenant que les négociations risquaient de s'effondrer, Morris décida d'octroyer presque tout ce que les Autochtones demandaient. Il accepta, par exemple, que chaque agent indien dispose, dans sa résidence, d'une armoire à pharmacie (c'est-à-dire, des fournitures médicales). Il promit également, bien qu'à contrecœur, que le traité comprendrait une clause d'assistance en cas de famine. Le gouvernement d'Alexander Mackenzie critiqua par la suite ces conditions jugées trop généreuses. Mais

Pîhtokahanapiwiyin (Poundmaker)
Leader, et plus tard chef de la Première nation Cris

19 AOÛT 1876

> Ceci est notre terre et non un vulgaire morceau de pemmican qu'on peut découper et nous rendre par petits morceaux. Cette terre est à nous et nous prendrons ce qui nous convient.

PRISE DE POSITION 9.1
Citation : Source : Peter Erasmus, *Buffalo Days and Nights*, Calgary, Glenbow-Alberta Institute, 1976, p. 244.
Photographe : O.B. Buel, Bibliothèque et Archives Canada, C-001875.

Mistawasis (Big Child)
Chef des Premières Nations

21 AOÛT 1876

PRISE DE POSITION 9.2
Citation : Source : Peter Erasmus, *Buffalo Days and Nights*, Calgary, Glenbow-Alberta Institute, 1976, p. 247.
Photographe : Saskatchewan Archives Board, R-B2837.

> Je m'adresse directement à Poundmaker, Badger et ceux qui s'objectent à la signature de ce traité. Avez-vous quelque chose de meilleur à offrir à notre peuple? Encore une fois, je vous le demande : que proposez-vous pour ramener ces choses demain et tous les lendemains auxquels fera face notre peuple ?

il est difficile de nier que le traité, mettant ainsi fin aux revendications autochtones sur des milliers de milles carrés riches en terres agricoles, représentait une aubaine pour Ottawa. Toutefois la majorité des chefs et des conseillers Cris, s'étant rendus à l'évidence qu'ils devaient s'adapter aux nouvelles circonstances, donnèrent leur accord au traité ainsi révisé et sur la foi que la « grand-mère » et ses représentants allaient assurer « une bienveillante protection et assistance[20] ». Les discours de Morris, notamment lorsqu'ils évoquaient les notions de famille et de parenté, n'étaient pas simple rhétorique pour les Cris qui accordaient beaucoup de poids à l'oralité. Ils avaient la profonde certitude que la relation avec la Couronne était bénéfique et sincère[21]. Mais ils ignoraient, hélas, qu'en avril 1876 la Chambre des communes avait ratifié la Loi sur les Indiens qui faisait des Autochtones des pupilles de l'État.

Les doléances de l'Ouest et la réforme constitutionnelle

Au début des années 1880, l'attitude du gouvernement fédéral, en particulier la lenteur du processus d'acquisition du gouvernement responsable et de l'éventuelle obtention du statut de province pour les Territoires du Nord-Ouest, désenchanta et même exaspéra les colons blancs. Les Anglo-Canadiens, qui émigrèrent vers l'Ouest dans les années 1870 et au début des années 1880, étaient accoutumés à participer à la vie politique et faire entendre leur voix au sein de leur propre gouvernement. Mais le lieutenant-gouverneur des Territoires du Nord-Ouest jouissait non seulement du contrôle exclusif du budget – aussi modeste fut-il –, mais également d'un grand pouvoir discrétionnaire sur de nombreuses autres questions territoriales. Certes, l'Acte des Territoires du Nord-Ouest de 1875 autorisait l'obtention d'une représentation élue au sein du Conseil, mais seulement si un district avait plus de 1 000 habitants. Ce ne fut qu'en 1880 que la première circonscription électorale, nommée Lorne – dans ce qui est aujourd'hui la province de la Saskatchewan – vit le jour dans la région de Prince Albert. Cela aurait pu dégénérer davantage, car en 1880 Ottawa avait fomenté l'idée de transférer la capitale à Winnipeg. Si ce projet avorta en raison de l'opposition massive de la région, il démontrait bien en revanche le mépris du gouvernement fédéral envers le gouvernement territorial[22]. La population de l'Ouest déplorait que la promotion fédérale de l'immigration et de la colonisation, certes justifiée par l'importance de la région pour la prospérité future du Dominion, ne fut pas accompagnée de la mise en place d'infrastructures ou de services gouvernementaux.

Après la Rébellion du Nord-Ouest de 1885, la campagne en faveur d'un nouvel arrangement politique au sein de la Confédération canadienne devint essentiellement un mouvement de colons blancs. Une nouvelle relation entre les Territoires du Nord-Ouest et Ottawa se profila à l'horizon lorsque la région se dota enfin d'une représentation parlementaire en 1886. La région eut droit à quatre des 215 sièges disponibles à la Chambre des communes et deux sièges au Sénat. Elle obtint également un nombre plus élevé de membres élus au Conseil territorial (avec quatorze sièges au total en 1885), mais le lieutenant-gouverneur conserva l'administration des fonds fédéraux. Quelques années plus tard, en 1888, l'Acte des Territoires du Nord-Ouest fut enfin amendé pour faire place à une assemblée législative de vingt-deux députés élus. Mais en l'absence de conseil des ministres dérivé de l'Assemblée, laquelle ne contrôlait toujours pas les subventions fédérales annuelles, il ne s'agissait là que d'une demi-mesure.

Afin de renforcer la culture anglo-canadienne de la région, les politiciens locaux prirent cependant des mesures pour tenter d'éliminer les garanties liées à la langue française et aux écoles séparées. Le français avait été mis à l'usage dans les affaires du gouvernement territorial dès 1874, lorsque le Conseil avait publié une compilation de ses décrets dans les deux langues. Le français n'était cependant pas officiellement reconnu dans l'Acte des Territoires du Nord-Ouest de 1875 et le gouvernement d'Alexander Mackenzie n'envisageait pas d'insérer les droits relatifs à la langue française dans l'acte amendé de 1877. Or, c'est à l'occasion de la troisième lecture du projet de loi au Sénat, que le francophone Marc-Amable Girard, ancien premier ministre conservateur du Manitoba, présenta un amendement garantissant le choix de la langue entre le français et l'anglais dans les débats territoriaux, les publications du Conseil et les tribunaux territoriaux. Cet amendement de dernière minute passa sans vote formel, mais le ministre de l'Intérieur David Mills souligna sarcastiquement que « presque tout le monde parle la langue crise dans cette partie du pays... si l'on doit publier les délibérations du Conseil dans la langue la plus usitée, on devra le faire dans la langue crise[23] ». La mise sur pied d'écoles séparées était prévue dans l'acte de 1875. La minorité religieuse de chaque district (catholique ou protestante) pouvait alors obtenir une école séparée et subventionnée par les taxes locales. Le Conseil

Figure 9.1 "Le Nord-Ouest" demande le traitement équitable pour le territoire : *The Grip*, novembre 1883.

territorial officialisa ce système en 1884 par le truchement d'un conseil scolaire qui prévoyait des sections distinctes pour les catholiques et les protestants, auxquels incombaient la gestion de leurs propres écoles. Une caractéristique singulière de l'ordonnance fut que, dans un secteur donné, la majorité religieuse détermine la confessionalité de l'école publique – soit catholique, soit protestante – et que la minorité religieuse se dote par conséquent d'une école séparée.

Jusqu'à 1885, ces aspects de la vie territoriale n'avaient généré que fort peu de controverses ou de réactions. Mais suite à la Rébellion cette année-là, l'esprit de tolérance se dissipa rapidement et la majorité anglo-canadienne s'efforça de promouvoir le caractère britannique du Nord-Ouest. Les habitants anglo-canadiens de la région estimaient qu'Ottawa, au mépris de leurs désirs et intérêts, leur avait imposé l'usage du français et le système d'écoles séparées. Pour beaucoup, la sympathie des Canadiens français pour le « traître » métis Louis Riel avait démontré leur manque de loyauté envers le pays; de plus, les catholiques romains n'étaient pas dignes de confiance en raison de leur allégeance envers Rome et le pape[24]. La population comptait sur le gouvernement territorial à Régina pour redresser la situation. « *One nation, one language* » devrait être la devise du territoire, déclara le *Vidette* de Qu'Appelle en 1888. Selon le journal, le moyen le plus efficace de promouvoir une vision commune et une vraie identité nationale était l'abolition de l'usage du français dans le gouvernement, les tribunaux et les écoles. En 1889, les députés de l'Assemblée adressèrent deux pétitions au Parlement : l'une pour l'abolition du français comme langue officielle et l'autre pour l'abolition des écoles séparées. Lors du débat sur les résolutions, la majorité remit en cause la légitimité d'un bilinguisme officiel et des écoles séparées en soulignant que l'opinion publique locale n'avait jamais été prise en considération. Ceux qui étaient assez courageux pour s'opposer aux pétitions avancèrent que le français était un trait distinctif du Nord-Ouest depuis l'époque de la traite des fourrures. Néanmoins, aucune mesure ne fut prise au fédéral car les politiciens à Ottawa étaient déjà confrontés au problème épineux des écoles du Manitoba et ne voulaient pas susciter davantage de controverse. Le gouvernement fédéral laissa donc le gouvernement territorial à Régina s'occuper seul du problème. C'est ainsi qu'en 1892, le gouvernement territorial adopta des résolutions mettant fin à l'usage officiel du français et au contrôle religieux des établissements scolaires, et instaura un Conseil d'instruction publique géré par l'État – lequel devait être remplacé par le département d'Éducation en 1901[25].

La controverse linguistique et scolaire eut pour effet de sensibiliser les habitants de l'Ouest au manque d'indépendance politique du gouvernement de Régina, ce qui contrevenait aux principes du système parlementaire britannique. À la fin des années 1880, pour reprendre le sentiment largement partagé d'un marchand de Qu'Appelle, la région « n'acceptera plus d'ordre venant d'Ottawa[26] ». Depuis la signature de l'Acte des Territoires du Nord-Ouest de 1877, des progrès notables pour la mise en place d'un gouvernement responsable avaient été réalisés, mais la population de l'Ouest s'irritait de la lenteur du processus, d'autant plus que la région devait constamment renouveler ses demandes auprès d'Ottawa. L'élection du gouvernement libéral de Wilfrid Laurier en 1896 propulsa enfin la campagne en faveur de la réforme constitutionnelle. Lorsque le gouvernement responsable entra en vigueur l'année suivante (le 1er octobre 1897), Frederick Haultain devint le premier – et le seul – premier ministre nommé à la gestion des territoires. Il se rendit vite compte qu'être responsable des dépenses publiques comptait peu s'il y avait peu à dépenser. En effet, toutes les recettes provenant des terres et des ressources des Territoires du Nord-Ouest étaient versées dans les coffres fédéraux.

Les besoins financiers se firent plus pressants avec l'arrivée massive de colons et d'immigrants à la fin des années 1890. Puisque les États-Unis avaient déjà épuisé leurs terres pour la colonisation, la grande promesse agricole du Nord-Ouest canadien se réalisait enfin – avec un retard de presque trois décennies; cependant, le gouvernement territorial ne disposaient pas des fonds nécessaires pour faire face aux besoins grandissants en services et infrastructures. Une seule solution se présentait alors. En mai 1900, le gouvernement territorial soumit une pétition au gouvernement de Laurier dans laquelle était exposée l'évolution constitutionnelle de la région qui, en toute logique, devait déboucher sur l'étape suivante, à savoir l'élaboration des modalités pour un statut provincial. Jugeant la demande précoce, Ottawa la rejeta, ce qu'il fera par la suite à deux autres reprises[27].

Il fut difficile de trouver un terrain d'entente, notamment parce que le premier ministre Haultain rêvait de créer une grande province de l'Ouest appelée «Buffalo», située entre le Manitoba et la Colombie-Britannique, et entre les 49e et 54e parallèles[28]. Certains avançaient que la création d'une trop large province dans l'Ouest bouleverserait l'équilibre de la Confédération, tandis que d'autres insistaient pour que les districts provisoires des territoires (créés en 1882 pour des raisons administratives) acquièrent le statut de province. En outre, Calgary, tout comme Prince Albert, avait pour ambition de devenir une capitale territoriale. La décision de Haultain de faire activement campagne pour le compte du parti fédéral conservateur lors des élections générales de 1904 compliqua les négociations avec le parti libéral. Cette erreur de jugement compromit considérablement sa carrière politique. Pourtant, dès le premier jour de son mandat au gouvernement territorial, Haultain avait adopté une approche stratégique non partisane – parlant d'une seule voix pour tout le territoire – afin d'obtenir des concessions du fédéral. Malheureusement, l'intransigeance du gouvernement libéral l'avait tant déçu qu'il se rapprocha du chef

Frederick William Alpin Gordon Haultain
Premier ministre (Territoires du Nord-ouest)

4 AVRIL 1902

PRISE DE POSITION 9.3
Citation : Source : Territoires du Nord-Ouest, Assemblée législative des Territoires du Nord-Ouest, 4 avril 1902. Source : *Regina Leader*, 10 avril 1902. Photographe : Saskatchewan Archives Board, R-B446.

> [Déposée :] Attendu que les pouvoirs accrus et les revenus qui vont de pair avec... le statut de province sont... requis incessamment pour soutenir le développement des Territoires et répondre aux... besoins de l'importante... et grandissante population. Il est résolu que cette Chambre regrette que le gouvernement fédéral ait décidé de ne pas mettre en place la législation... pour accorder des institutions provinciales aux Territoires.

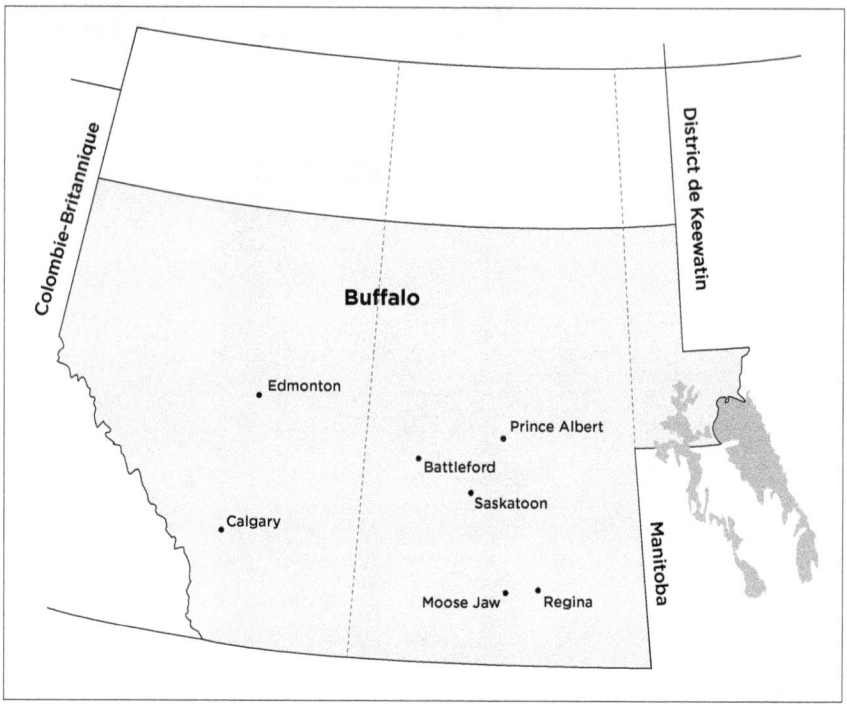

Figure 9.2 La province projetée de « Buffalo ». Carte reproduite avec la permission de Bill Waiser, *Saskatchewan : A New History*, Calgary, Fifth House, 2006.

conservateur fédéral Robert Borden, ce dernier s'engageant à accorder à l'Ouest non seulement le statut de province, mais également le contrôle local des terres et des ressources. Ce rapprochement eut pour effet de réduire la question de l'autonomie en dispute de parti. Ironiquement, la situation qu'Haultain avait créée allait à l'encontre de sa propre philosophie, celle de toujours faire passer les intérêts territoriaux avant les considérations politiques[29].

L'acquisition du statut de province

En janvier 1905, le premier ministre Laurier ne put retarder davantage le processus vers l'autonomie en raison du succès sans précédent de la politique fédérale d'immigration. Il invita alors Haultain à Ottawa afin de discuter de l'entrée de la région au sein de la Confédération. L'homme à la tête du territoire présenta sa vision de la création d'une seule province jouissant des pleins pouvoirs constitutionnels. Mais le gouvernement fédéral nourrissait d'autres plans. Il était persuadé de pouvoir compter sur le soutien des électeurs de l'Ouest puisqu'ils avaient apporté leur soutien aux libéraux lors des élections générales de 1904 (sept des neuf sièges territoriaux disponibles à la Chambre des communes étaient alors occupés par les libéraux). Le 21 février 1905, Laurier présenta lui-même des projets de loi sur l'autonomie visant à créer deux provinces nord-sud – plus ou moins d'égale superficie : la Saskatchewan et l'Alberta.

Le dépôt des deux projets de loi provoqua le plus long débat de l'histoire du Parlement canadien. Le débat fut si hargneux que la date d'entrée des nouvelles provinces fut repoussée de deux mois, soit au 1er septembre 1905, car la Couronne n'avait pas approuvé la loi avant la date originalement prévue de son entrée en vigueur. Les clauses relatives à l'éducation étaient à l'origine de ce vif mécontentement. Dans les projets de loi, l'expression ambigüe « système existant » laissait entendre que Laurier voulait remettre en place le vieux système de dualité scolaire et ainsi assurer la protection législative des droits afférents aux minorités catholiques. Les députés des deux côtés de la Chambre réagirent furieusement à ce qui semblait être une tentative flagrante de rétrograder le système éducatif, alors qu'une grande partie de la population protestante majoritaire du territoire adhérait au principe des écoles laïques et publiques. Devant la crise qui s'installait – signalée par la brusque démission de son ministre de l'intérieur, Clifford Sifton – et menaçait de déchirer le gouvernement et réveiller les animosités toujours latentes entre l'Ontario et le Québec, Laurier fit soudainement volteface et autorisa la modification des clauses controversées pour les adapter aux pratiques actuelles des Territoires[30].

L'âpre controverse concernant les clauses relatives à l'éducation fit oublier que la Saskatchewan et l'Alberta n'étaient pas des partenaires à part entière au sein de la Confédération. Tout comme leur voisin, le Manitoba, elles furent traitées de façon différente. En vertu des termes de l'Acte de l'Amérique du Nord britannique de 1867, les provinces devaient exercer le contrôle sur les terres publiques et les ressources naturelles à l'intérieur de leur territoire respectif. Le Manitoba ne jouissait cependant pas de ce droit en 1870 et la Saskatchewan et l'Alberta devaient subir le même sort. Clifford Sifton fit valoir que le fédéral conservait le contrôle des terres dans l'Ouest afin de favoriser l'immigration et la colonisation. Il ajouta que le

Figure 9.3 Le premier ministre Laurier comme sage-femme de « jumeaux », *Montreal Daily Star*, 23 février 1905.

contrôle provincial « serait désastreux et destructeur » pour l'effort national. « Ne cédez pas », conseilla-t-il à Laurier[31]. Le premier ministre, quant à lui, défendait la politique gouvernementale sous un angle différent. « Ces terres ont été achetées par le gouvernement du Dominion[32] », rappela-t-il à la Chambre des communes au sujet de l'accord avec la Compagnie de la Baie d'Hudson en 1870, « et depuis lors, elles ont appartenu au gouvernement du Dominion qui les a ainsi gérées ». Ottawa proposa de compenser la perte financière des provinces par l'octroi de généreuses subventions en fonction de la population. Néanmoins, Haultain refusa ces indemnisations, les qualifiant d'« expédients », et réclama l'obtention des mêmes droits que les autres provinces du Canada[33]. Il reçut un appui indéfectible du *Calgary Herald* qui dénonçait le contrôle fédéral des terres et des ressources comme « une forme d'autonomie qui insulte l'Ouest[34] ».

Quand les projets de loi sur l'autonomie entrèrent en vigueur, le parti libéral s'empressa d'asseoir son pouvoir dans les nouvelles provinces. En Alberta, malgré l'opposition affichée par des résidents de Calgary et R. B. Bennett, le nouveau chef provincial des conservateurs (et le futur premier ministre canadien), Edmonton devint temporairement la capitale de la province dans l'attente d'une confirmation par vote à la nouvelle Assemblée législative de l'Alberta. Ce n'était guère une coïncidence que la capitale soit une forteresse libérale et que le libéral G.H.V. Bulyea, devenu lieutenant-gouverneur de l'Alberta, ait offert au nouveau chef libéral provincial, A. C. Rutherford, le poste de premier ministre[35]. La Saskatchewan connaissait une situation similaire. Même si Frederick Haultain avait joué un rôle déterminant dans la défense des intérêts de l'Ouest canadien, son opposition aux projets de loi avait affaibli son capital politique auprès des libéraux et, par conséquent, on négligea sa canditature aux titres de premier ministre ou de lieutenant-gouverneur. Comme le fit remarquer un historien de l'Ouest, « le premier ministre territorial était un fardeau pour Laurier et son conseil ministériel, presque aussi lourd que le chef métis [Louis Riel] l'avait été pour [le premier ministre J.A.] Macdonald et les conservateurs[36] ». A. E. Forget, un libéral de longue date qui s'était rendu dans l'Ouest pour la première fois en 1876 comme greffier du Conseil des Territoires du Nord-Ouest, fut de préférence retenu comme lieutenant-gouverneur. Il invita à son tour Walter Scott, simple député libéral à la Chambre des communes et nouveau chef provincial libéral, à exercer les fonctions de premier ministre. Les libéraux étaient si confiants de leur emprise sur la Saskatchewan que le premier ministre Laurier se rendit d'abord à Edmonton pour l'inauguration de l'Alberta. La perte de pouvoir et d'influence de Haultain s'avérait si complète, qu'il ne fut même pas invité à prendre la parole lors des cérémonies – reportées – devant se dérouler à Régina[37].

L'obtention des droits provinciaux

Ce n'est qu'un quart de siècle plus tard que le contrôle provincial des terres publiques et des ressources naturelles en Saskatchewan et en Alberta devait être assuré. Les gouvernements provinciaux de Scott et Rutherford, voulant éviter tout affrontement direct avec le gouvernement Laurier à Ottawa (qui leur était favorable), acceptèrent la généreuse subvention fédérale accordée en échange de leurs terres. Néanmoins, en 1912, lorsque le nouveau gouvernement conservateur de Borden étendit la frontière nord du Manitoba, de l'Ontario et du Québec jusqu'à la Baie d'Hudson et à la Baie James (octroyant ainsi plus de territoire aux provinces centrales qu'à la vaste province de « Buffalo » jadis prônée par Haultain), la Saskatchewan et l'Alberta commencèrent à réclamer le contrôle de leurs ressources naturelles. Les efforts répétés pour parvenir à une entente se soldaient toujours par un désaccord sur la question de la compensation pour les terres déjà aliénées. En 1927, par exemple, le premier ministre de la Saskatchewan, Jimmy Gardiner, affirma que sa province avait droit à des indemnisations qui remontaient jusqu'à 1870. En raison de ces réclamations, le problème perdura jusqu'en 1930. C'est enfin à ce moment – soixante ans après que la région se soit jointe au Dominion du Canada – que la Saskatchewan et l'Alberta purent enfin bénéficier des pleins pouvoirs provinciaux.

NOTES

1. J.M.S. Careless, *Brown of the Globe*, vol. 1, Toronto, Macmillan, 1959, p. 230.

2. Voir W.L. Morton, « The Geographical Circumstances of Confederation », *Canadian Geographical Journal*, 70, 3, 1965, p. 74-87.

3. Arthur S. Morton, *A History of the Canadian West to 1870-1871*, Londres, Thomas Nelson, 1939, p. 827-831.

4. Grande-Bretagne, Chambre des communes, *Report from the Select Committee on the Hudson's Bay Company*, 1857, p. iii.

5. Macdonald, comme bien d'autres, changea d'avis en raison de la menace appréhendée d'un encerclement américain. Le 30 mars 1867, à peine un jour après la signature par la reine Victoria de l'Acte de l'Amérique du Nord britannique – qui devait entrer en vigueur le 1er juillet 1867 –, les États-Unis et la Russie s'entendirent sur l'achat de l'Alaska russe. Il semble ainsi que même avant que la Confédération ne devienne officielle, les États-Unis aient réussi à contrecarrer le nouveau Dominion et menacer son extension vers le Nord-Ouest.

6. Voir D.G. Creighton, *John A. Macdonald : The Young Politician*, Toronto, University of Toronto Press, 1952.

7   Douglas Owram, *Promise of Eden : The Canadian Expansionist Movement and the Idea of the West, 1856-1900*, Toronto, University of Toronto Press, 1980, p. 4-5, p. 101-102.

8   Chester Martin, *Dominion Lands Policy*, Toronto, McClelland and Stewart, 1973, p. 9.

9   John A. Bovey, « The Attitudes and Policies of the Federal Government Towards Canada's Northern Territories, 1870-1930 », University of British Columbia, thèse de maîtrise, 1957, p. 27.

10 Owram, *Promise of Eden*, p. 137-138.

11 Bill Waiser, *A World We Have Lost : Saskatchewan before 1905*, Markham, Fifth House Publishers, 2016, p. 439-527.

12 John L. Tobias, « Canada's Subjugation of the Plains Cree, 1879-1885 », dans J.R. Miller (dir.), *Sweet Promises : A Reader in Indian-White Relations in Canada*, Toronto, University of Toronto Press, 1991, p. 216.

13 Voir J.R. Miller, *Skyscrapers Hide the Heavens : A History of Indian-White Relations in Canada*, Toronto, University of Toronto Press, 1989, chap. 4-5.

14 Rod C. Macleod, *The North-West Mounted Police and Law Enforcement*, Toronto, University of Toronto Press, 1976, p. 3.

15 Cette notion de réciprocité est analysée dans l'ouvrage de Jean Friesen, « Magnificent Gifts : The Treaties of Canada with the Indians of the Northwest 1869-76 », *Mémoires de la Société royale du Canada*, série 5, vol. 1, 1986, p. 41-51.

16 Cité dans Alexander Morris, *The Treaties of Canada with the Indians of Manitoba and the North-West Territories*, Saskatoon, Fifth House, 1991, p. 199, p. 202.

17 Cité dans Alexander Morris, *The Treaties of Canada*, p. 205, p. 208.

18 Cité dans P. Erasmus, *Buffalo Days and Nights*, Calgary, Glenbow Museum, 1974, p. 247, p. 249-250.

19 Cité dans Morris, *The Treaties of Canada*, p. 210-213.

20 *Ibid.*, p. 212.

21 Voir J.R. Miller, « The Aboriginal Peoples and the Crown », dans D.M. Jackson (dir.), *The Crown and Canadian Federalism*, Toronto, Dundurn Press, 2013, p. 255-269.

22 Lewis H. Thomas, *The Struggle for Responsible Government in the North-West Territories, 1870-97*, Toronto, University of Toronto Press, 1956, p. 94, p. 98-99, p. 108-109.

23 Canada, Chambre des communes, *Débats*, 27 avril 1877, p. 1875.

24 Arthur I. Silver, *The French-Canadian Idea of Confederation, 1864-1900*, Toronto, University of Toronto Press, 1982, p. 67-217; J.R. Miller, « Anti-Catholic Thought in Victorian Canada », *Canadian Historical Review*, 66, 4, 1985, p. 474-494.

25 Manoly R. Lupul, *The Roman Catholic Church and the North-West School Question : A Study in Church-State Relations in Western Canada, 1870-1905*, Toronto, University of Toronto Press, 1974, p. 21-79.

26 Thomas, *The Struggle*, p. 180.

27 Douglas Owram (dir.), *The Formation of Alberta : A Documentary History*, Calgary, Historical Society of Alberta, 1979, p. xxiv-xxxix.

28　Thomas, *The Struggle*, p. 258.

29　James W. Brennan, « A Political History of Saskatchewan, 1905-1929 », University of Alberta, thèse de doctorat, 1976, p. 28-32.

30　David J. Hall, « A Divergence of Principle : Clifford Sifton, Sir Wilfrid Laurier, and the North-West Autonomy Bills, 1905 », *Revue de l'Université Laurentienne*, 7, 1, novembre 1974, p. 11-19.

31　Cité dans Owram (dir.), *The Formation of Alberta*, p. 270.

32　*Ibid.*, p. 279.

33　*Ibid.*, p. 293.

34　*Ibid.*, p. 333.

35　Charles C. Lingard, *Territorial Government in Canada : The Autonomy Question in the Old North-West Territories*, Toronto, University of Toronto Press, 1946, p. 232-251.

36　Lewis G. Thomas, *The Liberal Party in Alberta : A History of Politics in the Province of Alberta, 1905-1921*, Toronto, University of Toronto, 1959, p. 3.

37　Brennan, « A Political History of Saskatchewan, 1905-1929 », p. 49, p. 56; J.T. Saywell, « Liberal Politics, Federal Policies, and the Lieutenant-Governor : Saskatchewan and Alberta », p. 84, p. 87-88; J. Courtney et D.E. Smith, « Saskatchewan », dans M. Robin (dir.), *Canadian Provincial Politics*, Toronto, Prentice-Hall, 1978, p. 285; John H. Archer, *Saskatchewan. A History*, Saskatoon, Western Producer Prairie Books, 1980, p. 136.

10

Terre-Neuve et le Canada : la Confédération et la quête de stabilité

RAYMOND B. BLAKE

En septembre 1864, lorsque les politiciens des Maritimes se rencontrèrent à Charlottetown pour discuter d'une éventuelle union, ils n'avaient pas invité les politiciens de Terre-Neuve. Ces derniers furent néanmoins conviés à participer à la Conférence de Québec un mois plus tard. Le président de l'Assemblée, Frederick B.T. Carter, protestant et conservateur, et Ambrose Shea, chef des libéraux et représentant de la minorité catholique, étaient des partisans enthousiastes de la Confédération. Ils pensaient que la Confédération était le meilleur moyen pour Terre-Neuve de mettre fin à son isolement, de ne plus dépendre d'une seule denrée (la morue) et de favoriser sa diversification économique. Pourtant, lors des élections de 1869, la Confédération, malgré un bon nombre de défenseurs, se vit massivement rejetée par les électeurs qui ne percevaient dans l'union aucun avantage politique ou économique. Bien que la question de la Confédération réapparut périodiquement après 1869, ce n'est qu'après la Seconde Guerre mondiale qu'elle fut sérieusement considérée. Les promoteurs de l'union firent alors valoir que la Confédération offrirait une sécurité économique et sociale qui mettrait fin à la pauvreté et au sous-développement chronique que les Terre-Neuviens avaient toujours connus. Les opposants à la Confédération renouvelèrent la lutte pour que Terre-Neuve demeure indépendante et souveraine, et s'engagèrent à ne jamais vendre leur patrimoine

253

au Canada. Si ce débat s'apparentait aux précédents, le résultat ne le fut pas : la Confédération put alors compter sur le soutien de l'un de ses grands partisans en la personne de Joseph R. Smallwood, mais aussi sur celui d'une population rurale qui réclamait davantage de l'État pour assurer son bien-être économique et social. C'est ainsi qu'en 1949, Terre-Neuve approuva l'union avec le Canada par une majorité de voix.

Terre-Neuve dans les années 1860

En 1860, la population et la richesse de Terre-Neuve n'avaient rien d'impressionnant. Une grande partie de ses 162 000 habitants étaient dispersés le long de la côte et dépendaient de la pêche à la morue et de la chasse aux phoques, deux activités qui représentaient alors 95 pour cent des exportations. Lorsque le produit de la chasse et de la pêche déclinait, comme ce fut le cas dans les années 1860, l'économie et la vie sociale de Terre-Neuve se trouvaient véritablement paralysées. Résultat de la pire dépression économique que le pays avait connu en vingt ans, la dette doubla entre 1861 et 1865, passant de 18 000 £ à 36 000 £. Le gouvernement enregistra un déficit de son compte courant et les paiements de secours accordés se montèrent à 23 pour cent des revenus en raison de l'accroissement de la pauvreté[1].

Vers le milieu du XIXe siècle, la qualité du capital humain de Terre-Neuve, définie par le taux d'alphabétisation et d'éducation – valeurs indispensables à l'amélioration de la vie personnelle et nationale, tout autant qu'à un vigoureux débat intellectuel sur les objectifs de la nation –, demeurait faible. Un niveau de scolarité et d'alphabétisation suffisamment élevé pour assurer la transformation et l'émancipation sociale faisait défaut à Terre-Neuve, notamment en dehors de St. John's. Les travaux d'Alan Macpherson sur les registres paroissiaux de la ville de Hermitage, sur la côte sud, ont démontré que le taux d'alphabétisation parmi les jeunes mariés était de seulement 18 pour cent entre 1867 et 1880; au cours des années 1901-1910 ce taux n'était passé qu'à 53 pour cent. Dans les années 1890, au moins 32 pour cent de la population était totalement illettrée, un pourcentage bien plus élevé qu'au Canada. Dans les années 1860, plutôt que «faire face au monde la tête haute», comme les y engageaient Ambrose Shea et Frederick Carter, les Terre-Neuviens se replièrent sur eux-mêmes dans la poursuite de leur propre développement économique[2].

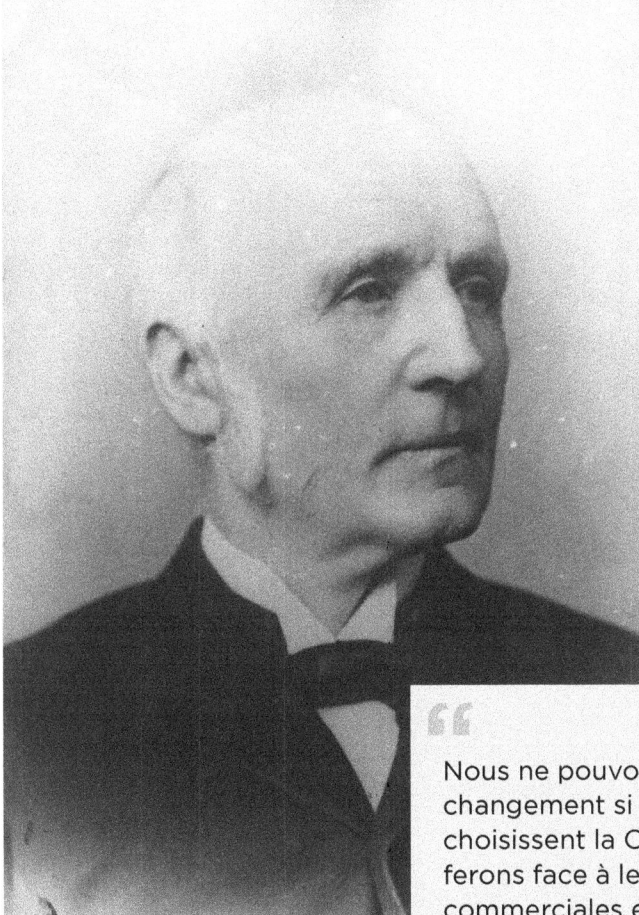

Ambrose Shea
Chef des libéraux (Terre-Neuve)

2 FÉVRIER 1865

> Nous ne pouvons pas éviter le changement si les autres provinces choisissent la Confédération. Nous ferons face à leurs restrictions commerciales et notre isolement sera plus grand que jamais et bien plus préjudiciable.

PRISE DE POSITION 10.1
Citation : Terre-Neuve, Assemblée législative, 2 février 1865. Source : *The Newfoundlander*, 13 février 1865. Photographe : The Rooms Provincial Archives Division, Terre-Neuve et Labrador, B1-145.

Pendant une grande partie du XIXe et même du XXe siècle, le sectarisme et les divisions ethniques frappèrent également Terre-Neuve. Les immigrants étaient majoritairement des protestants de l'ouest de l'Angleterre ou des catholiques du sud de l'Irlande, bien qu'un certain nombre de francophones, Français ou Acadiens, s'étaient établis dans la péninsule de Port-au-Port. La majorité des immigrants étaient arrivés à Terre-Neuve entre 1760 et 1830. Les Irlandais s'étaient installés principalement dans la péninsule d'Avalon et les Anglais plus au nord et à l'ouest, dans la région de la baie Conception et sur la côte sud. Les deux groupes s'étaient aussi établis à St. John's où les avaient accompagnés les préjugés et les tensions de leur patrie d'origine, ce qui devait marquer pendant très longtemps la vie politique de l'île. Les divisions sectaires s'étaient consolidées encore davantage avec la création d'écoles confessionnelles en 1843 – une situation qui devait perdurer jusqu'en 1998. Dans les années 1860, les groupes religieux dominants, suivant un accord tacite, s'étaient engagés à respecter la proportionnalité à l'Assemblée législative, au Conseil exécutif et, de manière générale, dans la pratique du patronage. Tous espéraient que grâce à l'institutionnalisation informelle du sectarisme religieux, le pays ne connaîtrait plus la haine confessionnelle[3]. Ce souhait ne se réalisait hélas qu'à l'occasion.

La plus grande partie de la richesse terre-neuvienne appartenait à un petit groupe de marchands de St. John's et de la région de la baie Conception. La pêche fonctionnait à crédit : les marchands avançaient les fournitures aux pêcheurs au printemps, ceux-ci espérant qu'en fin de saison les prises fussent suffisamment bonnes pour se dégager de leurs dettes. Les marchands facturaient autant que possible le matériel fourni à crédit, afin de payer le moins cher possible la cargaison de poissons livrée à l'automne. Par conséquent, la plupart des pêcheurs vivaient dans la pauvreté ou à son seuil. Les commerçants du secteur des pêcheries et l'élite, connus sous le nom des marchands de Water Street, exerçaient une forte emprise sur le pays. Ils contrôlaient tous les aspects de l'économie, y compris le système bancaire local et le petit secteur manufacturier de l'île. Ils dominaient également le Conseil législatif et leurs mandataires, l'Assemblée législative et la puissante Chambre de commerce. Traitant l'économie – notamment les pêcheries – comme une chasse-gardée, ils s'assuraient que l'État n'intervienne aucunement dans leurs affaires. C'est pourquoi, à la différence du secteur de la pêche dans d'autres pays, il n'existait pas à

Terre-Neuve de régulation gouvernementale rigoureuse et soutenue, et ce, jusque dans les années 1930[4].

Le débat sur la Confédération en 1869

Ambrose Shea et Frederick B. T. Carter furent immédiatement gagnés à l'idée de la Confédération lorsqu'ils rencontrèrent les autres délégués à Québec en octobre 1864. Après leur retour à St. John's, cependant, ils découvrirent que peu partageaient leur enthousiasme. Le premier ministre Hugh Hoyles et le gouverneur Anthony Musgrave exprimèrent un certain intérêt, mais l'Assemblée terre-neuvienne était divisée sur le sujet. En 1865, le discours du trône proposa que la question de l'union soit « étudiée dans le calme ». Dix-huit députés s'opposèrent à l'idée de la Confédération alors que vingt-et-un manifestèrent un certain soutien pour l'union, bien que ces derniers soulignèrent les aspects problématiques des Résolutions de Québec. Les marchands et l'Église catholique, pour leur part, marquèrent leur désaccord[5].

Terre-Neuve ne ressentait guère d'enthousiasme pour ce projet d'intégration continentale. En effet, les échanges commerciaux se faisaient principalement entre Terre-Neuve, l'Europe et la côte est de l'Amérique du Nord, plutôt qu'avec le Canada et l'intérieur du continent. À l'opposé des autres régions de l'Amérique du Nord britannique, les habitants de l'île ne craignaient pas la menace d'une invasion américaine ou celle des Féniens. En outre, la marine royale assurait la défense de Terre-Neuve. Plus encore, l'expansion vers l'Ouest n'intéressait personne, ni la promesse d'un chemin de fer reliant Halifax à Québec. Les querelles politiques et l'impasse constitutionnelle au Haut et au Bas-Canada ne concernaient en rien les Terre-Neuviens, et la dette de Terre-Neuve, comparée à celle des autres colonies, était minime. De plus, la Confédération n'allait probablement pas résoudre le problème de la côte française (*French Shore*), où la France jouissait depuis le XVIIIe siècle d'un bon nombre de droits au nord et à l'ouest de Terre-Neuve. Enfin, les conditions de l'union ne dissipaient pas les craintes d'une concurrence canadienne des pêcheries et dans le secteur manufacturier. Les opposants à la Confédération estimaient que le protectionnisme canadien aurait des conséquences catastrophiques pour Terre-Neuve; certains affirmèrent de surcroît que si les droits de douane

Charles Bennett
Chef des opposants à la Confédération et futur premier ministre (Terre-Neuve)

29 SEPTEMBRE 1869

Prise de position 10.2
Citation : Source : « No Confederation », *The Morning Chronicle*, 29 septembre 1869. Photographe : Bibliothèque et Archives Canada, C-054438.

" Qu'est-ce la Confédération? Il s'agit de l'imposition sans limite sur nos importations, nos exportations et toutes sortes de propriété. Les taux seront décidés non pas par nous-mêmes, mais par des Canadiens qui résident mille milles loin de chez nous et qui ne connaissent pas nos ressources ou nos besoins, et ne s'y intéressent pas. "

canadiens de 1864 avaient été en application à Terre-Neuve, les impôts auraient augmenté de 44 pour cent[6].

L'élite politique du pays reconnaissait que l'économie devait se diversifier et que la Confédération, sans nul doute, stimulerait l'économie de Terre-Neuve et améliorerait la situation sociale et économique de l'ensemble des citoyens, tout en freinant l'exode des habitants de l'île. Pour beaucoup, la croissance économique future reposait sur les richesses naturelles provenant de l'intérieur de l'île. De nouveaux investissements dans l'extraction des ressources minérales et forestières, comme dans l'industrialisation, pourraient, croyaient-ils, accroître la productivité du pays. Accord favorisé par le gouvernement britannique, la Confédération encouragerait peut-être les investissements canadiens à Terre-Neuve et hisserait les services publics au même niveau que celui des autres provinces. Carter était très optimiste et lors d'un discours à l'Assemblée il déclara que « ce serait une bonne idée... de voyager un peu et de visiter cette magnifique province [le Canada Uni], tout comme la Nouvelle-Écosse et le Nouveau-Brunswick qui sont en train de progresser rapidement sur le plan de la prospérité matérielle, enfin tout ce qui rend un peuple grand et respecté. ... Ces pays sont tous plus prospères que nous ne le sommes ». Grâce à la Confédération, promit-il, les importations seraient également moins coûteuses. Comme tous ceux qui allaient militer pour l'adhésion à la Confédération en 1949, il encouragea les électeurs à « apporter leur soutien à la Confédération pour que les générations à venir puissent en profiter ». Carter espérait de même que la Confédération améliorerait non seulement l'économie, mais qu'elle mettrait fin aux conflits religieux à Terre-Neuve et permettrait aux politiciens de l'île de jouer un rôle sur la scène nationale. En 1869, Terre-Neuve et le Canada avaient convenu des conditions de l'union. Le Canada s'était montré généreux, offrant à Terre-Neuve tout ce qu'elle voulait ou presque, même une subvention annuelle de 175 000 $ pour la cession des terres de la Couronne. Le Canada s'engageait également à ne pas imposer de taxe à l'exportation sur le poisson terre-neuvien et à modifier la Loi sur la Milice assurant l'exemption des Terre-Neuviens du service militaire au Canada[7].

Les élections de 1869 s'avérèrent indissociables du mandat de joindre ou non l'union avec le Canada. Cependant, au pouvoir depuis huit ans, le gouvernement de Carter se trouvait à court d'inspiration. Même si une reprise économique pointait à l'horizon depuis 1869, le gouvernement avait pris des décisions impopulaires sur le secours à apporter aux plus démunis lors d'une crise précédente. De plus, il avait comme virulent critique le protestant et conservateur Charles Fox Bennett qui figurait parmi les gros marchands du pays. Bennett était déterminé à protéger les Terre-Neuviens des Canadiens. Il forgea ainsi une étrange coalition entre l'oligarchie protestante de St. John's, qui craignait une concurrence commerciale du Canada, et les Irlandais catholiques qui de toujours se méfiaient des Britanniques et traditionnellement apportaient leur soutien aux libéraux. La minorité Irlandaise catholique appréhendait la Confédération comme un complot britannique, semblable à l'Acte d'Union de 1801 qui avait entériné l'annexion de leur Irlande bien-aimée à la Grande-Bretagne. Bennett joua sur la peur des habitants et fit appel au patriotisme : « l'envoi de délégués au Canada », affirma-t-il, « serait la fin de notre législation indépendante et la cession du contrôle de nos ressources coloniales contre l'obtention d'une nationalité qui, selon moi, ne nous sera pas bénéfique[8] ». Shea, l'un des seuls catholiques en faveur de la Confédération, était taxé de traître par beaucoup de ses coreligionnaires. À Placentia, une communauté catholique, il fut reçu « au son des cloches de vache par le prêtre et par les habitants qui tenaient en main des casseroles remplies de goudron et des sacs de plumes[9] ».

Les élections du 13 novembre 1869 furent marquées par le sectarisme : toutes les circonscriptions catholiques du pays, ainsi que certaines circonscriptions largement protestantes, votèrent contre la Confédération. Les opposants à l'option gagnèrent vingt-et-un des trente sièges à l'Assemblée[10]. L'échec était cuisant et les conservateurs oublièrent vite l'idée d'une union. Quand le gouverneur Stephen John Hill suggéra d'annexer Terre-Neuve au Canada par décret impérial, le premier ministre John A. Macdonald refusa, reconnaissant que le mouvement pour la Confédération était mort à Terre-Neuve, du moins pour le moment[11].

La Confédération de 1869 à 1939

Après 1869, les discussions concernant une éventuelle union entre Terre-Neuve et le Canada se poursuivirent, mais n'aboutirent pas. Ce n'est que dans les années 1890 que Terre-Neuve envisagea l'union, au moment où elle traversait une nouvelle crise économique qui ravageait son secteur bancaire, provoquant la faillite de nombreuses firmes de la Water Street.

La Banque de Montréal s'établit par la suite à Terre-Neuve et aida la région à endiguer la crise fiscale et économique. Craignant que Terre-Neuve ne forge un traité de réciprocité avec les États-Unis, le Canada exprima alors un certain intérêt pour l'union; mais il redoutait les coûts associés à l'intégration de l'île, de même que l'opposition des Terre-Neuviens à la « *French Shore* » qui risquait de créer un malaise politique au Québec si le gouvernement fédéral intervenait en faveur de l'île[12].

En 1906, le premier ministre terre-neuvien Robert Bond eut un différend avec la Grande-Bretagne et le Canada sur la réciprocité et les droits de pêche avec les États-Unis. Ces querelles poussèrent certains Canadiens et Britanniques à encourager l'union entre les deux pays. Lord Grey, gouverneur général du Canada, et lord Elgin, Secrétaire aux Colonies, promurent alors l'union, de même que le gouverneur terre-neuvien, sir William MacGregor, des officiers de la Banque de Montréal, les compagnies canadiennes de minerai de fer et la famille Reid de Montréal qui détenait un monopole sur le chemin de fer terre-neuvien depuis 1898. Ils espéraient tous qu'Edward Morris se sépare de Bond, qui avait investi de sa poche pour éviter la faillite de la colonie, et mène une campagne pour la Confédération lors des élections de 1908; mais Morris reconnut que l'union ne jouissait toujours pas d'une grande popularité. Pendant la campagne électorale, les deux partis s'accusèrent mutuellement d'hypocrisie dans leur opposition à la Confédération. Bien que Morris sortit vainqueur des élections, le résultat fut très serré. Par conséquent, son gouvernement majoritaire de 1909 ne s'intéressa pas à promouvoir la Confédération. L'idée d'union réapparut néanmoins dans les années 1930, notamment lorsque des troubles politiques et économiques bouleversèrent le pays et poussèrent Terre-Neuve à abandonner son gouvernement responsable en 1933. Charles A. Magrath, banquier canadien et membre de la Commission royale de Terre-Neuve, envoya au premier ministre canadien R. B. Bennett une lettre dont le contenu donnait à penser que l'avenir de Terre-Neuve reposait sur les épaules du Canada et dans laquelle il exhortait « le Canada à faire preuve de générosité ». Mais l'économie et les finances du Canada se détériorèrent si rapidement pendant la Grande Dépression, que la Confédération ne put alors être envisagée[13].

L'intérêt du Canada et de Terre-Neuve pour l'union ravivé (1939-1945)

L'attitude du Canada vis-à-vis de Terre-Neuve se modifia pendant la Seconde Guerre mondiale. L'« Accord sur les bases cédées à bail », que la Grande-Bretagne avait conclu en 1941 avec les États-Unis, octroyait à ces derniers un bail de quatre-vingt-dix-neuf ans pour la construction de bases militaires à Terre-Neuve. Le Canada était déterminé à ne pas perdre Terre-Neuve; il ne voulait pas d'un autre Alaska à l'est. Les fonctionnaires du ministère des Affaires extérieures du Canada exhortèrent alors le premier ministre Mackenzie King à prendre plus d'initiatives à Terre-Neuve, ce qu'il fit : il annonça que Terre-Neuve serait intégrée dans les préparatifs de défense du Canada. King précisa également que le Canada accueillerait Terre-Neuve à bras ouverts « si elle manifestait sa décision de façon claire et sans aucune possibilité d'équivoque[14] ». En 1941, le premier haut-commissaire canadien fut nommé à Terre-Neuve, geste démontrant l'intérêt grandissant du Canada pour le pays. Au même moment, la Grande-Bretagne, pleinement consciente de ne pas disposer des fonds nécessaires pour la reconstruction d'après-guerre de Terre-Neuve, estima que l'union avec le Canada était la meilleure solution. King demeura toutefois prudent sur la question de Terre-Neuve parce qu'il craignait que son intégration n'entraîne une crise politique dans les provinces maritimes, surtout si Ottawa proposait des conditions d'union plus avantageuses à Terre-Neuve que celles dont bénéficiaient les provinces maritimes à cette époque. À plusieurs reprises en 1945, King et ses représentants laissèrent entendre que si les Britanniques refusaient d'aider financièrement Terre-Neuve, « cela ne pouvait qu'encourager les Terre-Neuviens à se tourner vers le Canada ». King, toutefois, rappela instamment que « Terre-Neuve ne pouvait pas être forcée à entrer dans la Confédération[15] ».

Nouvelle réflexion sur l'option de la Confédération dans les années 1940

Depuis 1933, une Commission du gouvernement nommée par les autorités britanniques détenait le pouvoir à Terre-Neuve. Pendant l'essor économique lié à la Seconde Guerre mondiale, l'île s'était libérée de ses dettes et avait même enregistré un excédent de 40 millions de dollars.

Cependant, l'avenir du pays restait précaire et, vers la fin de la guerre, le peuple terre-neuvien rejetait de plus en plus la Commission du gouvernement. Après tout, le combat pour la liberté et la démocratie représentait le but principal de la guerre. La démocratie devait être restaurée à Terre-Neuve. Cependant, la prospérité du temps de la guerre n'avait pas engendré « de nouvelles capacités de production qui perdureraient dans l'après-guerre », et aucune alternative en matière d'emploi n'avait surgi[16]. Par rapport aux provinces canadiennes, l'île faisait piètre figure sur de nombreux plans : elle affichait le taux d'emploi le plus bas, le plus faible revenu par habitant, le niveau d'instruction le moins élevé, la capacité hospitalière la plus réduite, une électrification déficiente – elle détenait même le plus petit nombre de toilettes intérieures munies de chasses d'eau. Par exemple, la *Newfoundland Tuberculosis Association* (l'association terre-neuvienne contre la tuberculose) affirmait, en 1948, que les services de soins de santé du pays étaient comparables à ceux de l'Angleterre et du Pays de Galles en 1910. Bien que plus de 10 000 habitants souffraient de tuberculose, les sanatoriums ne pouvaient accueillir au plus que 400 personnes. Le taux de mortalité y était aussi plus élevé qu'au Canada : par tranche de 100 000 habitants, il était de 122,0, par opposition à 25,7 en Ontario, 62,4 en Nouvelle-Écosse et 72,4 au Québec. La mortalité infantile y était d'ailleurs bien plus élevée que dans les provinces maritimes, et les 1 680 000 $ consacrés aux hôpitaux publics en 1946 pesaient bien peu comparés aux 4 130 000 $ investis par le Nouveau-Brunswick ou les 5 060 000 $ par la Nouvelle-Écosse[17].

Le 11 décembre 1945, le premier ministre britannique Clement Attlee annonça la création d'une convention nationale à Terre-Neuve pour recommander au gouvernement britannique, suite à l'examen des conditions économiques et sociales du pays, les différentes formes que pourraient prendre le futur gouvernement. Les options seraient alors soumises au vote populaire par la tenue d'un référendum national[18]. Attlee imposa l'obligation d'être résident pour être élu à la Convention nationale, car il craignait que des intérêts particuliers ne détournent le processus à leur avantage[19]. Le 21 juin 1946, moins de 50 pour cent des électeurs admissibles votèrent lors des élections de la Convention nationale. Le nouvel organe se rencontra le 11 septembre et délibéra pendant les dix-huit mois qui suivirent. Ces débats étaient diffusés le soir sur la *Newfoundland Broadcasting Corporation*. Neuf commissions d'enquête étudièrent différents aspects de

Joey Smallwood
Membre de la Convention nationale de Terre-Neuve et futur premier ministre

28 OCTOBRE 1946

PRISE DE POSITION 10.3
Citation : Convention nationale de Terre-Neuve, 28 octobre 1946. Source : Terre-Neuve. *The Newfoundland National Convention, 1946-1948. Vol. 1 : Debates.* J.K. Hiller et M.F. Harrington (dir.), Montréal, Memorial University of Newfoundland par McGill-Queen's University Press, 1995, p. 96. Photographe : Duncan Cameron, Bibliothèque et Archives Canada, PA-113253.

" Voici donc les conditions de mon soutien à la Confédération : elle doit élever le niveau de vie de la population, elle doit offrir une vie meilleure aux Terre-Neuviens, elle doit garantir stabilité et sécurité pour notre pays et elle doit nous donner un gouvernement démocratique pleinement responsable, et cela, dans des conditions qui garantiront son succès. "

Michael F. Harrington
Membre de la Convention nationale de Terre-Neuve

28 OCTOBRE 1946

> Les membres de cette Convention doivent garder l'esprit ouvert... Je fais de mon mieux, peu importe mes opinions personnelles, pour évaluer la situation de façon équitable... Le badinage de M. Smallwood est peut-être amusant, mais cela va au-delà de la blague lorsqu'un individu est enjôlé et invité à vendre son intégrité pour le bien de la cause qu'est la Confédération, ou toute autre cause.

PRISE DE POSITION 10.4
Michael F. Harrington, citation, Convention nationale de Terre-Neuve, 28 octobre 1946.
Source : Terre-Neuve. *The Newfoundland National Convention, 1946-1948. Vol. 1 : Debates.* J.K. Hiller et M.F. Harrington (dir.), Montréal, Memorial University of Newfoundland par McGill-Queen's University Press, 1995, p. 98.
Photographe : Archives and Special Collections, Queen Elizabeth II Library, Memorial University of Newfoundland, Coll. 309.

l'économie, du gouvernement et de la société terre-neuviens. Leurs rapports suscitèrent un grand nombre de débats tant au sein de la Convention que dans le pays tout entier : le peuple se demandait comment leur pays allait effectuer la transition de la guerre à la paix, tout en assurant la stabilité économique et politique. C'est alors que la Convention dut confronter les Terre-Neuviens à la dure réalité du pays, dont celle de la pauvreté chronique et du manque de services publics[20].

Deux groupes firent leur apparition lors des débats à la Convention nationale. Le premier préconisait un retour au gouvernement responsable et à la démocratie. Le second, plus petit, appuyait la Confédération arguant que le gouvernement responsable avait été en partie renversé en raison de sa négligence envers les besoins du peuple[21]. S'attardant aux problèmes auxquels le pays était confronté, ce groupe réclamait de l'État une série de programmes qui répondraient aux besoins sociaux et économiques des citoyens. Joseph R. Smallwood et F. Gordon Bradley étaient déjà partisans de la Confédération; ils prirent le leadership du petit groupe qui, au sein de la Convention, estimait que Terre-Neuve, à l'instar d'autres pays comme la Grande-Bretagne et le Canada, devait adopter un système gouvernemental favorisant l'extension des droits sociaux et la mise en place de programmes de sécurité sociale, tels que les allocations familiales et les prestations d'anciens combattants. Les partisans de la Confédération prônaient ainsi une nouvelle vision du lien entre l'État et le citoyen.

Smallwood devint alors le meneur de facto des défenseurs de la Confédération. Dans son premier discours adressé à la Convention, il proposa d'envoyer une délégation à Ottawa pour étudier de plus près la possibilité d'une éventuelle Confédération; il s'agissait là tout autant d'un plaidoyer pour étendre la « citoyenneté sociale » à Terre-Neuve. Dans ce discours, qui aurait pu s'intituler «Nous ne sommes pas une nation», Smallwood soulignait la nécessité d'une nouvelle citoyenneté sociale. Il déclara qu'«en Amérique du Nord, Terre-Neuve a la réputation d'avoir le niveau de vie le plus faible, d'être la moins progressiste et la moins avancée... Nos citoyens n'ont jamais bénéficié d'une bonne qualité de vie, ils n'ont jamais été en mesure de payer des impôts suffisants au maintien du gouvernement... Nous ne sommes pas une nation... Nous vivons désormais dans un monde où les petits pays ont peu de chance de s'en sortir... Je soutiendrai la Confédération, si elle implique une meilleure qualité de vie pour nos citoyens[22] ». C'était là l'argument majeur de sa campagne pour la Confédération.

La résolution présentée le 28 octobre 1946 par Smallwood pour l'envoi d'une délégation à Ottawa se solda par un échec. Néanmoins, celle du 4 février 1947 pour dépêcher des délégations à Londres et à Ottawa eut davantage de succès. Le gouverneur rejeta cependant la résolution qui proposait d'envoyer des représentants à Washington dans l'espoir de négocier une union économique avec les États-Unis. La délégation à Londres n'obtint aucun soutien pour l'indépendance de Terre-Neuve. En revanche, les délégués mandatés à Ottawa cherchèrent à savoir si une union fédérale entre le Canada et Terre-Neuve pouvait avoir lieu sur une base juste et équitable et ils furent accueillis à bras ouverts. Bradley, qui était devenu fervent défenseur de la Confédération lors de ses études à l'Université Dalhousie en 1914, présida la réunion à Ottawa. Il avait auparavant écrit : « Peu m'importe le concept abstrait de Terre-Neuve »; celle-ci, à son sens, parce qu'elle était « petite, éloignée, et économiquement faible… ne pouvait survivre et prospérer comme entité autonome[23] ». Tout comme Shea et Carter des décennies auparavant, Bradley pensait que la Confédération pourrait redresser la situation économique et sociale toute particulière à Terre-Neuve.

Nombre de raisons motivaient le Canada à accueillir Terre-Neuve dans l'union. Son entrée réaliserait le rêve canadien de 1867 et contrecarrerait toute visée américaine sur l'île. De plus, Terre-Neuve apporterait dans son sillon des ressources considérables : de vastes pêcheries, un territoire riche en minerais et un important potentiel hydroélectrique. Terre-Neuve représentait aussi pour les exportateurs canadiens un marché sans encombre tarifaire estimé entre 24 000 000 et 40 000 000 $. L'union consoliderait enfin les privilèges liés à la défense et à l'aviation civile dont jouissaient les Canadiens à Terre-Neuve. La seule préoccupation d'Ottawa concernant l'entrée de Terre-Neuve dans la Confédération se rapportait aux coûts qu'elle entraînerait.

Les délégations canadienne et terre-neuvienne s'entendirent sur les « Accords proposés pour l'entrée de Terre-Neuve dans la Confédération ». Le 29 octobre 1947, quand Mackenzie King présenta la proposition d'union à sir Gordon Macdonald (le gouverneur de Terre-Neuve), il écrivit, « Je crois devoir souligner qu'en ce qui concerne les aspects financiers des arrangements proposés en vue de l'union, le Gouvernement canadien croit qu'ils marquent la limite de ce que le Gouvernement peut consentir dans

Figure 10.1 La délégation de la Convention nationale arrive à Ottawa en 1947. Photographe : G. Hunter, BAC, MIKAN 3362966.

les circonstances ». Néanmoins, sur des questions d'ordre provincial telles que l'éducation, il avança que le « Canada ne veut pas poser de conditions rigides. Il serait disposé à considérer avec bienveillance toute suggestion visant à les modifier ou à y ajouter[24] ». Le 6 novembre 1947, les « Accords proposés » furent présentés à la Convention nationale[25] ».

Le débat à la Convention nationale concernant les options constitutionnelles

Le débat concernant la proposition canadienne à la Convention nationale commença le 20 novembre 1947 et se poursuivit pendant trente-quatre jours. Ce débat suscita un grand intérêt à Terre-Neuve et au Labrador[26]. « Ces conditions », exprima Smallwood dans son dernier discours à la Convention nationale, « créeront un nouveau pays pour les Terre-Neuviens, un nouveau pays où… le pauvre aura la possibilité de vivre et de respirer, l'espoir d'y fonder une famille convenablement. Grâce à ces conditions notre peuple pourra envisager un meilleur avenir, ce qu'il n'a jamais connu auparavant ». Smallwood soutint également qu'une petite nation comme Terre-Neuve ne pouvait prospérer seule. Le Canada promettait la sécurité et la possibilité d'améliorer le niveau de vie des habitants ainsi que de restaurer un gouvernement responsable élu démocratiquement[27].

Le choix d'un gouvernement responsable fut au cœur des débats de la Convention pendant quatre jours. Le 19 janvier 1948, la Convention adopta à l'unanimité la résolution de Gordon Higgins qui recommanda que deux options soient soumises au vote populaire par référendum national : soit la mise en place d'un gouvernement responsable tel qu'il avait existé en 1933, soit le maintien de la Commission de gouvernement. Smallwood proposa alors d'inclure au bulletin de vote l'alternative de la Confédération, mais sa proposition fut rejetée à vingt-neuf voix contre seize. Les défenseurs de l'option ripostèrent en lançant un appel aux citoyens pour que la question de la Confédération soit soumise au vote. Même avant que le gouverneur ne reçoive plus de 24 000 télégrammes demandant l'inclusion de la question de la Confédération dans le référendum, le gouvernement britannique, qui promouvait depuis longtemps l'union entre Terre-Neuve et le Canada, avait déjà décidé que les trois options seraient soumises au vote des citoyens lors du référendum national.

Les campagnes référendaires

Lors du référendum qui suivit, la « *Confederate Association* » mena la campagne en faveur de l'union avec le Canada. Pour leur part, les défenseurs de l'option de la restauration du gouvernement responsable se divisaient entre deux groupes qui souvent se partageaient à la fois les ressources et les militants : la *Responsible Government League* (RGL) et l'*Economic Union Association* (EUA) – laquelle prônait une union économique avec les États-Unis, même si cette option ne figurait pas sur le bulletin de vote. Pour cette dernière association, un gouvernement responsable devait être mis en place avant de promouvoir l'union économique. Aucune campagne n'était organisée pour la Commission de gouvernement.

La naissance de la RGL, à St. John's, datait du 11 février 1947. Sa mission était de s'assurer la restitution « d'un gouvernement responsable à Terre-Neuve et d'encourager les Terre-Neuviens à reconnaître leur totale responsabilité personnelle et collective pour une bonne gouvernance du

Figure 10.2 La campagne contre la Confédération en 1948. Des affiches dénigrant la Confédération recouvraient souvent les vitrines des commerces et les fenêtres des maisons à Terre-Neuve. Avec la permission de The Rooms Provincial Archives Division (Fonds George Carter, boîte 5, MG910), St. John's, Terre-Neuve.

pays». La RGL était considérée comme un organe servant l'élite issue des entreprises ou des professions libérales de Terre-Neuve. En effet, presque tous les membres fondateurs de la RGL appartenaient à cette élite, et ceux qui la joignirent par la suite s'avéraient majoritairement des marchands étroitement liés aux intérêts de la Water Street[28].

La RGL n'adhéra jamais au concept de citoyenneté sociale déjà largement répandu à travers le monde développé. D'ailleurs, J. S. Currie, propriétaire du *Daily News* et ardent défenseur du gouvernement responsable, déclara : «le peuple devrait assumer la responsabilité d'un gouvernement autonome et les contraintes et la rigueur que cela impose sur l'individu». De nombreux membres de la RGL, craignant que le «matérialisme» ne soit passé au centre des préoccupations du peuple, soulignèrent que même si Terre-Neuve ne jouissait pas d'autant de richesses matérielles que d'autres nations, elle pourrait en fait s'en trouver mieux. Car, selon les membres de la RGL, le matérialisme était porteur d'égoïsme et d'envie et empoisonnait la vie de beaucoup de gens, tout en engendrant des politiciens cupides. La RGL était persuadée que les citoyens étaient satisfaits de la qualité des services que le système fiscal de l'époque pouvait leur fournir; elle accusait par conséquent les défenseurs de la Confédération de vouloir acheter les électeurs avec les programmes sociaux canadiens[29].

La RGL affronta un chemin parsemé d'embûches. D'une part, les électeurs n'avaient gardé qu'un piètre souvenir du gouvernement responsable qu'ils avaient pris l'habitude d'associer aux privations économiques des années 1920 et 1930. À titre d'exemple, le rapport Hollis Walker de 1924, déposé au terme d'une enquête sur les allégations de corruption dans plusieurs ministères, avait entraîné la mise en accusation non seulement de plusieurs individus, mais également d'un système politique qui avait permis que de tels abus se produisent à l'intérieur de l'appareil de l'État. Moins de dix ans plus tard, la Commission royale de Terre-Neuve (la Commission Amulree) laissa circuler l'idée que le gouvernement responsable à Terre-Neuve n'avait engendré que corruption et mauvaise gestion. C'est ainsi que la RGL se trouva intimement associée, dans la mémoire collective, à une conception négative du gouvernement responsable.

De son côté, la *Confederate Association*, fondée le 21 février 1948, fit ressortir les avantages de la Confédération en soulignant que les programmes sociaux canadiens et une qualité de vie en général plus élevée amélioreraient la vie de tous les Terre-Neuviens. L'Association mena une campagne bien organisée et efficace. Elle diffusa ses idées à la radio et dans un tabloïd populaire appelé *The Confederate*, publié pour la première fois le 7 avril. Les caricatures politiques du tabloïd provenaient des illustrations professionnelles – sous la direction de Smallwood – d'un dessinateur du journal *Globe and Mail*. Le numéro du 31 mai 1948 du *Confederate* exhortait les électeurs à « se donner une chance. À donner une chance aux enfants. À donner une chance à Terre-Neuve. À voter pour la Confédération et une Terre-Neuve épanouie et en santé ». Smallwood et les défenseurs de la Confédération promettaient aux mères qu'elles bénéficieraient de tout ce qu'un État social moderne pouvait offrir, que « la Confédération signifierait qu'il n'y aurait plus JAMAIS d'enfant affamé à Terre-Neuve ». Ils rappelèrent également aux parents d'enfants âgés de moins de 16 ans,

Figure 10.3 Les partisans de la Confédération promettaient que l'union apporterait des changements à Terre-Neuve : *The Confederate*, 31 mai 1948, p. 3.

qu'ils allaient recevoir « TOUS LES MOIS des allocations en espèces pour chaque enfant à charge[30] ».

Smallwood voyagea constamment pendant sa campagne et écrivit un grand nombre de lettres ouvertes aux communautés où il n'avait pu se rendre. Le 29 mai 1948, il expliqua dans une lettre adressée aux habitants de Lower Island Cove les raisons de son appui à la Confédération : « Les personnes aux revenus les plus modiques seront celles à qui la Confédération bénéficiera le plus. Les plus démunis sont ceux qui méritent le plus d'attention, car la vie ne les a pas avantagés ». Il avança ensuite que ceux qui désiraient un retour au gouvernement responsable ne tenaient pas compte des intérêts des autres : « C'est un combat entre vous qui cherchez une vie meilleure et les marchands qui cherchent le profit et vous laissent descendre dans la misère. Dans cette lutte, vous n'avez qu'une arme et c'est votre bulletin de vote ». Il enjoignit les électeurs de comparer leurs vies à celles de leur parenté établie au Canada : « vous savez qu'ils vivent mieux qu'ici ». Son message était clair : « Je vous demande en toute sincérité d'examiner de plus près la question de la Confédération. Un meilleur niveau de vie pointe à l'horizon si vous votez en faveur de la Confédération ». Il reprit les mêmes arguments au cours d'émissions radiodiffusées[31].

La RGL ne réussit jamais à jouir du soutien apporté à la *Confederate Association* dans les zones rurales de Terre-Neuve, car ses membres ne purent présenter aux électeurs une solution alternative au système politique dominé par St. John's et qui avait échoué en 1933. Un nombre considérable d'électeurs des zones rurales et isolées de Terre-Neuve éprouvaient un profond ressentiment à l'égard de St. John's, et l'idée d'un gouvernement responsable comme celui qui existait en 1933 ne les séduisait guère. La RGL n'arriva pas non plus à monter une organisation politique à l'échèle nationale et ne lança aucune campagne énergique en dehors de la péninsule d'Avalon. Pas plus n'offrit-t-elle un programme économique et social susceptible de rivaliser avec le projet d'union de Terre-Neuve avec le Canada. Ainsi, en votant en faveur de l'union avec le Canada, les électeurs allaient de fait rejeter le système politique en place avant la création de la Commission de gouvernement.

Nul vainqueur incontesté ne se démarqua du premier référendum du 3 juin 1948 : l'option du gouvernement responsable obtint 44,5 pour cent des votes et la Confédération 41,1 pour cent. Puisque la Commission de gouvernement n'avait reçu que 14,3 pour cent des votes, cette option fut retirée lors du second référendum tenu le 22 juillet 1948 que la Confédération emporta de justesse avec seulement 52,3 pour cent des votes. Le gouvernement responsable ne fut l'option retenue que dans sept districts – tous à l'intérieur de la péninsule d'Avalon –, alors que la Confédération remporta la victoire dans le reste du pays. Si l'appui pour le gouvernement responsable provint en grande partie des secteurs à majorité catholique, le sectarisme ne fut pourtant pas un facteur décisif lors du référendum[32] : ce sont plutôt les régions qui déterminèrent le résultat. Ainsi, 66 pour cent des électeurs de la péninsule d'Avalon votèrent en faveur du gouvernement responsable, contre 34 pour cent pour la Confédération. Dans le reste de l'île, 70 pour cent des électeurs votèrent pour la Confédération. Les deux régions d'Avalon les plus éloignées de St. John's (Port de Grave et Carbonear-Bay de Verde) votèrent en faveur de la Confédération, et deux régions à prédominance catholique à l'extérieur de la péninsule d'Avalon (Placentia West et St. George's-Port-au-Port) exprimèrent également leur soutien pour la Confédération. En fait, les votes catholiques se situant en dehors de la péninsule d'Avalon menèrent probablement la Confédération à la victoire. Notons que les organisations catholiques et protestantes n'échappèrent pas à des échauffourées lors de la campagne qui précéda le référendum. Comme Jeff A. Webb le suggère, à Terre-Neuve la conception de l'identité nationale et les attentes politiques et économiques différaient selon le lieu de résidence[33]. Si les habitants de la péninsule d'Avalon étaient très attachés à un état terre-neuvien, le reste de la population ne ressentait pas un tel sentiment. Tout aussi décisive fut sans doute la décision d'une bonne partie de l'élite économique et de certains membres de la Commission de gouvernement d'appuyer la Confédération. Celle-ci promettait en effet la création d'un État-providence, ce que le retour au gouvernement responsable n'aurait pu réaliser en raison des limites de l'économie locale.

La délégation terre-neuvienne à Ottawa en 1948

Le 27 juillet 1948, le gouvernement du Canada annonça qu'il acceptait d'intégrer Terre-Neuve comme province. St. John's et Ottawa se préparèrent alors pour les négociations finales entre les deux pays. En 1948, la délégation terre-neuvienne envoyée à Ottawa avait à sa tête Albert J. Walsh de la Commission de gouvernement. Smallwood et Bradley en faisaient également partie. L'avenir financier de Terre-Neuve après l'union était la principale préoccupation de la délégation, qui craignait que sa capacité budgétaire ne puisse satisfaire aux dépenses ordinaires d'une province canadienne et ce, même si le Canada lui garantissait une subvention proportionnellement bien supérieure à celles des provinces maritimes[34]. Dans son mémorandum au gouvernement canadien, la délégation souligna que le niveau des services publics à Terre-Neuve était bien moindre que celui des autres provinces du Canada. En excluant même la mise en place de nouveaux services, elle estimait que Terre-Neuve se retrouverait devant un déficit atteignant les 10 000 000 $ annuels au terme des quatre premières années de l'union (moment où son excédent d'environ 40 000 000 $ serait vraisemblablement épuisé). La délégation prévint qu'un tel déficit budgétaire rendrait l'union impraticable.

Les délégations canadienne et terre-neuvienne se rencontrèrent pour la première fois le 6 octobre 1948. Les délégués ne se réunissaient pas pour négocier, mais bien pour discuter du processus d'intégration de Terre-Neuve dans le système canadien alors existant. Le Canada ne marchanda pas directement avec la délégation terre-neuvienne pour sonder le prix que Terre-Neuve accepterait pour se joindre à l'union. Le gouvernement canadien avait déjà décidé ce qui était juste, raisonnable et compatible avec les arrangements passés antérieurement avec les provinces maritimes; par conséquent, il laissa aux membres de la délégation terre-neuvienne la discrétion de juger si elle devait recommander l'union ou non à leurs concitoyens[35].

Le 22 novembre 1948, les deux parties se mirent à élaborer un accord qui allait bientôt déterminer les conditions de l'union. Sur le plan financier, Terre-Neuve gagna une petite victoire puisque le Canada augmenta de 26 000 000 $ (proposés en 1947) à 42 000 000 $ la subvention transitoire qui devait courir sur une période de douze ans. Dans la clause 29, le Canada s'engageait à passer en revue les finances terre-neuviennes au terme de huit ans d'union, mais Terre-Neuve n'insista pas pour jouer un rôle dans cette étude. Les négociations prirent fin le 11 décembre. Cependant, un délégué terre-neuvien, Chesley Crosbie, refusa de signer, prétendant que l'accord n'assurerait pas l'avenir financier de Terre-Neuve. Smallwood était également conscient que l'avenir financier de Terre-Neuve demeurait incertain, mais il estimait que grâce à la clause 29, le Canada et Terre-Neuve réussiraient à régler les problèmes persistants entourant les questions fiscales.

À la fin de février 1949, le Parlement canadien adopta la législation qui autorisait le Parlement britannique à faire passer la Loi sur Terre-Neuve, entérinant ainsi l'union entre Terre-Neuve et le Canada. Au moment où Terre-Neuve devint une province le 1er avril 1949, le gouvernement du

Figure 10.4 Discours du très honorable Louis St-Laurent lors de la cérémonie d'entrée de Terre-Neuve dans la Confédération : Ottawa, Ontario, 1ᵉʳ avril 1949. BAC, MIKAN 3408569.

Canada avait déjà pris des dispositions pour son entrée dans l'union, dont le paiement des programmes sociaux canadiens pour assurer leur mise en place dès le premier mois de l'union. Lors des négociations qui donnèrent naissance à l'union, le gouvernement prêta peu d'attention aux peuples autochtones à Terre-Neuve et au Labrador; au-delà de leurs communautés la situation de ces peuples restait mal connue, même si ces derniers disposaient de tous les droits que conférait la citoyenneté. Il fut décidé que l'administration des affaires autochtones n'allait être déterminée qu'après l'entrée dans la Confédération, au moment de la proclamation à Terre-Neuve de la Loi sur les Indiens. Pourtant, ce n'est qu'en 1987 que la Conne River Miawpukek obtint le statut de réserve en vertu de la Loi sur les Indiens, et seulement en 2013 que le gouvernement du Canada accorda aux Qalipu Mi'kmaqs le statut de bande sans réserve des Mi'kmaqs de Terre-Neuve. En 2007, le gouvernement du Canada avait de même reconnu les Innus du Labrador à titre d'« Indiens inscrits » en vertu de la Loi sur les Indiens. Néanmoins, les revendications territoriales demeurent encore aujourd'hui un sujet de discorde[36].

Dès ses débuts, Terre-Neuve fit face à de nombreuses difficultés économiques, la pauvreté en étant le signe le plus visible à travers le pays. L'option de la Confédération fut défaite lors des élections de 1869, d'une part parce que les Terre-Neuviens craignaient les coûts économiques qu'engendrerait l'union avec le Canada et, d'autre part, parce que les électeurs irlandais et catholiques s'y opposaient. Néanmoins, en 1949, Smallwood ainsi que d'autres défenseurs de la Confédération réussirent à remporter une mince victoire, s'étant engagés à ériger divers programmes que le gouvernement fédéral dispensait déjà à travers le Canada. Les défenseurs de la Confédération, tant en 1869 et qu'en 1949, partageaient la conviction qu'une union avec le Canada assurerait aux Terre-Neuviens un avenir décent et prospère, et la garantie d'une qualité de vie bien supérieure à celle qu'ils avaient connue à l'intérieur d'un pays indépendant. Pendant sa longue carrière politique, Smallwood avait répété à maintes reprises que « Terre-Neuve s'est surtout jointe au Canada pour son propre bien. Terre-Neuve étant la plus petite, la plus pauvre et la plus faible des deux, nous avons accepté l'union avec le Canada avec la certitude d'effectuer une bonne affaire[37] ». En 1949, les Terre-Neuviens crurent à cette promesse d'avenir meilleur et ainsi votèrent en faveur de l'union avec le Canada.

NOTES

1   James K. Hiller, « Newfoundland Confronts Canada, 1867-1949 », dans Ernest Forbes et D.A. Muse (dir.), *The Atlantic Provinces in Confederation*, Toronto, University of Toronto Press, 1993, p. 351-352.

2   David Alexander, « Literacy and Economic Development in Nineteenth Century Newfoundland », dans Eric Sager *et al.* (dir.), *Atlantic Canada and Confederation. Essays in Canadian Political Economy*, Toronto, University of Toronto Press, 1983, p. 113 et p. 137. Ces arguments sont également avancés dans S.J.R. Noel, *Politics in Newfoundland*, Toronto, University of Toronto Press, 1971.

3   *Ibid.*, p. 23-25.

4   Hiller, « Newfoundland Confronts Canada, 1867-1949 », p. 352-355.

5   Phillip Buckner, « The 1860s : An End and a Beginning », dans Phillip Buckner et John G. Reid (dir.), *The Atlantic Region to Confederation : A History*, Toronto, University of Toronto Press, 1994, p. 382-383.

6   James K. Hiller, « Confederation Defeated : The Newfoundland Election of 1869 », dans James K. Hiller et Peter Neary (dir.), *Newfoundland in the Nineteenth and Twentieth Centuries : Essays in Interpretation*, Toronto, University of Toronto Press, 1980, p. 75.

7   H.B. Mayo, « Newfoundland and Confederation in the Eighteen-Sixties », *Canadian Historical Review*, 29, 1948, p. 125-142.

8   C. F. Bennett s'adressant au *Newfoundlander*, 5 décembre 1864, <http://www.heritage.nf.ca/articles/politics/charles-bennett-objections.php>.

9   Hiller, « Confederation Defeated : The Newfoundland Election of 1869 », p. 79.

10 Frederick Jones, « The Antis Gain the Day », dans Ged Martin (dir.), *The Causes of Canadian Confederation*, Fredericton, Acadiensis Press, 1990, p. 147 et dans Buckner, « The 1860s : An End and a Beginning », p. 383.

11 J. K. Johnson et P. B. Waite, « MACDONALD, sir JOHN ALEXANDER », dans *Dictionnaire biographique du Canada*, vol. 12, Université Laval/University of Toronto, 2003- , consulté le 4 février 2018, <http://www.biographi.ca/fr/bio/macdonald_john_alexander_12F.html>.

12 Hiller, « Newfoundland Confronts Canada, 1867-1949 », p. 360.

13 Cité dans Noel, *Politics in Newfoundland*, p. 211.

14 Paul Bridle (dir.), *Documents relatifs aux relations entre le Canada et Terre-Neuve, vol. 2, 1940-1949. Confédération*, Ottawa, Département des affaires extérieures, 1984, p. 73-74.

15 Raymond B. Blake, *Canadians as Last : Canada Integrates Newfoundland as a Province*, Toronto, University of Toronto Press, 1994, p. 11-14.

16 Noel, *Politics in Newfoundland*, p. 263.

17 Rooms Provincial Archives (ci-après RPA), GN 154, Newfoundland Delegation to Ottawa (1948), Fonds, GN 154.6, mémorandum de la *Newfoundland Tuberculosis Association* à la délégation d'Ottawa, septembre 1948.

18 Grand-Bretagne, Chambre des communes, *Débats*, 11 décembre 1945, p. 210-211.

19 Peter Neary, « Clement Attlee's Visit to Newfoundland, September 1942 », Document, *Acadiensis* 13, 2, 1984, p. 101-109; Nicklaus Thomas-Symonds, *Attlee : A Life in Politics*, New York, Palgrave Macmillan, 2010.

20 *Newfoundland National Convention, 1946-1948, vol. 6 : Report of the Fisheries Committee of the National Convention*, p. 47-48. Lien vers les <Digital Archives Initiative : http://tinyurl.com/c3kz8ku>.

21 Great Britain, *Newfoundland Royal Commission 1933 : Report*, Londres, HMSO, 1933. Voir aussi, Peter Neary, *Newfoundland in the North Atlantic World*, Montréal et Kingston, McGill-Queen's University Press, 1988, et Noel, *Politics in Newfoundland*.

22 Joseph R. Smallwood, *I Chose Canada. The Memoirs of the Honourable Joseph R. "Joey" Smallwood*, Toronto, Macmillan of Canada, 1973, p. 255-261.

23 J. K. Hiller, « The Career of F. Gordon Bradley », *Newfoundland Studies* 4, 2, 1988, p. 165.

24 Bridle (dir.), *Documents relatifs aux relations*, vol. 2, *Confédération*, partie 1, p. 698.

25 RPA, fonds Albert Walsh, MG 302.13, boîte 1, Meetings between Delegates from the National Convention of Newfoundland and Representatives of The Government of Canada, Summary of Proceedings, Part II, Ottawa, 25 juin-29 septembre 1947, p. 67-69.

26 Bridle (dir.), *Documents relatifs aux relations*, vol. 2, *Confédération*, partie I, p. 532-534.

27 James K. Hiller et Michael Harrington (dir.), *The Newfoundland National Convention, 1946-1948*, vol. 1, Montréal, McGill-Queen's University Press, 1995, p. 1187.

28 Cité dans Jeff A. Webb, « The Responsible Government League and the Confederation Campaigns of 1948 », *Newfoundland Studies*, 5, 2, 1989, p. 205.

29 Centre for Newfoundland Studies Archives, Memorial University, Fonds Senator John G. Higgins, coll. 0-87, boîte 19, dossier 3.01.032, discours par J. S. Currie, 14 février 1948; dossier 3.01.033, discours diffusé à la radio par A.B. Butt, 10 avril 1948; discours diffusé à la radio par F.W. Marshall, Président terre-neuvien de la *Great War Veterans' Association*, 5 mai 1948; discours diffusé à la radio par Frank Fogwill, 6 mars 1948.

30 Peter Neary (dir.), *Political Economy of Newfoundland*, Toronto, Copp Clark, 1973, p. 140-141.

31 Centre for Newfoundland Studies Archives, Memorial University of Newfoundland, Coll. 075, Fonds J.R. Smallwood, boîte 299, dossier 4.01.001 Nfld. Confederate Assn, « To the People of Lower Island Cove », C.F. Garland (secrétaire-trésorier de la Confederate Association), 29 mai 1948. Lettre du quartier-général des partisans de la Confédération; et dossier 4.01.004 discours, « Why I favour Confederation », 6 avril 1948 et 23 avril 1948.

32 Patrick O'Flaherty, *Leaving the Past Behind. Newfoundland History from 1934*, St. John's, Long Beach Press, 2011, p. 193-198.

33 Jeff A. Webb, « Confederation, Conspiracy and Choice : A Discussion », *Newfoundland Studies*, 14, 2, 1998, p. 169-187.

34 RPA, GN 154, Newfoundland Delegation to Ottawa (1948), GN 154.1, procès-verbal, 25 août-24 septembre 1948, procès-verbal, 28 août 1948.

35 Blake, *Canadians At Last*, p. 29-30.

36 David Mackenzie, « The Indian Act and the Aboriginal Peoples of Newfoundland at the Time of Confederation », *Newfoundland and Labrador Studies*, 25, 2, 2010, p. 161-181 et Peter Neary, « The First Nations and the Entry of Newfoundland into Confederation, 1945-54. Part 1 », *Newfoundland Quarterly*, 105, 2, 2012, p. 36-42.

37 Centre for Newfoundland Studies Archives, Fonds Smallwood, Coll. 075, dossier 4.03.007, discours par Smallwood pendant la campagne électorale de 1959, sans date, p. 3.

11

« Un visage plus représentatif du Canada » : la création du Nunavut

P. WHITNEY LACKENBAUER ET ANDRÉ LÉGARÉ

> *Pendant de nombreuses années, le Canada a été décrit comme un pays fondé par deux peuples : les Anglais et les Français. Puis, les Premières Nations ont commencé à se faire davantage entendre. Ils ont ainsi peu à peu gagné la reconnaissance officielle. Les Inuits sont ensuite arrivés et ont créé ce nouveau territoire. La création du Nunavut a en quelque sorte donné une dimension autochtone au pays. Les gens ne peuvent plus désormais parler du Canada comme d'un pays fondé par deux nations. La plupart acceptent maintenant le fait que l'histoire canadienne a été une relation tripartite entre les Anglais, les Français et les peuples autochtones. En ce sens, la création du Nunavut donne un visage plus représentatif du Canada.*
>
> John Amagoalik, 2007[1]

Le 1er avril 1999, deux nouveaux territoires – la nouvelle partition des Territoires du Nord-Ouest et le Nunavut (« notre terre » en inuktitut) – furent créés lorsque le gouvernement fédéral redessina les frontières dans le Nord du Canada, séparant ainsi les parties centre et est de l'Arctique canadien situées au nord et à l'est de la limite de la zone forestière des

Territoires du Nord-Ouest. Le Nunavut devint ainsi la plus vaste entité politique du Canada, couvrant le cinquième du pays (plus de deux millions de kilomètres carrés) avec une population de 27 000 personnes (en 1999), dont 85 pour cent d'Inuits dispersés à travers vingt-huit communautés (voir la carte du Nunavut, figure 11.3). Cet événement marquait la première modification significative de la carte du Canada depuis l'intégration de Terre-Neuve dans la Confédération en 1949, et la culmination d'un processus négocié sur plusieurs décennies. Ainsi, grâce à l'édification d'un nouveau gouvernement territorial, les Inuits se retrouvèrent avec des leviers de pouvoir suffisamment puissants pour déterminer leur avenir.

La longue ascension du Nunavut comme territoire distinct au sein du Canada est inextricablement liée à la négociation et à l'entente des revendications territoriales autochtones entre les Inuits du centre et de l'est de l'Arctique canadien et le gouvernement du Canada. D'abord proposé en 1976 par le Inuit Tapirisat of Canada (ITC), une organisation représentant les intérêts politiques des Inuits canadiens, le projet du Nunavut visait à établir les droits autochtones des Inuits des Territoires du Nord-Ouest (TNO) et à créer un territoire au sein duquel la vaste majorité de la population était inuite. Les Inuits cherchaient à instaurer leur propre entité politique et ce, pour trois raisons essentielles. En premier lieu, ils n'étaient liés par aucune entente de cession de terres avec le gouvernement canadien. Ils possédaient par ailleurs une majorité démographique dans le centre et l'est de l'Arctique canadien. Enfin, ils voulaient contrôler leur propre destinée politique, sociale et économique. C'est pourquoi l'ITC promut l'idée que le territoire du Nunavut, séparé du reste des TNO, refléterait mieux l'extension géographique de l'utilisation et l'occupation traditionnelles des terres inuites dans le centre et l'est de l'Arctique canadien, alors que ses institutions s'inséreraient davantage dans les perspectives et les valeurs de la culture inuite.

Ce chapitre offre un aperçu des contextes politiques, des débats ainsi que du long processus de négociation qui ont mené à l'établissement des revendications territoriales des Inuits et à la division des TNO, jusqu'à la création du Nunavut en 1999. Dépossédés du pouvoir politique au rythme de l'expansion du contrôle colonial qu'exerça le gouvernement fédéral au cours des six premières décennies du XXe siècle, les Inuits se tournèrent dans les années 1970-1990 vers les revendications territoriales globales du gouvernement fédéral dans le but d'établir de nouveaux liens avec ce

Figure 11.1 Le Canada au début du XXᵉ siècle, avant la création par le gouvernement fédéral de l'Alberta et de la Saskatchewan, et avant l'extension des frontières du Manitoba, de l'Ontario et du Québec vers le nord. D'après : Ressources naturelles Canada, « Carte 1898 », Bibliothèque et Archives Canada, <http://www.collectionscanada.gc.ca/confederation/023001-5009-f.html>.

dernier, afin de joindre à leur quête du Nunavut les avantages qu'ils voyaient depuis longtemps dans la division des TNO. Selon les dires du député Jack Anawak, « Le chemin a été long, difficile et parsemé d'embûches[2] ». Ce que la création du Nunavut démontre néanmoins, est à la fois la forte résilience et le pragmatisme des Inuits pour atteindre leurs objectifs politiques et, ce faisant, reconfigurer le Nord du Canada. « Les gouvernements territorial et fédéral ont tenté par plusieurs manœuvres constitutionnelles de séparer nos droits politiques et nos droits territoriaux, et les Inuits ont dû emmener ces gouvernements, souvent à leur corps défendant, à la table des négociations afin de discuter de nos droits politiques comme peuples autochtones et comme Canadiens[3] », notait John Amagoalik en 1992.

Ces efforts furent porteurs d'un dénouement politique tout-à-fait original. « La création [du gouvernement du Nunavut] dans les années 1990 revint à faire table rase pour ériger un gouvernement de toutes pièces », remarquaient le consultant Jack Hicks et le politologue Graham White. « Nulle part ailleurs au Canada y eut-il pareille opportunité de façonner un gouvernement d'une telle ampleur à partir de presque rien[4] ». Dans le cas du Nunavut, les Inuits du centre et de l'est de l'Arctique canadien sont ainsi parvenus, et ce avec davantage de succès que tous les autres groupes autochtones du Canada, à lier la propriété des terres à une forme d'autonomie gouvernementale au sein d'un gouvernement public territorial[5].

Gouverner les Territoires du Nord-Ouest après 1905

Avec la création des provinces de la Saskatchewan et de l'Alberta en 1905, les TNO avaient perdu leurs régions les plus populeuses. En conséquence, le gouvernement fédéral avait restructuré la forme du gouvernement territorial dans les parties restantes des TNO et rétrogradé son statut de gouvernement représentatif élu à un état colonial dépendant, contrôlé par des bureaucrates nommés à Ottawa. Des amendements à la Loi sur les Territoires du Nord-Ouest en 1905 permirent toutefois de nommer un commissaire – une position occupée par le contrôleur de la Gendarmerie royale du Canada de 1905 à 1918, et ensuite par les sous-ministres de l'Intérieur et des départements qui lui succédèrent jusqu'à 1963 – assisté d'un conseil de quatre membres nommé par le fédéral. Aucune nomination ne fut effectuée jusqu'en 1921, date à laquelle le Conseil passa à six membres. Jusqu'après la Deuxième Guerre mondiale, le Conseil, ou « gouvernement » des TNO, consista en un comité interdépartemental formé entièrement de hauts fonctionnaires fédéraux résidant à Ottawa. Le gouvernement fédéral, toujours préoccupé par le développement de l'Ouest du Canada, n'accordait au Nord qu'une distraite attention, ce qui explique la marginalisation de cette zone périphérique dans les priorités des politiciens et administrateurs vivant au sud du pays.

Jusqu'à la fin des années 1940, la présence politique canadienne dans le Nord était plutôt réduite. « La population humaine du nord territorial était largement laissée à l'"état naturel" », suggère Frances Abele. Ce sont les institutions non étatiques qui fournissaient les services sociaux – particulièrement les compagnies de traite de fourrure et les églises.

« Alors que la politique du Dominion envers les peuples autochtones dans le sud du Canada avait l'objectif avoué d'en faire de 'bons, travaillants et utiles citoyens' en les établissant sur des réserves et en substituant la chasse par l'agriculture », la position officielle, selon Abele, voulait que « les Autochtones *du Nord* 'suivent leur mode de vie naturel sans... dépendre de la nourriture de l'homme blanc et de vêtements qui ne sont pas appropriés à leurs besoins'[6] ».

En 1952, à la suite des demandes dont lui firent part des résidents non-autochtones du district de Mackenzie (la partie continentale des TNO, située directement au nord de la Colombie-Britannique, de l'Alberta et de la Saskatchewan), Ottawa accepta que ces derniers puissent élire des représentants au Conseil des TNO. D'autres résidents (principalement inuits) des régions vivant dans le centre et l'est de l'Arctique (à savoir les districts de Keewatin et Franklin) s'étaient vus dénier le même privilège. Les Inuits n'obtinrent le droit de vote dans les élections territoriales qu'en 1966, avec l'amendement de la Loi sur les Territoires du Nord-Ouest. Jusqu'à cette date, les quatre sièges élus du Conseil appartenaient à la partie ouest des TNO. Cet amendement ajouta également trois sièges élus au Conseil assignés aux parties centre et est de l'Arctique, de sorte que les électeurs inuits purent élire leurs représentants au Conseil des TNO pour la première fois[7].

Les défis relevant de l'administration des TNO, une région passablement éloignée d'Ottawa, inquiétaient depuis longtemps les fonctionnaires fédéraux et les politiciens. Au début des années 1960, le gouvernement de John Diefenbaker avait considéré une proposition pour séparer le district de Mackenzie (partie ouest des TNO) des districts de Keewatin et Franklin (centre et est de l'Arctique). Dans un discours datant de juillet 1961 au Conseil des TNO, le premier ministre suggéra que les résidents du Nord devaient assumer plus de responsabilités, incluant une « gouvernance autonome » à travers une « division de ce vaste territoire du Nord en deux parties ». Il était confiant que cette proposition serait « bien accueillie par le gouvernement fédéral[8] ». Bien que le premier ministre Diefenbaker échoua à créer cette réforme avant la chute de son gouvernement, le gouvernement libéral de Pearson reprit le dossier et proposa, en mai 1963, les projets de loi C-83 et C-84 afin d'amender la Loi sur les Territoires du Nord-Ouest et de créer deux territoires séparés : le premier serait nommé Mackenzie, l'autre Nunassiaq (« la belle terre » en inuktitut). Pendant les débats qui suivirent, le ministre Arthur Laing se dit « satisfait » que le district de Mackenzie à l'ouest, où se trouvaient aisément les zones les plus peuplées, « allait bientôt être en mesure de se prendre en main ». En revanche, le Nunassiaq, qui jouissait d'un bassin démographique plus faible et s'étendait des régions du centre et de l'est de l'Arctique jusqu'au-dessus de la limite de la zone forestière, posait un dilemme « plus difficile ». Par conséquent, le gouvernement décida de ne pas diviser les TNO. Il envisagea plutôt la possibilité de décentraliser l'administration politique territoriale confinée à Ottawa, en faveur d'un nouveau centre administratif localisé dans les TNO[9].

En 1965, le Conseil des TNO proposa une commission pour étudier et faire des recommandations sur l'avenir politique, social et économique du territoire. La Commission consultative sur l'évolution du gouvernement dans les Territoires du Nord-Ouest (la commission Carrothers) fut le premier corps consultatif qui parcourut le territoire afin de recueillir les avis et commentaires de tous les résidents. Le rapport, publié l'année suivante, annonça un changement majeur dans l'approche de la gouvernance des TNO[10]. Ainsi, en avril 1967, le siège du gouvernement territorial fut déplacé d'Ottawa à Yellowknife; le nouveau gouvernement des Territoires du Nord-Ouest assuma alors la responsabilité de certains aspects de la bureaucratie fédérale dans le Nord et de l'autorité gouvernementale jusqu'alors dirigée à partir de la capitale nationale. Le Conseil passa de neuf à douze membres, dont sept élus et cinq nommés, ce qui eut pour conséquence de renverser l'équilibre traditionnel du pouvoir qui, depuis 1905, favorisait les non-élus au sein du Conseil des TNO[11].

Les Inuits et les changements politiques au XXe siècle

Les ancêtres des Inuits (« le peuple » en inuktitut), connus des chercheurs sous le nom de Thule, avaient remplacé le peuple des Dorsets dans ce qui est maintenant l'Arctique canadien au tournant du premier millénaire de notre ère. Des facteurs sociaux et environnementaux – notamment le refroidissement climatique causé par le «petit âge glaciaire » entre les XVIe et le XIXe siècles – forcèrent les Inuits à délaisser les larges communautés côtières pour s'établir sur les banquises dans des villages d'igloos, en fonction des cycles saisonniers et au sein de groupes familiaux étendus vivant et chassant ensemble pendant la majeure partie de l'année[12]. Le processus de prise de décision était souvent informel, foncièrement consultatif, égalitaire et fondé sur le consensus[13]. C'est le mâle le plus âgé du groupe qui faisait office de chef et décidait du meilleur moment pour chasser, pêcher, migrer ou établir le camp.

Hormis les brèves rencontres avec les Vikings autour de l'an 1 000 de notre ère et par la suite avec les explorateurs européens qui recherchaient le passage du Nord-Ouest – le premier d'entre eux, Martin Frobisher, explorant l'île de Baffin en 1576 –, les contacts entre les Inuits et les *Qallunaat* (les Euro-Canadiens en inuktitut) demeurèrent limités jusqu'au XIXe siècle et même jusqu'au XXe siècle. Les contacts qui s'étaient établis entre les Inuits et les Euro-Canadiens ou les Américains doivent être conçus sous la forme d'un processus, puisqu'il n'y eut jamais un moment particulier où les Inuits (à titre d'entité collective) entrèrent dans une relation officielle et soutenue avec les nouveaux venus. Même si les activités liées à la chasse à la baleine, l'établissement de postes de traite par la Compagnie de la Baie d'Hudson et l'arrivée des missionnaires catholiques et anglicans à la fin du XIXe et au début du XXe siècle ont influé sur le comportement des Inuits, les premiers contacts ont été largement décrits comme « harmonieux »[14].

La présence croissante de l'État canadien dans l'Arctique pendant les années 1920 et 1930 a mis en jeu le contrôle politique inuit dans la région. Les quelques représentants du gouvernement canadien dans le Nord (et seulement à certains endroits) étaient membres de la Gendarmerie royale du Canada; celle-ci avait en effet commencé à affirmer son autorité juridique, traitant d'affaires de meurtres notoires impliquant des Inuits ou d'infractions liées à la faune. Les commerçants et les missionnaires cherchèrent sans doute à modifier la vie économique et spirituelle des Inuits, mais se gardèrent bien de perturber les réseaux d'échange et d'entraide fondés sur la parenté ou de chasser les Inuits de leurs terres. Toutefois, au cours de la seconde guerre mondiale et dans les années qui ont suivi, lorsque des impératifs stratégiques globaux attirèrent pour la première fois l'attention sur l'Arctique, des préoccupations d'ordre politique mirent en relief les conditions de vie difficiles des Inuits et poussèrent le gouvernement fédéral à intervenir dans la vie de ces derniers avec une intensité jusqu'alors inconnue.

Au cours des années 1940 et 1950, au moment où les Inuits s'établissaient dans des villages sédentaires le long de la côte arctique sous l'égide de l'État-providence, les structures du pouvoir se transformèrent en profondeur. Les services sociaux, de santé et d'éducation leur furent prodigués par les administrateurs du gouvernement *qallunaat* qui occupaient de hauts postes de direction dans les villages; aux côtés du clergé non-inuit et des commerçants, ils inaugurèrent alors une période de « colonialisme interne » orchestré par l'État canadien[15]. Les chefs inuits, subissant graduellement l'érosion de leur mode de vie traditionnel et voyant leur leadership sur terre, sur mer et dans l'arène politique marginalisé, perdirent confiance. Alors que les Inuits découvraient les défis sociaux complexes qu'entraînait la transition vers la vie sédentaire, l'administration fédérale du Nord se trouva sous la pression grandissante de permettre et d'encourager les Inuits à exercer un plus grand rôle dans le développement de leur communauté. Conséquemment, à la fin des années 1950, les agents fédéraux des services du Nord et d'autres résidents *qallunaat* appuyèrent les Inuits dans la constitution de conseils communautaires élus afin de promouvoir auprès des Autochtones du Nord la gouvernance démocratique. La barrière des langues et un niveau d'éducation limité (eu égard au modèle de gouvernance *qallunaat*) minèrent ces efforts, tout comme le concept, étranger pour les Inuits, de rencontre et d'échange pour régler les problèmes locaux – du contrôle des chiens à la question du logement, en passant par la collecte des ordures – par le truchement de procédures favorisant la voix majoritaire dans la prise de décision. Or, ces mêmes initiatives allaient contribuer à stimuler la conscience politique des Inuits, jusqu'à engendrer des pratiques politiques véritablement novatrices dans les années 1970. De nouvelles structures de gouvernance locale – *hamlets* – furent implantées par le gouvernement des TNO afin de permettre aux communautés inuites de prendre directement la parole dans la gestion de leurs propres affaires. « La stratégie consistant à développer l'autonomie locale avant d'accroître l'autonomie à un plus haut niveau fut couronnée de succès », observe Quinn Duffy[16].

Les projets de l'Inuit Tapirisat : les liens entre les revendications territoriales inuites et la création du territoire du Nunavut

Dans les années 1970 et 1980, l'évolution politique des TNO devint de plus en plus liée à l'affirmation des droits autochtones, à l'émergence d'un nouveau processus de revendications territoriales globales émanant du fédéral, ainsi qu'à l'idée de l'autonomie gouvernementale des Inuits. De vastes réserves de pétrole et de gaz avaient été découvertes en Alaska et dans l'Arctique canadien à la fin des années 1960, ce qui avait accru la visibilité de la région à l'échelle nationale. Au même moment, les politiques et les rapports fédéraux portèrent sur les enjeux sociaux, économiques et politiques des Autochtones canadiens. Le *Livre blanc* (1969) du gouvernement de Pierre E. Trudeau, qui proposait l'abolition du Ministère des Affaires indiennes et du Nord Canada et rejetait toute notion de territoire ou de droits politiques autochtones, suscita une vive réaction de la part des organisations autochtones à travers tout le Canada. Ailleurs à la même époque, des groupes inuits du Groenland et de l'Alaska affirmaient similairement leurs droits. Or, l'émergence d'un réseau politique inuit transnational eut pour conséquence de sensibiliser les Inuits canadiens : dans la foulée, ils développèrent une conscience collective plus aigüe et une plus grande confiance politique.

En 1971, des Inuits issus de partout au Canada décidèrent de fonder l'ITC afin de faire front uni dans les enjeux liés au développement du Nord, à l'éducation, à la culture et aux droits autochtones. À titre d'organisation nationale s'exprimant au nom de six organisations régionales inuites réparties à travers l'Arctique canadien, du Labrador à la mer de Beaufort, l'ITC s'activa d'abord comme organisme lobbyiste en appui aux revendications territoriales des Inuits dans les TNO et dans le Nord du Québec. Le jugement Calder (1973) de la Cour Suprême du Canada, qui reconnut la validité des droits autochtones au Canada découlant de la Proclamation royale de 1763, favorisa l'établissement des revendications territoriales des autochtones – là où les terres n'avaient pas été cédées dans des traités – et, par la suite, le principe de l'autonomie gouvernementale des Autochtones comme un droit inhérent. Conséquemment, le gouvernement fédéral adopta, en 1973, une politique sur les revendications territoriales globales des peuples autochtones suivant laquelle tout groupe autochtone, dans la mesure où il avait prouvé l'utilisation et l'occupation ancestrale d'un territoire, pouvait revendiquer la propriété des terres et la gestion des ressources tirées de ce territoire traditionnel[17]. Pour faciliter ce processus, le gouvernement fédéral offrit une aide financière à diverses organisations autochtones, incluant l'ITC, afin de déterminer le territoire (c'est à dire « la zone de revendication territoriale ») sur lequel il serait possible de réclamer l'autorité inuite sur la gestion des ressources naturelles et la propriété des terres[18].

Les Inuits des TNO, conscients de l'urgence qu'il y avait à faire progresser leurs réclamations avant que les intérêts privés ne viennent empiéter sur leurs terres traditionnelles, préparèrent donc des projets de revendications territoriales. Au début des années 1970, les industries pétrolières et gazières, de même que le gouvernement fédéral, envisagèrent la construction d'un pipeline dans la vallée du Mackenzie pour acheminer le pétrole de l'Alaska et de la mer de Beaufort, ainsi que le gaz du Nord du Canada vers les marchés nord-américains. En 1974, le gouvernement canadien nomma une Commission d'enquête dirigée par le juge Thomas Berger afin d'étudier les impacts environnementaux et socio-économiques du projet. L'enquête Berger, qui se déroula entre 1975 et 1977, marqua un tournant dans la mobilisation des voix politiques des peuples autochtones dans les TNO et l'affirmation de leurs aspirations. En conclusion de son enquête, le juge Berger s'opposa au projet du pipeline jusqu'à ce que les droits territoriaux autochtones soient définis dans la région[19].

Afin de lancer le processus de revendication territoriale, l'ITC entreprit en 1974 d'étudier l'utilisation et l'occupation du territoire afin de déterminer l'extension spatiale des terres traditionnelles de la culture inuite dans l'Arctique canadien. L'étude, publiée deux ans plus tard dans un rapport intitulé *Inuit Land Use and Occupancy Project*[20], cherchait à prouver que les Inuits avaient utilisé et occupé à peu près tout le territoire et les mers de l'Arctique canadien pendant plus de 4 000 ans. Environ 1 600 « cartes biographiques », dessinées à partir de l'utilisation des terres par les chasseurs inuits et décrites dans le rapport, illustraient le territoire couvert par chacun d'entre eux au cours de leurs chasses aux gibiers. Les noms de lieux en inuktitut jouèrent également un rôle crucial pour déterminer l'extension spatiale de l'occupation inuite, tout comme les vieux noms de sites de campement, les lieux de sépulture et les cairns. Cette recherche permit ainsi la publication d'une carte retraçant l'espace culturel des Inuits (c'est-à-dire le territoire inuit traditionnel) dans l'Arctique canadien.

Les cartes biographiques permirent aux délégués de l'ITC, qui assistaient à un colloque à Pond Inlet au cours de l'automne 1975, d'adopter une résolution autorisant l'organisation à débuter les négociations pour les revendications territoriales avec le gouvernement fédéral. S'appuyant sur son étude portant sur l'utilisation et l'occupation des terres par les Inuits, l'ITC présenta au premier ministre Pierre E. Trudeau et à son conseil des ministres le 27 février 1976 *An Agreement-in-Principle as to the Settlement of Inuit Land Claims in the Northwest Territories and the Yukon Territory between the Government of Canada and the Inuit Tapirisat of Canada*. Les Inuits des TNO espéraient que l'entente qu'ils proposaient allait créer une nouvelle relation politique dans laquelle ils pourraient « préserver tant que possible leur identité inuite et leur mode de vie traditionnel ». Ils souhaitaient également la création d'un nouveau territoire qui serait appelé Nunavut (« notre terre » en inuktitut), où les Inuits auraient, « grâce au nombre et au droit de vote, le contrôle de leur destinée ». Puisqu'ils allaient former la majorité de la population, l'entente avançait que « ce territoire et ses institutions allaient mieux refléter les valeurs et les modes de pensée inuites qu'au sein des Territoires du Nord-Ouest actuels[21] ». L'ITC précisa que le gouvernement proposé serait plus près du peuple, physiquement et culturellement, ce qui indiquait que le processus de décentralisation qui était déjà amorcé dans les TNO[22] était moins attrayant pour les Inuits que la formation de leur propre gouvernement[23].

Or, des considérations pratiques et politiques minèrent ce plan d'action et les négociations entre l'ITC et le gouvernement fédéral entrèrent bientôt dans une impasse. En septembre 1976, l'ITC retira sa proposition initiale sur le Nunavut et, au terme d'une longue consultation avec les résidents du Nord, se rendit à l'évidence que le projet était irréaliste. Les Inuits réagirent contre l'excessive complexité de la proposition et le fait qu'elle « avait été écrite par des avocats du sud qui avaient peu consulté les communautés qu'elle devait pourtant servir[24] ».

Après des années de débats et de propositions avortées[25], l'assemblée générale de l'ITC approuva enfin, en septembre 1979, le document *Political Development in Nunavut* dont les objectifs principaux étaient les suivants : 1- la possession de droits fonciers sur des portions de terres riches en ressources non renouvelables; 2- un pouvoir décisionnel sur la gestion du territoire et des ressources au sein de la zone de revendication territoriale; 3- une compensation financière et des redevances pour le développement des ressources dans la région; 4- l'engagement d'Ottawa à négocier l'autonomie gouvernementale et à créer le gouvernement du Nunavut, une fois signée l'entente de principe sur les revendications territoriales[26]. En échange, les Inuits devaient abandonner leurs droits autochtones ancestraux sur toutes les terres situées dans le Nord. La plupart de ces objectifs s'accordaient avec la politique sur les revendications territoriales globales d'Ottawa. Le quatrième point (l'autonomie gouvernementale) allait toutefois forcer le gouvernement fédéral au compromis de manière à ouvrir le dialogue avec l'ITC. Le gouvernement canadien accepta finalement le projet de l'ITC et, en août 1980, les représentants inuits et fédéraux se rencontrèrent pour la première fois afin d'amorcer le long processus de négociation d'une entente finale pour les revendications territoriales.

Le débat sur la division des Territoires du Nord-Ouest et la recherche d'une frontière

La question de la division des TNO en vue de créer le Nunavut continua de susciter des opinions contradictoires sur la meilleure marche à suivre pour veiller aux intérêts des Canadiens du Nord. En 1977, le premier ministre Trudeau nomma une commission pour étudier la situation. Le Rapport Drury sur *l'Évolution constitutionnelle dans les Territoires du Nord* (mars 1980) concluait que la division des TNO ne résoudrait pas les intérêts politiques divergents des Inuits, des Dénés/Métis et des non-Autochtones résidant dans les TNO, parce que les conséquences à long terme de la division demeuraient incertaines. Il favorisa plutôt la dévolution de certains pouvoirs politiques que le fédéral détenait toujours dans les TNO (par exemple, la gestion des ressources naturelles) au profit du gouvernement des TNO, d'une part, et, d'autre part, la décentralisation des responsabilités territoriales afin de dynamiser les administrations régionales et communautaires des TNO. La dépendance financière des TNO envers le gouvernement fédéral (dont la contribution s'élevait à 80 pour cent du budget territorial) rendait les rêves d'une plus grande autonomie irréalistes, selon C. M. Drury[27]. Cependant, d'autres acteurs politiques ne partageaient pas cet avis. Warren Allmand, ancien ministre des Affaires indiennes et du Nord Canada, et Peter Ittinuar, député du Nouveau parti démocratique, proposèrent des projets de loi pour diviser les TNO. Ces projets de loi firent l'objet d'une première lecture au Parlement le 2 mai 1980, mais sans être débattus. Or, ce sont plutôt les initiatives politiques provenant du gouvernement des TNO qui allaient forcer Ottawa à négocier la division des TNO et à créer le Nunavut.

Figure 11.2 Le député du NPD, Peter Ittinuar. Archives des Territoires du Nord-Ouest/©GNWT, ministère des Travaux publics et des Services gouvernementaux, /G-1995-001: 0539.

À la suite des élections territoriales de novembre 1979 – qui, pour la première fois, firent entrer à l'Assemblée une majorité de députés autochtones –, l'Assemblée législative des TNO créa un comité d'union spécial afin de déterminer la meilleure façon d'atteindre un consensus politique, parmi les habitants du Nord, sur les enjeux controversés de la division du territoire. Dans son rapport d'octobre 1980, le comité nota que « les Territoires du Nord-Ouest, en tant que juridiction géopolitique, n'inspirent pas à susciter un sentiment naturel d'identité parmi de nombreux peuples autochtones; son gouvernement ne peut pas compter, fondamentalement, sur la loyauté et l'engagement indéfectibles d'un grand nombre de ceux qu'il est censé représenter ». Le rapport conclut que les « citoyens autochtones et non-autochtones des TNO appuyaient l'idée de diviser le

Territoire[28] ». Pourvus de ces recommandations, les députés de l'Assemblée législative s'engagèrent en principe à diviser le territoire et soumirent la question à la population par plébiscite[29].

Le plébiscite d'avril 1982 révéla qu'une faible majorité (56 pour cent) favorisait l'idée de la division des TNO en deux entités politiques : Denendeh à l'ouest et le Nunavut à l'est[30]. Le gouvernement fédéral accepta le verdict général en faveur de la division et, six mois plus tard, le ministre des Affaires indiennes et du Nord Canada, John Munro, annonçait qu'Ottawa était disposé en principe à diviser le territoire dans la mesure où trois conditions préalables étaient honorées. La première stipulait qu'un règlement des revendications territoriales inuites devait être établi. La seconde touchait à l'établissement d'une ligne frontalière convenue qui diviserait les TNO en deux parties. La troisième impliquait un accord politique qui définirait le fondement des arrangements structurels du futur gouvernement du Nunavut.

Les négociations entre la Couronne et les Inuits au début des années 1980 furent menacées par le refus du Canada de discuter l'autonomie gouvernementale de front avec les revendications territoriales. Ce refus empêchait l'ITC de traiter d'un élément central de son plan de négociation : la création d'un gouvernement territorial au Nunavut[31]. Le pragmatisme des Inuits permit néanmoins de faire évoluer ce projet. En 1982, les chefs inuits se mirent d'accord pour un processus de revendication territoriale qui n'impliquait pas directement la création d'un nouveau territoire.

Les événements subséquents révélèrent néanmoins des divisions internes importantes qui mirent fin à la solidarité inuite pan-TNO portant sur le projet du Nunavut. Le *Committee for Original People's Entitlement* (COPE), l'organisation régionale représentant les Inuvialuits localisés dans l'Arctique de l'Ouest, appuyait avec ferveur la proposition originale de 1976. Cependant, ses membres devinrent de plus en plus frustrés par la forme et le rythme des négociations menées par l'ITC. Puisque l'économie et les réseaux de transport des Inuvialuits le long du fleuve Mackenzie les liaient à la partie ouest des TNO et à l'Alberta, et parce que la revendication pan-inuite du Nunavut se focalisait largement sur le centre et l'est de l'Arctique, COPE fit une demande de financement à Ottawa sous l'effet de la pression croissante liée au développement du pétrole et du gaz naturel dans la mer de Beaufort. COPE utilisa ces fonds pour préparer une revendication territoriale distincte – « *Inuvialuit Nunangat* » – qu'il soumit en

1977. Les chefs des Inuvialuits rompirent avec l'ITC en 1982 et signèrent leur propre revendication territoriale l'année suivante, reportant les enjeux politiques (incluant l'autonomie gouvernementale) à de prochaines négociations[32]. Les Inuvialuits devaient éventuellement décider de demeurer dans les TNO, plutôt que de rejoindre le Nunavut.

Alors que les Inuvialuits poursuivaient leur propre chemin, les associations inuites régionales de Baffin (Qikiqtani), Keewatin et Kitikmeot créèrent une nouvelle organisation, la *Tunngavik Federation of Nunavut* (TFN), afin de représenter légalement les Inuits du centre et de l'est de l'Arctique canadien pour mener les négociations dans le cadre des revendications territoriales avec le gouvernement fédéral. Ainsi, à partir d'octobre 1982, l'organisation nationale ITC ne représenta donc plus les intérêts politiques et territoriaux des Inuits des TNO. Les négociations entre la TFN et les représentants fédéraux furent tendues tout au long des années 1980[33]. L'absence de progrès dans les discussions entourant la création du territoire du Nunavut, causée par les débats sur le tracé de la frontière, constituait la principale pierre d'achoppement.

Cette question de la frontière domina les discussions politiques tout au long des années 1980. L'Alliance constitutionnelle des TNO, fondée en juillet 1982 et associant des députés de l'Assemblée législative, des chefs Dénés/Métis et des représentants Inuvialuits et Inuits, affrontait un défi de taille : proposer une frontière susceptible de créer un consensus parmi tous les groupes autochtones des TNO, particulièrement les Dénés-Métis de la vallée du Mackenzie et les Inuits du centre et de l'est de l'Arctique. Les Inuits demandèrent que les frontières du Nunavut soient tracées de façon à les harmoniser avec les autres frontières politiques dans les TNO (c'est-à-dire le district électoral fédéral de Nunatsiaq, créé en 1979[34]), les frontières déjà existantes (notamment la Réserve des îles de l'Arctique de 1926 à 1946) et les frontières jadis proposés (dont celles du projet du territoire Nunassiaq de 1962), de même que celles de la région désignée des Inuvialuits de 1984.

Cependant, les chevauchements territoriaux eu égard aux revendications territoriales des Inuits et des Dénés/Métis autour de la limite forestière rendaient la discussion sur les confins frontaliers difficile. Les Dénés/Métis des TNO revendiquaient les droits de chasse et de trappe sur les terres que les Inuits, pour leur part, désignaient comme étant celles qu'ils avaient exclusivement occupées et utilisées[35]. Quoi qu'il en soit, grâce à l'Alliance constitutionnelle, les deux parties s'entendirent sur un compromis frontalier en février 1987, mais qui devait cependant échouer quelques mois plus tard lorsque les chefs des Dénés refusèrent d'endosser la proposition[36]. Cet échec provoqua la dissolution de l'Alliance constitutionnelle en juillet 1987 et entraîna pendant les trois années qui suivirent une paralysie dans les négociations sur cet enjeu critique.

À l'issue de l'effondrement des négociations territoriales entre la Couronne et les Dénés/Métis de la vallée du Mackenzie en 1989, la TFN fut prête à signer une entente de revendication territoriale avec le Canada et définir la frontière sans la participation des Dénés/Métis. La conclusion anticipée d'une entente de principe avec les Inuits des TNO força Ottawa à agir promptement sur la question des disputes frontalières. Après dix ans d'intenses négociations, la TFN et les représentants fédéraux signèrent une entente de principe portant sur les revendications territoriales en avril 1990, mais les chefs inuits menacèrent de refuser de ratifier tout accord final à moins que le gouvernement fédéral ne s'engage à créer le territoire du Nunavut à travers un processus de négociation distinct et un règlement de la question frontalière. « Les chefs inuits croient fortement que la ratification des revendications territoriales du Nunavut par les Inuits n'est possible que s'il y a un engagement envers la création d'un territoire et d'un gouvernement du Nunavut », pouvait-on lire dans leur lettre du 20 janvier 1990. « En réponse à ces considérations, nous proposons que le Canada accepte d'introduire un projet de loi au Parlement afin de créer le territoire du Nunavut au moment – ou avant le moment – où la ratification des revendications territoriales du Nunavut sera introduite[37] ». Afin de régler ce dilemme politique, le premier ministre des TNO et le président de la TFN demandèrent au premier ministre Brian Mulroney d'intervenir et de suggérer un compromis sur la frontière.

Ces démarches stimulèrent une nouvelle mesure incitative pour sortir de l'imbroglio de la frontière. L'ancien commissaire des TNO, John Parker, armé d'un mandat fédéral pour agir en avril 1990, consulta les représentants des Inuits et des Dénés/Métis au cours de l'année suivante et recommanda un compromis. Surnommée la « ligne Parker », elle suivait grosso modo la frontière proposée par les Dénés/Métis et les Inuits trois ans plus tôt – mais que les chefs Dénés/Métis avaient par la suite rejetée. Lors d'un plébiscite en mai 1992, 54 pour cent des résidents des TNO approuvèrent la proposition. « Alors que la région du Nunavut était massivement pour (neuf contre un) », observent Cameron et White, « les gens dans l'ouest votèrent à trois contre un en défaveur de la ligne frontalière (mais échouèrent à voter en assez grand nombre pour défaire la proposition)[38] ». Le gouvernement du Canada, le gouvernement des TNO et la TFN acceptèrent ce verdict démocratique, bien que serré, parce qu'il cadrait parfaitement avec le front des revendications territoriales. Ils s'entendirent ainsi pour que la « ligne Parker » divise les TNO.

La mise en place de l'Accord sur les revendications territoriales du Nunavut et de l'Accord politique du Nunavut

Le 16 décembre 1991, le gouvernement fédéral et la TFN conclurent une entente finale à propos des revendications territoriales inuites dans le centre et l'est de l'Arctique. L'Accord sur les revendications territoriales du Nunavut (ARTN) devint la plus importante entente au Canada signée par un groupe autochtone et le gouvernement fédéral. L'entente établissait des règles claires sur les droits territoriaux et la gestion des terres et des ressources au sein d'une région couvrant environ le cinquième du Canada (1 963 000 kilomètres carrés). En échange de l'abandon des revendications, droits, titres et intérêts autochtones liés à leurs terres et mers traditionnelles, les Inuits obtinrent une série de bénéfices et de dispositifs pour encourager l'autosuffisance et le bien-être culturel et social de leur population. L'accord reconnaissait la propriété de terres inuites sur un territoire de 353 610 kilomètres carrés, incluant 36 257 kilomètres carrés dotés de droits exclusifs sur les matières premières souterraines. L'entente créa aussi des conseils d'administration composés en nombre égal d'Inuits et de représentants nommés par le gouvernement fédéral pour gérer les terres et les ressources au sein de la région du Nunavut. Les Inuits allaient également toucher 50 pour cent des redevances perçues par le gouvernement fédéral sur tous les développements, actuels et futurs, liés aux ressources non renouvelables du Nunavut (jusqu'à concurrence d'un million de dollars par année). Les Inuits reçurent aussi 1,15 milliard de dollars du Canada sur une période de quatorze ans (de 1993 à 2007) à titre de compensation pour l'abandon de leurs droits ancestraux autochtones sur la terre[39]. Même si cette clause d'extinction entraîna certains Inuits à s'opposer à l'accord, un plébiscite inuit tenu au début de novembre 1992 se solda par la ratification des termes de l'ARTN, puisque 69 pour cent des voix étaient en faveur de l'accord.

Le 25 mai 1993, l'ARTN fut signé à Iqaluit entre la TFN (représentant les Inuits du Nunavut) et le gouvernement fédéral. Il s'agissait d'un moment charnière pour le Canada, une véritable expression d'édification nationale comme l'exprima le premier ministre Brian Mulroney. « Les Inuits du Nunavut se sont débarrassés d'un modèle révolu », affirmait alors l'organisme de recherche sur le Nord *Canadian Arctic Resources Committee*. « Et ils l'ont fait ouvertement et démocratiquement en utilisant la force et la persuasion. Ils sont désormais mieux équipés pour déterminer leur propre futur et peuvent participer pleinement au processus de décision national ». Beaucoup plus qu'un simple groupe d'intérêt cherchant à attirer l'attention du gouvernement fédéral, les Inuits du Nunavut pouvaient désormais établir un rapport avec « Ottawa de gouvernement à gouvernement. C'est là la beauté – et la simplicité – du Nunavut[40] ».

Une fois les revendications territoriales réglées et la ligne de frontière de Parker approuvée, les représentants de la TFN et des gouvernements fédéral et territorial engagèrent, en avril 1992, des discussions afin de rédiger un accord politique pour diviser les TNO et créer le territoire du Nunavut. Leur travail fut achevé le 30 octobre 1992. James Eetoolook, le président intérimaire de la TFN, proclama lors de la signature historique de l'Accord politique du Nunavut : « nous sommes heureux de transformer les rêves en réalité[41] ». L'Accord politique du Nunavut[42] devint la loi fédérale sur le Nunavut le 1er juin 1993, faisant ainsi du Nunavut un territoire (le 1er avril 1999) doté d'un gouvernement public, ce qui signifiait que tous les résidents du territoire[43], sans égard à leur ethnicité, avaient le droit de voter et d'exercer des fonctions publiques, et que tous les programmes et services sur le territoire seraient offerts sur une base universelle. « La Loi sur le Nunavut ne contient aucune envolée rhétorique sur l'autodétermination inuite, sur les droits des Nunavummiuts ou sur quoi que ce soit d'autre », observent Hicks et White. « Elle pose dans un langage plutôt pragmatique les structures, les pouvoirs et les principes opératoires du [gouvernement du Nunavut] et, de manière cruciale, sa relation avec le gouvernement fédéral ». Le modèle canadien du gouvernement responsable allait s'appliquer avec une autorité exécutive conférée à un commissaire nommé par le fédéral qui, en retour, devait nommer les membres du

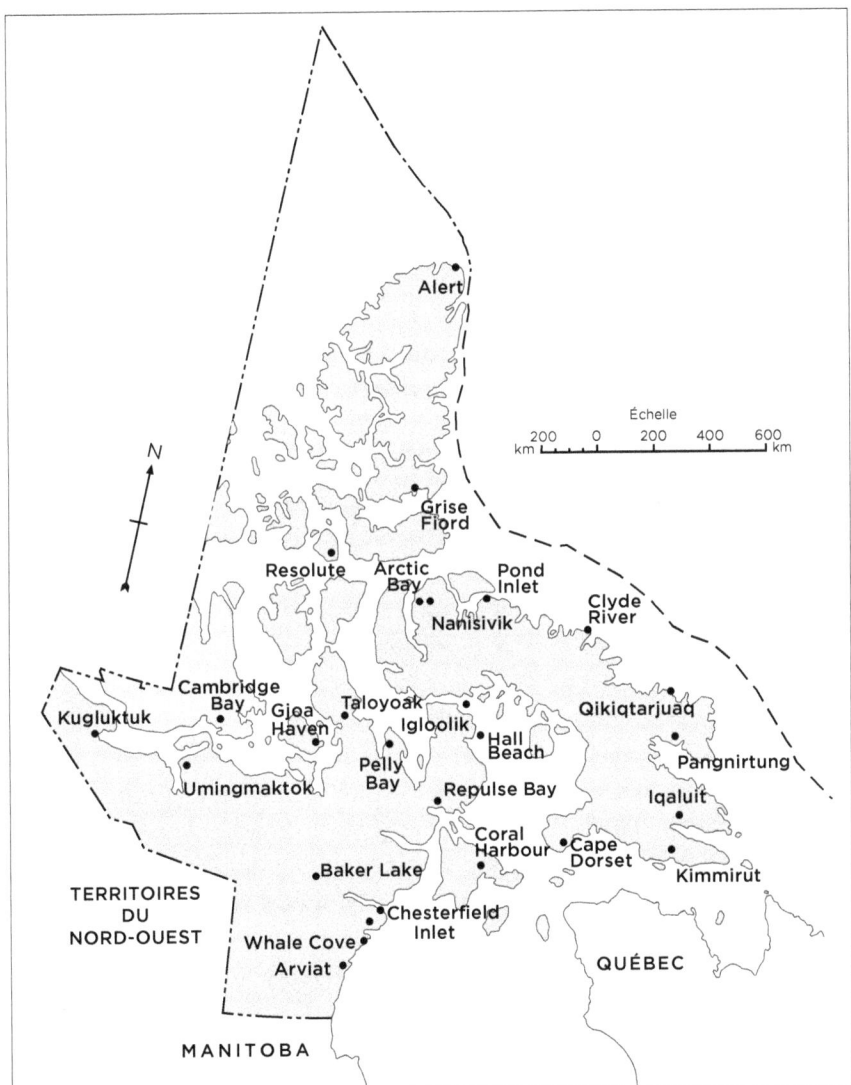

Figure 11.3 Le territoire du Nunavut, établi en 1999. Reproduit à partir de "Nunavut avec toponymes », Ressources naturelles Canada, <http://ftp.geogratis.gc.ca/pub/nrcan_rncan/raster/atlas_6_ed/reference/bilingual/nunavut_names.pdf>.

11 | « Un visage plus représentatif du Canada »

conseil des ministres territorial en se fondant sur les recommandations de la législature.

Une fois l'accord passé, la TFN se transforma en une nouvelle organisation, le *Nunavut Tunngavik Incorporated* (NTI), ayant pour objectif la mise en œuvre et l'administration de l'ARTN. Le NTI et les trois associations inuites régionales du Nunavut (Kivalliq, Kitikmeot et Qikiqtani) devaient administrer les ressources financières inuites et détenir, au nom des bénéficiaires, les titres territoriaux revenant aux Inuits. Selon le mandat défini par les revendications, le NTI remplirait également des « fonctions de gouvernance significatives » au sein du nouveau territoire, « faisant de l'organisation, au Nunavut, une très puissante entité politique[44] ».

Les projets de loi pour créer le territoire du Nunavut et approuver l'ARTN suscitèrent peu de débats au Parlement; une journée à la Chambre des communes et deux au Sénat avaient suffi pour les entériner. En fait, la Chambre avait lu et adopté rapidement les projets de loi en trois motions successives[45]. Avec le gouvernement Mulroney-Campbell tirant à sa fin, tous les partis politiques fédéraux semblaient déterminer à approuver la loi habilitante avant la fin de la session parlementaire. Le ministre des Affaires indiennes et du Nord Canada, Thomas Siddon, remarqua « les larmes de joie et de bonheur dans les yeux » des anciens, parmi les Inuits, le jour de la cérémonie de signature à Iqaluit qui avait eu lieu la semaine précédente, tout en prenant note « de la confiance, de la joie et de la fierté des participants, mais surtout des enfants qui envisagent leur avenir sous le signe de cette nouvelle relation avec l'ensemble des Canadiens[46] ». Ce nouveau partenariat inspira également ces propos à Jack Anawak, député de Nunatsiaq : « Ces deux mesures modifieront en profondeur l'avenir du Nord du Canada et de tout le pays. Elles changeront le cours de l'histoire. Le Canada est en pleine évolution et les Inuits du Nunavut sont à l'avant-scène de cette évolution (…). Pour les Inuits, le règlement des revendications territoriales et la création du Nunavut correspondent à un nouveau point de départ et signifient la possibilité de participer comme partenaires à part entière au développement de notre région et de notre pays[47] ».

La création du gouvernement du Nunavut

Une fois les revendications territoriales inuites et l'accord politique conclus, il fallait encore définir les structures du gouvernement du Nunavut. Même si la Loi sur le Nunavut offrait peu d'orientation en termes de structures et de mode de fonctionnement – se concentrant plutôt sur l'étendue des juridictions où le Nunavut pouvait légiférer –, elle mettait néanmoins en place un commissionnaire par intérim du Nunavut (un rôle assumé par John Amagoalik) et une Commission d'établissement du Nunavut composée de dix membres. Cette commission fut établie pour offrir des recommandations au gouvernement fédéral sur la forme des structures politiques et administratives du Nunavut. Le processus de consultation lancé par la commission produisit un rapport détaillé, *Footprints in New Snow* (1995), dans lequel 104 recommandations furent émises pour articuler les concepts politiques et le fonctionnement interne des futures branches administrative et législative du Nunavut. Le gouvernement canadien, le gouvernement des TNO et le NTI endossèrent ce rapport, ainsi qu'un rapport de suivi, *Footprints in New Snow 2*, publié l'année suivante[48].

Selon la Loi sur le Nunavut, le territoire du Nunavut devait être dirigé par un gouvernement public non ethnique dont l'autorité législative serait détenue par les députés élus de l'Assemblée législative du Nunavut. Le gouvernement du Nunavut devait disposer des mêmes institutions politiques que celui des TNO (un commissaire, un conseil exécutif, une assemblée législative, un secteur des services publics et des tribunaux). Les lois existantes des TNO allaient s'appliquer au Nunavut jusqu'à ce que la nouvelle Assemblée du Nunavut décide de leur abrogation ou de leur modification. Par conséquent, la forme du « gouvernement inuit » au Nunavut n'allait pas reproduire les éléments de l'autonomie gouvernementale des régimes autochtones du sud du Canada. Comme l'expliquent Hicks et White : « Le but était plutôt de créer un 'gouvernement public' structuré et opéré à partir des valeurs et des façons de faire des Inuits, un gouvernement dont l'organisation et la culture allaient refléter l'unicité de la démographie, de la géographie et de la culture du Nunavut plutôt qu'être une simple réplique des institutions de gouvernance conventionnelles dans les provinces et les autres territoires[49] ».

La mise en place du gouvernement du Nunavut allait remettre aux Inuits, qui composent la vaste majorité des Nunavummiuts, les pouvoirs législatifs sur des enjeux sociaux et économiques, tels que la culture, l'éducation, la santé, les services sociaux, le développement durable et les finances, qui ne pouvaient pas être contenus dans une simple entente sur les revendications territoriales. Sur le plan de la langue, par exemple, la commission anticipait un gouvernement territorial dont le rôle serait de protéger la culture et la langue des Inuits en faisant de l'inuktitut (l'une des trois langues officielles du territoire avec le français et l'anglais) la langue de travail effective du gouvernement du Nunavut. « Nous pouvons donner à la langue de la majorité de notre peuple (inuktitut) un rôle dans le milieu de travail qu'elle n'aurait jamais pu exercer dans des Territoires du Nord-Ouest non divisés », lisait-on dans un bulletin de 1992[50]. Le rôle essentiel que le gouvernement du Nunavut allait jouer dans la protection de la langue inuktitut et de la culture inuite évoque une similarité frappante avec la situation du français au Québec, créant ainsi sur le plan linguistique deux entités politiques (le Nunavut et le Québec) tout-à-fait uniques au Canada.

La Commission recommanda que les Nunavummiuts considèrent la parité entre les hommes et les femmes à travers un système binominal (un candidat homme et une candidate femme par liste électorale dans chaque circonscription). La proposition fut cependant rejetée par les Nunavummiuts au cours d'un plébiscite le 26 mai 1997[51]. La commission proposa également, en s'appuyant sur les consultations avec les Nunavummiuts, que l'Assemblée législative du Nunavut fonctionne sur un modèle de gouvernance par consensus, amalgamant les principes du parlementarisme britannique et les valeurs inuites (coopération, égalitarisme et prise de décision communautaire). Le gouvernement fédéral accepta cette proposition[52].

Le 15 février 1999, l'Assemblée législative du Nunavut tint son premier scrutin pour l'élection de ses dix-neuf députés. Comme dans les TNO, il n'y avait pas de partis politiques au Nunavut; les candidats se présentèrent donc individuellement et prirent leurs sièges en qualité de députés indépendants. À la suite de l'élection, les élus se regroupèrent sous le nom du « *Nunavut Leadership Forum* » afin de choisir, au scrutin secret, un président, un premier ministre et les membres du conseil des ministres. La nouvelle assemblée choisit Paul Okalik qui fut le premier à siéger au titre de premier ministre du territoire[53], tandis que le gouvernement fédéral nomma Helen Maksagak en tant que première commissaire du Nunavut.

Dans leur étude séminale *Made in Nunavut*, Hicks et White estiment que le gouvernement du Nunavut, en bout de course, « forma essentiellement un gouvernement conventionnel, mis à part quelques aspects distinctifs : sa structure départementale (qui incluait des éléments

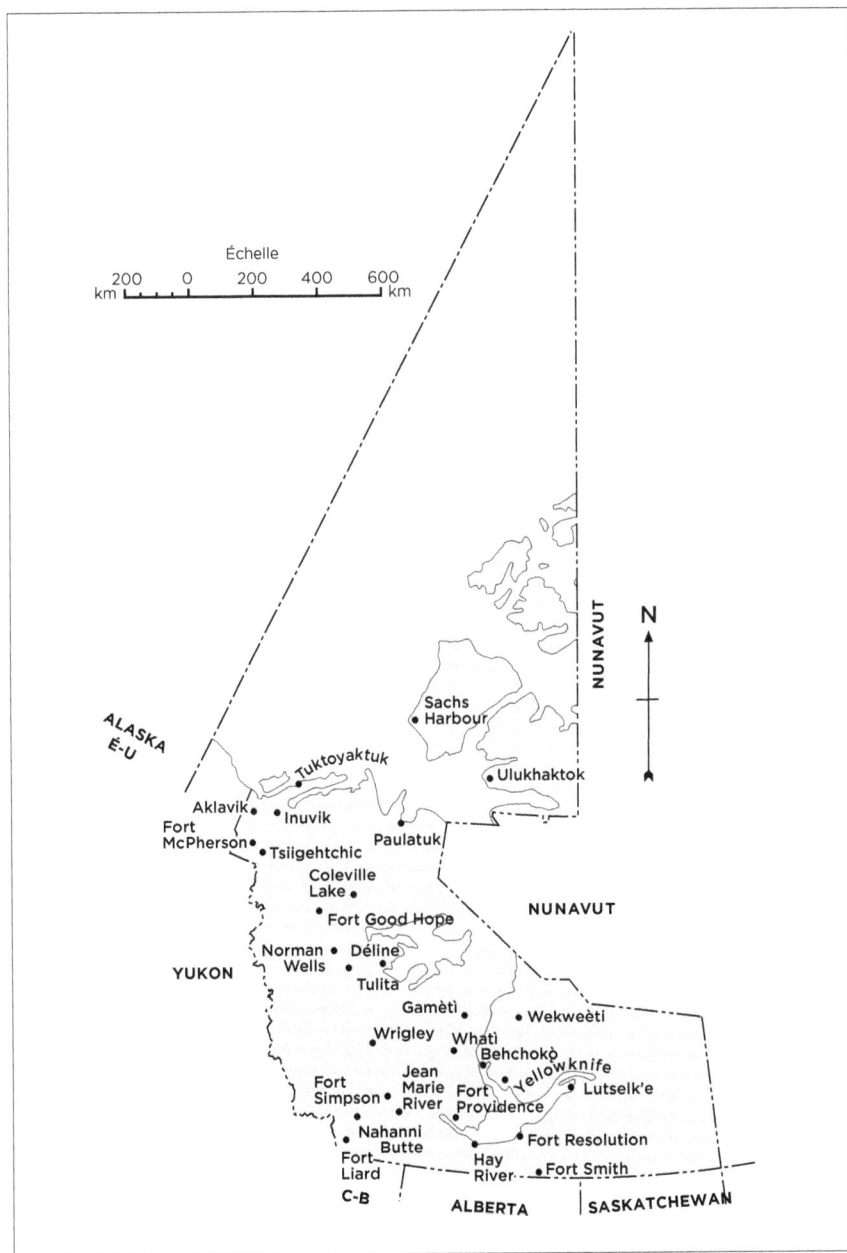

Figure 11.4 Les Territoires du Nord-Ouest après l'établissement du Nunavut en 1999. Reproduit à partir de « Territoires du Nord-Ouest avec toponymes », <http://ftp.geogratis.gc.ca/pub/nrcan_rncan/raster/atlas_6_ed/reference/bilingual/nwt_names.pdf>.

particuliers tels que le développement durable, la culture, la langue, les aînés et la jeunesse), un engagement envers l'inuktitut comme langue de travail du gouvernement, ainsi qu'une tentative d'assimilation des politiques publiques et du fonctionnement gouvernemental avec les valeurs inuites (*Inuit Qaujimajatuqangit*— IQ)[54] ». Le gouvernement adopta également une forme décentralisée qui, grâce à la répartition des fonctions et des emplois gouvernementaux à travers les petites communautés du territoire, sut mieux refléter les valeurs inuites et ainsi éviter la centralisation du pouvoir à Iqaluit. La création du Nunavut réorganisa les relations entre les Inuits du centre et de l'est de l'Arctique et le Canada : c'est ainsi qu'une juridiction territoriale dominée par les Inuits, dotée d'un siège dans les instances intergouvernementales aux côtés des gouvernements provinciaux et territoriaux, vit le jour. La création du Nunavut donna ainsi indubitablement plus de poids politique aux Inuits au sein de la fédération canadienne.

La naissance du Nunavut le 1er avril 1999 n'annonça pas seulement l'instauration d'un troisième territoire et l'entrée d'un treizième membre dans la Confédération canadienne : elle devait également influer sur la transformation des TNO. Les quatorze députés de l'Assemblée législative élus en 1995 pour servir les circonscriptions dans l'ouest de l'Arctique décidèrent de conserver le nom « Territoires du Nord-Ouest » et votèrent pour accroître à dix-neuf le nombre de députés à l'Assemblée législative. Qui plus est, un « Comité spécial sur l'identité de l'Ouest » fut nommé en 1998 pour effectuer plusieurs changements portant sur les symboles et l'héraldique officiels des TNO[55]. L'ours polaire iconique demeura sur les plaques d'immatriculation, mais une nouvelle masse fut créée par trois artistes des territoires portant les mots : « Une terre, plusieurs voix » dans les dix langues officielles du territoire. Elle incluait des symboles représentant les cultures distinctes des Inuvialuits, des Dénés/Métis et des « nombreux non-Autochtones de partout dans le monde qui ont choisi d'élire domicile dans les Territories du Nord-Ouest[56] ». Avec la séparation des régions du centre et de l'est de l'Arctique, majoritairement inuites, la population des TNO se retrouva composée presque également d'Autochtones (Inuvialuits, Dénés/Métis) et de non-Autochtones.

L'ancien commissaire des TNO, Gordon Robertson, notait en 1987 : « Il se pourrait bien que l'ingénieux développement politique du Nord, avec la pleine participation des peuples autochtones, soit justement la chose dont nous avons besoin pour dissiper le doute persistant sur la véritable différence et l'unicité du Canada[57] ». Lorsque, douze ans plus tard, le Nunavut fut officiellement créé, les Inuits du centre et de l'est de l'Arctique canadien s'étaient dotés d'un gouvernement territorial sur leur terre natale qui s'avérait plus près, dans sa conception, du peuple inuit que ne l'était le gouvernement des TNO avec sa capitale (Yellowknife) éloignée des communautés inuites de l'Arctique. Bien que le nouveau gouvernement territorial du Nunavut ne déboucha pas sur une autonomie gouvernementale exclusivement inuite, dans un sens strictement constitutionnel, le simple fait que plus de 80 pour cent des Nunavummiuts étaient Inuits, assurait de facto une forme d'autonomie gouvernementale inuite. En alignant les intérêts des Inuits avec ceux du nouveau gouvernement territorial, le Nunavut détient un « rôle constitutionnel explicite » dont ne jouit aucun autre territoire ou province. « Le modèle provincial de gouvernement, fondé à partir des traditions et des structures parlementaires britanniques, a été modifié pour donner aux peuples autochtones du Nunavut une juridiction extensive sur les intérêts fondamentaux des Autochtones », écrivent Cameron et White. « La création du Nunavut, en d'autres mots, représente une mesure audacieuse et visionnaire, tant pour les Autochtones du Canada et que pour le Canada lui-même[58] ».

Le plus jeune des territoires de la Confédération canadienne, le Nunavut affronte cependant de nombreux défis. Les conditions sociales, économiques et celles liées à la santé sont, à l'échelle du territoire, nettement inférieures à la moyenne nationale et ce, même si les transferts de paiement fédéraux par habitant y sont les plus élevés au Canada[59]. Bien que le processus de dévolution des pouvoirs de la majeure partie des responsabilités fédérales vers les gouvernements des TNO et du Yukon ait été complété, les négociations avec le Nunavut se poursuivent toujours à cet égard[60]. L'inobservance de certaines dispositions de l'ARTN, notamment l'engagement d'employer des Inuits à un niveau « représentatif », soit en fonction de la proportion de la population du territoire, a entraîné des poursuites judiciaires et un règlement hors cour qui a permis d'obtenir un financement fédéral pour améliorer la formation et l'éducation des Inuits[61].

Le préambule de l'ATRN reconnaît « la contribution des Inuits à l'histoire, à l'identité et à la souveraineté du Canada dans l'Arctique ». La création du troisième territoire canadien reflète également l'apport autochtone à l'édification nationale. Parce qu'ils recouvrent à peu de chose près le même espace géographique, le territoire du Nunavut et la zone des revendications territoriales inuites du Nunavut sont inextricablement liés : ils offrent le meilleur exemple pour démontrer que la création de traités contemporains entre la Couronne et les Autochtones est associée à la définition formelle des frontières géopolitiques du Canada. Comme ce fut le cas pour l'histoire des relations entre la Couronne et les Autochtones, et l'établissement des juridictions dans le Dominion du Canada, le « règlement » des revendications territoriales inuites et la création du Nunavut ne furent pas en soi une finalité; il s'agissait plutôt de poser les bases de nouvelles relations. Les Inuits « négocièrent à partir du principe selon lequel un accord devait leur permettre de maintenir leur culture et leur économie fondée sur les activités liées à la nature, et d'intégrer leurs valeurs traditionnelles dans un État démocratique et moderne », expliquent Alastair Campbell, Terry Fenge et Udloriak Hanson. L'ARTN, « comme la plupart des instruments constitutionnels (…), contient certaines dispositions spécifiques, [mais] son propos principal était d'exprimer une idée. Ceux qui l'ont conçue ont préparé un document dans le but de créer une nouvelle relation entre le Canada et les Inuits du Nunavut susceptible de durer pendant des générations; il ne s'agissait pas simplement de déterminer des obligations contractuelles[62] ». L'histoire du Canada a démontré les limites des traités autochtones lorsqu'ils sont compris comme contrats plutôt que comme ententes ou alliances. À l'ère de la « Vérité et de la Réconciliation », tous les Canadiens sont officiellement encouragés à se concevoir comme « peuples qui construisent la nation » et à en assumer les responsabilités. Le Nunavut se présente en quelque sorte comme le leitmotiv du sens profond que prennent ces responsabilités dans la pratique politique. Il constitue sans doute aussi un élément phare dans l'évolution du processus plus large qu'est l'édification de la Confédération canadienne.

NOTES

1   John Amagoalik avec la collaboration de Louis McComber, *Changing the Face of Canada : The Life Story of John Amagoalik*, Iqaluit, Nunavut Arctic College, 2007.

2   Jack Anawak, Chambre des communes, *Débats*, 4 juin 1993, p. 20358.

3   John Amagoalik, « The Land Claim and Nunavut : One Without the Other Isn't Enough », *Arctic Circle*, janvier-février 1992, p. 20.

4   Jack Hicks et Graham White, *Made in Nunavut : An Experiment in Decentralized Government*, Vancouver, University of British Columbia Press, 2015, p. 4.

5   Voir, par exemple, Kirk Cameron et Graham White, *Northern Governments in Transition : Political and Constitutional Development in the Yukon, Nunavut and the Western Northwest Territories*, Montréal, Institute for Research on Public Policy, 1995, p. 90.

6   Souligné dans l'original : Frances Abele, « Canadian Contradictions : Forty Years of Northern Political Development », *Arctic*, 40, 4, 1987, p. 312.

7   R. Quinn Duffy, *The Road to Nunavut : The Progress of the Eastern Arctic Inuit since the Second World War*, Montréal et Kingston, McGill-Queen's University Press, 1988, p. 227.

8   Cité dans R. Quinn Duffy, « Canada's Newest Territory : The Formation of Nunavut », dans Bob Hesketh (dir.), *Canada : Confederation to Present*, Edmonton, Chinook Multimedia CD-ROM, 2001.

9   *History in the Making : Under Northern Skies*, Yellowknife : Legislative Assembly of the Northwest Territories, 1999, p. 3; Duffy, « Canada's Newest Territory »; et Mark O. Dickerson, *Whose North ? Political Change, Political Development, and Self-Government in the Northwest Territories*, Vancouver, University of British Columbia Press, 1992, p. 84-85.

10 Ministère des Affaires indiennes et du Nord Canada, *Commission on the Development of Government in the Northwest Territories*, 2 vol., Ottawa, MAINC, 1966.

11 Duffy, « Canada's Newest Territory ». Ce n'est qu'en 1975 que le Conseil devint un corps totalement élu de quinze membres. En 1976, le nombre de membres du Conseil passa à vingt-deux. Quatorze de ces membres étaient Autochtones. Pour en connaître davantage sur le développement politique du gouvernement des Territoires du Nord-Ouest, consulter André Légaré, *The Evolution of the Government of the Northwest Territories (1967-1995)*, Québec, Université Laval, GÉTIC, Collection Recherche, 1998. Voir également John H. Parker, *Arctic Power : The Path to Responsible Government in Canada's North*, Peterborough, ON, Cider Press, 1996.

12 Environ cinquante groupes inuits, composés de trente à cent membres chacun, vivaient dans l'Arctique canadien. Voir David Damas, « Copper Eskimo », dans *Handbook of North American Indians, vol. 5 : Arctic*, Washington, DC, Smithsonian, 1984 et Robert McGhee, *The Last Imaginary Place : A Human History of the Arctic World*, Toronto, Key Porter, 2004.

13 Pour d'autres modèles de prises de décision inuites, se reporter à Marc Stevenson, « Traditional Inuit Decision-Making Structures and the Administration of Nunavut », rapport préparé pour la Commission royale sur les peuples autochtones (septembre 1993), <http://publications.gc.ca/collections/collection_2016/bcp-pco/Z1-1991-1-41-25-eng.pdf>.

14 David Damas, « Shifting Relations in the Administration of Inuit : The Hudson's Bay Company and the Canadian Government », *Études/Inuit/Studies*, 17, 2, 1993, p. 5.

15 Voir Hugh Brody, *The People's Land. Inuit, Whites and the Eastern Arctic*, Vancouver, Douglas & McIntyre, 1991; Renée Fossett, *In Order to Live Untroubled : Inuit of the Central Arctic*, Winnipeg, University of Manitoba Press, 2001; et David Damas, *Arctic Migrants, Arctic Villagers : The Transformation of Inuit Settlement in the Central Arctic*, Montréal et Kingston, McGill-Queen's University Press, 2002.

16 Duffy, « Canada's Newest Territory » et Abele, « Canadian Contradictions », p. 313.

17 Ministère des Affaires indiennes et du Nord Canada, *Indian Affairs Policy Statement*, Ottawa, MAINC, 1973.

18 Pour de plus amples informations sur les étapes qui menèrent à l'entente sur les revendications territoriales inuites, voir André Légaré, « The Process Leading to a Land Claims Agreement and its Implementation : The Case of the Nunavut Land Claims Settlement », *Canadian Journal of Native Studies*, 16, 1, 1996, p. 139-163.

19 Thomas R. Berger, *Le Nord – terre lointaine, terre ancestrale : enquête sur le pipeline de la vallée du Mackenzie*, 2 vol., Ottawa, MAINC, 1977.

20 Milton Freeman et al., *Inuit Land Use and Occupancy Project*, 3 vol., Ottawa, MAINC, 1976.

21 Gurston Dacks (dir.), *Devolution and Constitutional Development in the Canadian North*, Ottawa, Carleton University Press, 1990; André Légaré, « The Government of Nunavut (1999) : a prospective analysis », dans R. J. Ponting (dir.), *First Nations in Canada. Perspectives on Opportunity, Empowerment, and Self-Determination*, Toronto, McGraw-Hill Ryerson, 1997; G.R. Weller, « Self-Government for Canada's Inuit : the Nunavut Proposal », *American Review of Canadian Studies*, 18, 3, 1988, p. 341-357; et W. Hamley, « The Nunavut Settlement : A Critical Appraisal », *Revue internationale des études canadiennes*, 12, 1995, p. 221-234.

22 Sur le processus de décentralisation des Territoires du Nord-Ouest, se reporter à Légaré, *Evolution of the Government of the Northwest Territories*.

23 Sur les composantes clés de la proposition, voir Inuit Tapirisat of Canada, *Agreement-in-Principle As to the Settlement of Inuit Land Claims in the Northwest Territories and the Yukon Territory between the Government of Canada and the Inuit Tapirisat of Canada*, Ottawa, ITC, 1976, p. 14-15.

24 John Merritt, Terry Fenge, Randy Ames et Peter Jull, *Nunavut : Political Choices and Manifest Destiny*, Ottawa, Canadian Arctic Resources Committee, 1989, p. 66.

25 Duffy, « Canada's Newest Territory ».

26 Inuit Tapirisat of Canada, *Political Development in Nunavut*, Ottawa, ITC, 1979.

27 Ministère des Affaires indiennes et du Nord Canada, *Rapport du Représentant spécial pour l'évolution constitutionnelle dans les Territoires du Nord-Ouest*, Ottawa, MAINC, 1980.

28 Rapport de 1980 de la Commission spéciale de l'unification publié dans Peter Jull, « Nunavut », *Northern Perspectives*, 10, 2, 1982, p. 6.

29 Voir Parker, *Arctic Power*.

30 Les Inuits du centre et de l'est de l'Arctique votèrent massivement en faveur de la division. Dans certaines communautés, plus de 80 pour cent des électeurs admissibles votèrent. Dans l'ouest de l'Arctique, les habitants étaient plus inquiets et les opinions divergeaient, mais la plupart des électeurs s'opposèrent à la division. Voir Frances Abele et Mark Dickerson, « The plebiscite on division of the Northwest Territories : Regional Government and Federal Policy », *Analyse des politiques*, 11, 1, 1982, p. 1-15.

31   Inuit Tapirisat of Canada, *In All Fairness : A Native Claims Policy-Comprehensive Claims*, Ottawa, ITC, 1981; Sheilagh Dunn, *The Year in Review 1981 : Intergovernmental Relations in Canada*, Kingston, Institute of Intergovernmental Relations, Queen's University, 1981, p. 167. Des modifications importantes furent apportées à la politique des revendications territoriales globales en 1986 à la suite de la publication du rapport de Coolican et de l'introduction de la politique du gouvernement fédéral sur le droit inhérent à l'autonomie gouvernementale autochtone en 1995.

32   Les négociateurs signèrent un projet d'accord en décembre 1983. L'accord fut approuvé par le conseil des ministres en mars et la Chambre des communes passa en juin la Loi sur le règlement des revendications des Inuvialuits de la région ouest de l'Arctique. Voir Christopher Alcantara et Adrienne Davidson, « Negotiating Aboriginal Self-Government Agreements in Canada : An Analysis of the Inuvialuit Experience », *Revue canadienne de science politique*, 48, 3, 2015, p. 553-575.

33   Pour plus d'informations sur les défis qui entourèrent les négociations du Nunavut, voir Tom Molloy, « Negotiating the Nunavut Agreement - A View from the Government's Side », *Northern Perspectives*, 21, 3, 1993, p. 11.

34   En 1976, la Commission de délimitation des circonscriptions électorales fédérales suggéra de diviser la circonscription électorale fédérale des Territoires du Nord-Ouest en deux circonscriptions qui « respectent le mieux la culture et le mode de vie traditionnel de la majorité autochtone ». Cité par Doug Neil dans : Chambre des communes, *Débats*, 5 avril 1976. La circonscription de Mackenzie devint celle de Western Arctic et celle de l'Arctique de l'Est, Nunatsiaq, dont Peter Ittinuar fut le premier député élu à la Chambre des communes en 1979.

35   Le cœur du problème était que les deux groupes convoitaient le lac Contwoyo et la réserve faunique Thelon afin d'y mener des activités de chasse et de trappage. Les Denesulines de la Saskatchewan et du Manitoba firent également part de leurs préoccupations au sujet de la frontière sud du Nunavut puisqu'ils utilisaient aussi ces terres. Le Canada décida alors de s'occuper des réclamations des Denesulines dans un processus distinct et déclara que ces derniers n'étaient pas autorisés à influencer les négociations avec les Inuits des TNO. Voir Malloy, « Negotiating the Nunavut Agreement ».

36   William Wonders, « Overlapping Native Land Claims in the Northwest Territories », *American Review of Canadian Studies*, 18, 3, 1988, p. 359-368.

37   Gouvernement des Territoires du Nord-Ouest, TFN, lettre adressée à Mulroney, le 20 janvier 1990.

38   Cameron et White, *Northern Governments in Transition*, p. 96.

39   Ministère des Affaires indiennes et du Nord Canada, *Loi concernant l'Accord sur les revendications territoriales du Nunavut*, Ottawa, MAINC, 1993.

40   Canadian Arctic Resources Committee, « Creating Nunavut and Breaking the Mold of the Past », *Northern Perspectives*, 21, 3, automne 1993, p. 1.

41   Eetoolook, cité dans Cameron et White, *Northern Governments in Transition*, p. 89.

42   Pour davantage d'informations sur les négociations qui donnèrent naissance à l'Accord politique sur le Nunavut, consulter Gurston Dacks, « Nunavut : Aboriginal Self-Determination through Public Government » (rapport préparé par la Commission royale sur le peuples autochtones, 1995) et Légaré, « The Government of Nunavut ».

43 Les habitants du Nunavut sont appelés «Nunavummiuts», ce qui signifie en Inuktitut «habitants du Nunavut».

44 Hicks et White, *Made in Nunavut*, p. 47-48. Sur le rôle du NTI, voir Alastair Campbell, Terry Fenge et Udloriak Hanson, «Implementing the 1993 Nunavut land claims agreement», *Arctic Review*, 2, 1, 2011, p. 25-51. Se reporter également à André Legaré, «The Nunavut Tunngavik Inc. : An Examination of its Mode of Operation and Its Activities», dans Robert Anderson et Robert Bone (dir.), *Natural Resources and Aboriginal People in Canada*, Concord, ON, Captus Press, 2009, p. 193-214.

45 Chambre des communes, *Débats*, le 4 juin 1993, p. 20392.

46 Chambre des communes, *Débats*, le 4 juin 1993, p. 20353.

47 Chambre des communes, *Débats*, le 4 juin 1993, p. 20357.

48 Les membres de la Commission étaient nommés par le gouvernement fédéral à partir d'une liste de noms sélectionnés soumise par le gouvernement des TNO, le Ministère des Affaires indiennes et du Nord Canada et le NTI. Chacun de ces acteurs politiques nommait trois membres à la Commission. Le président de la Commission, John Amagoalik, fut élu à l'unanimité par tous les partis. Après la publication, en janvier 1994, d'un document de travail concernant la conception et la mise en œuvre du futur gouvernement du Nunavut, la Commission consulta les Nunavummiuts au sujet de la structure administrative du territoire, de la composition de l'Assemblée législative et de la formation des futurs fonctionnaires locaux. Au total, 2 600 citoyens (principalement Inuits) participèrent aux soixante-deux réunions qui eurent lieu entre septembre 1994 et janvier 1995 dans les communautés du centre et de l'est de l'Arctique canadien. Les réunions s'achevèrent par une conférence publique à Iqaluit en février 1995. Cette conférence réunit une centaine de délégués issus de tout le territoire du Nunavut. Voir John Anawak, Chambre des communes, *Débats*, 4 juin 1993, p. 20399, ainsi que la discussion détaillée dans Hicks et White, *Made in Nunavut*.

49 Hicks et White, *Made in Nunavut*, p. 7, p. 50.

50 *Nunavut Newsletter*, 1992, p. 26.

51 Sur le rejet de la proposition de circonscriptions représentées par deux députés, on pourra se référer à Lisa Young, «Gender Equal Legislatures : Evaluating the Proposed Nunavut Electoral System», *Analyses de politiques*, 23, 3, 1997, p. 306-315.

52 Voir gouvernement du Nunavut, «The Consensus Style of Government in Nunavut», <http://www.gov.nu.ca/consensus-government>, consulté le 17 juillet 2017. Voir aussi André Légaré, «An Assessment of Recent Political Development in Nunavut : The Challenges and Dilemmas of Inuit Self-Government», *Canadian Journal of Native Studies*, 18, 2, 1998, p. 271-299; Graham White, «Nunavut : Challenges and Opportunities of Creating a New Government», *Management secteur public*, 9, 3, 1999, p. 3-7; et Natalia Loukacheva, *The Arctic Promise : Legal and Political Autonomy of Greenland and Nunavut*, Toronto, University of Toronto Press, 2007.

53 Pour en connaître davantage sur le récit de son expérience à titre de premier ministre du Nunavut, voir Paul Okalik, *Let's Move On : Paul Okalik Speaks Out*, Montréal, Baraka Books, 2018.

54 Hicks et White, *Made in Nunavut*, p. 5.

55 Assemblée législative des Territoires du Nord-Ouest, « Modification des frontières des TNO », <https://www.assembly.gov.nt.ca/fr/visitors/modification-des-frontières-des-tno>, consulté le 15 septembre 2018.

56 Assemblée législative des Territoires du Nord-Ouest, « Masse officielle », <https://www.assembly.gov.nt.ca/fr/visitors/masse-officielle>, consulté le 15 septembre 2018.

57 Gordon Robertson, « Nunavut and the International Arctic », *Northern Perspectives*, automne 1987, p. 9.

58 Cameron et White, *Northern Governments in Transition*, p. 111.

59 Consulter, par exemple, John Amagoalik, « There's little to celebrate on Nunavut's 10th birthday », *Toronto Star*, le 1er avril 2009, et « Is Nunavut a failure of Canadian nation building ? », *Globe and Mail*, le 1er avril 2011. Se reporter également à André Légaré, « Nunavut, the Unfulfilled Dream : The Arduous Path Towards Socio-Economic Autonomy », *The Northern Review*, 30, 1, 2009, p. 207-240.

60 Sur la dévolution, consulter Kirk Cameron et Alastair Campbell, « The Devolution of Natural Resources and Nunavut's Constitutional Status », *Revue d'études canadiennes*, 43, 2, 2009, p. 198-219.

61 NTI, « NTI Launches Lawsuit Against Government of Canada for Breach of Contract », le 6 décembre 2006, <http://www.tunngavik.com/blog/news/nti-launches-lawsuit-against-government-of-canada-for-breach-of-contract/>, consulté le 17 juillet 2017. Pour plus d'informations sur l'accord, voir NTI, « Settlement Agreement Signed in Iqaluit », le 4 mai 2015, <http://www.tunngavik.com/blog/news/settlement-agreement-signed-in-nti-lawsuit/>, consulté le 17 juillet 2017.

62 Campbell *et al.*, « Implementing the 1993 Nunavut land claims agreement », p. 50.

Prises de position : citations et références sur la Confédération

Ces citations mettent en évidence les commentaires provocateurs, remarquables ou imprégnés d'humour prononcés au cours des débats se rapportant à la Confédération canadienne et à l'intégration de nouvelles régions.

PRISE DE POSITION 1.1   4
John A. Macdonald, citation, Province du Canada, Assemblée législative, 6 février 1865.
Source : *Débats parlementaires sur la question de la Confédération des provinces de l'Amérique britannique du Nord*. Québec, Hunter, Rose et Lemieux, 1865, p. 28-29.
Photographe : Bibliothèque et Archives Canada, C-006513

PRISE DE POSITION 1.2   5
Kenneth McKenzie Brown, citation, Convention nationale de Terre-Neuve, 28 octobre 1946.
Source : Terre-Neuve. *The Newfoundland National Convention, 1946-1948. Vol. 1 : Debates*. J.K. Hiller et M.F. Harrington (dir.), Montréal, Memorial University of Newfoundland par McGill-Queen's University Press, 1995.
Photographe : *Who's Who in and from Newfoundland*, 1930, p. 198.

PRISE DE POSITION 3.1   64
George Brown, citation, Province du Canada, Assemblée législative, 8 février 1865. Source : Province du Canada, *Débats parlementaires sur la question de la Confédération des provinces de l'Amérique britannique du Nord*. Québec, Hunter, Rose et Lemieux, 1865, p. 91.
Photographe : William Ellisson, Bibliothèque et Archives Canada, C-008359.

PRISE DE POSITION 3.2   70
Matthew Crooks Cameron, citation, Province du Canada, Assemblée législative, 24 février 1865. Source : *Débats parlementaires sur la question de la Confédération des provinces de l'Amérique britannique du Nord*. Québec, Hunter, Rose et Lemieux, 1865, p. 465.
Photographe : Notman et Fraser, Bibliothèque et Archives Canada, PA-028639.

Prise de position 3.3   75
Mawedopenais, citation. Source : Alexander Morris, *The Treaties of Canada with the Indians of Manitoba and the North-West Territories Including the Negotiations on Which They Are Based, and Other Information Relating Thereto*. Toronto, Willing & Williamson, 1880, p. 59.
Photographe : Bibliothèque et Archives du Canada. Numéro d'acquisition 1986-79-1638.

Prise de position 4.1   82
George-Étienne Cartier, citation, Province du Canada, Assemblée législative, 7 février 1865. Source : *Débats parlementaires sur la question de la Confédération des provinces de l'Amérique britannique du Nord*. Québec, Hunter, Rose et Lemieux, 1865, p. 56.
Photographe : Bibliothèque et Archives Canada, MIKAN 2242461.

Prise de position 4.2   83
Thomas D'Arcy McGee, citation, Province du Canada, Assemblée législative, 9 février 1865. Source : *Débats parlementaires sur la question de la Confédération des provinces de l'Amérique britannique du Nord*. Québec, Hunter, Rose et Lemieux, 1865, p. 146.
Photographe : William Notman, Bibliothèque et Archives Canada, C-016749.

Prise de position 4.3   88
Étienne-Paschal Taché, citation, Province du Canada, Conseil législatif, 3 février 1865. Source : *Débats parlementaires sur la question de la Confédération des provinces de l'Amérique britannique du Nord*. Québec, Hunter, Rose et Lemieux, 1865, p. 10.
Photographe : Bibliothèque et Archives Canada, PA-074100.

Prise de position 4.4   90
Christopher Dunkin, citation, Province du Canada, Assemblée législative, 27 février 1865. Source : *Débats parlementaires sur la question de la Confédération des provinces de l'Amérique britannique du Nord*. Québec, Hunter, Rose et Lemieux, 1865, p. 516.
Photographe : Studio Topley, Bibliothèque et Archives Canada, PA-026325.

Prise de position 4.5   91
Antoine-Aimé Dorion, citation, Province du Canada, Assemblée législative, 16 février 1865. Source : *Débats parlementaires sur la question de la Confédération des provinces de l'Amérique britannique du Nord*. Québec, Hunter, Rose et Lemieux, 1865, p. 255.
Photographe : Studio Topley, Bibliothèque et Archives Canada, PA-025755.

Prise de position 4.6   93
Henri-Gustave Joly de Lotbinière, citation, Province du Canada, Assemblée législative, 20 février 1865. Source : *Débats parlementaires sur la question de la Confédération des provinces de l'Amérique britannique du Nord*. Québec, Hunter, Rose et Lemieux, 1865, p. 356.
Photographe : Studio Topley, Bibliothèque et Archives Canada, PA-025470.

Prise de position 5.1 118
Samuel Leonard Tilley, citation, Nouveau-Brunswick, Assemblée législative, 28 juin 1866.
Source : Nouveau-Brunswick, *Reports of the Debates of the House of Assembly.* St-Jean (N.-B.), G.W. Day, 1865-1867, p. 38.
Photographe : Studio Topley, Bibliothèque et Archives Canada, PA-026347.

Prise de position 5.2 121
Albert J. Smith, citation, Nouveau-Brunswick, Assemblée législative, 1er juin 1865.
Source : Nouveau-Brunswick, *Reports of the Debates of the House of Assembly.* St-Jean (N.-B.), G.W. Day, 1865-1867, p. 118.
Photographe : Studio Topley, Bibliothèque et Archives Canada, PA-025258.

Prise de position 5.3 127
Adams George Archibald, citation, Nouvelle-Écosse, Assemblée législative, 12 avril 1865.
Source : Nouvelle-Écosse, *Debates and Proceedings of the House of Assembly.* Halifax, Crosskill and Bourinot, 1865, p. 226.
Photographe : Bibliothèque et Archives Canada, MIKAN 3214517.

Prise de position 5.4 130
William Annand, citation, Nouvelle-Écosse, Assemblée législative, 12 avril 1865. Source : Nouvelle-Écosse, *Debates and Proceedings of the House of Assembly.* Halifax, Crosskill and Bourinot, 1865, p. 238.
Photographe : Assemblée législative de la Nouvelle-Écosse, Fonds Province House.

Prise de position 5.5 139
William Henry Pope, citation, Île-du-Prince-Édouard, Assemblée législative, 24 mars 1865.
Source : Île-du-Prince-Édouard, *The Parliamentary Reporter of Debates and Proceedings of the House of Assembly as Printed in the Examiner,* 1866, p. 43.
Photographe : Studio Topley, Bibliothèque et Archives Canada, PA-027027.

Prise de position 5.6 142
James Colledge Pope, citation, Île-du-Prince-Édouard, Assemblée législative, 7 mai 1866.
Source : Île-du-Prince-Édouard, *The Parliamentary Reporter of Debates and Proceedings of the House of Assembly as Printed in the Examiner,* 1866, p. 101.
Photographe : Studio Topley, Bibliothèque et Archives Canada, MIKAN 3435158.

Prise de position 6.1 163
Louis Riel, citation, Convention des Quarante, Deuxième gouvernement provisoire du Manitoba, 27 janvier 1870. Source : Norma Jean Hall (dir.), Convention of Forty, « Third Day », p. 16. Mis en ligne par la Province du Manitoba, 2010.
Photographe : Duffin and Co., Bibliothèque et Archives Canada, C-052177.

PRISE DE POSITION 6.2 — 168
Donald Alexander Smith (1ᵉʳ baron Strathcona), citation, Convention des Quarante, Deuxième gouvernement provisoire du Manitoba, 27 janvier 1870. Source : Norma Jean Hall (dir.), Convention of Forty, « Third Day », p. 16-17. Mis en ligne par la Province du Manitoba, 2010.
Photographe : Bibliothèque et Archives Canada, C-5489.

PRISE DE POSITION 7.1 — 186
Amor De Cosmos, citation, Colombie-Britannique, Conseil législatif, 10 mars 1870. Source : Colombie-Britannique, *Legislative Council : Debates on the Subject of Confederation with Canada*, Victoria, William H. Cullin, 1912, p. 38.
Photographe : Royal BC Museum and Archives, Image A-01224.

PRISE DE POSITION 7.2 — 191
Robert William Weir Carrall, citation, Colombie-Britannique, Conseil législatif, 11 mars 1870. Source : Colombie-Britannique, *Legislative Council : Debates on the Subject of Confederation with Canada*, Victoria, William H. Cullin, 1912, p. 48.
Photographe : Studio Topley, Bibliothèque et Archives Canada, PA-026366.

PRISE DE POSITION 7.3 — 194
John Sebastian Helmcken, citation, Colombie-Britannique, Conseil législatif, 9 mars 1870. Source : Colombie-Britannique, *Legislative Council : Debates on the Subject of Confederation with Canada*, Victoria, William H. Cullin, 1912, p. 11.
Photographe : Royal BC Museum and Archives, Image A-01351.

PRISE DE POSITION 9.1 — 238
Pîhtokahanapiwiyin (Poundmaker), citation. Source : Peter Erasmus, *Buffalo Days and Nights*, Calgary, Glenbow-Alberta Institute, 1976, p. 244.
Photographe : O.B. Buel, Bibliothèque et Archives Canada, C-001875.

PRISE DE POSITION 9.2 — 239
Mistawasis (Big Child), citation. Source : Peter Erasmus, *Buffalo Days and Nights*, Calgary, Glenbow-Alberta Institute, 1976, p. 247.
Photographe : Saskatchewan Archives Board, R-B2837.

PRISE DE POSITION 9.3 — 245
Frederick William Alpin Gordon Haultain, citation. Source : Territoires du Nord-Ouest, Assemblée législative des Territoires du Nord-Ouest, 4 avril 1902. Source : *Regina Leader*, 10 avril 1902.
Photographe : Saskatchewan Archives Board, R-B446.

PRISE DE POSITION 10.1　　　　　　　　　　　　　　　　　　　　　　　　255
Ambrose Shea, citation, Terre-Neuve, Assemblée législative, 2 février 1865. Source : *The Newfoundlander*, 13 février 1865.
Photographe : The Rooms Provincial Archives Division, Terre-Neuve et Labrador, B1-145.

PRISE DE POSITION 10.2　　　　　　　　　　　　　　　　　　　　　　　　258
Charles Bennett, citation. Source : « No Confederation », *The Morning Chronicle*, 29 septembre 1869.
Photographe : Bibliothèque et Archives Canada, C-054438.

PRISE DE POSITION 10.3　　　　　　　　　　　　　　　　　　　　　　　　264
Joey Smallwood, citation, Convention nationale de Terre-Neuve, 28 octobre 1946. Source : Terre-Neuve. *The Newfoundland National Convention, 1946-1948. Vol. 1 : Debates*. J.K. Hiller et M.F. Harrington (dir.), Montréal, Memorial University of Newfoundland par McGill-Queen's University Press, 1995, p. 96.
Photographe : Duncan Cameron, Bibliothèque et Archives Canada, PA-113253.

PRISE DE POSITION 10.4　　　　　　　　　　　　　　　　　　　　　　　　265
Michael F. Harrington, citation, Convention nationale de Terre-Neuve, 28 octobre 1946. Source : Terre-Neuve. *The Newfoundland National Convention, 1946-1948. Vol. 1 : Debates*. J.K. Hiller et M.F. Harrington (dir.), Montréal, Memorial University of Newfoundland par McGill-Queen's University Press, 1995, p. 98.
Photographe : Archives and Special Collections, Queen Elizabeth II Library, Memorial University of Newfoundland, Coll. 309.

Lectures complémentaires

Ajzenstat, Janet, Paul Romney, Ian Gentles et William D. Gairdner (dir.), *Débats sur la fondation du Canada*, édition française préparée par Stéphane Kelly et Guy Laforest, traduit de l'anglais par Jude des Chênes, Québec, Presses de l'Université Laval, 2004.

Amagoalik, John avec la collaboration de Louis McComber, *Regards inuit sur le pays canadien*, http://www.traditional-knowledge.ca/francais/regards-inuit-sur-pays-canadien-b33.html.

Bellavance, Marcel, *Le Québec et la Confédération : un choix libre ? Le clergé et la constitution de 1867*, Québec, Septentrion, 1992.

Blake, Raymond B. et Melvin Baker, *Where Once They Stood : Newfoundland's Rocky Road Towards Confederation*, Regina, University of Regina Press, 2019.

Bolger, Francis W. P., *Prince Edward Island and Confederation, 1863-1873*, Charlottetown, St. Dunstan's University Press, 1964.

Bonenfant, Jean-Charles, *Les Canadiens français et la naissance de la Confédération*, Société historique du Canada, Hull (QC), Leclerc, 1966.

Bridle, Paul (dir.), *Documents relatifs aux relations entre le Canada et Terre-Neuve. Vol. 2, 1940-1949. Confédération*, Ottawa, Département des affaires extérieures, 1984.

Brouillet, Eugénie, *La négation de la nation. L'identité culturelle québécoise et le fédéralisme canadien*, Québec, Septentrion, 2005

Brouillet, Eugénie, Alain-G. Gagnon et Guy Laforest (dir.), *La Conférence de Québec de 1864 : 150 ans plus tard*, Québec, Les Presses de l'Université Laval, 2016.

Brouillet, Eugénie, *La négation de la nation. L'identité culturelle québécoise et le fédéralisme canadien*, Québec, Septentrion, 2005.

Buckner, Phillip et John G. Reid (dir.), *The Atlantic Region to Confederation : A History*, Toronto, University of Toronto Press, 1994.

Cameron, Kirk et Graham White, *Northern Governments in Transition : Political and Constitutional Development in the Yukon, Nunavut and the Western Northwest Territories*, Montréal, Institute for Research on Public Policy / Institut de recherche en politiques publiques, 1995.

Careless, J.M.S., *Brown of the Globe. Vol. 2, Statesman of Confederation, 1860-1880*, Toronto, Macmillan, 1963.

Caron, Jean-François et Marcel Martel (dir.), *Le Canada français et la Confédération : fondements et bilan critique*, Québec, Les Presses de l'Université Laval, 2016.

Coates, Ken S., *Canada's Colonies : A History of the Yukon and Northwest Territories*, Toronto, James Lorimer & Company, 1985.

Commission de vérité et réconciliation du Canada. *Honorer la vérité, réconcilier pour l'avenir : sommaire du rapport final de la Commission de vérité et réconciliation du Canada*, Montréal, McGill-Queen's University Press, 2015.

Creighton, Donald G., *The Road to Confederation : The Emergence of Canada, 1863-1867*, Toronto, Oxford University Press, 2012.

Duffy, R. Quinn, *The Road to Nunavut : The Progress of the Eastern Arctic Inuit since the Second World War*, Montréal, McGill-Queen's University Press, 1988.

Friesen, Gerald, *The Canadian Prairies : A History*, Toronto, University of Toronto Press, 1987.

Gouvernement du Canada, "Traités et ententes", https://www.rcaanc-cirnac.gc.ca/fra/1100100028574/1529354437231.

Gwyn, Richard, *John A. : The Man Who Made Us. Vol. 1, 1815-1867*, Toronto, Random House Canada, 2008.

Heaman, Elsbeth A., *Tax, Order, and Good Government : A New Political History of Canada, 1867-1917*, Montréal, McGill-Queen's University Press, 2017.

Henderson, Ailsa, *Nunavut : Rethinking Political Culture*, Vancouver, University of British Columbia Press, 2008.

Kelly, Stéphane, *Comment la Couronne a obtenu la collaboration du Canada français après 1837*, Montréal, Boréal, 1997.

Kelly, Stéphane, *Les fins du Canada, selon Macdonald, Laurier, Mackenzie King et Trudeau*, Montréal, Boréal, 2001.

Krikorian, Jacqueline D., David R. Cameron, Marcel Martel, Andrew W. McDougall et Robert C. Vipond (dir.), *Vers la Confédération : La Construction du Canada, Tomes 1 et 2*, Québec, Presses de l'Université Laval, 2017.

Légaré, André, *The Evolution of the Government of the Northwest Territories (1967-1995)*, Québec, GÉTIC, Université Laval, 1998, Collection Recherche.

MacKenzie, David, *Inside the Atlantic Triangle. Canada and the Entrance of Newfoundland into Confederation, 1939-1949*, Toronto, University of Toronto Press, 1986.

Miller, J.R., *Compact, Contract, Covenant : Aboriginal Treaty-Making in Canada*, 4ᵉ édition, Toronto, University of Toronto Press, 2017.

Moore, Christopher, *1867 : How the Fathers Made a Deal*, Toronto, McClelland and Stewart, 1998.

Moore, Christopher, *Three Weeks in Quebec City : The Meeting that Made Canada*, Toronto, Allan Lane, 2015.

Neary, Peter, *Newfoundland in the North Atlantic World*, Montréal, McGill-Queen's University Press, 1988.

Ormsby, Margaret A., *British Columbia : A History*, 2ᵉ édition, Toronto, Macmillan, 1971.

Paquin, Stéphane, *L'invention d'un mythe. Le pacte entre deux peuples fondateurs*, Montréal, VLB, 1999.

Pryke, Kenneth G., *Nova Scotia and Confederation 1864-1874*. Toronto, University of Toronto Press, 1979.

Romney, Paul, *Getting it Wrong : How Canadians Forgot Their Past and Imperiled Confederation*, Toronto, University of Toronto Press, 1999.

Silver, A.I., *The French-Canadian Idea of Confederation, 1864-1900*, 2ᵉ édition, Toronto, University of Toronto Press, 1997.

Thomas, L.G., *The Struggle for Responsible Government in the North-West Territories, 1870-97*, Toronto, University of Toronto Press, 1956.

Waiser, Bill, *A World We Have Lost : Saskatchewan before 1905*, Markham, Fifth House Publishers, 2016.

Waite, P.B., *The Life and Times of Confederation, 1864-1867*, 3ᵉ édition, Toronto, Robin Brass Studio, 2001.

Zaslow, Morris, *The Opening of the Canadian North, 1870-1914*, Toronto, McClelland & Stewart, 1971.

Les auteurs

RAYMOND B. BLAKE est professeur et directeur du département d'histoire à la University of Regina. Ses publications traitent principalement de l'histoire canadienne. Ses derniers ouvrages s'intitulent Lions or Jellyfish : A History of Newfoundland-Ottawa Relations et Celebrating Canada : Holidays, National Days and the Crafting of Identities, préparé en collaboration avec Matthew Hayday.

PHILLIP BUCKNER est professeur émérite à la University of New Brunswick où il a enseigné pendant plus de trente-et-un ans. Il est le directeur fondateur de la revue Acadiensis : Revue d'histoire de la région atlantique, fondateur de Acadiensis Press et auteur d'une série de livres et d'articles sur l'histoire du Canada atlantique. Il a été président de la Société historique du Canada. Il est le créateur et le rédacteur d'une série de brochures de la Société historique canadienne intitulées Les Groupes ethniques du Canada. Il vit depuis 1999 en Angleterre où il a été reçu à titre de professeur invité dans plusieurs instituts de recherche; il est également l'auteur d'une série de livres et d'articles sur la place qu'occupe le Canada dans le monde britannique.

COLIN M. COATES enseigne les études canadiennes et l'histoire au Collège universitaire Glendon de l'Université York. Spécialiste en histoire du Canada français, en histoire des utopies au Canada et en histoire environnementale, il s'occupe présentement à un projet sur la politique coloniale sous le régime français. Il a dirigé deux recueils sur l'histoire environnementale avec la University of Calgary Press. Il a également écrit

Les transformations du paysage et de la société au Québec sous le régime seigneurial (traduit par Jude Des Chênes) et, en collaboration avec Cecilia Morgan, *Heroines and History : Madeleine de Verchères and Laura Secord*.

KEN S. COATES est titulaire de la Chaire de recherche du Canada sur l'innovation régionale à la Johnson-Shoyama Graduate School of Public Policy de la University of Saskatchewan. Il détient son doctorat en histoire du Canada de la University of British Columbia où il a étudié les relations entre les nouveaux arrivants et les Autochtones au Yukon. Il a enseigné dans de nombreuses universités à travers le pays : à la Brandon University, la University of Victoria, la University of Northern British Columbia, la University of New Brunswick (Saint-Jean), la University of Saskatchewan et la University of Waterloo. Il est l'auteur de nombreux ouvrages sur l'histoire du Canada et du Nord et sur les affaires autochtones, dont *Best Left as Indians : Indian-White Relations in the Yukon* et *A Global History of Indigenous Peoples*. En outre, il a collaboré avec Bill Morrison à l'élaboration d'ouvrages tels que *Land of the Midnight Sun : A History of the Yukon, The Alaska Highway in World War II* et *The Sinking of the Princess Sophia*. Ses recherches actuelles portent sur l'importance de la ruée vers l'or au Klondike.

BARRY FERGUSON enseigne l'histoire à la University of Manitoba. Il est l'auteur de nombreux textes sur les idéologies politiques canadiennes, sur la société canadienne et des Prairies, ainsi que sur la politique au Manitoba. Il est l'auteur de *Remaking Liberalism : the Intellectual Legacy of Adam Shortt, O.D. Skelton, W.A. Mackintosh, and W.C. Clark. Recent Social Trends in Canada, Multicultural Variations* et, avec Robert Wardhaugh, de *Manitoba's Premiers of the 19th and 20th Centuries*.

MAXIME GOHIER enseigne l'histoire à l'Université du Québec à Rimouski. Spécialiste en histoire autochtone sous les régimes français et britannique, il se penche davantage sur l'histoire politique des communautés autochtones et sur les relations qu'elles entretenaient avec l'État. Il s'intéresse surtout aux discours politiques autochtones observés lors des rituels diplomatiques et dans les pétitions. Il porte également un grand intérêt à la toponymie des noms de lieux autochtones et au rôle qu'ont joué les Autochtones dans la Vallée du Saint-Laurent pendant la période seigneuriale. Il est l'auteur de *Onontio le médiateur : la gestion des conflits amérindiens en Nouvelle-France (1603-1717)*.

DANIEL HEIDT, Ph.D., est le gestionnaire du projet *Les Débats de la Confédération* et est responsable des recherches et de l'administration au Centre on Foreign Policy and Federalism. Il est également l'auteur de nombreux articles. Pour ses recherches doctorales, il s'est penché sur le fédéralisme en Ontario jusqu'en 1896. Il s'intéresse aussi à l'histoire arctique. En collaboration avec P. Whitney Lackenbauer, il a dirigé *Two Years Below the Horn : Operation Tabarin, Field Science, and Antarctic Sovereignty* et *The Advisory Committee on Northern Development : Context and Meeting Minutes, 1948-66*.

P. WHITNEY LACKENBAUER est professeur au département d'histoire de la St. Jerome's University à la University of Waterloo. Il est lieutenant-colonel honoraire du premier Groupe de patrouilles de Rangers canadiens situé à Yellowknife dans les Territoires du Nord-Ouest. Il est membre de l'Institut canadien des affaires mondiales, du Bill Graham Centre for Contemporary History, de l'Institut arctique de l'Amérique du Nord et du Centre for Military Security and Strategic Studies. Parmi ses plus récents ouvrages figurent *China's Arctic Aspirations : The Emerging Interests of a Near Arctic State and What They Mean for Canada* (écrit en collaboration), *Blockades or Breakthroughs ? Aboriginal Peoples Confront the Canadian State* (codirigé), *A Historical and Legal Study of Sovereignty in the Canadian North, 1870-1942* (dirigé), *The Canadian Rangers : A Living History, 1942-2012* (nominé pour le prix Dafoe) et *Arctic Front : Defending Canada in the Far North* (ouvrage en collaboration qui a remporté le prix Donner en 2009). Il a également codirigé une série consacrée aux documents sur la souveraineté et la sécurité du Canada dans l'Arctique, dont il a rédigé quatre volumes.

ANDRÉ LÉGARÉ est titulaire d'un doctorat du département de géographie de la University of Saskatchewan. Il est également titulaire d'un baccalauréat et d'une maîtrise en géographie ainsi que d'une maîtrise en science politique de l'Université Laval. Au cours des vingt-cinq dernières années, il a écrit de nombreux ouvrages sur l'autonomie gouvernementale autochtone ainsi que sur le développement politique au nord du Canada. Ses intérêts de recherche concernent principalement l'identité autochtone et la gouvernance au Nunavut et dans les Territoires du Nord-Ouest. André Légaré vit à Yellowknife où il est négociateur en chef des revendications territoriales et de l'autonomie gouvernementale autochtone. Il est également chercheur associé à l'International Centre for Northern Governance and Development à la University of Saskatchewan.

MARCEL MARTEL est professeur titulaire et détient la Chaire Avie Bennett Historica en histoire canadienne à l'Université York. Ses ouvrages traitent de la politique publique, des droits linguistiques et de la réglementation morale. Ses ouvrages les plus récents sont : *Le Canada français et la Confédération. Fondements et bilan critique* (avec Jean-François Caron), *Canada the Good ? A Short History of Vice since 1500*, *Langue et politique au Canada et au Québec : Une synthèse historique* (avec Martin Pâquet) et *Speaking Up. A History of Language and Politics in Canada and Quebec* (traduit par Patricia Dumas). Il a publié dernièrement deux recueils d'essais sur la Confédération intitulés *Globalizing Confederation : Canada and the World in 1867* (avec Jacqueline D. Krikorian et Adrian Shubert), *Roads to Confederation : The Making of Canada, 1867* (en collaboration avec Jacqueline D. Krikorian) et *Vers la Confédération : la construction du Canada, 1867* (la version française du livre précédent).

J.R. MILLER, professeur émérite de la University of Saskatchewan, étudie les relations qu'ont entretenues les Autochtones avec les arrivants non-autochtones au cours des 400 dernières années. Il est l'auteur de neuf livres (certains en collaboration), dont *Skyscrapers Hide the Heavens : A History of Indian-White Relations in Canada*, *Shingwauk's Vision : A History of Native Residential Schools*, ainsi que *Compact, Contract, Covenant : Aboriginal Treaty-Making in Canada*. Il a été récemment reçu Officier de l'Ordre du Canada. Homme engagé, ses recherches ont eu un impact important tant à l'intérieur qu'à l'extérieur du monde universitaire, en favorisant une meilleure compréhension des questions relatives aux écoles résidentielles ainsi qu'aux droits autochtones issus des traités. En outre, ses travaux invitent les Canadiens, Autochtones et non-Autochtones, à repenser leur passé et concevoir leur avenir ensemble.

MARTIN PÂQUET est professeur d'histoire à l'Université Laval et titulaire de la Chaire pour le développement de la recherche sur la culture d'expression française en Amérique du Nord. Spécialiste en histoire de la culture politique, des migrations et des cultures francophones nord-américaines, il est l'auteur de nombreuses études, dont *Tracer les marges de la Cité. Étranger, immigrant et État au Québec (1626-1981)*, ainsi que *Langue et politique au Canada et au Québec, une synthèse historique* (avec Marcel Martel).

DANIEL POITRAS est postdoctorant à la University of Toronto. Spécialiste de l'histoire des milieux étudiants et des relations interculturelles à l'université au XXe siècle, il a récemment publié des articles scientifiques sur ces enjeux en combinant histoire sociale et histoire des narrations. En 2018, il a publié *Expérience du temps et historiographie au XXe siècle*. Ses recherches actuelles portent sur l'accueil et l'intégration des étudiants étrangers au Québec et en Ontario pendant le long après-guerre.

KIM POTI a fait des études en Traduction en Belgique et au Collège universitaire Glendon, de l'Université York. Elle est actuellement traductrice à Mexico.

PATRICIA E. ROY est professeure émérite d'histoire à la University of Victoria. Elle a principalement étudié la réaction des Britanno-Colombiens et d'autres Canadiens envers les immigrants d'origine chinoise et japonaise. Son dernier livre s'intitule *Boundless Optimism : Richard McBride's British Columbia*.

PHILIPPE THOMPSON a terminé son baccalauréat en linguistique, avec une mineure en études canadiennes, au Collège universitaire Glendon à l'Université York en 2018. Il poursuit ses études en linguistique au niveau du 2e cycle à la University of Toronto.

BILL WAISER, spécialiste en histoire canadienne, est l'auteur de nombreux livres, dont plusieurs récipiendaires de prix. Son plus récent ouvrage, *A World We Have Lost* : Saskatchewan *Before* 1905, s'est mérité le Prix littéraire du Gouverneur général en 2016 (catégorie essais). Il assure une présence médiatique à la radio, à la télévision et dans la presse écrite.

Membre de plusieurs conseils nationaux, provinciaux et locaux, il a reçu de nombreux honneurs et titres : l'Ordre du mérite de la Saskatchewan, membre de la Société royale du Canada, professeur éminent et docteur honoris causa.

ROBERT WARDHAUGH est professeur d'histoire à la University of Western Ontario. Son champ de recherches porte sur l'histoire politique et sociale des Prairies et de la nation canadienne. Il est l'auteur de *Mackenzie King and the Prairie West* et de *Behind the Scenes : The Life of William Clifford Clark*. Il a codirigé avec Barry Ferguson *Manitoba's Premiers of the 19th and 20th Centuries* et a coécrit une synthèse en deux volumes de l'histoire du Canada intitulée *Origins* et *Destinies*.

Index

A

Acadiens, 33-34, 100, 102, 120, 125, 256
Accord sur les revendications territoriales du Nunavut (ARTN), 297-98, 300, 305-6
Ahenakew, chanoine Edward, 28
Ahtahkakoop, chef, 235, 236-37
Alberta, 2, 7-8, 12-13, 154, 217, 229, 235, 247, 249, 250, 284-85, 294. Voir aussi Nord-Ouest
Amagoalik, John, 281, 283, 301, 310n48
Amérique du Nord britannique (défense), 61, 110-11, 112, 122, 134, 257, 259, 262; la Confédération comme moyen de défense, 61, 66, 67, 111, 231; la Confédération étant inadéquate pour défendre le Canada, 69, 92, 120, 128-29, 194. Voir aussi Féniens; États-Unis
Anawak, Jack, 283, 300
Anglin, Timothy Warren, 120, 122, 123, 125, 126, 140, 201
Annand, William, 6, 129, 130, 133, 134
Archibald, Adams George: Nouvelle-Écosse, 126, 127, 128; Manitoba, 170-71, 173-75
Attlee, Clement Richard, 263
autonomie locale, 3; provinciale, 6-7, 10, 12, 14-16; Ontario, 62-63, 66-67, 71; Québec, 84, 89, 92, 93-98; Nouveau-Brunswick, 114-15, 120; Nouvelle-Écosse, 129, 131; Île-du-Prince-Édouard, 135, 141; Manitoba, 159, 162, 164; Colombie-Britannique, 192-93, 195; Yukon, 213-25; Alberta et Saskatchewan, 240-49, 259-60; Terre-Neuve et Labrador, 253-54; autochtone, 13, 14. Voir aussi fédéralisme; peuples autochtones; ressources naturelles (sphère de compétence); Nunavut; régionalisme; Sénat; traités

B

Badger, 237, 239
Baldwin, Robert, 61
Bas-Canada. Voir Québec
Begbie, Matthew Baillie, 185
Bennett, Charles James Fox, 258, 260
Bennett, Richard Bedford, 249, 261
Black, John, 164, 165, 166-67
Bompas, William Carpenter, 209
Bond, Robert, 261
Borden, Robert Laird, 244-46, 250
Boulton, major Charles, 165
Bourassa, Henri, 8
Bourget, Mgr Ignace, 99
Bradley, Frederick Gordon, 266, 267, 274
Brecken, Frederick, 141
Brown, George, 3, 60, 61, 63, 64, 65, 67, 76, 81, 87, 95, 102-3, 113, 120, 184, 229-31
Brown, J.N.E., 211, 219
Brown, Kenneth McKenzie, 5, 6
Bruce, John, 159
Bruce, Victor Alexander (lord Elgin), 261
Bulyea, G.H.V., 211-12, 249
Butler, général Benjamin F., 144

C

Calder *et al.* vs le Procureur général de la Colombie-Britannique, 48, 289
Cameron, Matthew Crooks, 68, 70, 71, 76–77n12
Campbell, Alexander, 86
Canada-Est. *Voir* Québec
Canada-Ouest. *Voir* Ontario
Canadian Arctic Resources Committee, 298
Carrall, Robert William Weir, 183, 189–92, 196, 197
Carter, Frederick Bowker Terrington, 253, 254, 257, 259–60, 267
Cartier, George-Étienne, 3, 60–61, 62; Québec, 81, 82, 84, 87, 89, 92, 94, 95, 97, 98, 99, 103; droits des autochtones, 85–86; Manitoba, 157, 165–67, 169; Colombie-Britannique, 184, 198, 200, 205n62
Cauchon, Joseph-Édouard, 97, 98
Chandler, Edward Barron, 117
Chapais, Jean-Charles, 81
Chemin de fer Canadien Pacifique, 73, 209
Chemin de fer Intercolonial, 67, 68, 72, 87, 89, 108–9, 112, 113, 116–17, 122–23, 128–29, 131, 132, 257
Clark, Joe, 224
Coles, George, 137–38, 140, 143, 144
Colombie-Britannique, 2, 12, 96, 217; opposition à la Confédération, 188–95; perspectives en faveur de la Confédération, 185, 187–89, 190, 196–200; gouvernement responsable, 12, 184, 187–88, 193, 199; liens de communication avec le Canada, 188, 195–201; la Convention Yale, 188–89; peuples autochtones, 42–43, 48–49, 51, 196, 198
colonie de la rivière Rouge, 153, 154–55, 156
commerce, 108–9, 136–37. *Voir aussi* réciprocité; droits douaniers; Western Extension
commerce interprovincial, 60, 65, 87, 89, 94, 108–9, 116, 118, 231, 257, 259
Commission consultative sur l'évolution du gouvernement dans les Territoires du Nord-Ouest (la commission Carrothers), 286
Commission d'enquête Berger. *Voir* Enquête sur le pipeline de la vallée du Mackenzie
Commission d'établissement de Nunavut, 301–2
Committee for Original People's Entitlement (COPE), 294–95
Compagnie de la Baie d'Hudson (CBH), 11, 12, 153, 154–55, 157–58, 159–60, 161, 208, 229–31, 248. *Voir aussi* Terre de Rupert; traités
Compagnie du Nord-Ouest, 230
Confederate Association. Voir Terre-Neuve et Labrador: perspectives en faveur de la Confédération
Confédération (concept de la), 6–9, 14–16, 306. *Voir aussi* fédéralisme; autonomie régionale; autonomie locale
Conférence de Charlottetown, 10, 62–63, 79, 81, 85, 107, 126, 253
Conférence de Londres, 81, 101, 116, 125, 132–33, 143–44
Conférence de Québec, 9–10, 63, 79, 81, 84–85, 86, 126, 253; prises de position par les représentants des Maritimes, 107–15
Congdon, Frederick Tennyson, 218–19
Conne River Miawpukek, 276
Connell, Charles, 120
Connolly, Mgr Thomas, 101, 128
Constantine, Charles, 209–10
Costigan, John, 120, 125–26
Crease, Henry Pering Pellew, 193
Crosbie, Chesley, 275
Cudlip, John W., 119, 123, 126
Currie, John Stewart, 270

D

De Cosmos, Amor (William Smith), 6, 12, 185, 186, 187, 188, 189, 199–200, 201–2, 205n64
de Salaberry, colonel Charles, 161
Débats sur la Confédération, ix
Démocratie, 10, 71–72, 111, 125, 133, 136, 137
Dénés, 207, 292–96, 304
Dennis, colonel J.S., 159, 160, 161
Dickey, Robert Barry, 128
Diefenbaker, John George, 285
Dorion, Antoine-Aimé, 6, 91, 92, 94, 96
droits des minorités, 3, 11; biculturalisme, 7–8, 15, 79, 80, 84–85, 94–95, 99–103, 164, 167, 169, 241–43; éducation, 13, 84–85, 101–2, 169–70, 172–73, 223–24, 241–43, 247. *Voir aussi* loi de la majorité; religion
droits douaniers, 11, 109, 147, 193, 198, 257, 259. *Voir aussi* réciprocité; commerce
Dunkin, Christopher, 90, 92, 94, 96

E

Economic Union Association (EUA): *voir* Terre-Neuve et Labrador: gouvernement responsable (alternative à la Confédération)
Eetoolook, James, 298
Enquête sur le pipeline de la vallée du Mackenzie, 290
Epp, Jake, 224
Erasmus, Peter, 235
États-Unis, 2, 257, 267; annexion, 12, 97, 112, 126, 134, 138, 160, 184–85, 192; Guerre de Sécession, 7, 61, 66, 71, 92, 94, 108, 110–11, 116, 128, 131, 137. *Voir aussi* Amérique du Nord britannique (défense); Féniens
Évolution constitutionnelle dans les Territoires du Nord-Ouest (Rapport Drury), 292
expédition à la rivière Rouge, 169, 170–71, 197

F

fédéralisme, 6–7, 10–11, 16, 60, 66–67, 69, 71, 94–95, théorie du compact, 7. *Voir aussi* union législative; autonomie locale; régionalisme
Féniens, 110–11, 123–25, 131, 140, 257
Fisher, Charles, 117, 119, 123
Forget, Amédée Emmanuel Marie, 249
Foster, George, 221

G

Galt, Alexander Tilloch, 60, 63, 78n35, 81, 84, 103, 205n62
Gardiner, Jimmy, 250
Gendarmerie royale du Canada, 287. *Voir aussi* Police à cheval du Nord-Ouest
Geoffrion, Félix, 98
Gibbs, Mifflin Wistar, 189
Gillmor, Arthur Hill, 122
Girard, Marc-Amable, 241
Gordon, Arthur Hamilton, 119, 124
Goulet, Elzéar, 171
gouvernement impérial, pressions exercées, 111–13, 115, 123, 124, 132–33, 141, 143–45, 185, 231, 260, 262, 269
Gray, colonel John Hamilton (Île-du-Prince-Édouard), 138, 140–41, 143
Gray, John Hamilton (Nouveau-Brunswick), 116, 117, 119
Grey, Albert Henry George (lord Grey), 261

H

Hankin, Philip, 192
Harrington, Michael F., 265
Hatheway, George Luther, 117, 119, 122, 123
Haultain, Frederick William Alpin Gordon, 213, 244–47, 249; la province "Buffalo," 246, 250
Haut-Canada. *Voir* Ontario
Haviland, Thomas Heath, 138, 141, 143, 147–48

Haythorne, Robert Poore, 144–45, 146, 147
Helmcken, John Sebastian, 6, 183, 185, 187, 192, 193–200, 204n39
Henry, William Alexander, 128, 133
Higgins, Gordon, 269
Hill, Stephen John, 260
Hincks, sir Francis, 169, 198
Holbrook, Henry, 195, 196
Holland, Augustus Edward Crevier, 148
Holloway, Robert, 202
Howatt, Cornelius, 143, 148
Howe, Joseph, 17, 129, 133, 138, 143, 144, 158, 160–61, 166, 169, 171, 185
Howlan, George, 141, 146, 147
Hoyles, Hugh, 257

I

Île-du-Prince-Édouard, 2, 11, 15, 33, 100, 111, 114, 132; démographie, 135–36; opposition à la Confédération, 134–37, 141, 142, 143; perspectives en faveur de la Confédération, 138–40, 141, 143–48; propriétaires absentéistes, 135, 136, 137, 138, 143–45, 147; représentation dans la Chambre des communes, 137, 147; construction du chemin de fer, 145–47
impérialisme (canadien), 154, 157, 173, 225, 231–234, 282, 287–88
Inuit Tapirisat of Canada (ITC), 282, 289–92, 294–95
Inuits, 14, 87, 207–8. *Voir aussi Inuit Tapirisat of Canada*
Ittinuar, Peter, 292, 293, 309n34

J

Johnson, John Mercer, 117, 119
Johnson, William, 37–38
Joly de Lotbinière, Henri-Gustave, 93, 94–95, 96

K

Ka-katche-way, chef. *Voir* Kakishiway
Kakishiway, chef (Ka-katche-way), 46, 73
Kelly, Francis, 143
Killam, Thomas, 129, 133, 134
King, William Lyon Mackenzie, 262, 267–68
Kishwoot, chef (Jim Boss), 218

L

La Fontaine, Louis-Hippolyte, 61, 80
Laflèche, Louis-François, 99
Laframboise, Maurice, 98
Laing, Arthur, 285–86
Laird, David (commissaire), 47
Laird, David (Île-du-Prince-Édouard), 146, 147
Landry, Amand, 125
Langevin, Hector-Louis, 81, 84, 86, 92, 98, 101
Langevin, Mgr Jean, 99
Laurier, Wilfrid, 102; Yukon, 12–13, 211, 219, 221; Alberta et Saskatchewan, 243–44, 246–49, 250
Ligne Parker, 296–97, 298
Livre blanc (1969), 49, 289
Loi de la majorité, 3, 64, 65, 101–3. *Voir aussi* fédéralisme; droits des minorités; représentation par la population, Loi sur les Indiens
Loi sur les Territoires du Nord-Ouest, 215, 232, 241, 284, 285
Lougheed, James, 221
loyalistes, 116, 117, 169

M

Macdonald, Andrew Archibald, 138
Macdonald, Gordon, 267
Macdonald, John (député libéral), 69
Macdonald John A., 3, 4, 6, 7, 15, 87, 95–96, 103, 213; Haut-Canada / Ontario, 60, 61, 62, 66, 71, 76–77n12, 81, 84; droits autochtones, 85–86; Manitoba, 157, 160, 165–67,

169-70; Colombie-Britannique, 12, 183-84, 190, 200; Prairies, 230-31, 232, 249, 250n5; Terre-Neuve et Labrador, 260
Macdonald, John Sandfield, 68, 72
MacGregor, William, 261
Mackenzie, Alexander, 96, 169, 200-1, 213, 232, 237, 241
MacTavish, William, 158-59, 164
Magrath, Charles Alexander, 261
Maksagak, Helen, 302
Manitoba, 11-12, 43, 102, 231-32, 235, 243, 247, 250; Conseil d'Assiniboia, 154, 158-59, 165; Comité national des Métis de la Rivière Rouge, 159-62; Conseil des Vingt-Quatre, 159-60, 162; Liste des droits, 162, 164, 165, 166-67, 173; Gouvernement provisoire, 162, 164-65; Convention des Quarante, 164-65; Parti canadien, 164-65; *Canada First*, 166; délégation de la rivière Rouge, 156-57; certificats des Métis, 167, 170, 172; amnistie, 171-72. *Voir aussi* ressources naturelles (sphère de compétence)
Mawedopenais, chef, 75
McClelan, Abner Reid, 120
McCully, Jonathan, 126, 128
McDougall, William, 86, 155, 157-61, 169
McGee, Thomas D'Arcy, 3, 71, 81, 83, 84, 140
McInnes, commissaire William Wallace Burns, 219
McKay, James, 45, 176
McMillan, John, 120
Métis, 12, 73, 78n38, 100, 153, 158-59, 164-67, 169-73, 175-76, 231-32, 235, 243, 292, 295-96, 304. *Voir aussi* peuples autochtones; Manitoba; Riel, Louis
Mi'kmaqs, 33-34, 53-54, 86, 276
Miller, William, 132
Mills, David, 241
Mistawasis, chef, 235-37, 239
Mitchell, Peter, 117, 124

Morris, Alexander, 44-46, 55n43, 73, 74, 175, 200, 235-37, 240
Morris, Edward, 261
Mulroney, Brian, 296, 298, 300
Munro, John, 294
Musgrave, Anthony, 183, 190, 192, 196, 199, 205, 250n55, 257
Musqua, Danny, 44

N

Nielsen, Erik, 224
Nolin, Charles, 176
Nord-Ouest, 2, 10, 11-12, 59-60, 65-66, 89; gouvernements originaux, 232-33, 240-41; gouvernement responsable, 240, 243-44. *Voir aussi* Alberta; Compagnie de la Baie d'Hudson; ressources naturelles (sphère de compétence); Rébellion du Nord-Ouest; Loi sur les Territoires du Nord-Ouest; Terre de Rupert; Saskatchewan
Nouveau-Brunswick, 1, 11, 33, 68-69, 72, 94, 95, 100, 102, 131, 263; opposition à la Confédération, 120, 122-25; perspectives en faveur de la Confédération, 116-17, 119-20, 124-25
Nouvelle-Écosse, 1, 11, 33-35, 37, 42, 57, 69, 73, 94, 100, 101, 111, 114, 263; opposition à la Confédération, 126, 128-29, 132-34; perspectives en faveur de la Confédération, 126, 127, 128, 131-32
Nouvelle-France, 26, 29-34, 79
Nunavut, 2, 14, 281, 284; raisons pour son établissement, 264-65; démographie, 282; propositions pour diviser les Territoires du Nord-Ouest, 285-86, 291, 292-96; plébiscites, 294, 296-97, 298, 302; contrôle des terres et leur mise en valeur, 282-84, 288-92, 294-304; création, 300-5; gouvernement, 298, 300-2, 304. *Voir aussi* Inuit;

Inuit Tapirisat of Canada; Accord sur les revendications territoriales du Nunavut (ARTN); Alliance constitutionnelle des Territoires du Nord-Ouest
Nunavut Tunngavik Incorporated (NTI), 300

O

O'Brien, Tom, 218
Ogilvie, William, 209, 214, 217
Okalik, Paul, 302
Oliver, Frank, 219-22
Ontario, 1, 10, 40, 100, 102, 114, 115, 165, 219, 229, 230, 247, 250; opposition à la Confédération, 67-73; perspectives en faveur de la Confédération, 63-67, 72-73. *Voir aussi* Province du Canada

P

Palmer, Edward, 137-38, 143, 144
Pearson, Lester Bowles, 285
peuples autochtones : absence de consultation avec, 85-87, 196, 231-33; agentivité, 233-35; pensionnats, 86. *Voir aussi* Nunavut; *Inuit Tapirisat of Canada*; Premières Nations; Inuits; Métis, Mi'kmaqs; Commission d'établissement du Nunavut; Alliance constitutionnelle des Territoires du Nord-Ouest; réconciliation; *Tunngavik Federation of Nunavut*; traités
Pîhtokahanapiwiyin (Poundmaker), 237, 238, 239
Police à cheval du Nord-Ouest, 209-11, 214, 235
Political Development in Nunavut, 291-92
Politiques nationales, 233
Pope, James Colledge, 140-41, 142, 143, 144, 146, 147-48
Pope, William, 138, 139, 140-41, 143, 146
Premières Nations, 12, 19-51, 60, 73-76, 173-76, 209, 231-40. *Voir aussi*

peuples autochtones; Mi'kmaqs; traités
Prince, Henry, 159
Province du Canada, 57-63, 80, 87-89, 229-31; Grande Coalition, 61-63, 81, 87, 231; votes sur la Confédération, 95. *Voir aussi* Ontario; Québec

Q

Québec, 1, 7-8, 10-11, 48, 61, 73, 114, 170, 229, 230, 247, 250, 261, 289; démographie, 100; opposition à la Confédération, 92-95, 96-97; perspectives en faveur de la Confédération, 7-8, 87, 89, 92; peuples autochtones, 85-87; influence cléricale, 98-99. *Voir aussi* Province du Canada

R

Rapport Drury. *Voir* Évolution constitutionnelle dans les Territoires du Nord-Ouest
Rébellion du Nord-Ouest, 153, 176, 241-42
Rébellions de 1837-1838, 58, 80
Réciprocité, 108, 110, 112-13, 116, 122-24, 128-29, 131, 134, 137, 144, 145, 261. *Voir aussi* droits douaniers; commerce
Réconciliation, 8-9, 14-15, 76; Commission royale d'enquête sur les peuples autochtones, 8; Commission de vérité et réconciliation, 8-9. *Voir aussi* peuples autochtones; traités
Régionalisme, 6, 153. *Voir aussi* fédéralisme; autonomie locale; Sénat
Reilly, Edward, 140
religion : tolérance, 79, 84-85, 101-2, 167-69, 241-42; intolérance, 13, 34-35, 58, 61, 100, 102, 110, 125, 137-38, 165, 247, 260
Rémillard, Édouard, 98

représentation selon la population, 10, 61, 64, 65, 80, 113–15, 123, 137, 230. *Voir aussi* loi de la majorité; droits des minorités; Sénat
Responsible Government League (RGL). *Voir* Terre-Neuve et Labrador: gouvernement responsable (comme alternative à la Confédération)
Reesor, David, 68–69
Ressources naturelles (sphère de compétence), 13, 14, 16, 153–54, 166–67, 170, 172–73, 225, 247–49, 250
Riel, Louis, 3, 6, 8, 17, 159, 163–65, 171, 232, 243, 249
Ritchot, R.P. Noël-J., 165–67
Robertson, Gordon, 304–5
Robson, John, 12, 183, 185, 187, 188–89, 193, 195, 196, 198, 200, 201, 202, 205n55
Rogers, Mgr James, 125
Ross, commissaire James H., 217, 218
Ross, James (à la rivière Rouge), 164
Rutherford, Alexander Cameron, 249, 250

S

Sanborn, John Sewell, 69
Saskatchewan, 2, 7–8, 13, 249–50, 284. *Voir aussi* Nord-Ouest
Schmidt, Louis, 164
Scott, Alfred H., 165, 166
Scott, Richard William, 222
Scott, Thomas, 165, 166
Scott, Walter, 249, 250
Seelye, Henry, 183–84, 187, 190
Sénat, 65, 68, 71–72, 94, 114, 125, 131, 132–33, 136, 170. *Voir aussi* représentation selon la population; régionalisme
Seymour, Frederick, 185, 187–90, 204n31
Shea, Ambrose, 253, 254, 255, 257, 260, 267
Sicotte, Louis-Victor, 68
Siddon, Tom, 300
Sifton, Clifford, 211, 212, 213, 214, 219, 221, 247–48

Simpson, John, 71
Simpson, Wemyss, 174–75
Smallwood, Joseph ("Joey") Roberts, 3, 5, 254, 264, 265, 266–67, 268–69, 271–73, 274–75, 277
Smith, Albert J., 6, 120–24, 125–26
Smith, Donald Alexander (lord Strathcona), 161, 164, 166, 168
Smith, Elijah, 224
Smith, James, 224
Steeves, William Henry, 117
Sweeny, Mgr John, 120, 125

T

Taché, Mgr Alexandre-Antonin, 158, 165
Taché, Étienne-Paschal, 81, 88, 89, 92
Terre de Rupert, 2, 11, 12, 187; acquisition de, 155, 157–58, 170, 229–31. *Voir aussi* Alberta; McDougall, William; Manitoba; Nord-Ouest; Saskatchewan
Terre-Neuve et Labrador, 2, 13–14, 15, 107, 114, 137, 264; démographie, 256; Commission de gouvernement, 261, 262–63; opposition à la Confédération, 2, 253–54, 257, 259–60; perspectives en faveur de la Confédération, 253–54, 259, 263, 266, 268–69, 271–74, 277; Convention nationale (établissement), 263, 265; gouvernement responsable (comme alternative à la Confédération), 266, 269–73; désir canadien de l'union, 262, 267; référendums, 273–74; négociations avec le Canada, 266–67, 274–75, 277; peuples autochtones, 276
Territoires du Nord-Ouest (TNO), 2, 281; gouvernements, 284–86, 292–94, 304–5
Thibault, Jean-Baptiste, 161
Thompson, Alfred, 218–19, 222
Thompson, Joshua, 188–89
Thunderchild, chef, 28

Tilley, Samuel Leonard, 72, 95, 113–14, 116–20, 121, 124, 125, 147, 184, 187, 188, 190, 197
Treadgold, Arthur Newton Christian, 218, 223
Traité d'Utrecht, 33, 34
traités, 8–9, 12, 14, 16, 233, 306; comme ententes, 8–9, 19, 20–29, 50; traités de paix et d'amitié, 9, 29–34; comme contrats, 8–9, 19, 39–42, 49–50; comme alliances, 9, 20, 42–50, 51; Proclamation royale de 1763, 35–38, 39, 42, 60, 155, 234, 289; Traité Selkirk (1817), 39–40, 42; Traités Robinson, 41–42; traités de l'Île de Vancouver, 42–43; Entente de la Baie James et du Nord du Québec, 48; Traité Nisga'a, 48–49. *Voir aussi* Nunavut; Accord sur les revendications territoriales du Nunavut (ARTN)
traités numérotés, ix, 2, 21; traité n° 1, 43, 174–75; traité n° 2, 174–75; traité n° 3, 73–74, 175; traité n° 4, 44, 46, 175–76; traité n° 5, 46, 175–76; traité n° 6, 46, 235–24; traité n° 7, 46; traité n° 8, 38–39, 217; traité n° 9, 74; traité n° 11, 48
Trudeau, Pierre Elliott, 49, 289, 291, 292. *Voir aussi, Livre blanc* (1969)
Trutch, Joseph William, 183, 185, 193, 195–200, 205n51, 205n64
Tunngavik Federation of Nunavut (TFN), 295–98, 300. *Voir aussi, Nunavut Tunngavik Incorporated*
Tupper, Charles, 3, 7, 113–14, 126, 128, 129, 131–33, 141

U

union des maritimes, 107, 131, 141
union législative, 7, 66, 71, 72–73, 84, 115, 122. *Voir aussi* fédéralisme
unité nationale, 3, 6–8, 14–16, 69, 71, 73, 89, 90, 92, 114–15. *Voir aussi* autonomie locale; régionalisme
Upper Fort Garry, 158, 159, 160, 195, 197

W

Walsh, Albert Joseph, 274
Walsh, major James Morrow, 211, 213, 214
Western Extension, 119, 122–23, 124
Whelan, Edward, 138, 140, 141, 143
Wilmot, Robert Duncan, 122–24
Wolseley, colonel Garnet, 170–71, 197. *Voir aussi* expédition à la rivière Rouge

Y

Young, sir John (baron Lisgar), 144, 161
Yukon, 2, 12–13; réunions des mineurs, 209; ruée vers l'or du Klondike, 201–15; bureau du commissaire, 214–15; Conseil territorial, établissement, 214–15; gouvernement responsable, 214–24; peuples autochtones, 207–8, 216, 217–18, 224–25; statut provincial, 222, 225